Mecklenburger im Ausland

Mecklenburger im Ausland

**Historische Skizzen zum Leben und Wirken von Mecklenburgern
in ihrer Heimat und in der Ferne**

Herausgegeben von Martin Guntau

EDITION TEMMEN

Die Deutsche Bibliothek – CIP-Einheitsaufnahme

Mecklenburger im Ausland : historische Skizzen zum Leben und Wirken
von Mecklenburgern in ihrer Heimat und in der Ferne /
Hrsg.: Martin Guntau. – Bremen : Ed. Temmen, 2001

ISBN 3-86108-772-3

© Edition Temmen

Hohenlohestr. 21 – 28209 Bremen
Tel. +49-421-34843-0 – Fax +49-421-348094
Platz der Freundschaft 1 — 18059 Rostock
Tel. +49-381-4019723 Fax +49-381-4019729
info@edition-temmen.de
Satz L.P.G. Bremen
Gesamtherstellung: Edition Temmen
Alle Rechte vorbehalten
ISBN 3-86108-772-3

Inhalt

Vorbemerkungen

Der Band hat das Ziel, auf einige interessante Mecklenburger aufmerksam zu machen. Es geht um Menschen, die in Mecklenburg geboren wurden oder über einen längeren Zeitraum in diesem Land wirkten, dann aber ihre Heimat verließen. Viele von ihnen sind im Ausland durchaus bekannt, in Mecklenburg erinnert man sich aber oft kaum noch an sie. Ihre Lebenswege verliefen unter den jeweiligen historischen Umständen recht unterschiedlich und sind für uns in der Gegenwart schon durch die weitgehend anderen Bedingungen in der Vergangenheit interessant. Sie gehören zu unserer Geschichte und wir wollen sie in der Erinnerung behalten, unabhängig davon, wo in der Welt sie ihre Ziele verfolgten. In diesem Sinn wendet sich dieser Band wider das Vergessen, wie eigentlich jede historische Darstellung.

Die meisten Beiträge entstanden vor einigen Jahren im Zusammenhang mit einer Tagung über Mecklenburger in Europa und der Welt, die von der Ernst-Alban-Gesellschaft für Mecklenburgisch-Pommersche Wissenschafts- und Technikgeschichte in Rostock angeregt und durchgeführt wurde. Verursacht durch verschiedene Umstände, hat sich das Erscheinen der Beiträge im Druck verzögert. Deshalb ist den Autoren, die mit großem Einsatz und auf dem Hintergrund sehr unterschiedlicher persönlicher Erfahrungen ihre Beiträge erarbeiteten, für ihre Geduld zu danken. Entstanden ist ein Kaleidoskop zu interessanten Menschen in der Geschichte Mecklenburgs, die in dieser Form bisher nicht gewürdigt wurden. Und dabei konnte hier auch nur der Lebensweg einer begrenzten Auswahl von Mecklenburgern und Mecklenburgerinnen nachgezeichnet werden, vielleicht als Anfang für eine zu vervollständigende Übersicht zu interessanten Persönlichkeiten aus Mecklenburg mit Spuren in der Geschichte.

Es ist nicht beabsichtigt, hier neueste Forschungsergebnisse in allen Einzelheiten zu den jeweiligen Persönlichkeiten mitzuteilen, obwohl in einigen Fällen auch dieser Anspruch erfüllt wird. Die Autoren wurden gebeten, Überblicksdarstellungen auf der Grundlage aktueller Erkenntnisse zu geben. Auf der Grundlage ihrer Lebensdaten und ihrer Beziehungen zu Mecklenburg sollten einige wesentliche Ideen, die Leistungen und Wirkungen dieser Landsleute vorgestellt werden. Am Ende eines jeden Beitrages werden einige Hinweise zum schriftlichen Nachlaß (soweit möglich), den Werken der betreffenden Person sowie zu weiterführender Literatur gegeben, die in den meisten Fällen auch als Beleg für die Quellen von Zitaten oder anderen Angaben im entsprechenden Beitrag angesehen werden dürfen. Für Nachfragen stehen die Autoren gerne zur Verfügung.

Die Vorbereitung und Verwirklichung des vorliegenden Bandes wurde von verschiedenen Personen und Institutionen in besonderer Weise unterstützt, wofür hier aufrichtig gedankt wird. Die ursprüngliche Initiative der Ernst-Alban-Gesellschaft zu der Konferenz über Mecklenburger im Ausland fand bei dem Büro Hanse Sail Rostock und der Europäischen Akademie Waren ermunterndes Verständnis und tätige Hilfe bei der Realisierung. Besonderer Dank gilt Herrn Stefan Siebert (Universitätsbibliothek Rostock), Frau Angela Hartwig (Universitätsarchiv Rostock), Herrn Dr. Karsten Schröder (Archiv der Hansestadt Rostock) und Herrn Gerd Giese (Archiv der Hansestadt Wismar), die mit ihren Mitarbeitern und Mitarbeiterinnen bei der nicht immer einfachen Bereitstellung von Abbildungsvorlagen zu verschiedenen Beiträgen wertvollen Beistand leisteten. Gedankt sei auch Dirk-Michael und

Elisabeth Brosig, die bei der technischen Vorbereitung für die Bearbeitung der Manuskripte wirksame Unterstützung gaben.

Der Verlag EDITION TEMMEN hat sein freundliches Interesse an Mecklenburg und seiner Geschichte wiederum unter Beweis gestellt und das Erscheinen des Bandes trotz verschiedener Widrigkeiten wirksam unterstützt und ermöglicht. Dafür aufrichtiger Dank!

Der Herausgeber

Mecklenburger in Europa und der Welt

Mecklenburger Männer und Frauen trifft man auf allen Kontinenten und in vielen Ländern. Sie haben als Einzelpersonen oder in Gruppen ihre Heimat verlassen, sind bei der Gestaltung ihres Lebens in der Fremde meist erfolgreich gewesen, hatten aber auch oft genug ein schweres Los gewählt. Dabei waren die Interessen der Ausgewanderten und die Ursachen für ihre Ausreise höchst unterschiedlicher Art und auch maßgeblich durch die verschiedensten Bedingungen in ihrer Heimat geprägt.

Bei den Wanderbewegungen von Menschen und Völkern in der Geschichte, gehörte Mecklenburg vor allem im 19. Jahrhundert wohl eindeutig zu den Auswanderungsländern. Groß ist die Zahl der Mecklenburger, die sich mit ganzen Familien, als alleinstehende Männer oder ledige Frauen in die Schiffslisten zur Überfahrt nach Amerika eintrugen. Das waren vor allem Tagelöhner, Knechte, Arbeitsmänner, Dienstboten und Handwerker. Allein über Hamburg verließen in den 20 Jahren von 1851 bis 1870 etwa 90.000 Menschen aus dem verhältnismäßig schwach besiedelten Mecklenburg ihre Heimat. Aber auch aus anderen deutschen Ländern wanderten Menschen in erheblichem Umfang ins Ausland ab. So gab es allein in den 5 Jahren zwischen 1850 bis1854 insgesamt etwa 800.000 Auswanderer und von der Mitte der siebziger bis zur Mitte der achtziger Jahre nochmals über eine Million Menschen, die Deutschland verließen. Wirtschaftliche Nöte, politische Zwänge, aber auch religiöse Bedrängungen oder der Wunsch nach Erwerb von Grundbesitz und die Suche nach beruflichen Chancen waren für viele Auswanderer die Gründe zum Verlassen der mecklenburgischen Heimat. Offenbar sahen sehr viele Menschen in der Zeit der Industrialisierung kaum für sich hinreichende Möglichkeiten, ihre Lebensziele in Deutschland zu verwirklichen. Im 19. Jahrhundert waren vor allem Nordamerika, Brasilien und Chile in Südamerika sowie auch Australien bevorzugte Länder, in denen sich Möglichkeiten für die Gestaltung einer hoffnungsvollen Zukunft anboten und deshalb Ziel der Auswanderer waren. Ihre Spuren lassen sich dort und anderswo bis in die Gegenwart verfolgen.

Hunderttausende Einzelschicksale von Mecklenburgern wurden in diesen Strömen der Wanderungen geprägt, die durch einige Biographien nacherlebbar dargestellt worden sind. Ein besonders bewegendes Bild von den Erlebnissen der Auswanderer ist gewiß der Roman »Jürnjakob Swehn, der Amerikafahrer«, von dem Schriftsteller Johannes Gillhoff (1861–1930) aus Glaisin bei Ludwigslust. Auf der Grundlage von Briefen einiger Auswanderer aus seinem Heimatdorf nach Amerika, vermittelt er den zurückgebliebenen Mecklenburgern die Erlebnisse und Erfahrungen der Ausgereisten in der Neuen Welt. Darüber hinaus gibt es aber viele andere Menschen dieses Landes, die im Verlauf der Jahrhunderte aus ganz persönlichen und unterschiedlichen Gründen in die verschiedensten Länder der Erde gegangen sind, sich dort einen Namen machten, aber in ihrer mecklenburgischen Heimat und oft selbst in den Orten ihrer unmittelbaren Herkunft kaum noch in der Erinnerung leben. Es ist gewiß eine sinnvolles Unterfangen, Namen und Daten, Leistungen und Wirkungen dieser Menschen zu sammeln, darzustellen und öffentlich zugänglich zu machen.

Das Andenken an die »Ausländer« aus Mecklenburg in der Welt ist tatsächlich in ihrer Heimat recht unterschiedlich ausgeprägt. Vielen ist gewiß der Name des Altertumsforschers Heinrich Schliemann (1821–1890) aus Neubukow geläufig, der 1870–1882 mit großem Einsatz und Erfolg in Troja (Kleinasien) den Schatz des Priamos ausgrub. Viel wurde über ihn geschrieben und sein Name steht bis in unsere Tage in der Zeitungen im Zusammenhang mit den Debatten um die nach dem II. Weltkrieg von Berlin nach Moskau gebrachten trojanischen Schätze, die nach fünf Jahrzehnten zum russischen Staatseigentum erklärt worden sind. Wenigstens unter den Philatelisten ist der in Rostock geborene Ferdinand von Müller (1825–1896) vor einigen Jahren wieder bekannt geworden, nachdem an ihn die australischen und deutschen Postbehörden durch die Herausgabe einer gleichartig gestalteten Sonderbriefmarke aus Anlaß seines Todes vor 100 Jahren erinnert haben. Aber wer weiß in unseren Jahren in Mecklenburg etwas über Johann Carl Wilcke (1732–1797) aus Wismar, der es als ausgewiesener Naturforscher bis zum Sekretär der Stockholmer Akademie der Wissenschaften brachte? Auch nur sehr wenige kennen den Astrophysiker Friedrich Joachim Christian Krüger (1864–1916), der als Direktor des Observatoriums im dänischen Aarhus den Fernrohrreflektor entwickelte und aus dem mecklenburgischen Dassow stammte.

Beachtlich ist die Zahl herausragender Mecklenburger und Mecklenburgerinnen, auf die erst in den letzten Jahren aufmerksam gemacht wurde und deren Leistungen staunende Bewunderung auslösten und Anerkennung fanden. Zu ihnen gehört Elisabeth Krämer-Bannow (1874–1945) aus Wismar. Sie nahm vor dem ersten Weltkrieg mit ihrem Mann an mehreren Südsee-Expeditionen nach Papua-Neuguinea (vormals Neu-Mecklenburg) teil und leistete eigenständige ethnographische Forschungen. Der in Hoppenrade bei Güstrow geborene Heinrich Siemund (1874–1955) machte sein Glück erst in Amerika durch die Entwicklung von elektrischen Schweißverfahren zur Reparatur von Schiffskesseln, die er auf »schwimmenden Werkstätten« im Hafen von New York erfolgreich einsetzte. Immer wieder werden Persönlichkeiten entdeckt und vorgestellt, die ihre Heimat verließen und durch ihr Wissen und Können in anderen Ländern auf Grund großartiger Leistungen Erfolge hatten und Anerkennung fanden.

Wenn man ausgehend von den bekannten ausgewanderten Einzelpersönlichkeiten nach den verschiedenen Gründen und Formen für den Verlauf der Wanderungen in die Ferne fragt, wird wohl mit dem Beginn der Neuzeit diese Bewegung wesentliche Impulse erhalten und einen ersten Höhepunkt gehabt haben. Natürlich hat es bereits im Mittelalter wandernde Persönlichkeiten gegeben, wofür am Ausgang dieser Epoche Heinrich von Ribnitz (um 1360–1435) auch für Mecklenburg ein überzeugendes Beispiel gab. In der Zeit der Renaissance war das Reisen modern geworden, verbreitet in Kreisen des Adels, bei Gelehrten und Studenten sowie gewiß bei Kaufleuten und Schiffern. Es gibt Hinweise darauf, daß gerade in dieser Zeit Rostocker Bürger Kontakte nach Italien suchten, worüber wir aber bisher nur wenig wissen. Aus dem 17. Jahrhundert kennen wir erste bedeutende Schilderungen über Fernreisen durch den Schönberger Edelmann Johann Albrecht von Mandelslo (1616–1644), der Rußland, Persien, Indien, Madagaskar und Südafrika besuchte. In der gleichen Zeit gingen Mediziner und Theologen aus Mecklenburg nach Skandinavien, ins Baltikum und nach Rußland. Mit der Aufklärung wuchs die Mobilität insbesondere von Gelehrten, oft aus wissenschaftlicher Neugier, nicht selten aber auch als Resultat der Suche nach materiell gesicherten Möglichkeiten für ihre Arbeit. So fand erst in St.Petersburg der Rostocker Physiker Franz Ulrich Theodor Aepinus (1724–1802) unter Katharina II. auskömmliche Bedingungen für seine Selbstverwirklichung als Gelehrter. Im gleichen Jahrhundert fand der Mecklenburger Carl Friedrich Behrens (um 1700 – um 1750) Erfüllung als Weltumsegler und teilte damit seine Triumphe als Entdecker mit anderen europäischen Seefahrern wie dem Engländer James Cook (1728–1779), dem Franzosen Louis Antoine de

Bougainville (1729–1811) oder dem Russen Vitus Bering (1680–1741). Und wie viele andere seiner Zeit, berichtete Behrens auch in Reisebeschreibungen über seine Erlebnisse und Entdeckungen. In der gleichen Zeit gelangte ein anderer Rostocker im Auftrag der niederländischen Ostindienkompanie nach Südafrika : Joachim Nikolaus von Dessin (um 1704–1761). Er ließ sich am Kap nieder und wurde dort der Begründer einer ersten großen Bibliothek in Südafrika.

Nach dieser »zweiten Phase der Entdeckung der Erde« in der Zeit der Aufklärung, in der eine große Zahl von wissenschaftlichen Darstellungen zu den Beobachtungen der Natur und der in sie einbegriffenen fremden Völker entstand, gewann während des 19. Jahrhunderts im Zusammenhang mit der Industrialisierung das Reisen insgesamt eine neue Dimension. Und das betraf nicht nur die Massenauswanderungen von Teilen der dörflichen Bevölkerung. Auch die Zahl der ausreisenden Einzelpersönlichkeiten wuchs an. Dabei ging es nicht allein um die Befriedigung von Neugier. In wachsendem Maße erkannte man die Nützlichkeit der Natur zur Erfüllung menschlicher Bedürfnisse durch die Entdeckung neuer Gebrauchseigenschaften der verschiedenen Naturgegenstände, ihre Gewinnung als Rohstoffe sowie den Wert des Austauschs von Produkten mit fremden Ländern. Das beflügelte den Wissensdurst, den Unternehmergeist und das Gewinnstreben bei vielen Menschen. Mutig ging man in die Fremde in der Hoffnung, Neues zu entdecken oder dort sein Glück zu machen, wobei oft beide Wünsche die zwei Seiten der gleichen Medaille waren und dadurch auch die Entwicklung von Wissenschaft und Technik deutliche Impulse erhielt. Mecklenburger waren auf ihre Weise an diesen gesellschaftlichen Prozessen durchaus beteiligt. In der weiten Welt wurde Theodor Cordua (1796–1857) aus Wandow bei Laage als Kaufmann und Unternehmer über Jahrzehnte im Fernhandel von Südostasien über Afrika bis Südamerika und Kalifornien aktiv. Der in Sülten bei Malchin geborene Heinrich Wilhelm Friedrich Bölkow (1806–1878) war in England ein besonders erfolgreicher Unternehmer auf dem Gebiet der Metallurgie und der Metallverarbeitung und obendrein Mitglied des Unterhauses. Und der Malchiner Siegfried Marcus (1831–1898) fand in seiner Werkstatt in Wien grundlegende Konstruktionen zur Entwicklung des Automobils.

In den gleichen Jahren zog es – wie den Rostocker Ferdinand von Müller – auch Christian Carl Ludwig Rümker (1788–1862) aus Neubrandenburg in das ferne Australien. Der eine machte sich als Botaniker international einen Namen und baute den Botanischen Garten in Melbourne auf, der andere war einer der ersten Astronomen auf dem Kontinent und wirkte in dem Brisbane Observatorium in Paramatta, New South Wales. Und auch Carl Möglin (1839–1874) verließ als mittelloser Mann seine Vaterstadt Wismar, um in Australien als Goldgräber und Kaufmann zu erheblichem Reichtum zu kommen und asiatische Kunst zu sammeln, die heute noch zu den Schätzen der Städtischen Museen in Wismar gehört.

Auffallend ist in dieser Zeit auch das besondere Interesse von Mecklenburgern für den afrikanischen Kontinent. Mit durchaus unterschiedlichen Absichten und Zielen unternahmen vor allem im 19. Jahrhundert Paul Pogge (1838–1884), Hermann Freiherr von Maltzan (1843–1891), Carl Knuth (1863–1940), Hugo Voss (1875–1968) und Adolf Friedrich Herzog zu Mecklenburg (1873–1969) in den verschiedenen Regionen Afrikas viele Reisen, über die von ihnen verfaßte und heute noch durchaus lesenswerte Berichte vorliegen. Auch in Südostasien und in der Südsee waren Mecklenburger aktiv wie der Arzt Bernhard Funk (1844–1911) aus Neubrandenburg in Apia auf West-Samoa oder die bereits erwähnte Elisabeth Krämer-Bannow in Papua-Neuguinea und auf den Karolinen-Inseln.

Auffällig sind bei diesen Reisezielen von mecklenburgischen Naturforschern, Ethnographen und nicht zuletzt Politikern wie Adolf Friedrich zu Mecklenburg um 1900 die zahlreichen Aufenthalte in Regionen der Welt, in denen das Deutsche Kaiserreich entweder bereits Kolonien hatte oder weitere koloniale Ansprüche anzumelden versuchte. Es darf angenommen werden, daß diese verschiedenen Reiseaktivitäten vor allem politischen Interessen folgten oder wenigstens unter diesen Motiven Unterstützung fanden. Deutlich wird aber auch, daß die nicht wenigen aus Mecklenburg ausreisenden Einzelpersönlichkeiten in der Regel mit den in diesen Jahrzehnten gleichzeitig verlaufenden Massenauswanderungen kaum in einer unmittelbaren Beziehung standen, was sich schon aus den verschiedenen Zielregionen in der Welt ablesen läßt.

In einer gewissen Kontinuität gab es immer wieder Auswanderer, die sich im östlichen Europa niederließen. Dabei spielten wissenschaftliche Motive und Aktivitäten eine erhebliche Rolle, wobei das Baltikum und Rußland Gelehrten aus Mecklenburg oft genug interessante und auskömmliche Tätigkeitsfelder boten. Zu ihnen gehörte der Teterower Gottlieb Siegismund Kirchhoff (1764–1833), der in St. Petersburg die Kaiserliche Apotheke als Direktor leitete und sich um zahlreiche praktische Entwicklungen wie die Reinigung von Pflanzenölen oder die Gewinnung von Traubenzucker aus Pflanzenstärke und anderes verdient gemacht hat. Auch Fanny Tarnow (1779–1862), die Autorin aus Güstrow, hielt sich in dieser Zeit in St. Petersburg auf. Professor für orientalische Sprachen wurde an der Universität in Kasan der Ludwigsluster Friedrich Franz Ludwig von Erdmann (1795–1862), während sich Karl Friedrich Wilhelm Rußwurm (1812–1883) aus Ratzeburg als Inspektor der Ritter- und Domschule in Reval um die Kulturgeschichte Estlands mit verschiedenen wissenschaftlichen Publikationen bemühte. Auch der Rostocker Christian Martin Joachim Frähn (1782–1851) wirkte in Kasan und St. Petersburg als Orientalist. Über drei Jahrzehnte war Georg Dragendorff (1836–1898) Professor für Pharmazie an der Universität Dorpat in Estland tätig. An viele weitere Mecklenburger könnte erinnert werden, wie an Franz Gesellius (1840–1900), der aus Malchin kommend an der Newa einige Zeit Chefredakteur des »Petersburger Herold« war und dadurch dort nicht ohne Einfluß gewesen sein dürfte oder an den in Grevesmühlen geborenen Museumsdirektor in Riga Wilhelm Neumann (1849–1919). Diese Aufreihung ließe sich fortsetzen.

Insbesondere seit der Mitte des 19. Jahrhunderts scheinen sich aber die Initiativen von Mecklenburgern im Ausland geographisch noch weiter gespreizt zu haben. Auf dem Hintergrund der Entdeckung und Erschließung vieler neuer Länder und Regionen weitete sich auch das Spektrum der Möglichkeiten, Abenteuer zu erleben und Chancen zu nutzen. So mutet es schon erstaunlich an, daß 1878 der japanische Kaiser gerade den Rostocker Professor Hermann Roesler (1834–1894) in sein Land mit dem Ziel berief, um ihn als Berater für die Neuorganisation des Staates und vor allem für die Erarbeitung einer neuen Verfassung zu gewinnen. Roesler blieb 15 Jahre in Japan und ist noch in der Gegenwart wegen seiner grundlegenden Hinweise zur Gestaltung eines modernen japanischen Staatswesens dort in guter Erinnerung.

Und selbst in Exekutivorganen von asiatischen Staaten wurden Mecklenburger aktiv. Machte sich bereits in den Jahren von 1835 bis 1839 der aus Parchim kommende Helmuth von Moltke in der Türkei als Militärberater hoch verdient, war der Teterower Robert Vincent (1841–1914) als erfolgreicher Polizeipräsident von Bombay in Indien 1893–1899 mit erheblicher Macht ausgestattet und wurde nach seiner Verabschiedung durch verschiedene Privilegien geehrt. Und auch in ganz anderen Regionen bot auch das Küstenland Mecklenburg mit seinen Seeleuten besondere Möglichkeiten für weite und abenteuerliche Unternehmen. Erinnert sei an den Seeoffizier Wilhelm Baade (1843–1903) aus Wismar, der 1869/70 an der 2. Deutschen Nordpolexpedition teilnahm, sein Schiff verlor und mit seiner Besatzung 200 Tage auf einer Eisscholle bis zur glücklichen Landung auf Grönland driftete.

Mit den tiefgreifenden und schnellen politischen, wirtschaftlichen, kulturellen und verkehrstechnischen Veränderungen in der Gesellschaft im 20. Jahrhundert haben die Beziehungen zu anderen Ländern nicht nur dem Umfang nach gewaltig zugenommen, sie veränderten auch ihren Charakter. Jetzt begannen neben Gelehrten, Unternehmern und Entdeckern auch Diplomaten, Politiker, Künstler, Literaten und Emigranten – aus Gründen politischer Bedrängnis oder rassistischer Verfolgung – eine größere Rolle zu spielen.

Bereits im 19. Jahrhundert war der Mecklenburger Albrecht Graf von Bernsdorf (1809–1874) deutscher Botschafter in London und während der Weimarer Republik vertrat Adolf Freiherr von Maltzan (1877–1927) als Botschafter Deutschland in den USA. Das 20. Jahrhundert, in dem Deutschland durch verschärfte politische Auseinandersetzungen stark gezeichnet war, wurden auch Biographien von Mecklenburgern maßgeblich bestimmt. Dabei waren Erfahrungen, Wirkungen und Lebensumstände betroffener Persönlichkeiten im Ausland auch in der deutschen Heimat von auffallender Bedeutung.

Durch nachdrückliche Erlebnisse in Afrika wurde das für seine Zeit ungewöhnliche Leben von Hans Paasche (1881–1920) schon vor dem I. Weltkrieg geprägt. Er wandelte sich vom Kapitänleutnant der Kaiserlichen Kriegsmarine zum konsequenten Pazifisten. Als Bewunderer von Karl Liebknecht und Rufer zur Einsicht in die deutsche Kriegsschuld wurde er durch Soldaten der Reichswehr ermordet. Das Schicksal von Hans Paasche ist – obwohl in Rostock geboren – in Mecklenburg nur wenig bekannt. Zweifelhaften Ruhm erntete dagegen ein anderer politisch aktiver Mecklenburger, über die Grenzen seines Geburtslandes hinaus. Der Schweriner Wilhelm Gustloff (1895–1936) war ein Aktivist der faschistischen Bewegung in der Schweiz. Bekannt ist er vor allem durch den Untergang des Schiffes mit seinem Namen, der »GUSTLOFF«, wenige Wochen vor dem Kriegsende in der Ostsee mit Tausenden Flüchtlingen. Gustloff war 1917 aus gesundheitlichen Gründen in die Schweiz gegangen, stieg dort bis zum Chef der meteorologischen Station in Davos auf und entwickelte die Nazipartei in seinem Gastland zur wichtigsten Auslandsorganisation der NSDAP. 1936 wurde er erschossen und von der Nazipropaganda zum Märtyrer verklärt.

Die Entwicklung der politischen Bedingungen in Deutschland und Mecklenburg selbst führten zu Konsequenzen, die nicht wenige Landsleute zum zwangsweisen Verlassen des gewohnten Lebens- und Arbeitsraumes zwangen. Um dem rassistischen Terror der Nazis gegenüber jüdischen Bürgern zu entgehen, emigrierten der in Rostock geborene Archäologe Karl Lehmann (1894–1960) in die USA und der Psychologe David Katz (1884–1953) von der Rostocker Universität nach Schweden. Beide entkamen so dem faschistischen Mordsystem und leisteten an ihren neuen Wirkungsstätten wichtige Beiträge auf den jeweiligen wissenschaftlichen Arbeitsgebieten. Auch der jüdische Jurist Joseph Marcus (1886–1961) aus Grabow, obwohl während der Weimarer Republik hoher deutscher Beamter, konnte sich vor dem faschistischen Terror 1934 nur durch die Emigration nach Palästina retten. Nach dem Ende des II. Weltkriegs und der Zerschlagung des Faschismus kamen aber auch deutsche Emigranten nach Mecklenburg, wie der Politiker Kurt Bürger (1894–1951) und der Schriftsteller Willi Bredel (1901–1964), nachdem sie am spanischen Bürgerkrieg teilgenommen hatten und danach in der Sowjetunion Zuflucht fanden, um am Aufbau des zerstörten Landes in der deutschen Heimat teilzunehmen.

Der durch viele Hoffnungen und großen Enthusiasmus bestimmte Neubeginn des Aufbaus neuer gesellschaftlicher Verhältnisse im Geist eines konsequenten Antifaschismus nach 1945, geriet auch in Mecklenburg bald in politische Verkrustungen, geistige Bevormundungen und Rechtsbrüche. Wiederum gab es auch politische Gründe, Mecklenburg zu verlassen. Zu den prominentesten »Auswanderern« in dieser Zeit gehörte der Schriftsteller Uwe Johnson (1934–1984), der in Güstrow die Schule besuchte und in Rostock Germanistik studiert hatte. Über eine Reihe von Jahren wirkte er in den USA und in England und gewann außerhalb von Mecklenburg literarischen Ruhm. Ihm war die geistige Dimension der DDR zu eng geworden, ohne Mecklenburg je zu vergessen und sein Heimweh zu bewältigen.

An der Wende zum nächsten Jahrhundert wird aus der Sicht des Auslandes das Bild von Mecklenburg mehr und mehr durch Persönlichkeiten bestimmt, die durch ihre Leistungen im internationalen Rahmen auf sich und ihr Herkunftsland aufmerksam machen. Zu nennen sind hier aus der Welt des Sports die Läuferin Marita Koch oder Diskuswerferin Astrid Kumbernuss, die zahlreiche olympische Goldmedaillen nach Mecklenburg brachten. Zu erinnern ist hier auch an Wissenschaftler von Weltrang mit einem Bekanntheitsgrad wie der des Mediziners Horst Klinkmann aus Teterow, der bei seinen weit gefächerten Arbeiten im Ausland ein bekennender Mecklenburger ist und zur Entwicklung von Wissenschaft und Wirtschaft in seiner Heimat sehr viel beigetragen hat. Die unübersehbaren Tendenzen der Globalisierung und Internationalisierung auch der persönlichen Kontakte in der Welt wird zu neuen Formen in den Beziehungen auch der Mecklenburger zum Ausland führen.

Schon heute kann man fremde Länder und Kontinente erleben, dort lernen oder wirken, ohne sich von der Heimat für immer zu verabschieden; und bald steht durch die neuen Kommunikationsmittel die Welt allen Interessierten offen, ohne die gewohnte Umgebung zu verlassen. Trotzdem wird dadurch das Reisen in fremde Regionen nicht so schnell aus der Mode kommen. Im Gegenteil. Die in der Geschichte durch Mecklenburger gezeigte Aufgeschlossenheit – aus welchen Gründen auch immer – in die Ferne aufzubrechen, findet in der Gegenwart bei der Nutzung von Chancen in anderen Ländern oder auch in den Massenbewegungen des Tourismus ihren entsprechenden Ausdruck. Dieser Drang in die Ferne hat in Mecklenburg seine eigene Tradition.

Martin Guntau

Vom Katheder zur Kartause:
Heinrich von Ribnitz – Rektor der Universität Prag und Prior der Kartause Marienehe

Gerhard Schlegel

Im Jahre 1435, nach einem etwa 75jährigen Leben, starb in der Kartause Marienehe bei Rostock Heinrich Recze-kow aus Ribnitz. Hier hatte er als Prior seit 1406 ge-wirkt. Nur wenige Mitbrüder und Zeitgenossen wußten um die vorklösterliche Vergangenheit und Bedeutung dieses Mannes für die Geschichte der Medizin und der Wissenschaft. Erst in unserem Jahrhundert tauchte der Name Heinrich von Ribnitz vereinzelt in speziellen Ver-öffentlichungen zur Prager und Rostocker Universitäts-geschichte, zur Geschichte der Pest sowie zur Geschichte des Ordens der Kartäuser auf.

Wer war Heinrich von Ribnitz? Welche Beziehungen verbanden ihn mit den beiden Universitätsstädten Prag und Rostock? Welche Bedeutung hatte sein Pestrezept? Was drängte diesen Mann auf dem Höhepunkt seiner wissenschaftlichen Karriere, in den strengsten Orden der damaligen und heutigen Zeit, den Kartäuser-Orden einzutreten? Diese Fragen machen neugierig auf den Lebensweg einer ungewöhnlichen Persönlichkeit.

Die frühesten Lebensdaten von Heinrich sind die Promotionsdaten zum Bakkalaureus artium in Prag 1376/77. Nach den akademischen Gepflogenheiten wurde dieser unterste Grad im mittelalterlichen Studi-engang nach einem Jahr erworben – in der Regel mit etwa 16 Lebensjahren. Daraus abgeleitet kann man die Geburt Heinrichs um das Jahr 1360 vermuten.

Seine norddeutsche Herkunft wird durch unter-schiedliche Hinweise belegt. In Prag gehörte er zur Säch-sischen Nation, zu der die niedersächsischen, meck-lenburgischen und pommerschen Studenten zählten. Zum anderen wird im Register graduatorum der Pra-ger Universität von 1388 seine Herkunft durch den Fa-miliennamen und den Herkunftsort konkretisiert. Dort nennt er sich »Henricus Reczekow de Rybbenicz«, also Heinrich Retschow oder Retzow aus Ribnitz. Der Name

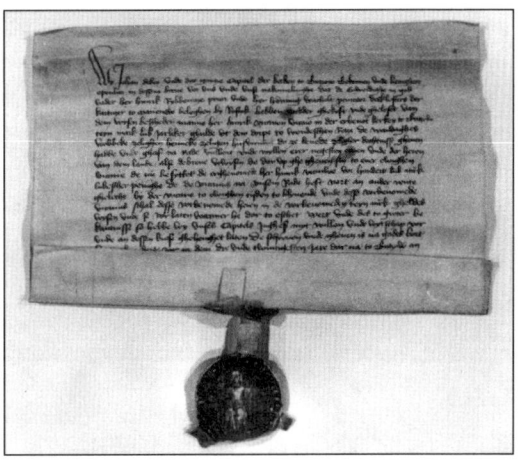

*Nennung des »Hinrik Rybbenitze prior«
in einer Urkunde vom 27. März 1423,
Marienehe betreffend.
(Archiv der Hansestadt Rostock,
Gesamtansicht und Detail)*

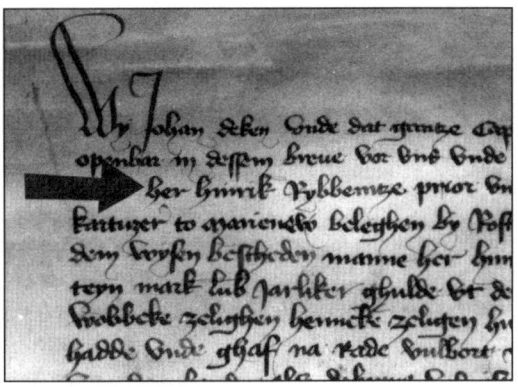

17

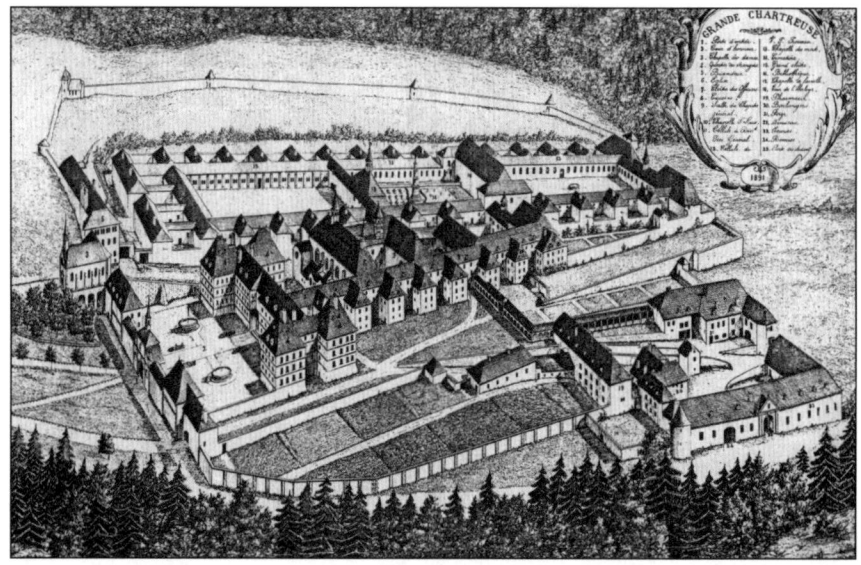

Mutterkloster des Kartäuserordens (gegründet 1084 durch Bruno von Köln) im Grande Chartreuse bei Grenoble in Frankreich nach einer Darstellung aus dem Jahr 1891

Retschow taucht ab 1270 mehrfach in frühen mecklenburgischen Urkunden für ritterschaftliche Ministrale auf. In der wissenschaftlichen und auch der Ordensliteratur wird Heinrich jedoch stets Heinrich von Ribnitz genannt. Ein dritter Hinweis auf seine Herkunft ergibt sich auch aus seiner späteren Priesterweihe für das Bistum Schwerin, zu dem auch sein Heimatort Ribnitz gehörte.

Akademische Ausbildung und Karriere von Heinrich lassen sich recht gut aus den Prager Quellen erschließen. 1379 war er Lizentiat und Magister in den Artes, also der Philosophie, sowie Examinator daselbst in den Jahren zwischen 1381 bis 1387 und 1389 bis 1398. Zusätzlich ließ er sich 1386 bei den Juristen intitulieren. Im Jahre 1388 war Heinrich Dekan der Philosophischen Fakultät und wurde 1392 zum Rektor der Prager Universität gewählt. Mit dem Rektorat dieser berühmten Universität hatte Heinrich von Ribnitz nach menschlichem Ermessen den Zenit seiner wissenschaftlichen Laufbahn erreicht. Die Wahl in dieses hohe Amt dürfte Ausdruck von hoher Anerkennung für seine bis dahin erbrachten wissenschaftlichen Leistungen, seine Erfolge bei der Organisation des akademischen Lebens und seine menschliche Ausstrahlung gewesen sein.

Im Jahre 1394 behauptete sich Heinrich in einer der üblichen akademischen Disputationen gegenüber Medizinern – möglicherweise zu der damals aktuellen Pestfrage – und gehörte 1396 dem Carolus-Kollegium an. Heinrich von Ribnitz erhielt 1397 den Vertrauensposten eines Kollektors für die Studiengebühren der Artistenfakultät übertragen. Er hatte damit direkte Beziehungen zu allen, die Gebühren zu entrichten hatten, von den neu immatrikulierten Studenten bis zu den Prüflingen für die unterschiedlichen akademischen Grade – vom Bakkalaureat über das Magisterium bis zur Doktorpromotion. So ist anzunehmen, daß er viele kannte und selber bekannt war. Heinrich dürfte deshalb auch den jungen Jan Hus gekannt haben, der 1393 sein Examen für das Bakkalaureat und 1396 für das Magisterium in Prag abgelegt hatte. Diese Jahre gehörten zu dem Zeitraum, in dem Heinrich als einer der fünf Examinatoren die Prüfungen abnahm. Hus selbst wurde 1398, im Jahr des Ausscheidens von Heinrich aus der Prager Universität, zum Examinator der Artisten-Fakultät bestimmt.

Im Jahre 1397 erhielt Heinrich von Ribnitz die Sub-diakonatsweihe für das Bistum Schwerin. Das war der erste unwiderrufbare Schritt zu einem gänzlich neuen Leben in einer geistlichen Laufbahn. Schon bald dar-auf wird er 1400 in einer weiteren schriftlichen Quelle als Inhaber eines geistlichen Lehns in Karlowitz in der Diözese Breslau geführt. Es ist unbekannt, inwieweit Heinrich diese Stelle ausfüllte. In dieser Zeit tritt eine Lücke von etwa 6 Jahren in seinen belegbaren Lebens-daten auf. Es kann nur davon ausgegangen werden, daß Heinrich in dieser Zeit dem strengen Kartäuserorden beigetreten ist. Dies war ein Ereignis, das er indirekt in einigen seiner späteren Schriften begründete.

Bislang sind von Heinrich von Ribnitz fünf überlie-ferte Schriften bekannt, von denen vier eindeutig sei-ner Universitätsperiode in Prag zuzurechnen sind. Da-von ist nur eine Arbeit aus dem Jahr 1390 datiert. Ins-besondere die sogenannte Prager Pesthandschrift »Causa, signa et remedia contra pestilenciam« wurde in der Geschichte der Medizin mehrfach beachtet. Sie entstand unter den Folgen der Pestwellen am Ende des 14. Jahrhunderts und hat das medizinische Wissen der Zeit zur Pest zusammengefaßt. Die Pest, eine auch heute noch Schrecken und Angst verbreitende Infektionskrankheit, hat die damals lebende Mensch-heit um ein Drittel dezimiert. Den Infektionsweg erkannte man bereits im 14. Jahrhundert. Als Gegenmaßnahmen wurden dann frühzeitig Abwehrsysteme entwickelt: Hafensperren, Isoliermaßnahmen, Verbrennen von infizierter Kleidung und auch die Bekämpfung der Rattenplage. Die Stadthygiene des ausgehenden Mittelalters ist grundlegend von der Pestbe-kämpfung beeinflußt worden.

Der deutsche Medizinhistoriker Karl Sudhoff (1853 bis 1938) hat zwei Varianten der Handschrift von Heinrich im Druck herausgegeben und gewürdigt. Sudhoff nennt den Au-tor einmal »Magister Henricus« und ein anderes Mal »Magister und Doktor Hinricus Rybbinis de Wart(islavia)«. Die letzte Ortsnennung mag mit seiner späteren Pfarrstelle im Bistum Breslau zusammenhängen. Inhaltlich erkennt man an den Bezügen des Autors auf die alten Autoritäten von Hippokrates über Galen, Rasis und Avicenna den belesenen aber su-chenden Gelehrten. Als Ursache für die Pest wird in der Schrift angegeben, daß bei einer bestimmten Konstellation der Sterne verbrauchte Dämpfe entstehen. Diese infizierte Luft infiziere nun die Menschen und löse die Pest aus, insbesondere wenn Mäuse und Sieben-schläfer zahlreich seien. Zu den allgemeinen Vorsichtsmaßnahmen in Pestzeiten empfiehlt der Autor die Meidung übermäßiger Feuchtigkeit wie häufige Bäder, aber auch große Men-schenansammlungen. Gemahnt wird zur Mäßigung bei Speise und Trank sowie beim Ge-schlechtsverkehr. Auch soll die Stimmung nicht durch Trauer getrübt sein, da dies für die Pest empfänglich mache.

Zu den therapeutischen Maßnahmen bei ausgebrochener Pest rechnet der Autor die Verbesserung der Luft im Schlafraum durch Anwendung von Aromaten und Essig. Er emp-fiehlt das Essen von Wildfrüchten, die chirurgische Behandlung der Pestbeulen und die

Text aus der Abschrift eines Pestrezeptes des Heinrich von Ribnitz vom Beginn des 15. Jahrhunderts (aus der Prager Kapitelsbibliothek)

Salbenbehandlung der Eiterstellen mit Theriak. Zu den Arzneianwendungen gehören Enzianwurzel mit Koriander in Essig gekocht, Wermut mit Rinderzungenwasser und Ysop mit Muskat. Herzstärkend sei Alant mit Rosenwasser und Honig.

Drei weitere überlieferte Handschriften Heinrichs behandeln thematisch Studienprobleme und Fragen der Ethik. Erhalten ist unter anderem auch eine Sammelhandschrift von Kollegiatsherren des Prager Carolus-Kollegiats. Davon sind Jakob de Brycen und Albert Engelschalk gleichzeitig mit Heinrich von Ribnitz in Prag nachweisbar. Die fünfte Handschrift ist ein Berliner Klosterband aus der ehemaligen Kartause Stettin: »Meditationes super salve regina«. Sie belegt schon den zweiten Lebensabschnitt Heinrichs und wurde verfaßt »im 31. Jahr des andauernden Schismas«, also 1409. Heinrich hatte sich inzwischen aus dem aktiven akademischen Leben in die meditative Stille einer Mönchszelle zurückgezogen. Der etwa 40jährige Hochschullehrer war um das Jahr 1400 in eine Kartause eingetreten. Das ganze Umfeld weist auf die Prager Kartause Mariengarten. Einiges spricht aber auch für Stettin, wie etwa die bereits genannte Berliner Handschrift. Auf dem Deckblatt dieses Bandes notierte ein Mitbruder, wie der allseits bekannte Professor und neue Kartäusernovize vom Prior zum ersten Mal in seine Zelle geführt wurde: »Als er, der Welt und ihrem Glanz und Ruhm entsagend, in unsern Orden eingetreten war und vom Convente im Mönchsgewand in die Zelle geführt wurde, da sprach zu ihm der Prior an der Zellenthür: ›Deine Magisterwürde und Deine Wissenschaft lasse draußen zurück, was Du aber an Demuth besitzest, das nimm mit hinein.‹ Diese Worte nahm er sich so zu Herzen, daß er sich gar einfach und demüthig erzeigte…« Die ursprüngliche Herkunft dieser Stettiner Handschrift ist nicht ganz geklärt. Es kann sich auch um eine ehemalige Prager Schrift handeln, die kurz vor oder nach dem Hussitensturm 1419 ausgelagert wurde und dann in der Stettiner Kartausen-Bibliothek trotz Rückrufmaßnahmen verblieb. Sie gelangte 1678 von Stettin über Stralsund 1682 in die Berliner Staatsbibliothek.

In der sittlichen Rangordnung der menschlichen Existenz galt im Mittelalter die »vita activa« als die untere Stufe der menschlichen Lebensweise. Die höhere Form, die »vita contemplativa«, konnte man nur als Mönch eines beschaulichen Ordens erreichen. Die Kartäuser galten im Hochmittelalter als vorbildlicher und strenger Orden. Im Jahre 1084 begann Bruno von Köln mit 6 Gefährten im Tal Cartusia (la Chartreuse) bei Grenoble in Frankreich ein eremitisches Leben. Die Lebensgewohnheiten fanden Anklang und wurden von anderen Einsiedlergruppen übernommen. Sie enthalten streng beschauliche Anteile und beziehen auch Momente des gemeinschaftlichen Lebens ein. Die Kartäuser verstehen ihr eremitisches Leben als wirksamen Weg auf der Suche nach Gott. Für den Lobpreis Gottes und Fürbitten für die Nöte der Welt halten sie nächtliche Stundengebete und Gottesdienst. Die Laienbrüder sorgen sich um das äußere Wohl und ermöglichen damit die Abschirmung und Abgeschiedenheit der Mönche. Diese Ordnung erhielt 1133 die Bestätigung durch den Papst. Seit 1140 trafen sich die Vorsteher der Klöster, die Prioren, zu den jährlichen Generalkapiteln in der Mutterkirche Grande Chartreuse. Hier wurden übergreifende Ordensangelegenheiten festgelegt und auch die Disziplin der Einzelklöster gewürdigt. Die zeitweise fast 200 Klöster der Kartäuser waren in 18 Provinzen eingeteilt. Rostock-Marienehe gehörte zur Provinz Saxonia. Die erste deutsche Kartause wurde 1323 in Mainz gegründet. Die baulich gut erhaltene Kartause in Nürnberg beherbergt heute in Kirche, Kreuzgang und Zellen das Germanische Nationalmuseum.

Der Tagesrhythmus eines Kartäusers wurde durch die Stundengebete im Chor und in der Zelle bestimmt. Es heißt: »Die Berufung des Kartäusers besteht vornehmlich darin, sich dem Schweigen und der Einsamkeit in der Zelle zu widmen. ... Wenn wir beten, reden wir mit dem Herrn.« Dazwischen gab es Zeit zum Studium und zur Handarbeit. »Die Bücher sind uns Nahrung für das geistliche Leben. In der Einsamkeit liest man nicht, um sich über Neuigkeiten zu orientieren, sondern vielmehr, um in stillem Frieden den Glauben zu vertiefen und das Gebet zu fördern. ... Denn wir wollen, daß die Bücher als ewige Speise unserer Seele mit außerordentlicher Sorgfalt gehütet und mit größtem Eifer kopiert werden, damit wir, die nicht mit Worten predigen können, mit unseren Händen Gottes Wort verkünden. Denn uns scheint: Soviel Bücher wir kopieren, soviel Verkünder der Wahrheit schaffen wir...« (Zitate aus der Ordensregel).

Die Kartäuser unterhielten in diesem Sinne einen lebhaften geistlichen Gedankenaustausch untereinander und mit theologisch Interessierten. Die Bibliotheken der Kartäuser waren reich und ihre Handschriftensammlungen berühmt. In den bereits erwähnten »Meditationes...« führt Heinrich von Ribnitz vielleicht die Gründe an, die ihn zum Ordeneintritt veranlaßt haben könnten. Dort sagt er:»Oh, wie glücklich sind die Mönche, die befreit sind von allen irdischen Sorgen und weltlichen Gedanken! Sie stellen sich dann den Studien der heiligen Schriften und Schriftsteller, sie sind bereits frei für göttliche Betrachtungen und Vertiefungen ... sie widmen sich Gebeten ... und singen Jubellieder. Ihren Geist erheben sie so zu Gott, daß sich aus der Vereinigung mit Gott und den Engeln ihre Gesichter röten und aufhellen, der Geist frohlockt ... Sie sind so erfüllt mit göttlichem Lob und Ruhm, daß man ihre Unterhaltung nicht mehr als irdisch bezeichnen muß, sondern als göttlich und engelgleich ...«

Siegel der Kartause (Kloster) Marienehe bei Rostock (1492)

Die Begegnung mit solcherart vorbildlichen Kartäusern mag auch Heinrich von Ribnitz beeindruckt und beeinflußt haben. In Prag hatte der damalige Prior Hermann (gestorben 1407) als bekannter Seelenführer eine besondere Ausstrahlung auf Akademiker. Wie Heinrich vollzogen auch weitere Studenten und Graduierte der Universität in diesen Jahren den spektakulären Schritt von der vita activa zur vita contemplativa. Erinnert sei nur an Johann Rode aus Hamburg, der von Prag aus zum Prior nach Brünn, Stettin und Frankfurt a.d. Oder berufen wurde und dessen kritische Schriften unter den Zeitgenossen Beachtung fanden. Der Schritt ins Mönchtum war im Mittelalter unter Akademikern nicht ungewöhnlich. Im Rostocker Kartäuserkloster gab es zeitweise unter den etwa 12 bis 15 Mönchen 8 Studierte mit akademischen Graden. Zwischen 1425 und 1430 gehörte auch Hermann Schipmann aus Lübeck zum Konvent, der 1423 Rektor der Universität Leipzig gewesen war.

Heinrich von Ribnitz wurde im Jahr 1406 von der Ordensleitung als Prior nach Rostock-Marienehe berufen. In den diesbezüglichen Papieren des Ordens wird sein Name zunächst fehlerhaft mit »Heinrich von Stinbing« angegeben, 1423 dann aber urkundlich als Prior

Reste der Kartause von Marienehe bei Rostock nach der Vicke Schorler Rolle (1583)

»Hinrik Rybbenytze« geschrieben. Die Rostocker Kartause »Domus legis beatae Mariae« (Marienehe) vor den Toren der Stadt war 1396 von dem Bürgermeister Winold Bagghel und seinem Schwiegervater Matthias von Borken gestiftet worden. 1398 wurde das junge Kloster besiedelt und 1403 als eigenständige Kartause in den Orden eingegliedert. Marienehe blieb die einzige mecklenburgische Kartause. Das Kloster erhielt durch Schenkungen Besitz in und um Rostock und Stralsund. Am Ende des 15. Jahrhunderts konnte es einige Salzpfannen in Lüneburg erwerben. Das Kloster genoß hohes Ansehen bei der Bevölkerung und beim Landesherrn. Die Prioren vermittelten in sozialen und religiösen Konflikten, beispielsweise bei der Rostocker »Domfehde« um 1490.

Während der Reformation wurde die Kartause 1552 aufgehoben, die Mönche vertrieben, das Kloster teilweise abgebrochen und einige Einkünfte 1557 zur Unterhaltung der Universität Rostock bestimmt. Vicke Schorler hat uns 1583 auf seiner Rolle mit Rostocker Gebäuden eine Ansicht von den erhaltenen Resten der Kartause hinterlassen. Nach einer zeitweiligen Nutzung von 1601 bis 1605 als illegale Münzprägestätte des mecklenburgischen Herzogs waren kurz darauf alle Klosterbauten von der Bildfläche verschwunden. Erst in unserem Jahrhundert gelangte der Ort als Produktionsstätte der Heinkelschen Flugzeugwerke wieder in den Blickpunkt der Öffentlichkeit. In den Zeiten der DDR bestand hier ein Fischkombinat.

Zur Zeit der Berufung Heinrichs befand sich die Rostocker Kartause in einer kritischen Situation. Der erste Prior, Johann Walkoff von Hoya/Hagen, war nach Rügenwalde in ein gefährdetes Kloster berufen worden. Darüberhinaus waren der Kartausenstifter Winold Bagghel und auch ein weiterer Förderer, der Rostocker Protonotar Magister Conrad Römer kurz vorher verstorben. In wenigen Jahren konnte aber der neue Prior ausreichend Wohltäter aktivieren, die finanziellen Engpässe überwinden und die stockenden Klosterbauten weiterführen. Neben der Lösung der materiellen Belange des eigenen Klosters war Heinrich dann 1411 vom Generalkapitel der Kartäuser auch mit dem Aufbau der neuen Ordensprovinz Saxonia betraut worden. Zu dieser neuen Region gehörten die Kartausen Stettin, Danzig, Hildesheim, Lübeck, Rostock, Frankfurt/Oder und Rügenwalde sowie später noch Schivelbein und Gripsholm/Schweden. Zur rechtlichen Neuordnung der Ordensprovinz hat Heinrich vermutlich häufig anstrengende Reisen auf sich nehmen müssen. Von 1411 bis 1416 sowie nochmals 1435 wurde er von der Ordensleitung mit den verantwortungsvollen Ämtern des Visitators oder des Convisitators der Saxonia betraut.

Im Jahre 1419 hatte die neugegründete Universität Rostock ihre Pforten geöffnet. Schon in den Anfängen der Universität bestanden Beziehungen zur Kartause. Für den Aufbau des Lehrkörpers war Magister Johann Vos zuständig, ein ehemaliger Prager Kollege von Prior Heinrich. So lag es sicher nahe, den einstmals bekannten und erfahrenen Hochschullehrer in den nicht einfachen wissenschaftlichen Aufbau der Universität mit einzubinden. Tatsächlich sind auch Aktivitäten des Priors zur Vermittlung von Universitätslehrern und Studenten belegt. Dabei handelte es sich 1421 um drei Studenten aus dem Deutschen Orden. Schließlich wurden sogar die Aktivitäten des engagierten Priors in den Universitätsstatuten – und zwar im niederdeutschen Nachtrag von 1425 – gewürdigt. Darin wurde festgelegt, daß bei Streitigkeiten zwischen der Stadt Rostock und der Universität der Prior der Kartause zusammen mit dem Abt des nahen Zisterzienserklosters Doberan als Schiedsrichter (»Overmann«) anzurufen sei. Damit fand der verdienstvolle Einsatz des Priors in der Gründungsphase der Universität Rostock eine ehrenvolle Würdigung.

Heinrich von Ribnitz war auch im Auftrag der Leitung seines Kartäuserordens in dem Mecklenburg benachbarten Dänemark tätig. 1428 hatte er die Bemühungen für neue Gründungen von Ordensklöstern zu beurteilen und in diesem Falle wohl negativ zu entscheiden. Seit 1427 war der ehemalige Prior von Diest, Goswin Comhair, vom Generalkapitel mit einem diesbezüglichen Auftrag versehen, am dänischen Königshof tätig. Er bekleidete dort mehrere Jahre das Amt eines Sekretärs bei König Erich. Der sich damals abzeichnende Handelskonflikt zwischen den Hansestädten einerseits und dem dänischen Königreich andererseits ließ eine gedeihliche Kartausengründung jedoch unmöglich erscheinen. Prior Heinrich hatte nun die schwierige Aufgabe, die angelaufenen Bemühungen zu stoppen. Der Kartäuser Goswin wurde um 1435 zum Bischof nach Island berufen (episcopus scalotensis ecclesiae). Das gute Verhältnis des dänischen Königs zu seinem einstigen Sekretär wirkte über den Tod des Monarchen am 20. Juli 1447 hinaus. Er gehörte zu den wenigen Kartäusern, die in ein höheres kirchliches Amt berufen wurden und dieses auch annehmen durften. Das Generalvikariat der Kartäuser hatte im Jahre 1435 die Bitte Heinrichs um Entpflichtung vom Priorat für Marienehe abgelehnt. Es berief ihn sogar nochmals zum Visitator für die Ordensprovinz Saxonia. In diesem Amt starb Heinrich von Ribnitz zwischen Juli und Oktober 1435. Sein Tod wurde in den Rundbriefen des Ordens 1436 angezeigt: »Domnus Hinricus de Robemes Prior quondam domus prope Rostock«.

Der Nachwelt hinterlassen blieben Klosterurkunden und Manuskripte Heinrichs von Ribnitz. Sie geben uns Einblick in die bemerkenswerte Lebens- und Denkungsart eines Menschen des Mittelalters in unserer Region. Studium und Wissenschaft führten ihn bis in das Rektorat der Universiät Prag, einer der ältesten in Europa. Sein Bemühen um die Bekämpfung einer Geißel der Menschheit wurde noch in unserem Jahrhundert positiv gewürdigt. Seinen Wechsel in einen neuen Beruf als Mönch hat er selber als Berufung angesehen. Das wurde von seinen Zeitgenossen ohne Aufhebens registriert. Der Kartäuserorden nahm Heinrich von Ribnitz voll in die Pflicht als Prior. Er organisierte in seiner Zeit die materielle Basis der Kartause Marienehe, von der keine baulichen Reste mehr erhalten sind. Durch seine Empfehlungen nahm er auch Anteil am Aufbau der jungen Universität Rostock. Die Biographie dieser bemerkenswerten Persönlichkeit ist weitgehend vergessen; wir sollten aber in der Gegenwart an das Leben und Werk dieses bedeutenden Mecklenburgers erinnern.

Handschriften von Heinrich befinden sich in den Beständen der Universitätsbibliothek Leipzig und der Staatsbibliothek Berlin. Seine von Karl Sudhoff herausgegebenen Pestschriften sind im »Archiv für Geschichte der Medizin IV« (1911) abgedruckt. Eine ausführliche Biographie zu Heinrich liegt bisher nicht vor. Hinweise zu seinem Leben werden in der Arbeit von G.Schlegel: Die vergessene Kartause Marienehe bei Rostock (1396–1552), in: Analecta Cartusiana 116:4, Salzburg 1989, S.119–151 gegeben.

Anatom – Botaniker – akademischer Lehrer:
Der Rostocker Mediziner Simon Pauli der Jüngere in Kopenhagen

Elisabeth Brosig

Als infolge der Renaissance seit dem 15. Jahrhundert die mönchische Sittenstrenge an den Universitäten aufbrach und viele der nicht an das Zölibat gebundenen Magister und Professoren heirateten, war die Voraussetzung für die Entstehung von Gelehrtenfamilien geschaffen. Viele Hochschullehrer förderten eine akademische Laufbahn ihrer Söhne, und häufig wurde in Akademikerkreisen eine gezielte Heiratspolitik betrieben. Einer solchen traditionsreichen Gelehrtenfamilie entstammte auch Simon Pauli, einer der bekanntesten mecklenburgischen Mediziner im 17. Jahrhundert, der am 6. April 1603 in Rostock das Licht der Welt erblickte. Bereits sein Großvater, Simon Pauli der Ältere, war Theologe an der Rostocker Universität, sein Vater Heinrich hatte dort einen Lehrstuhl für Medizin inne. Paulis Mutter Katharine Papke kam ebenfalls aus einer angesehenen Familie, sie war Tochter eines Rostocker Bürgermeisters.

Als Simon Pauli gerade ein Jahr alt war, wurde sein Vater 1604 von Rostock zum Leibarzt der dänischen Königinwitwe Sophie nach Nykøbing auf die dänische Insel Falster berufen, wo Pauli seine frühe Kindheit verbrachte. Nach dem Tode des Vaters im Jahr 1610 kehrte er mit seiner Mutter nach Mecklenburg zurück und besuchte bis 1617 die Schule in Güstrow. Der akademischen Tradition seiner Familie folgend, schrieb sich Simon Pauli mit 14 Jahren im Mai 1617 an der Universität Rostock als Student ein.

Schon frühzeitig zeigte er besonderes Interesse an der Medizin, und speziell an der Anatomie. Bereits während seiner Studienzeit bemühte sich Pauli darum, selbständig Sektionen durchzuführen. Beleg hierfür ist ein Brief vom 23. November 1625 an den Rat der Stadt Rostock, in dem Pauli gemeinsam mit einem weiteren Studenten um die Leiche einer Selbstmörderin zum Zwecke anatomischer Studien bat. Dieses Gesuch wurde vom Rat jedoch negativ beschieden, weil die Antragsteller noch Studenten seien und der Sektion auch kein Doktor beiwohnen würde.

Seinen Studien in Rostock schloß Simon Pauli ausgedehnte Aufenthalte in damaligen europäischen Zentren der Medizin an. Hier ist zunächst Leiden in Holland zu nennen, wo man bereits zu Beginn des 17. Jahrhunderts um die Einführung des klinischen Unterrichts bemüht war. Anschließend ging Pauli an die 1623 gegründete Adelsakademie von Sorø auf Seeland. Dort wurde er auf Empfehlung der Königinwitwe Sophie von Dänemark, in deren Diensten schon sein Vater gestanden hatte, 1626 Hofmeister für junge Adlige. Während dieser Zeit beschäftigte sich Pauli unter der Anleitung des Mediziners Joachim Burser intensiv mit der Botanik. Später studierte er in Paris bei Jean Riolan (1580–1657), einem hervorragenden Anatomen, der in seinen Vorlesungen bereits auf die Verbindung zwischen Anatomie und Pathologie verwies. Gleichzeitig entwickelte sich Riolan allerdings zu einem der bekanntesten Gegner der Blutkreislauflehre von William Harvey (1578–1657). Dieser hatte 1628 seine revolutionäre Theorie der Blutzirkulation veröffentlicht, welche in den nachfolgenden Jahrzehnten die antike Blutbewegungslehre ablösen sollte. Den Pariser Studien Paulis schloß sich noch ein Aufenthalt in Kopenhagen an, wo er unter anderem 1629 zu dem Thema »De haemorrhagia narium« (»Über das plötzliche Nasenbluten«) disputierte.

1630 studierte Pauli an der Universität Wittenberg, deren medizinische Fakultät innerhalb Deutschlands eine Führungsposition behauptete. Hier waren bereits erste Versuche unternommen worden, den chemischen Unterricht in die medizinische Ausbildung einzubeziehen. Diese Bemühungen waren mit dem Wirken von Daniel Sennert (1572–1637) verbunden, der auf die aus der Antike stammende Theorie des Atomismus als physikalisches Erklärungsprinzip zurückgriff. Die Rezeption und Weiterentwicklung dieser atomistischen Lehren durch Sennert und einige andere seiner Zeitgenossen bildeten den Ausgangspunkt für die Entstehung der Iatromechanik, einer Richtung in der Medizin des 17. und 18. Jhs., die alle Phänomene von Gesundheit und Krankheit in Abhängigkeit von der inneren physikalischen Struktur, der äußeren Form sowie der mechanischen Veränderlichkeit interpretierte. Vor diesem Hintergrund wird verständlich, weshalb Pauli gerade Wittenberg zum Studienort gewählt hatte und dort am 17. August 1630 mit einer Arbeit zum Thema »De arthritide« (»Über die Gicht«) zum Doktor der Medizin promoviert wurde.

Stark beeinflußt wurde Pauli auch durch den bedeutenden Naturforscher Joachim Jungius (1587–1657), mit dem ihn eine langjährige Freundschaft verband. Als Pauli Anfang der 20er Jahre des 17. Jahrhunderts in Rostock studierte, hielt sich auch Jungius dort auf. Wahrscheinlich wirkte Jungius dort zunächst als praktischer Arzt. Während dieser Zeit gründete er 1622 in Rostock die erste wissenschaftliche Gesellschaft Deutschlands, die »Societas ereunetica«. 1624/25 und von 1626 bis 1629 lehrte Jungius als Professor für niedere Mathematik an der Rostocker Hochschule. Beide, sowohl Pauli als auch Jungius, hatten in Jakob Fabricius einen gemeinsamen Lehrer in der Anatomie. Infolge der Heirat von Jungius mit Katharina Havemann, einer Cousine Paulis, wurden ihre freundschaftlichen Beziehungen durch ein verwandtschaftliches Verhältnis ergänzt. Vermutlich hatte der aus Lübeck stammende Jungius einen gewissen Anteil daran, daß sich Pauli, nachdem er

Simon Pauli (1603–1680, Bild in der Aula der Universität Rostock) und gemeinsam mit den Anatomen Jean Riolan, Giulio Casserio, Thomas Bartholin und Johann Vesling (J. Casserius: Anatomische Tafeln, 1656)

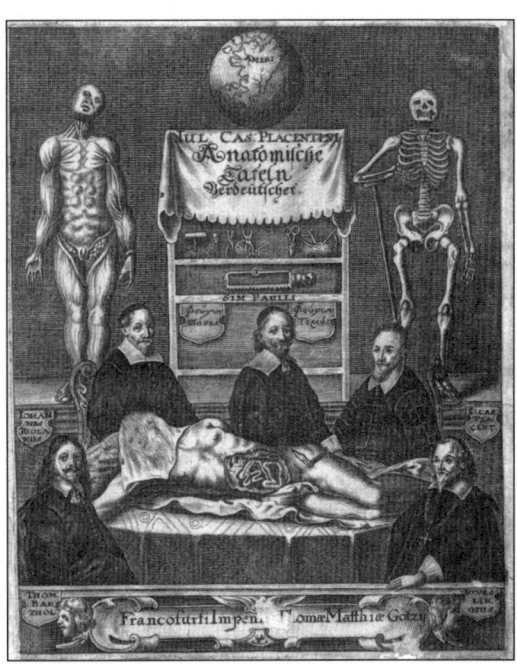

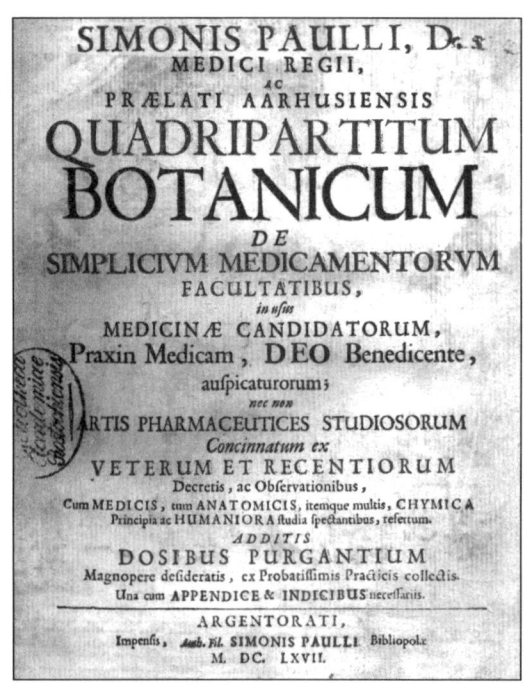

*Titelblatt und Frontispiz des »Quadripartitum botanicum«
(1667) von Simon Pauli*

bereits als Arzt in Rostock gewirkt hatte, 1631 in Lübeck niederließ und dort drei Jahre lang praktizierte.

1634 berief Herzog Johann Albrecht II. Simon Pauli zum Professor der Medizin nach Rostock, wo er die Nachfolge Johann Bacmeisters des Älteren auf dem herzoglichen Lehrstuhl für Medizin antrat. Diesem Johann Bacmeister brachte Pauli große Hochachtung entgegen, wie seiner Rede anläßlich seiner Berufung an die Academia Rostochiensis zu entnehmen ist, in der er seine wissenschaftlichen Wurzeln benannte und seine Lehrer würdigte. Neben dem von ihm als berühmten und erfahrenen Lehrer titulierten Bacmeister erwähnte Pauli auch die Namen der Rostocker Professoren Jakob Fabricius und Johann Huswedel, von seinen auswärtigen Lehrern nannte Pauli ausdrücklich Riolan und Sennert.

Simon Paulis sechs Jahre umfassende erste Schaffensperiode an der Rostocker Universität zeichnete sich durch vielfältige Aktivitäten und eine hohe Produktivität aus. Dies geht aus der beachtlichen Zahl und der thematischen Breite seiner zu dieser Zeit veröffentlichten medizinischen Arbeiten hervor:

De suffucatione uteri (1635) – Über die Erstikkung der Leibesfrucht

De Variolis et Morbillis (1635) – Über die Blattern und Masern

De tabaci usu (1635)-Über den Mißbrauch des Tabaks

De Phtiseos curatione (1637) – Über die Heilung der Schwindsucht

De dolore dentium (1639) – Über den Zahnschmerz.

1639 erschien in Rostock die erste Ausgabe eines der Hauptwerke Paulis, des »Quadripartitum botanicum«, eines vierteiligen botanischen Werkes über die Möglichkeiten der natürlichen Heilmittel. Geschrieben war das Werk für die Studenten der medizinischen und pharmazeutischen Wissenschaft.

Während seiner Professur in Rostock führte Pauli neben menschlichen auch Tiersektionen durch. Hierbei wurde er von seinem Kollegen Peter Lauremberg (1585–1639), Mediziner und Professor für Poesie, unterstützt. Die Ergebnisse dieser gemeinsamen Arbeit (damals war es durchaus noch üblich, Tiersektionen für Rückschlüsse auf die menschliche Anatomie zu verwenden) flossen in ein umfangreiches, durch Lauremberg veröffentlichtes anatomisches Kompendium ein, das viele neue Erkenntnisse beinhaltete, wie die Harveysche Blutkreislauflehre. In diesem Punkt war Lauremberg seinem Kollegen Simon Pauli um einiges voraus, denn dieser erkannte erst 1674 das Vorhandensein eines Blutkreislaufes an.

1635 heiratete Pauli Elisabeth Fabricius, die Tochter seines ehemaligen Lehrers in der Anatomie und setzte damit den weitverbreiteten Brauch fort, gelehrte Kontakte durch familiäre Bindungen zu verstärken. Dies trug auch insofern bald Früchte, als Pauli 1640 auf Vermittlung seines Schwiegervaters hin (Jakob Fabricius war zu dieser Zeit Leibmedicus am dänischen Hof) einen Ruf des dänischen Königs Christian IV. an die Universität Kopenhagen erhielt. Diesem folgte er umso lieber, als in Deutschland infolge des Dreißigjährigen Krieges nach wie vor recht unruhige Zeiten herrschten. Zudem war Dänemark für Pauli kein unbekanntes Land; da er sich seit seiner Kindheit dort mehrfach über längere Zeit aufgehalten hatte. In Kopenhagen wurde er Professor für Anatomie, Chirurgie und Botanik, einige Jahre später (1648) auch Leibarzt des dänischen Königs. Hiermit setzte er eine Familientradition fort, die sein Vater als Leibarzt der Königin Sophia begründet hatte.

Christian IV. knüpfte an die Berufung Simon Paulis sehr konkrete Vorstellungen: Pauli hatte sich auf der Grundlage seiner soliden Ausbildung an den damals führenden medizinischen Einrichtungen Europas und daraus folgend mit seinen zahlreichen Schriften bereits einen guten, weit über die Grenzen Mecklenburgs hinaus bekannten Namen als Anatom erworben. Der dänische König seinerseits strebte eine Verbesserung der Ausbildung seiner Feldchirurgen an, sein Leibarzt Fabricius hatte ihm zu diesem Zweck die Errichtung eines anatomischen Lehrgebäudes (anatomisches Theater) empfohlen. Fabricius stand mit seiner Empfehlung im Trend der Zeit: Basel verfügte bereits seit 1589 über ein Theatrum anatomicum, in Altdorf und Helmstedt wurden 1650 ähnliche Einrichtungen geschaffen, Rostock erhielt 1661 ein Gebäude für anatomische Übungen. Während des Baues des anatomischen Lehrgebäudes in Kopenhagen übte Pauli eine Beraterfunktion aus und wurde nach der Fertigstellung dieser Einrichtung 1644 ihr Leiter. 1645 nahm er dort die ersten öffentlichen anatomischen Demonstrationen vor, im März an einem weiblichen und im Mai an einem männlichen Körper.

Den Wünschen Christians IV. entsprechend, bestand Paulis Hauptaufgabe in der dänischen Hauptstadt zunächst erst einmal darin, für die Ausbildung der Feldchirurgen entsprechende Lehrmittel zu schaffen. Diese hatten zumeist keine humanistische Bildung, weshalb ihre Lateinkenntnisse in der Regel äußerst mangelhaft waren. Meist verfügten sie ausschließlich über praktische Erfahrungen aus dem Unterricht, den sie bei Barbieren und Chirurgen erhalten hatten.

Um den Feldchirurgen den Zugang zur Fachliteratur zunächst überhaupt erst einmal zu ermöglichen, übersetzte Pauli 1648 ein anatomisches Grundlagenwerk des 17. Jahrhunderts aus dem Lateinischen ins Deutsche, die »Institutiones anatomicae«. Es erschien unter dem Titel »Künstliche Zerlegung Menschlichen Leibes des Hochgelährten und weitberümbten Herrn Dr. Caspari Bartholini itzo durch Anordnung Dr. Simonis Paulli... mit fleiße Allen Wundarzten zu nutz ins Deutsche übergesezzet« und gilt als erstes von einem Fachgelehrten in deutscher Sprache geschriebenes anatomisches Werk. Es erreichte, obwohl nicht ausschließlich auf exakter Naturbeobachtung fußend und auch spekulative Elemente beinhaltend, eine weite Verbreitung. Pauli hatte sich dabei im wesentlichen an das Original gehalten und bewußt neue Entwicklungstendenzen vernachlässigt, um keine Verwirrung zu stiften. Das Werk sei einzig und allein auf den Nutzen der Wundärzte gerichtet, »denn unleugbar ist, daß die Wissenschaft von der Zergliederung menschlichen Körpers,

Blick in das anatomische Theater in Kopenhagen (1648)

die Anatomie genannt wird, für die Wundärzte nötig und überaus nützlich ist. Die Anatomie kann als die eigentliche Grundlage der Wundarzneikunde bezeichnet werden. Ärzte, die nicht in der Anatomie bewandert sind, begehen oft große Fehler und martern den Patienten eher, als ihm zu helfen.«

Dem Einsatz in der Ausbildung der Wundärzte ist der gesamte Aufbau der Schrift untergeordnet. Zunächst erfolgt eine genaue Beschreibung der einzelnen Teile des menschlichen Körpers, dann wird schichtweise, mit der Oberfläche der Haut beginnend, über die Muskeln zu den inneren Organen vorgegangen. Dabei legte Pauli auf Übersichtlichkeit größten Wert, um es den Studenten zu ermöglichen, einer Sektion anhand dieses Buches zu folgen. Im wesentlichen basierte das hier vermittelte Wissen auf traditionellen Lehrmeinungen, insbesondere auf Hippokrates. Dessen Unterteilung des Körpers in die festen Teile (partes solidas), in die Feuchtigkeiten (humores) und in die Geister (spiritus) durchzieht das gesamte Werk, das zwar nicht den neuesten Erkenntnisstand in der anatomischen Forschung während der Mitte des 17. Jahrhunderts vermittelt, aufgrund seiner umfassenden Rezeption jedoch den allgemeinen Stand der anatomisch-physiologischen Ausbildung der damaligen Zeit realistisch widerspiegelt. Die im übersetzten Werk fehlenden Illustrationen versuchte Pauli 1656 durch die deutsche kommentierte Herausgabe der »Anatomischen Tafeln« des Julius Casserius, die sich durch große Anschaulichkeit auszeichnen, auszugleichen. Er sorgte so für eine weite Verbreitung und allgemeine Nutzung dieses hervorragenden, mit ausgezeichneten Kupferstichen ausgestatteten anatomischen Atlasses.

Einzelne anatomische Beobachtungen veröffentlichte Pauli 1673 darüber hinaus in seinen sogenannten Kopenhagener Briefen. So erläuterte er beispielsweise verschiedene Koch- und Bleichmethoden für Skelette, die der Mediziner Albrecht von Haller (1708–1777) noch 1752 zitierte. Weiter beschäftigte sich Pauli auch mit der Tieranatomie; überliefert ist eine Schrift über die Sektion eines königlichen Reitpferdes.

Wie bereits in Rostock bildete auch in Kopenhagen die Botanik neben der Anatomie den zweiten Schwerpunkt der Tätigkeit Simon Paulis. Die Botanik war damals noch Hilfswissenschaft der Medizin, wurde also im wesentlichen unter der Fragestellung betrieben, wie Pflanzen als Heilmittel in der Medizin eingesetzt werden könnten. Pauli hatte, wie bereits erwähnt, 1639 in Rostock ein vierteiliges botanisches Werk (»Quadripartitum botanicum«) herausgegeben. Dieses erweiterte und verbesserte er während seiner Kopenhagener Zeit erheblich und ließ es 1667 neu erscheinen. Im Titel der Schrift verweist Pauli auf die von ihm genutzten Quellen: Die Lehren der Alten spielen dabei ebenso eine Rolle wie die neuesten wissenschaftlichen Meinungen; verarbeitet wurden auch Beobachtungen anatomischer

und chemischer Art. Die Grundeinteilung des »Quadripartitum botanicum« bilden vier Pflanzenklassen; die
Zuordnung erfolgte nach der Jahreszeit der Blüte beziehungsweise der Zeit, die sich für das Sammeln der
Pflanzen am besten eignet. Innerhalb jeder Klasse erscheinen zunächst die Pflanzen in alphabetischer Rei-
henfolge, dem schließt sich eine genaue Beschreibung
jeder Pflanze und deren Eigenschaften an, danach werden Einsatzmöglichkeiten und Wirkungen in der Medizin erläutert. Oftmals wird dabei die Meinung verschiedener Gelehrter benannt und diskutiert.

Mit dieser Schrift schuf Pauli ein echtes medizinisch-
botanisches Grundlagenwerk, das den Erkenntnisstand
seiner Zeit auf diesem Gebiet reflektiert.

Mit seinem Buch »Viridaria varia« (»Mannigfaltige
Gärten«), in welchem Simon Pauli 1653 Pflanzenkata-
loge verschiedener königlicher oder akademischer botanischer Gärten in Europa veröffentlichte, ermöglichte er einen vergleichenden Blick in die Ausstattung dieser Einrichtungen im 17. Jahrhundert. Sieben botanische Gärten werden in diesem Werk vorgestellt, und zwar
die von Paris, Kopenhagen, Warschau, Passau, Oxford,
Leiden und Groningen. Botanische Gärten wurden seit

dem 16. Jh. verstärkt angelegt, die Keimzelle hierfür bildeten oft private Kräutergärten von
Medizinern. In Rostock verfügten beispielsweise Joachim Jungius und Peter Lauremberg
über solch eine Anlage. Später leisteten sich viele Universitäten bzw. königliche Höfe Gärten, in denen teilweise sogar exotische Pflanzen kultiviert wurden. Die von Pauli in seinem
Buch »Viridaria varia« erfaßten Einrichtungen sind Beispiele für diese Entwicklung.

*Simon Pauli über-
reicht dem dänischen
König eines seiner
Werke (1667)*

Simon Pauli verbrachte mit einer kleinen Unterbrechung wegen eines Aufenthaltes 1654/
55 in Rostock insgesamt 40 Jahre in Dänemark. Nach dem Tod seiner ersten Frau, Elisabeth Fabricius, heiratete er 1657 die Kaufmannstochter Anne Bartskær. Er wurde der Stammvater der in Dänemark noch heute ansässigen Familie Pauli. Simon Pauli hatte sechs Söhne, von denen zwei (Simon und Daniel Pauli) als Buchhändler auch für den Vertrieb vieler
Schriften ihres Vaters sorgten. Simon Pauli war seit 1666 Prälat zu Aarhus. Er starb am 23.
April 1680 im Alter von 77 Jahren in Kopenhagen und wurde in der dortigen Petrikirche
beigesetzt.

Wenn Pauli in seinem wissenschaftlichen Werk auch nicht zu wesentlichen neuen Erkenntnissen gelangte, schuf er doch wichtige anatomische und botanische Lehrbücher. Er
erreichte eine gewisse Systematisierung des Wissens und trug durch die Herausgabe bedeutender Werke anderer Gelehrter, beispielsweise von Bartholin und Casserius, zur Verbreitung ihrer Ansichten bei. Große Verdienste errang Pauli in der akademischen Lehre
und dabei insbesondere im anatomischen und botanischen Unterricht. Sein berühmtester
Schüler in Kopenhagen war Niels Stensen (1638–1686), der Entdecker des Ausführganges
der Ohrspeicheldrüse. Wiederholt setzte sich Pauli für eine Verbesserung der Ausbildung
von Chirurgen und Pharmazeuten ein, die er 1669 mit dem Vorschlag einer umfassenden
Medizinalordnung festschreiben wollte. Er stieß damit auf Kritik und Widerstand seitens

der medizinischen Fakultät der Kopenhagener Universität, die Paulis Vorschläge verwarf. Nichtsdestotrotz kommt ihm bei der pharmazeutisch-chemischen Ausbildung eine Vorreiterrolle zu. Eine Würdigung erfuhr Paulis botanisches Werk durch den großen schwedischen Naturforscher Karl von Linné (1707–1778), der eine tropische Pflanzengattung, die Paullinia, nach ihm benannte.

In Dänemark ist Pauli auch heute noch bekannt, nicht zuletzt als Stammvater seiner dort ansässigen weitverzweigten Familie. Auf das Wirken dieses Gelehrten in Rostock weist ein Porträt in der Aula der dortigen Universität hin. Simon Paulis Sohn gleichen Namens verdanken wir ein Gedicht, das die Verdienste des Vaters zusammenfaßt und würdigt:

Kling-Gedicht

So ist es nicht genug, daß Flora dir verbunden?
Durch die entdeckte Kraft der Blumen und Kräuter Welt/
Die dein Vierteiler-Buch in seinem Schoß enthält/
Das durch vier Teil der Welt längst Raum und Ruhm gefunden.
Du bist durch dies/ daß du gezeigt/ wie manche Stunden
Tabak mißbrauchet wird/ dem Nebel abgestellt;
Aus der Zergliederung an Menschen angestellt
Und mancherlei Getier/ scheint dem Naturerkunden…
Und jetzt/ da du lehrst/ wie man die Fieber heilt/
Wird Dein Gerücht mit Gold in Marmor eingeteilt/
Die Parcen möchten drob aus gelbem Neid zerspringen.
(Simon Pauli, Buchhändler in Straßburg, 1678)

Auf Leben und Werk Simon Paulis gibt es in der Literatur nur wenige Hinweise. Eine kurze zusammenhängende Darstellung findet sich in der »Anatomia Rostochiensis« von G.-H. Schumacher und H.-G. Wischhusen, Berlin 1970, umfangreichere Informationen erhält man aus dem »Dansk Biografisk Leksikon«, Bd. XI, Kopenhagen 1982. In den Beständen der Universitätsbibliothek Rostock sind viele der von Pauli verfaßten bzw. herausgegebenen Schriften vorhanden.

Lust auf Abenteuer und Entdeckungen –
Die morgenländische Reise des
Johann Albrecht von Mandelslo, Edler von Schönberg

Reno Stutz

»Wer nun nicht nur die Länder durchstreicht wie die gemeinen Boten, die nur beobachten, wo die besten Krüge und Wirtshäuser anzutreffen, ... sondern mit gutem Verstande und rechtschaffenem Vorsatze seine Reisen angeht, dessen Wanderschaft zeugt neben dem, das sie belustiget und zu GottesLob führt, auch viel andere Nutzbarkeit nach sich, so den gereysten und dem Vaterlande zuwachsen können.« Jene 1656 von Adam Olearius, Gelehrter am Hofe Herzog Friedrichs III. von Holstein, niedergeschriebenen Worte formulierten einen Anspruch, dem Johann Albrecht von Mandelslo zeitlebens gerecht wurde.

Mandelslo, langjähriger Freund und Reisegefährte des Olearius erblickte am 15. Mai 1616 in Schönberg als Sohn des Ratzeburger Stiftshauptmannes Hermann Clamor von Mandelslo und seiner Gemahlin Anna von Pflug das Licht der Welt. Gerade 13jährig, verließ er das Elternhaus. 1629 erhielt der junge Mandelslo am holsteinischen Hof in Gottorp eine Anstellung als Edelknabe, nachdem er bereits vorher eine Zeitlang als Page bei Wallenstein gedient hatte.

In jenen Jahren des Dreißigjährigen Krieges faßte Herzog Friedrich III. von Holstein, angeregt vom Hamburger Kaufmann und Holzhändler Otto Brüggemann, den Entschluß, eine Gesandtschaft nach Rußland und Persien auszurüsten, um mit diesen Ländern Handelsbeziehungen anzubahnen. Auf dem Landwege sollten die begehrten Kostbarkeiten des Orients, wie Gewürze, Porzellan, Geschmeide, vor allem aber der ostindische Seidenhandel, über Persien, Rußland und Schweden nach Holstein gebracht werden. Der neugegründete Ort Friedrichstadt in Schleswig war dabei als Umschlagplatz vorgesehen. Die schwedische Regierung und der deutsche Kaiser standen dem Vorhaben aufgeschlossen gegenüber, zumal man die Absicht hegte, die Vormachtstellung der Holländer und Engländer im persischen Raum (Iran) zu unterlaufen.

Im Jahre 1633 war es soweit. Am 9. November verließ eine 34köpfige Gesandtschaft den Hafen von Travemünde, mit dabei der junge Hochwohlgeborene Johann Albrecht von Mandelslo, gerade einmal 17 Jahre alt. Zu den Teilnehmern gehörten auch Paul Fleming aus Hartenstein/ Vogtland, ein namhafter Poet des Barock, sowie der Geograph, Mathematiker, Bibliothekar und Astrologe Adam

Johann Albrecht von Mandelslo (1616–1644)

Olearius aus Aschersleben. Dazu kamen Diener, Stalljungen, Bäcker, Uhrmacher, Tischler,
Sattler, Schneider, Schuster, Bootsleute und andere. Mit Hans Linow, Hans Gerike, Richard
Schmil aus Lübs, Joachim Binger aus Brühl und Joachim Ike aus Neubrandenburg sowie
Heinrich Schwartz aus Greifswald, Hans Pudenberg und Thomas Glantz aus Wolgast nahmen
fünf weitere Mecklenburger und drei Vorpommern an dem Unternehmen teil. Das erste Ziel
der Reisegesellschaft war Riga. Von dort ging es nach Dorpat (Tartu), wo man den Rostocker
»Arzney-Doktor« und späteren Leibarzt des Zaren, Johannes Balau, kennenlernte. Nach einem kurzen Aufenthalt führte die Reise über Narva, Nowgorod und Twer weiter in die Hauptstadt des Zarenreiches. In Moskau traf die Gesandtschaft dann im August 1634 ein. Trotz
mehrerer Empfänge beim Zaren, bei denen die Gesandten das Interesse des Herrschers an
ihrer Mission spürten, wurde ihnen Durchreise nach Persien nur unter der Bedingung genehmigt, daß ein von den Gesandten mit den Russen geschlossener Reise- und Schutzvertrag
vom holsteinischen Herzog selbst unterschrieben würde. Am 24. Dezember 1634 kehrte die
Gruppe daher gezwungenermaßen nach Holstein zurück, wobei sie später mit ihrem Schiff
im Frühjahr 1635 auch die Häfen von Rostock und Wismar besuchte.

Im Oktober desselben Jahres machte sich die Gesandtschaft erneut auf den Weg. Nachdem man zweimal Schiffbruch erlitten hatte, erreichte die holsteinische Gesellschaft Ende
März 1636 wieder Moskau. Drei Monate später, am 30. Juni, ging die Reise – nachdem der
Zar nun seine Zustimmung gegeben hatte – weiter nach Nischni-Nowgorod, wo bereits die
»Friedrich« lag. Dieses eigens für die Gesandtschaft gebaute Schiff brachte die Reisegesellschaft auf der Wolga, vorbei an Kasan, Samara und Saratow, nach Astrachan am Nordufer
des Kaspisees. Hier schlossen Adam Olearius und Johann Albrecht von Mandelslo ein folg-
genreiches Bündnis, »daß, wer unter uns am ersten stürbe, vom andern zum Gedächtniß
mit einer Lobschrift geehrt werden solte...«.

Am 16. Oktober startete die »Friedrich«, die die Fluß-
reise vorzüglich gemeistert hatte, zum Törn über den
Kaspisee nach Persien. Ein Sturm ließ das Schiff am
14. November 1636 in der Nähe der persischen Stadt
Derbent stranden. Glücklicherweise konnten die Schiffbrüchigen unbeschadet das rettende Ufer erreichen und
fanden in einem nahegelegenen Dorf freundliche Aufnahme. Auf dem Landwege, der über den Kaukasus
führte, erreichte die Expedition am 3. August 1637
Isfahan, die Metropole des persischen Reiches.

Gleich nach der Ankunft gerieten die Holsteiner in
eine gefährliche Situation. Einer ihrer Diener war mit
mehreren Bediensteten eines indischen Gesandten in
Streit geraten. Während der sich entwickelnden gewalt-
samen Auseinandersetzung erschoß Mandelslo einen
Inder. Soldaten des Schahs beendeten den Kampf, der
für die Holsteiner glimpflich und ohne weitere Folgen
abging.

Wenige Tage später, am 16. August, wurde die Reisegesellschaft zur Audienz befohlen. Adam Olearius beschreibt eindrucksvoll die Erscheinung des Herrschers
bei diesem Empfang, an dem gewiß auch Mandelslo
teilgenommen haben dürfte: »Hinter dem Brunnen an
der Wand saß der König auf der Erden auf einem Sei-
den Kissen, und hatte die Beine, wie andere gemeine
Perser über einander geschlagen, war ein Herr von 27
Jahren, wohlgestaltet, weiß und frisch von Angesicht,
hatte, wie die Perser fast alle eine erhabenen Habicht-
nase und einen kleinen schwarzen Knebel – Bart, je-
doch nicht wie die andern Perser herunterhangend. ... Sein Sebel an der Seiten funkelte
von Gold und Edelgesteinen, hinter ihm lagen Bogen und Pfeil...« Bei dieser Gelegenheit
überreichte man dem Schah die Geschenke des Herzogs, darunter 40 Pistolen, sechs Säbel,
deren Scheiden mit Bernstein, Gold und Silber besetzt waren und zwei Bernsteinleuchter.

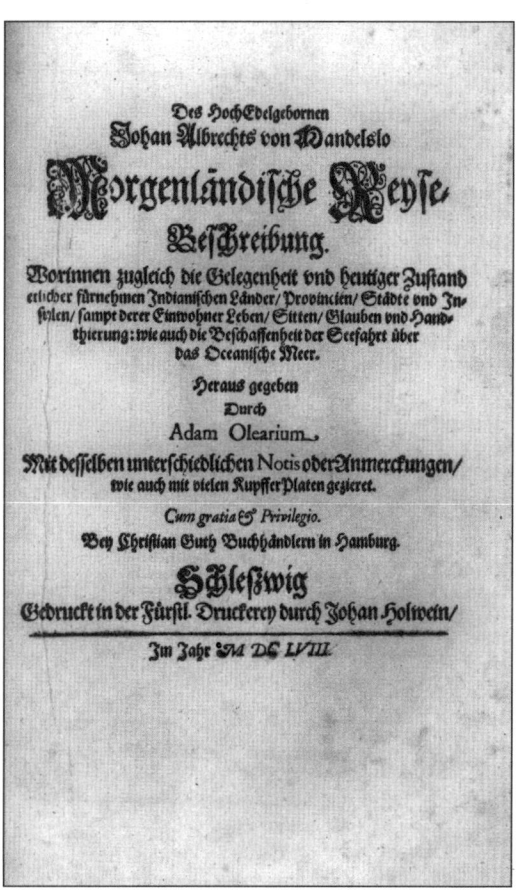

Neben der holsteinischen Gesandtschaft hielten sich in der persischen Hauptstadt auch
Vertreter anderer europäischer Nationen auf, wie aus England, Frankreich, Italien, Portugal, Holland und der Schweiz. Unweit der Stadt hatten spanische Mönche sogar ein Kloster
errichtet. Obwohl die Holsteiner fast fünf Monate in Isfahan blieben, gelang es ihnen nicht,
feste Handelsbeziehungen zu knüpfen. Der einzige Erfolg vielfacher Verhandlungen war die
Zusage des Schahs, eine persische Gesandtschaft nach Gottorp zu schicken. Am 21. Dezember 1637 trat die holsteinische Expedition die Rückreise an. An der russischen Grenze
vereinigte sie sich mit der persischen Gesandtschaft, die der Schah bereits auf den Weg
gebracht hatte, und kehrte nach Deutschland zurück.

Johann Albrecht von Mandelslo blieb in Isfahan. Sein Herr und Auftraggeber hatte ihn
mit einem Schreiben dazu ermächtigt. In der herzoglichen Order hieß es dazu: »... wenn
ihm eines oder des andern Potentaten Hof wohl anstünde, sich daselbst eine Zeitlang auf-
zuhalten oder auch noch Gelegenheit seinen Weg fortzusetzen ihm belieben würde, als-

Frontispiz der »Morgenländischen Reyse-Beschreibung« von Johann Albrecht von Mandelslo

dann Macht haben sollte, sich von der Gesellschaft der Gesandten abzubegeben.« Olearius vermutete später, daß der Schah den jungen Mandelslo gern in seine Dienste genommen hätte. »Denn weil der von Mandelslo zwar seines Alters kaum 22 Jahr, aber ziemlicher Länge und wohlgestalt, neben dem, daß er eines fürnehmen Adelichen Geschlechtes, durch frischen Muth holdseligen Geberden und Geschicklichkeiten sich bey jedermann beliebt zu machen wußte, begann der König in Persien ein sonderlich gnädiges Auge auff ihn zu werffen, daher er auch einsmahls auff der Jagd, als der König zur Taffel saß, dem von Mandelslo winkete, daß er zu ihm kommen, eine Schale mit Wein einschenken und ihm in die Hand reichen mußte. Worauff der von Mandelslo sich zu des Königs Füssen neigte, der König aber zur Bezeugung sonderlicher Gnade ihm einen Apfel reichte.«

Nachdem er zunächst noch einige Wochen in Isfahan geblieben war, setzte Mandelslo die Reise in Richtung Süden am 16. Januar 1638 fort. In seiner Begleitung befanden sich der Feldscher Hans Weinberg aus Danzig sowie die beiden mecklenburgischen Diener Joachim Binger und Hans Linow. Über schneebedeckte Berge begab sich die Gruppe zunächst, an den Ruinen der alten Perserhauptstadt Persepolis vorbeikommend, nach dem indischen Schiras. Hier blieb sie etwa acht Tage und genoß, wie Mandelslo in seinem Tagebuch schrieb, den guten Wein und die schönen freundlichen Frauenzimmer. Danach führte ihn die Reise nach Gamron (Bender Abbas), wo er sich auf einem englischen Segler einschiffte und am 25. April 1638 die Stadt Surat im nordwestlichen Indien erreichte. Hier lernte er auch das »schwarze Wasser« kennen, welches aus einem Kraut namens Tee gekocht wurde. Nach einem längeren Aufenthalt in Surat begab sich Mandelslo ins Landesinnere nach Ahmedabad und Cambay, wo er bei Kaufleuten der dortigen englischen und holländischen Kompanien freundliche Aufnahme fand. Durch ihre Hilfe lernte er Land und Leute kennen, aber auch das »Tabaktrinken« – gemeint ist das Rauchen der Wasserpfeife. Mit Erstaunen und Verwunderung berichtete er in seinen Aufzeichnungen von Meerkatzen, Papageien, Kropfgänsen (Pelikane) und großen Giftschlangen. Mehrfach sah Mandelslo, wie Frauen, die der Kaste der Banjara angehörten, sich nach dem Tod des Ehemannes mit dessen Leichnam verbrennen ließen. Diesen Brauch erklärte er damit, daß früher vielfach Männer von ihren Frauen vergiftet wurden. »Darumb hat der König in Indien dieselbige Verordnung gethan, daß, was ehrliche Weiber sind, sich mit ihres Mannes Leiche verbrennen sollen, damit die Weiber den Todt ihrer Männer nicht befordern, sondern so viel möglich verhüten helfen...«.

Zu Fuß oder per Schiff bereiste Mandelslo zahlreiche indische Städte. Er gelangte nach Agra und Lahore, aber auch ins südlicher gelegene Goa. Als Mandelslo dort am 10. Januar 1639 eintraf, blockierten elf holländische Schiffe diesen für den portugiesischen Seehandel so wichtigen Hafen. In jenen Jahren führten die Holländer großangelegte militärische Operationen durch, mit dem Ziel, die Konkurrenz aus Portugal gewaltsam aus Indien zu verdrängen, um somit die eigene Position im Gewürz- und Seidenhandel auszubauen.

Im Januar 1639 verließ der Schönberger die indische Westküste und segelte auf einem englischen Schiff heimwärts. Trotz mehrerer Piratenangriffe erreichte er am 5. Mai 1639 unbeschadet das Kap der Guten Hoffnung im Süden Afrikas. Nachdem man die Tafelberge passiert hatte, wurde vor »Pingewin-Eyland«, dem heutigen Robbeneiland, Anker geworfen. Der Name dieser Insel, so berichtet Mandelslo, stammt »von einer Art Vögel, die kleine, kurtze, fleischerne Flügel haben, die sie gebrauchen zum Schwimmen und nicht zum Fliegen ...«.

Nachdem die Wasser- und Lebensmittelvorräte wieder aufgefrischt waren, lief das Schiff am 12. Mai wieder aus. Doch schon fünf Tage später brach ein Sturm los. Vierzehn Tage hindurch rang das Schiff mit dem Unwetter. Da es Leck schlug, mußte der Kampf aufgegeben und die Insel Madagaskar angelaufen werden. Auch dort hatte Mandelslo Gelegenheit, die Menschen und die Natur kennen zu lernen und zu beschreiben. Ausführlich beschreibt er selbst das Erscheinungsbild der Madegassen: »Was die Einwohner selbst betrifft, ist die Insel sehr volkreich, und seynd alle gar schwartze, wol proportionierte starke Leute. Sie gehen alle nackend, ohne das sie die Scham bedecken. Die Männer haben eine bunt gestreifte Binde ... aus Baumwolle gewirket, die tragen sie des Tages gedoppelt um die Hüfte gebunden, und lassen sie bey den Enden, eins vorn das andere hinten bis fast auff die Knie und Kniekehle hinunter hangen, die Scham damit zu bedecken. Zur Nacht aber und wenn es kalt ist, gebrauchen sie es zu ihrer Überdecke, und haben eine strohrene Matte zum Unterbette. ... Sie tragen auch nebst dieser Binde unter dem Nabel um den Leib her einen großen Schnur von allerhand gefärbten steinernen Knöpflein wie Corallen, gleichfalls etliche Schnüre um den Hals und Arme, über den Ellbogen auch theils um die Schenkel unter den Knien.« »Die Weiber gehen den Männern fast gleich in ihren Kleidungen, ohn allein, daß sie ihre Brust und Rücken mit einem kurtzen Leibichen bedeckt haben, daß die Arme bloß bleiben. Diese lassen ihre Leibbinden ganz breit, wie ein kurtzen Rock, bis auff die Knie herunter hangen, ihre seugenden Kinder binden sie mit selbiger Binde auf den Rücken, daß die Beine um der Mutter Leib schlagen müssen; das Kind sieht man mit halbem Leibe aus den Binden hangen, als wollte es sich überschlagen, und den Rücken brechen, sie kleben aber fest, wie die jungen Affen an den Müttern.«

Erst im August verließ das Schiff nach Reparatur und gründlicher Überholung die Insel, umrundete die Südspitze Afrikas und fuhr an Sankt Helena und den Azoren vorbei nach England. Am zweiten Weihnachtstag des Jahres 1639 erreichte der Mecklenburger Johann

Einwohner von Madagaskar in der von Mandelslo beschriebenen Bekleidung

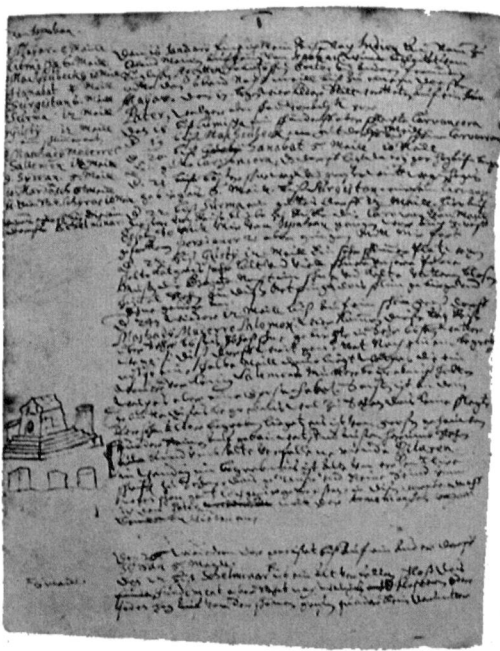

Albrecht von Mandelslo nach mannigfachen Gefahren London und fand am englischen Hofe wohlwollende Aufnahme. Zu Beginn des neuen Jahres wurde er dem König und später der Königin von England vorgestellt.

Im Frühjahr 1640 kehrte Mandelslo wieder nach Gottorp zurück, wo er im Mai eintraf. Auf der Rückreise, die ihn durch Holland und über Hamburg führte, traf er wahrscheinlich mit seinem Freund und Gesandtschaftsgefährten Paul Fleming zusammen, bevor dieser Anfang April verstarb. Eine fast siebenjährige Reise, die ihn durch Europa, Asien und Afrika geführt hatte, ging damit zu Ende.

Doch schon im folgenden Jahr begab sich der rastlose Schönberger in diplomatischer Mission nach Schweden. Wenig später bereiste er die Niederlande, England und Frankreich und kehrte im Mai 1643 nach Holstein zurück. Danach fuhr er erneut nach Frankreich und trat als Rittmeister in den Sold des französischen Königs. Jedoch sollten ihm nur noch wenige Lebensmonate vergönnt sein, denn im Frühjahr des Jahres 1644 erkrankte er in Paris an den Pocken. An seinem 28. Geburtstag, dem 15. Mai 1644, verschied der Schönberger Weltreisende und Abenteurer Johann Albrecht von Mandelslo.

Damit starb »ein glänzendes Genie«, das mehrere Sprachen beherrschte und das seine Erkenntnisse mehr durch Erfahrungen als durch Unterricht erlangte. »Eine nicht sowohl theoretische als vielmehr praktische Geschicklichkeit in der Mathematik, Astronomie und Mechanik, waren seine ganze Gelehrsamkeit.« Die in den Tagebüchern Mandelslos enthaltenen umfangreichen Notizen zur Geschichte und Natur, über Sitten und Gebräuche in Persien, Indien und auf Madagaskar sind bis heute eine wahre Fundgrube für Historiker, Geographen und Völkerkundler.

Glücklicherweise nahm Adam Olearius das in Astrachan geschlossene Bündnis mit seinem Freund Mandelslo sehr ernst und setzte seinem mecklenburgischen Freund ein bleibendes Denkmal. Auf Grundlage der Mandelsloschen Reisetagebücher brachte er 1658 »Des HochEdelgeborenen Johann Albrechts von Mandelslo Morgenländische ReyseBeschreibung« heraus. Daß die Tagebücher des ungewöhnlichen Mecklenburgers damals auf ein reges Interesse stießen, beweisen mehrere nachfolgende Auflagen. Im Verlauf der Jahrhunderte geriet die schillernde Gestalt des Johann Albrecht von Mandelslo jedoch fast völlig in Vergessenheit. In Mecklenburg wie auch in seiner Geburtsstadt Schönberg ist er weitgehend unbekannt. Selbst in den einschlägigen Veröffentlichungen zur Geschichte der Entdeckungen sucht man seinen Namen vergeblich.

Adam Olearius, selbst Reiseteilnehmer, herzoglich-holsteinischer Bibliothekar und Hofmathematiker, veröffentlichte 1671 in Schleswig seine eigenen Erinnerungen: »Ausführliche Beschreibung Der kundbaren Reyse Nach Muscow und Persien So durch gelegenheit deren Orter und Länder, durch welche die Reyse gangen, als Liffland, Rußland, Tartarien, Meden und Persien, sampt dero Einwohner Natur, Leben, Sitten, Hauß- Welt- und Geistlichen Stand mit fleiß auffgezeichnet, und mit vielen meist nach dem Leben gestellten Figuren gezieret, zu befinden«. Und schließlich erschien 1942 in Kopenhagen das Reisetagebuch unter dem Titel »Johann Albrecht von Mandelslo: Journal und Observation (1637–1640)«, herausgegeben von Margarete Refslund-Klemann. Damit ist das große holsteinische Reiseunternehmen des 17. Jahrhunderts nach Rußland, Asien und selbst Afrika durch die Veröffentlichung wesentlicher Originalschriften nachvollziehbar für alle, die sich durch eine solche historische Begebenheit zu aktuellen Abenteuern und Entdeckungen anregen lassen wollen.

Der Bericht von Mandelslo ist mehrfach gedruckt worden und erschien auch in anderen Sprachen. Über ihn selbst wurde bisher wenig geschrieben. Die bisher noch immer umfassendste Darstellung stammt aus der Feder von Friedrich Winkel und kann unter dem Titel »Johann Albrecht von Mandelslo. Ein Schönberger Weltreisender« in den »Mitteilungen des Altertumsvereins für das Fürstentum Ratzeburg«, 2. Jg. (1920) nachgelesen werden. Interessante Informationen zu Mandelslo finden sich auch in der von Dieter Lohmeier in Tübingen 1971 wieder herausgegebenen »Vermehrte neue Beschreibung der muskowitischen und persischen Reise des Adam Olearius«.

»Der wohlversuchte Südländer« –
Der Rostocker Weltumsegler Carl Friedrich Behrens
als erster Weißer auf der Osterinsel

Peter Gerds

Titelseite des Buches »Der wohlversuchte Südländer« von Carl Friedrich Behrens

»Die Begierde und Lust fremde Länder zu besehen, hat mich bereits im 13. Jahr meines Alters angetrieben mein Vatterland zu verlassen.« Zuvor hatte sich der Junge schon nach »Anclam in Pommern, zu meiner Groß-Mutter verfügt«. So beginnt der kurz vor 1700 in Rostock geborene Carl Friedrich Behrens in seinem 1738 in Leipzig erschienenen Buch »Der wohlversuchte Sued-Laender, das ist: ausführliche Reise-Beschreibung um die Welt«.

Nun, die erste Reise ins Pommersche führte den Sprößling einer alten Rostocker Schifferfamilie ja noch von Nachbarland zu Nachbarland, in jenen Tagen für einen Knaben sicher auch nicht alltäglich, bis die Eltern ihn dann wieder nach Rostock zurückholten. Aber was sich danach anschloß, ist schon wirklich außergewöhnlich. Carl Friedrich wollte zur See fahren. Zwar versuchte vor allem die Mutter den Jungen noch umzustimmen, denn immerhin waren mehrere Familienmitglieder, darunter ein Großvater und ein Onkel, als Schiffskapitäne verschollen. Aber dennoch setzte der Knabe seinen Willen durch und begab sich auf dem Seeweg von Rostock nach Lübeck und weiter nach Königsberg. Dort blieb er vier Jahre, möglicherweise bei einer befreundeten Kapitäns- oder Reederfamilie in einer Handelskompanie. Er machte Abstecher nach »Curland, Lieffland und Peterburg«, weilte in Elbing und Danzig und wollte von dort 1717 mit einem Schiff nach Rostock zurückkehren. Zusammen mit zwei befreundeten Reisenden aus Nürnberg trat Behrens die Fahrt in Richtung Westen an. Aber kurze Zeit später wurde das Schiff von schwedischen Kriegsschiffen aufgebracht und in den Hafen Kalmar geleitet. »Wir blieben allda bis Ihro Majestaet Carolus XIIte, welcher damahlen in Schonen residirte, uns einen Passport ertheilet, vermittelst welchen wir nach unserm Vatterlande zu reisen, die Gnade und Erlaubnus erhielten«, berichtet Behrens. Schließlich erreichte er wohlbehalten seine Heimatstadt Rostock.

Zu jener Zeit befand sich die Schiffahrt an der Warnow auf einem Tiefpunkt. Handel und Wandel waren nahezu zum Erliegen gekommen. Notwendige Baggerarbeiten, beispielsweise am Fahrwasser in Warnemünde, scheiterten an der Kurzsichtigkeit des Landesherrn, des Schweriner Herzogs Carl Leopold. Die Enge und Aussichtslosigkeit in der einst so bedeutenden Hansestadt Rostock erschreckten nicht nur Carl Friedrich Behrens, und er sah hier für sich keine Chancen des Fortkommens. Schweden, Dänemark, Hamburg, Hannover, Osnabrück und Münster waren weitere Stationen, bis er schließlich Holland zu einem Zeitpunkt erreichte, als Admiral Jacob Roggeveen (1656 – 1729) eine Expedition in das damals noch weitgehend unbekannte Südmeer vorbereitete. Roggeveen wollte das geheimnisvolle Südland (Australien) finden, das zwar schon Anfang des 17. Jahrhunderts entdeckt und von dem niederländischen Seefahrer Abel Tasman um 1642 umsegelt worden war, aber nicht in Besitz genommen wurde. Roggeveen bereitete jetzt im Auftrag der niederländischen Westindischen Handelskompanie diese neue Reise mit der Absicht vor, um in Australien Niederlassungen einzurichten.

Roggeveen fand Gefallen an dem jungen Mann, prüfte ihn gründlich und heuerte ihn dann als »Sergant oder Commandeur von der Militz«, eine Art Feldwebel bei den Seesoldaten, an. Am 1. August 1721 begann die Expedition mit drei Schiffen von dem Hafen Texel aus, mit der »Thienhoven«, »Adler« und »Galley«. Insgesamt befanden sich 271 Mann an Bord, und ausgerüstet waren die Schiffe mit 78 Kanonen. Durch die Biskaya ging es zu den Kanarischen Inseln. Behrens beeindruckte dabei besonders die Begegnung mit einem Seeräuberschiff, »mit einer schwartzen Flagge, worin ein Stunden-Glaß, Todtenkopff, und unter denselben Raeubers-Kreutz gelegte Todtenbeiner abgemahlet waren«, wie er notierte. Nach einem kurzen Gefecht und einigen Breitseiten suchten die Seeräuber ihr Heil in der Flucht, und die gut bewaffnete kleine Flotte setzte die Reise fort. Aber es gab auch Zwischenfälle an Bord, so eine Messerstecherei zwischen zwei Besatzungsmitgliedern. Die Strafen für den Verursacher waren hart. Nicht nur, daß er dreimal unter den Kiel mußte und 300 Schläge erhielt, seine rechte Hand wurde mit einem Messer an den Mast genagelt. Danach wurde er in Ketten gelegt und in dem brasilianischen Hafen Ponto, wo die Schiffe glücklicherweise im November gelandet waren, von Bord gejagt. Hier deckte man sich endlich mit frischen Fischen, Schildkröten, Fleisch, Früchten, Wasser und anderen Lebensmitteln ein, um dem sich während der langen Überfahrt ausbreitenden Skorbut – 40 Mann waren bereits erkrankt – rasch ein Ende zu setzen. Besonders freundlich wurden allerdings die Holländer in Brasilien nicht empfangen, und die Portugiesen wollten ursprünglich überhaupt keine Besatzungsmitglieder an Land lassen.

Behrens beschrieb kurz Städte und Leute, das Kloster von San Sebastian, das von dem holländischen Pater Thomas geführt wurde. Darüber hielt er es für bedeutsam, die reichen

Carl Friedrich Behrens, um 1700 in Rostock als Sohn eines Schiffers geboren, war Teilnehmer der Weltumsegelung durch den holländischen Admiral Roggeven. Behrens betrat vermutlich als erster Weißer die Osterinsel.

Gold- und Silberminen zu erwähnen, die für den portugiesischen Hof eine schier unerschöpfliche Einnahmequelle waren. Von den jüngsten Diamantenfunden waren auch neun Besatzungsmitglieder so beeindruckt, daß sie nicht wieder an Bord zurückkehrten, sondern ihr Glück auf andere Art und Weise finden wollten. Über die Falkland-Inseln, durch die Maghellanstraße und rund um Kap Horn – hier herrschte drei Wochen lang ein schwerer Sturm mit Hagel, Schnee und großer Kälte – erreichte die kleine Flotte den Stillen Ozean, fuhr entlang der chilenischen Küste hoch bis zu den Juan-Fernandez-Inseln. Hier mußten erneut Kranke kuriert werden, und auch Carl Friedrich Behrens war ein wenig unpäßlich, aber aus einem anderen Grunde. Am Weihnachtsabend hatte es an Bord ein fröhliches Trink-

Otto von Kotzebue, 1787 in Reval geboren und dort 1846 gestorben, Seefahrer in russischen Diensten, besuchte etwa 80 Jahre nach Behrens auch die Osterinsel. Die Abbildung zeigt das Schiff Kotzebues und zwei Schaluppen, die an Land fahren.

gelage gegeben. »Da hatte ich von dem Punsch (so vom Wasser, Zucker, Arak oder Indianischen Brandwein und Moschatten zubereitet wird) etwas mehrers als sonsten zu mir genommen…«, gestand Behrens ein. Dann aber war er wieder obenauf, und er entdeckte auf dieser Insel zwei Hütten, »worinnen zu einiger Zeit ein Englischer Steuermann, nahmens Silkart von Edenburg« und ein Indianer gewohnt hatten. In die Weltliteratur gingen später beide als Robinson Crusoe und Freitag ein, der Autor war Daniel Defoe, der 1719 dieses berühmte Buch verfaßte und dazu durch die Berichte des ausgesetzten Alexander Selkirk (bei Behrens Silkart) angeregt worden war.

Roggeveen gönnte den Mannschaften und Schiffen eine dreiwöchige Ruhepause. Vieles wurde instandgesetzt. Dann sollte es weiter dem Südland entgegengehen. Auf der Weiterfahrt wurde aber dann noch eine Insel ausgemacht, mit der es eine besondere Bewandtnis auf sich hatte. Da diese Insel am ersten Ostertag 1722 gesichtet wurde, erhielt sie den Namen Osterinsel, oder Oster-Land, wie Behrens sie nannte. Am nächsten Tag suchten die Schiffe einen Hafen, und die Bewohner, »artig bemahlet, mit allerhand Figuren, braun von Coleur, mit langen Ohren, welche bis auf die Schulter herab hiengen«, kamen mit ihren kleinen Booten entgegen und an Bord der Holländer. Behrens erhielt von Admiral Roggeveen den Auftrag, mit einer Anzahl Soldaten an Land zu gehen, und er berichtete später stolz: »Ich war der erste, der bey der Anlaendung unserer Leute die Insul mit seinen Fueßen betrat«. Damit war der junge Kapitänssohn aus Rostock wohl mit Sicherheit der erste Weiße, der seinen Fuß auf diese bis heute immer noch von Geheimnissen umwitterte Insel setzte. Behrens war besonders beeindruckt von dem großen Geschrei, das die Eingeborenen angesichts der am Strande aufgestellten riesigen Götzenbilder anstimmten. »Die Goetzen-Bilder waren fast alle aus Steinen gehauen, und der Form nach, wie ein Mensch, mit langen Ohren, oben auf dem Haupt mit einer Krone gezieret, doch alles nach der Kunst gemacht, worüber wir uns nicht wenig verwunderten«, schrieb Behrens auf und war von der Gastfreundschaft der Bewohner, von ihren sorgsam angebauten und gepflegten Feldern, von den wohlgestalteten Männern und Frauen überaus angetan, und natürlich waren es hier auch wiederum die Tätowierungen und die bis auf die Schultern hängenden und mit weißen Klötzen durchbohrten Ohren, die ihn und die Mannschaft in Erstaunen versetzten.

Die Weiterreise nach dem Südland gestaltete sich dann zu einer einzigen, großen Katastrophe und Mühsal. Die »Galley« erlitt Schiffbruch an einer felsigen Insel, und nur mit

Mühe konnte die Besatzung vor den kriegerischen Eingeborenen gerettet werden. Ein weiteres Verweilen war hier nicht möglich, und nur mit wenig frischem Proviant versehen, wurde die Reise nunmehr mit zwei Schiffen fortgesetzt. »Der Scharbock [Skorbut] grassirte schon dermassen starck in unseren Schiffen, daß täglich viele Menschen daran starben, und die meisten unter den Krancken wünscheten nur einige Erfrischung von denen darwider diensamen Kräutern«, hielt Behrens in seinem Buch fest. Bei den Samoa-Inseln, die Behrens auch Inseln der Erquickung nannte, wurde dann eine Pause eingelegt, um vor allem frische Kräuter und Obst zu sammeln. Aber das half nur kurze Zeit, und Admiral Roggeveen rief angesichts des weiteren Sterbens an Bord den Schiffsrat ein, um über die Weiterreise und mögliche Reiseänderung zu beraten. Ansonsten würde niemand mehr imstande sein, die Schiffe weiter zu fahren. Der neue Kurs wurde festgelegt, über die Salomon-Inseln »nach Nova Brittannia, Nova Guinea und fernerhin durch die Moluckischen Insulen bis Ost-Indien«.

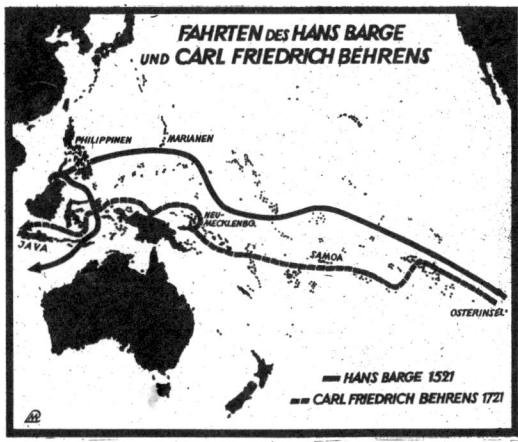

FAHRTEN DES HANS BARGE UND CARL FRIEDRICH BEHRENS

■ HANS BARGE 1521
■■ CARL FRIEDRICH BEHRENS 1721

Bereits 1519 nahm der Deutsche Hans Barge an der ersten Weltumseglung von Magellan auf der TRINIDAD *teil. Auf einem ähnlichen Kurs befand sich rund 200 Jahre später – 1722 – Carl Friedrich Behrens aus Rostock als Teilnehmer der holländischen Expedition unter Admiral Roggeveen.*

Von dem Südzipfel Neuguineas bis Kap-York-Halbinsel Australiens – nur getrennt durch die Torresstraße – war es kein so weiter Weg mehr zu dem unbekannten Südland, etwa 80 Kilometer. Doch wenn an manchem Tag fünf Menschen an Bord starben, dann war die Lust auf Entdeckungen mehr als gedämpft. Medikamente halfen nicht mehr und so war ein allgemeines Aufatmen zu spüren, als »wir die Küsten von Nova Brittannia vor Augen sahen«. Auf diesen Fahrten wurden immer wieder neue, kleinere Inseln entdeckt – wie der heutige Bismarck-Archipel. Aber nicht überall waren die Europäer willkommene Gäste und mußten bisweilen ohne frische Nahrung den mühsam gefundenen Ankerplatz wieder verlassen. In Papua-Neuguinea allerdings war das Glück hold, und mit 800 Kokosnüssen und etlichen anderen Kostbarkeiten ließen sich manche Wunden heilen. Behrens zog Bilanz: Über 70 Tote und fast 30 Schwerkranke waren zu beklagen. Unter den Kranken befanden sich auch zeitweilig Admiral Roggeveen und andere Offiziere, so daß der widerstandsfähige Behrens das Schiffstagebuch führte. Schließlich kam die Ankunft in Batavia, der frühere Name der jetzigen Hauptstadt Indonesiens, Jakarta. Jedermann glaubte nun, die endgültige Rettung sei da. Die beiden Schiffe liefen in den malerischen Hafen, und wurden von einigen hundert Soldaten besetzt. Beamte der Ostindischen Kompanie, die hier die Macht ausübte, legten die Schiffe in Beschlag, weil Roggeveens Flotte zur Westindischen Handelskompanie gehörte und nach den damaligen Bestimmungen nicht die Ostindischen Inseln anlaufen durfte. Dennoch konnten die Matrosen und Soldaten der beiden Roggeveen-Schiffe sich in Batavia frei bewegen. Carl Friedrich Behrens erging sich in ausführlichen Schilderungen über Leben, Leute, Sitten und Bräuche, über Regierungsformen und politische Verhältnisse, über Fauna und Flora und sogar über die »Policey«.

Die so mutig begonnene Seefahrt endete schließlich in einer demütigenden Rückkehr, als Arrestanten auf fremden Schiffen der Ostindischen Kompanie, um das Kap der Guten Hoffnung herum. Hier wurde eine Ruhepause eingelegt. Die Bucht war so groß und den überwiegenden Teil des Jahres so geschützt, daß nach Angaben von Behrens wohl an die hundert Schiffe vor Anker gehen konnten, um frische Lebensmittel und Wasser zu bunkern. Aber es kam vor, daß in einer einzigen Nacht mehr als zehn Schiffe durch den schweren Sturm zerstört wurden und mehr als 1000 Menschen ertranken. Behrens war besonders angetan von den reichen und großen Bauernwirtschaften in der zur Ostindischen Kompanie gehörenden Region, »die viel Aecker und Weinberge nebst einigen tausend Schaafen und Rindern haben«. Der Wein besaß bereits damals einen so guten Ruf, daß er auch am französischen Hof getrunken wurde. Behrens begegnete Buschmännern und Hottentotten, und er ließ sich erzählen, daß die Hottentottenkinder bei ihrer Geburt ganz weiß seien, aber durch »das viele Schmieren und die heissen Strahlen der Sonnen werden sie so braun«.

Noch war der Weg nach Norden weit, und er wurde ein wenig länger, weil die Kompanie-Schiffe wegen der Streitigkeiten zwischen Holland und England nicht durch den Kanal fuhren, sondern nördlich um England herum und schließlich am 11. Juni 1723 wiederum in Texel, dem Ausgangspunkt der Expedition, festmachten. Für Carl Friedrich Behrens war aber weiterhin seine Vaterstadt Rostock zu klein. Er, dessen Fernweh nun gestillt war, zog in die reiche Stadt Nürnberg, wo er Nachbar seines Jugendfreundes Adam Krämer wurde, mit dem er bereits in jungen Jahren auf Schonen weilte. Dort starb Behrens vor 1750.

Das Hauptwerk von Behrens »Der wohlversuchte Sued-Laender, das ist: ausführliche Reise-Beschreibung um die Welt« erschien zuerst 1738 in Leipzig. Weitere Auflagen folgten und sehr bald gab es selbst eine Übersetzung ins Französische. Das Buch enthält auch eine »accurate Charte der gantzen Welt, und andere Kupffer«, entworfen von Carl Friedrich Behrens. Darüber hinaus erschienen von ihm weitere Schriften. In der Literatur zur Entdeckungsgeschichte der Erde fand Behrens bisher jedoch nur wenig Beachtung. Allerdings gibt es kaum eine wissenschaftliche Abhandlung über die Osterinsel, in der Behrens' Aufzeichnungen nicht zitiert werden.

Der Entdecker der Heilquelle von Ramlösa in Schweden: Johan Jacob von Döbeln aus Rostock

Karl-Heinz Jügelt

Das Adelsgeschlecht von Döbeln nimmt im Geschlechterbuch des schwedischen Adels einen gewichtigen Platz ein. Seine Nachkommen haben in der Geschichte Schwedens auf allen Gebieten des Staatswesens und der Kultur bis ins 20. Jahrhundert wichtige Funktionen bekleidet. Sein Begründer, mit schwedischem Namen Johan Jacob von Döbeln, stammt aus Rostock, wo er am 29. März 1674 geboren wurde. Er war das vierte von insgesamt elf Kindern des Professors der Medizin und Mathematik an der Universität Rostock und Stadtphysikus Johann Jacob Döbelius. Nach seinem Vater erhielt er den Namen Johann Jacob.

Professor Döbelius, sein Vater, entstammte einer alteingesessenen Danziger Theologenfamilie; seine Mutter war Anna Elisabetha von Hillen, die Tochter des Güstrower Juristen Dr. Johann Christoph von Hillen. Nach dem Vorbild seines Vaters wollte auch er sich der Theologie widmen. Aber eine ernsthafte Erkrankung des Theologiestudenten in Königsberg lenkte jedoch seine Aufmerksamkeit auf die Medizin. Nach Reisen durch die Ostseeprovinzen bis nach Kurland und Livland ging er zum Medizinstudium nach Kopenhagen, wo er bei dem aus Rostock gebürtigen Anatomen und Botaniker Simon Pauli (1603–1680) anatomische Vorlesungen hörte. Später studierte er in Leiden bei solchen berühmten Medizinern

Das Zentrum der schwedischen Universitätsstadt Lund im 18. Jahrhundert

43

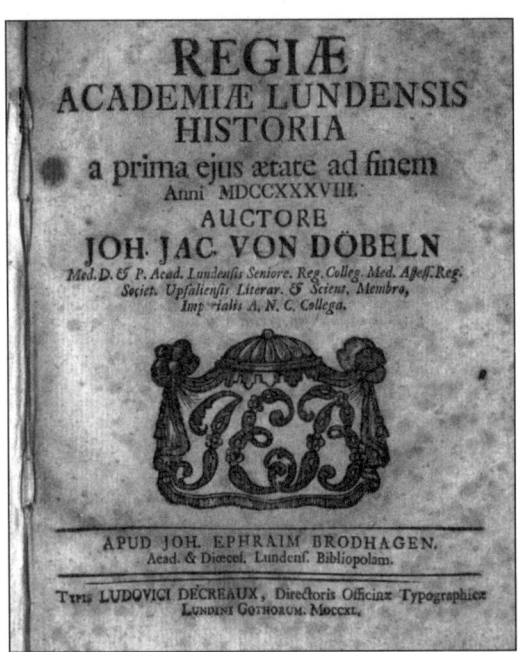

REGIÆ
ACADEMIÆ LUNDENSIS
HISTORIA
a prima ejus ætate ad finem
Anni MDCCXXXVIII.
AUCTORE
JOH. JAC. VON DÖBELN.
Med. D. & P. Acad. Lundensis Seniore. Reg. Colleg. Med. Asseff. Reg.
Societ. Upsalienfis Literar. & Scient. Membro,
Imp-rialis A. N. C. Collega.

APUD JOH. EPHRAIM BRODHAGEN.
Acad. & Diœcel. Lundenf. Bibliopolam.

Typis LUDOVICI DECREAUX, Directoris Officinæ Typographicæ
LUNDINI GOTHORUM. MDCCXL.

Titelblatt der ersten Geschichte der 1666 gegründeten Universität Lund von J.J. von Döbeln (1740)

wie Johannes van Horne, Johannes Antonides van der Linden und Franz de la Boe, deren Namen auf dem medizinischen Doktordiplom aus Pergament stehen, das er 1664 für die erfolgreiche Verteidigung seiner Dissertation über Nierensteine erhielt.

Noch im gleichen Jahr kam er nach Rostock und wurde im November 1664 in das Matrikelbuch der Universität eingetragen. Da keine Professorenstelle frei war, betätigte er sich zunächst als angesehener praktischer Arzt. Ab 1665 – erst 25 Jahre alt – wirkte er als rätlicher Professor der Medizin und der höheren Mathematik sowie außerdem als Stadtphysikus. 1668 und 1674 war er Rektor, in den Jahren 1675 bis 1679 verwaltete er die Bibliothek der Universität. 1681 wurde ihm die Würde eines *Comes Palatinus Caesareus*, eines kaiserlichen Pfalzgrafen, verliehen, womit er das Recht hatte, gegen entsprechende Gebühren beispielsweise Notare zu ernennen, uneheliche Kinder zu ehelichen zu erklären und den Titel Poetus laureatus zu verleihen. Im gleichen Jahr war er als Nachfolger seines Lehrers Simon Pauli des Jüngeren auch mit der Ernennung zum Leibarzt des Königs von Dänemark ausgezeichnet worden. Bereits 1680 hatte er im Auftrag des Rostocker Rates unter dem Titel »Kurtzer Entwurff / Wie man sich / so woll bey hereinschleichender / als auch würcklich schon vorhandener Pest-Zeit zu verhalten habe« – Raths der Stadt Rostock Begehren auffgesetzt / von Joann Jacob Döbeln / der Medicin Doctore, P.P. Stadt-Physico, und der Medicinschen Facultät daselbst Decano (Rostock, 1680) – den Einwohnern Rostocks, die immer noch unter den Folgen des großen Stadtbrandes von 1677 zu leiden hatten, Verhaltensregeln für Pestzeiten gegeben. Tragisch war, daß er vier Jahre später sich selbst und seine Ehefrau aber nicht vor der Pest schützen konnte. Am 3. Juli 1684 wurden sie Opfer der Pest und hinterließen aus ihrer 18-jährigen Ehe 9 Waisenkinder.

Der Sohn Johann Jacob war zu diesem Zeitpunkt erst 10 Jahre alt. Über seinen weiteren Bildungsweg hat er später selbst berichtet, daß er »in moribus & studiis laudabiles fecit progressus« (also: lobenswerte Fortschritte in Sitten und Studien machte), so daß er bereits 1690, im Alter von nur 16 Jahren, die Rostocker Universität beziehen konnte. Hier war der Anatom Johannes Gerdes (1656–1700), Wittenberger Doktor der Medizin von 1681 und ab 1687 herzoglicher Professor der Medizin, sein Lehrer. Stolz berichtet er in seiner Biographie, daß er bereits am 21. August 1690 in wissenschaftlichen Streitgesprächen unter dem Vorsitz von Gerdes aufgetreten ist.

Am 28. Juli 1691 reiste er nach Kopenhagen, um die Vorlesungen von Oligerus Jacobaeus und Thomas Bartholinus zu besuchen. In den folgenden Jahren 1692 und 1693 studierte er dann in Königsberg und Danzig, wo er nach seinem eigenen Bericht bereits anatomische Sektionen durchgeführt hat. 1693 wurde er Leibarzt des polnischen Adligen Nicolaus Grudzinzki de Grudna und kam nach Aufenthalten in Warschau und Danzig am 8. September 1694 nach Rostock zurück, wo er am 11. Dezember 1694 unter dem Vorsitz von Johann Ernst Schaper (1668–1721) seine lateinische Doktorarbeit über die Darstellung der Klappen der Milch-, Lymph- und Blutgefäße verteidigt hat. Mit drei weiteren Kandidaten – bei deren Verteidigungen er jeweils als Opponent gewirkt hatte – wurde ihm am 18. April 1695 in der Rostocker Marienkirche der medizinische Doktorgrad verliehen. Er war zu diesem Zeitpunkt gerade 21 Jahre alt.

Am 27. Januar 1696 nahm er Abschied von seiner Heimat, um nach Warschau zurückzukehren, von wo aus er Reisen nach Krakau und zu den Salzbergwerken von Wieliczka unternahm. Dieser Besuch fand seinen Niederschlag in einem wissenschaftlichen Aufsatz über die Salzproduktion, der 1699 gedruckt wurde und der mit einigen bereits 1698 erschienenen Arbeiten seine lange Liste wissenschaftlicher Veröffentlichungen anführt.

Im Monat August desselben Jahres reiste er nach Wismar und bestieg ein Schiff gen England, das am 31. Oktober 1696 in Seenot geriet und den Hafen von Göteborg in Schweden anlaufen mußte. Da das Schiff seine Reise nach England wegen der Herbststürme nicht fortsetzen konnte, fand sich Döbelius nun plötzlich nach Schweden verschlagen. Was am Anfang ein Unglück zu

Johan Jacob von Döbeln (1674–1743). Ölporträt im lichtblauen Rock mit Weste und rotem Mantel von K. Mörth 1726

sein schien, bezeichnete er 46 Jahre später als glückliche Fügung einer göttlichen Vorsehung.

Offenbar hat Döbelius in Göteborg unter den dortigen zahlreichen deutschen Landsleuten eine gute Aufnahme gefunden und als Arzt mit Erfolg praktiziert, denn schon am 31. Mai 1697, also ein halbes Jahr nach seiner Ankunft in Schweden, wird er nach einer Prüfung durch sieben hervorragende Mediziner in Stockholm am 31. Mai 1697 zum Provinzialmedikus der Provinz Göteborg und Bohus und zum Stadtphysikus von Göteborg ernannt. Im gleichen Jahr wird er auch als Assessor in das Königliche Collegium medicum aufgenommen. Der Landeshauptmann in Göteborg Freiherr J. B. von Schönleben hatte ihn nach zahlreichen erfolgreichen Behandlungen beim schwedischen König als »qualifizierten Doktor« empfohlen.

Am 26. Juli 1698 heiratete er in Göteborg die gleichaltrige jung verwitwete Dorothea von Minden (1674–1737), die Tochter des Göteborger Kaufmanns Johan von Minden und Margaretha Sebrands, offenbar also eine gute Partie. Aus dieser Ehe gingen 6 Kinder hervor, von denen aber nur 4 überlebten.

Im folgenden Jahr unternahm er weitere Studienreisen ins Ausland, so nach Amsterdam, Haarlem, Leiden, Rotterdam, Antwerpen und Brüssel. Nach seiner Rückkehr wurde er am 17. März 1799 zum Provinzialmedikus der Provinz Schonen (Skåne) berufen und zog nach Malmö. Döbelius war hier auch über das medizinische Gebiet hinaus stets organisatorisch wirksam. Ab 1700 begann er mit einem Partner einige gewerbliche Unternehmungen. So übernahmen sie die um 1680 gegründete Waisenhausmanufaktur von Malmö und begannen dort 1703 mit der Kleiderfabrikation. Nebenbei betrieben sie eine Stampfmühle und eine Färberei. Nicht ganz ohne Zusammenhang dürfte seine Berufung zum Stabsmedikus der schwedischen Armee in der Provinz Schonen am 3. Dezember 1709

durch den Feldmarschall Magnus Stenbock und der Abschluß eines Vertrages mit dem Kavallerieregiment von Schonen gewesen sein, mit dem die Lieferung von 1000 Mützen (zweifarbige Dreispitze), 1000 Mänteln und 1000 Röcken im Werte von 26.000 Talern Silbermünze vereinbart wurde.

Von besonderem Interesse ist, daß Döbelius im Laufe der Jahre mehrfach in Nachlaßangelegenheiten in Rostock und Wismar weilte, aber auch für seinen Manufakturbetrieb geschäftliche Beziehungen zu seiner alten Heimatstadt Rostock unterhielt, von wo er Wolle importierte. Bei einem seiner Besuche in Rostock hat er der Universität ein Manuskript aus der Bibliothek seines Vaters geschenkt, das für die Geschichte der Medizinischen Fakultät im 16. Jahrhundert als Ersatz für das 1677 verbrannte Archiv der Fakultät von großer Bedeutung ist.

Bis in die Gegenwart tragen Millionen Flaschen und Büchsen mit Ramlösa-Mineralwasser das Porträt von J.J. von Döbeln in alle Welt.

Als Döbelius im März 1710 zum Professor der Medizin an die Universität Lund berufen wurde, war er einer der ersten Medizinprofessoren an der erst 1666 gegründeten schwedischen Universität.

Bereits während seiner Tätigkeit als Provinzialmedikus in Göteborg hatten Berichte von der heilenden Wirkung des Wassers der Quelle von Ramlösa sein Interesse geweckt. Seine mehrfachen Untersuchungen des Wassers hatten ihn davon überzeugt, daß es sich hier um eine besondere Gabe der Natur handelt, die dem Wohle der Allgemeinheit dienen sollte. Seine Ergebnisse teilte er 1707 in einer lateinischen Beschreibung des Heilwassers mit. Am 17. Juni desselben Jahres – dem 25. Geburtstag Königs Karls XII. – eröffnete er die Heilquelle von Ramlösa für das Publikum und wurde dadurch der erste Brunnen- oder Badearzt Schwedens. Eine schwedischsprachige Schilderung der Lage der Quelle und ihres rechten Gebrauchs – eine erste Reklameschrift – erschien im folgenden Jahr und war »seinem gnädigsten Herrn«, dem Feldmarschall Magnus Stenbock, gewidmet. Auch früher schon war er sehr geschickt im Umgang mit der Obrigkeit, denn bereits 1700 hatte er ein »Carmen heroicum« auf den Sieg Karls XII. bei Narva verfaßt.

Döbelius hat durch zahlreiche Einrichtungen zur Verschönerung des ersten schwedischen Badeortes und für die Bequemlichkeit der Badegäste gesorgt. Ihm ist es zu verdanken, daß sich – wie es in einer Festschrift des Jahres 1907 heißt – das kleine Dorf Ramlösa in Südschweden sich zu einem mondänen Badeort entwickelte, der schon im 18. Jahrhundert häufig auch von hohen und höchsten Herrschaften Schwedens und Dänemarks besucht wurde.

Von besonderer Bedeutung aber war seine 33jährige Tätigkeit an der Universität Lund von seiner Berufung in die medizinische Professur im Jahre 1710 bis zu seinem Tod am 14. Januar 1743. Der Lunder Universitätshistoriograph Carl Fehrman nannte ihn 1987 den ersten bemerkenswerten Mediziner der Universität in der ersten Hälfte des 18. Jahrhunderts. Mit der Übernahme dieser Professur fand Döbelius seine eigentliche Lebensaufgabe. Er war ein beliebter akademischer Lehrer und nicht minder ein praktisch wirksamer, initiativreicher Organisator. Dreimal, in den Jahren 1717, 1729 und 1742, bekleidete er das Amt des Rektors. Mit seiner medizinischen Professur verbunden war auch das Amt des Präfekten des Hortus medicus, des früheren bischöflichen Gartens. Mit Eifer hat Döbelius dessen Umgestaltung und Entwicklung zum Botanischen Garten der Universität betrieben, dessen vollständige Einrichtung allerdings erst nach seinem Tode vom König finanziert wurde.

Seine Stellung an der Universität war offensichtlich nie ganz unumstritten, denn seine Neider nannten ihn einen Günstling des Königs. Hinzu kam, daß er als einziger Professor seiner Fakultät im wahrsten Sinne des Wortes eine Alleinherrschaft in allen medizinischen Fragen an der Universität ausübte.

Schon am Beginn seiner Tätigkeit an der Universität sah er sich zahlreichen Problemen gegenüber: Nach der Schlacht von Hälsingborg 1710 wurde die Stadt Lund ein einziges großes Feldlazarett, dazu wüteten Epidemien und Brände und schließlich im September 1712 auch die Pest, weshalb die Vorlesungen eingestellt wurden. Trotz der Gefahr eines erneuten dänischen Überfalls nahm die Universität aber ihre Tätigkeit im Herbst 1713 wieder auf. Weil aber König Karl XII. Lund zu seiner Residenz gemacht hatte und auch das Armeehauptquartier hierher verlegt worden war, verließen viele Studenten die Stadt, um nicht dem Befehl des Königs zum Armeedienst folgen zu müssen.

Etikett mit dem Porträt von J.J. von Döbeln

Trotz aller Schwierigkeiten war Döbelius stets um soziale und kulturelle Neuerungen bemüht. Bereits Anfang des Jahres 1713 hatte er mit einem schwedischsprachigen gedruckten »Memorial« die Schaffung eines »collegium studiosorum«, eine Art Stipendienstiftung zur Unterstützung von 40 armen Studenten vorgeschlagen, zu welchem Zwecke er bereits eine bemerkenswerte Summe Geldes von Privatleuten gesammelt hatte. Da das Projekt auf Widerstand stieß, verwendete er das Geld mit Zustimmung der Sponsoren 1718 für den Kauf von Büchern für die Universitätsbibliothek. Die Bücher dieser sogenannten »Bibliotheca Döbeliana« kamen mit einiger Sicherheit aus der Privatbibliothek von Döbelius, denn für vier Bände mit Rostocker Beerdigungsprogrammen aus den Jahren 1630 bis 1684 (dem Todesjahr seines Vaters) konnte eindeutig festgestellt werden, daß sie aus der Rostocker Bibliothek seines Vaters stammen. Schon im Jahre 1714 hatte sich Döbelius erboten, einen festen Buchhandel zu etablieren und auch Buchauktionen zu veranstalten. Aber diese Ideen konnte er nicht verwirklichen. Sie scheiterten ebenso, wie sein Plan von 1723, eine Buchdruckerei, eine Schriftgießerei und eine Papiermühle in Halland zu gründen.

Auch an der Universität war er stets um positive Veränderungen und Neuerungen bemüht. So setzte er sich beispielsweise für die Abschaffung der rohen Zeremonien bei der Aufnahme neuer Studenten ein, eingedenk seines eigenen Schicksals gründete er für Professorenwitwen und deren Kinder eine Witwen- und Kinderkasse. Auf seine Initiative wurde 1730 ein Anatomisches Theater im zweiten Stock des Universitätsgebäudes im Lundagard eingerichtet. Dazu schaffte er das erste anatomische Präparat an, das Skelett eines ermordeten Kindes. Eine große Leistung war die von ihm verfaßte erste Geschichte der Universität Lund, die 1740 in lateinischer Sprache erschien. In deren Fortsetzung von 1742 hat er die Biographien aller Professoren bis zum Jahre 1738 mitgeteilt.

Für seine Verdienste um die Krone war Döbelius bereits 1717 geadelt worden und hatte den Namen »von Döbeln« erhalten. Unter anderem für seine zahlreichen wissenschaftlichen Aufsätze wurde ihm am 8. Juni 1735 eine besondere Ehre zuteil. Wie sein Vater mehr als 50 Jahre vorher, erhielt er die Ernennung zum Mitglied der kaiserlichen Academia Leopoldino-Carolina Naturae Curiosorum und durfte den Beinamen DEMARCHUS (Bezirksvorsteher) tragen.

Selbstbewußt und tüchtig sowie sparsam wurde Döbelius von seinen Mitmenschen geschildert, ein Kraftmensch, der geradeheraus sagte, was er meinte und der zu dem stand, was er gesagt hatte. Und sicher war er auch sehr wohlhabend, denn er erwarb um 1720 das Gut Björkholm als Familienbesitz. Auch das Verzeichnis des Nachlasses seiner ersten Frau bestätigt diese Vermutung.

Die Entdeckung der Heilquellen von Ramlösa hat ihm jedoch zu »ewigem Ruhm« verholfen. Noch heute wird an jedem 17. Juni im Park von Ramlösa ein Fest zum »Geburtstag« des von Johan Jacob von Döbeln begründeten Heilbades gefeiert, wo im Jahre 1912 eine Mineralwasserfabrik gebaut wurde. Vermutlich seit diesem Zeitpunkt tragen die bekannten Flaschen, in neuerer Zeit aber auch die modernen Büchsen mit Ramlösa-Mineralwasser das Porträt von Döbelius auf dem Etikett. Abgebildet ist das Ölporträt im lichtblauen Rock mit Weste und rotem Mantel, das K. Mörth 1726 gemalt hat. Ramlösa-Mineralwasser wird in 35 Länder, bis in die USA, nach Kanada, Japan, Australien und Neu-Seeland, exportiert. Jährlich werden 200 Millionen Flaschen und neuerdings eben auch Büchsen abgefüllt. Das heißt, das Porträt des gebürtigen Rostockers Döbelius wird täglich in 500.000 bis 1 Million Exemplaren vervielfältigt. Damit ist er die schwedische Privatperson, deren Porträt bisher wohl am häufigsten verbreitet wurde und wird.

Das Original aus dem Jahre 1726 hat auch heute noch seinen Ehrenplatz in der Gemäldesammlung der Universität Lund, während ein zweites Ölporträt zur Porträtsammlung des Obermedizinalamtes in Stockholm gehört.

Unter dem Namen Döbelius hat Johan Jacob von Döbeln zahlreiche lateinische Aufsätze verfaßt, in denen er seine Naturbeobachtungen beschreibt und Erfahrungen seiner medizinischen Praxis vermittelt. Berühmt geworden ist seine Beschreibung der Heilquellen von Ramlösa, die zuerst lateinisch im Jahre 1707, dann 1708 in schwedisch erschien: »Beskrifning om Ramlösa hälso- och surbruns upfinnande, dess belägenbet, natur, wärkan och rätta bruk«. Diese kleine Schrift wurde anläßlich der 200. Wiederkehr der Entdeckung der Heilquelle von Ramlösa im Jahre 1907 als Reprint herausgegeben. 1724 erschien von ihm in Halle an der Saale »Vollständiger historischer Bericht von einem schwedischen Frauenzimmer, Namens Esther Johannen, gebürtig von Norre Oby, und ihrem Zehnjährigen langweiligen Fasten ... Nach dem Lateinischen Exemplar übers. Welchem beygefügt ist eine curiöse Nachricht von dem anderthalb-jährigen Fasten einer noch lebenden haderslebischen Jungfer ...«

Ein Mecklenburger als Bibliotheksgründer
in Südafrika: Joachim Nikolaus von Dessin

Andreas Wagner

Als Joachim Nikolaus von Dessin um das Jahr 1704 vermutlich in Rostock geboren wurde, geriet Mecklenburg wieder einmal zum Schauplatz kriegerischer Auseinandersetzungen. Es war die Zeit des Norddeutschen Krieges von 1700 bis 1721. Um diese Zeit begann jedoch auch eine neue Denkströmung die Gebildeten zu erfassen – die Aufklärung. Bücher und Zeitschriften spielten bei der Vermittlung und Verbreitung aufklärerischer Ideen eine zentrale Rolle. Und auf diesem Gebiet verwirklichte Joachim Nikolaus von Dessin weit ab von den Zentren der europäischen Kultur – er starb 1761 in Kapstadt im Süden Afrikas – ein großes kulturelles Projekt. Seine im Verlauf von fast 30 Jahren nach seiner Ankunft in Südafrika zusammengetragene Bibliothek von ungefähr 3800 Büchern und Handschriften vermachte er der Niederländischen Reformierten Kirche unter der Bedingung, daß sie mit den Büchern eine öffentliche Bibliothek begründen sollte, die erste in Südafrika. Dieses Erbe bildet heute als Dessinian Collection den ältesten geschlossenen Buchbestand der Südafrikanischen Bibliothek in Kapstadt.

Die genauen Lebensumstände Joachim Nikolaus von Dessins vor seiner Ankunft im Süden Afrikas sind nur durch wenige Daten dokumentiert. Er entstammte einem alten mecklenburgischen Adelsgeschlecht. Das Datum seiner wahrscheinlichen Geburt im Jahr 1704 in Rostock geht auf spätere Angaben von ihm selbst zurück. Im Unterschied zu seinem Bruder, August Christian, der am 15. Januar 1706 in der Rostocker Kirche St. Jacobi getauft wurde, konnte bisher eine Taufeintragung für Joachim Nikolaus von Dessin in ei-

Ausschnitt aus einer zeitgenössischen Karte vom Süden Afrikas (1719)

49

nem Rostocker Taufregister nicht aufgefunden werden. Sein Vater, der Leutnant Christian Adolf von Dessin, diente als Offizier in der schwedischen Armee. Er wurde 1679 geboren und stammte aus der Familie des Herzoglich Holsteinischen Oberjägermeisters und Amtmanns zu Ahrensbök, Joachim Diederich von Dessin. Christian Adolf gehörte zu den schwedischen Truppen, die im Nordischen Krieg mehrmals das mecklenburgische Territorium durchzogen. Später bezeichnete er sich in einem Brief als »gefangener Offizier«. Diesen Status hatte er wohl dem sinkenden Kriegsglück der Schweden im Nordischen Krieg zu verdanken, in dem Schweden seine Vorherrschaft im Ostseeraum verlor. Christian Adolf hatte sich 1703 mit Margaretha Elisabeth von Hünemörder vermählt, die jedoch bereits 1716 verstarb. Gleich am Anfang dieser Ehe wurden die beiden einzigen Kinder, Joachim Nikolaus und August Christian, geboren. Zwei Jahre nach dem Tod seiner ersten Frau heiratete der nunmehr zum Kapitän beförderte Christian Adolf von Dessin am 23. November 1718 im damals noch zu Schweden gehörenden Wismar Catharina Juliana von Klinkowström. Doch kurze Zeit darauf, um das Jahr 1720, muß er selbst gestorben sein.

Die materiellen Verhältnisse der Familie können nicht zum besten bestellt gewesen sein und auf keinen Fall dem adligen Standesbewußtsein entsprochen haben. Der Vater schickte beide Söhne schon früh aus dem Haus. Während der jüngere Sohn zu einem Prediger auf dem Lande in Kost gegeben wurde, kam der ältere, Joachim Nikolaus, an den Hof des Markgrafen Albrecht Friedrich von Brandenburg, um als Page zu dienen. Die Ehefrau des Markgrafen widmete der Erziehung des jungen mecklenburgischen Adligen einige Aufmerksamkeit und ließ ihn das Joachimsthaler Gymnasium in Berlin besuchen, wo er sich durch gute Leistungen vor allem in Latein und Französisch auszeichnete. Dieser Unterricht legte sicher die Grundlagen für seine späteren breiten wissenschaftlichen Interessen und seine guten Sprachkenntnisse. 1722 rückte der junge Adlige zum Kammerjunker beim Markgrafen auf. Allerdings verließ er dessen Hof ein Jahr danach und kehrte nach Hause zurück. Bereits vor seiner Rückkehr muß der Vater gestorben sein und das geringe Erbe der Mutter bildete wohl seine Existenzgrundlage. Die zweite Ehefrau seines Vaters wurde völlig vereinsamt 1739 in Wismar beigesetzt.

Als verarmter Adliger sah Joachim Nikolaus von Dessin für sich in Mecklenburg wahrscheinlich keine Perspektive. Wie manche seiner Standesgenossen, aber auch Entwurzelte aus anderen sozialen Schichten wandte er sich nach Holland und trat in den Dienst der Vereinigten Ostindischen Kompanie der Niederlande. Der 1602 gegründeten Ostindienkompanie war es gelungen, die Portugiesen aus dem Gewürzhandel mit dem Fernen Osten zu verdrängen. Innerhalb weniger Jahre entwickelte sie sich zum größten Handelsunternehmen des 17. und 18. Jahrhunderts. Allein im Jahrzehnt zwischen 1720 und 1730 verließen an Bord von Kompanieschiffen 71 700 Personen die niederländischen Häfen, um in den asiatischen Kontoren oder auf den Schiffen ihren Dienst zu tun. Gerade nach 1700 wuchs der Personalbedarf der Kompanie wegen des steigenden Schiffsverkehrs, der territorialen Machtausweitung, der zunehmenden Bürokratisierung und den hohen Menschenverlusten in Asien stark an, der aus den niederländischen Provinzen allein nicht gedeckt werden konnte. Die ungewohnten klimatischen Bedingungen, Krankheiten und kämpferische Auseinandersetzungen führten zu einer hohen Sterberate. Viele Menschen aus Skandinavien, Dänemark und vor allem den deutschen Territorien traten in den Dienst der Kompanie, so daß etwa 40 Prozent der Matrosen und 60 Prozent der Soldaten von ausländischer Herkunft waren.

Unter diesen zahlreichen Abenteurern, Verarmten und Personen mit zwielichtiger Vergangenheit fand sich 1726 auch Joachim Nikolaus von Dessin. Er ließ sich als Soldat für die Kompanie anwerben und ging am 7. November 1726 an Bord des Schiffes »Ketel«. Seine Zukunft war mehr als ungewiß, denn immerhin kehrte einer von drei Bediensteten der Kompanie nicht mehr in die Heimat zurück. Nach einer fünfmonatigen Seereise erreichte das Schiff am 16. April 1727 das Kap der Guten Hoffnung, wo von Dessin zunächst als einfacher Soldat diente.

Die holländische Niederlassung am Kap hatte 1652 Jan van Riebeeck als eine Ausrüstungs- und Verpflegungsstation für den Schiffsverkehr der Ostindienkompanie gegründet. Zwar gehörte eine Siedlungspolitik nicht zu den Zielen der Handelsgesellschaft, doch am Kap der Guten Hoffnung gelang die Etablierung einer wachsenden europäischen Gemeinde. Seit 1657 entließ die Kompanie am Kap Angestellte aus ihrem Dienst, die gemeinsam mit den hierher verschifften Kolonisten als »Freibürger« (vrijburger) Handel, Ackerbau und Viehzucht betrieben. Um 1700 begannen die Viehzüchter, die sogenannten Treckburen, zur Triebkraft einer expansiven Siedlungspolitik gegenüber den Eingeborenen zu werden. Die Zahl der Bediensteten der Kompanie am Kap wuchs während des 18. Jahrhunderts kontinuierlich. In den Personalregistern der Kompanie waren 1700 am Kap 544 Bedienstete, 1753 bereits 1439 und 1780 1687 Bedienstete verzeichnet. Hinzu kamen um die Mitte des 18. Jahrhunderts noch 5000 Kolonisten und 6000 Sklaven.

Auf die intellektuellen Fähigkeiten von Dessins wurden seine Vorgesetzten recht schnell aufmerksam. Bereits nach einjährigem Militärdienst wechselte er in den Verwaltungsapparat der Kolonie. Zwischen 1728 und 1736 arbeitete er im Büro des Justizsekretärs als Kanzlist, zunächst im Dienstrang eines Assistenten. 1737 stieg von Dessin zum Sekretär der Waisenkammer auf, dem die Verwaltung von Nachlässen und die Behandlung von Vormundschaftssachen oblag.

Mit 26 Jahren hatte er am 10. Dezember 1730 Christina Ehlers, die Tochter eines ebenfalls aus Deutschland eingewanderten Bäckermeisters und seiner aus einem einflußreichen hugenottischen Geschlecht stammenden Ehefrau, geheiratet. Diese Eheschließung erleichterte ihm den Zugang zur Oberschicht in der Kapkolonie, in der neben Niederländern auch deutsche Einwanderer und französische Hugenotten eine bedeutende Rolle spielten. Die kulturellen Eigenheiten der deutschen und anderen Einwanderer verblaßten unter dem Einfluß der holländischen Kultur recht schnell. Die niederländische Sprache wurde, bedingt durch wirtschaftliche und politische Dominanz der Vereinigten Ostindischen Kompanie, schnell zur Alltagssprache und die Niederländische Reformierte Kirche prägte durch ihre sittenstrengen Grundsätze das alltägliche Leben.

1744 erhielt von Dessin die Beförderung zum Rang des Unterkaufmanns. Dieser Dienstrang war mit einem monatlichen Gehalt von 40 Gulden ausgestattet. Zum Vergleich: Einfache Soldaten oder Matrosen verdienten während der zwei Jahrhunderte des Bestehens der Kompanie unverändert 9 bis 11 Gulden im Monat. Über den Unterkaufleuten standen in der Personalhierarchie nur noch der Kaufmann und der Oberkaufmann. Die berufliche

Szene aus dem Alltagsleben der Eingeborenen beim Fischen am Kap (1719)

Das »Ex libris« von Joachim Nikolaus von Dessin mit seinem Motto »artem quaevis terra alit« (Das Wissen gedeiht auf jedem Boden)

Karriere Joachim Nikolaus von Dessins ist ein Beleg für den sozialen Aufstieg, den auch einfachste Kompaniebedienstete nehmen konnten. Durch die hohe Todesrate und den Mangel an Fachleuten eröffneten sich Aufstiegsmöglichkeiten unabhängig von Standeszugehörigkeit und finanziellem Rückhalt.

Joachim Nikolaus von Dessin eröffnete neben seiner Beamtentätigkeit eine private Notariatspraxis, die sein Einkommen aufbesserte und ihm erlaubte, größeren Hausbesitz zu erwerben. So waren 1757, dem Jahr seines Ausscheidens aus dem Dienst der Kompanie, vier Häuser in seinem Besitz, die er teilweise vermietete. Unsere Kenntnisse über sein Privatleben in Kapstadt sind durch das überlieferte Korrespondenzbuch (Briefenboek) für die Jahre 1733 bis 1744 und sein Tagebuch (Memoriaal) für die Jahre 1754 bis 1757 sehr detailliert.

Sein einstöckiges Wohnhaus war für die Aufnahme einer Büchersammlung bestens hergerichtet. »Von der großen Eingangshalle gelangte man in das Bibliotheks- und Arbeitszimmer. … Die Wände des Raumes nahmen zum großen Teil offene Regale und mit Glastüren versehene Bücherschränke ein, in denen die annähernd 4.000 Bände untergebracht waren. Bücherständer waren zum Betrachten und Lesen großformatiger Bände bestimmt. Mittelpunkt war ein mächtiger silberbeschlagener Schreib- und Arbeitstisch, dessen Fächer wertvolle Sammelstücke, wie Schnupftabakdosen, Eßbestecke und anderes Gerät enthielten. In der Bibliothek hingen auch einige von den vielen Gemälden, während andere die Eingangshalle und die weiteren Zimmer schmückten«. Der Aufbau und die Zusammensetzung seiner Bibliothek verraten die weitgespannten und vielfältigen Interessen ihres Eigentümers im Zeitalter der Aufklärung. Große Beachtung schenkte er den Klassikern der Antike sowie der zeitgenössischen Philosophie und Theologie. Die theologischen Bücher umfassen mit mehr als tausend Bänden fast ein Viertel des ganzen Buchbestandes. Zur Schulung seiner guten Sprachkenntnisse schaffte er zahlreiche Grammatiken, Sprachlehren und Wörterbücher an. Joachim Nikolaus von Dessin las neben seiner Muttersprache auch Holländisch und in den während seiner Schulzeit erworbenen Sprachen Latein und Französisch sowie darüber hinaus auch Griechisch, Hebräisch, Englisch, Italienisch und Spanisch. Das belegen die zahlreichen handschriftlichen Anmerkungen in seinen Büchern. Außerdem beschäftigte er sich mit Mathematik, Astronomie und Geographie. Ein besonderes Interesse brachte er auch der Geschichte entgegen, der etwa 800 Bände aus seiner Sammlung zugeordnet werden können, darunter auch 24 teilweise mehrbändige Mecklenburgica. Bedeutende wissenschaftliche Publikationen aus den verschiedensten Gebieten – unter anderem auch manch handkolorierte Ausgabe – finden sich in der Sammlung, wie Georg Agricolas Bergwerksbuch in einem Baseler Druck von 1558 oder die berühmte Encyklopädie von Diderot und d'Alembert, die seit 1751 erschien. Außerdem ergänzen verschiedene für die Frühgeschichte der europäischen Besiedlung Südafrikas äußerst wertvolle Handschriften die Buchbestände, wie die auszugsweise Abschrift des Tagebuchs von Adam Tas 1705/06 und verschiedene Berichte und Beschreibungen des Kaplandes von Kompaniebeamten.

Woher kamen diese Bücher? Zu seiner Zeit gab es am Kap weder eine Druckerei noch eine Buchhandlung oder einen Verlag, die erste Druckerpresse gelangte erst 1784 nach Kapstadt. Beim Erwerb seiner Bücher kamen von Dessin sein Beruf, sein Vermögen und seine persönlichen Beziehungen zugute. Als Sekretär der Waisenkammer erfuhr er zuerst von Nachlässen und konnte so manches Buch erwerben. Er erhielt Bücher von abreisenden Beamten und durchreisenden Gästen, auch tauschte er von Schiffsoffizieren Bücher gegen Lebensmittel und andere Gegenstände ein. Viele Bücher bestellte er direkt aus Europa, die er über seinen Freund, den Konrektor der Lateinschule in Amsterdam, besorgen ließ. Dabei erwies sich von Dessin als ein systematischer und zielgerichteter Sammler, der sich seines umfangreichen bibliographischen Materials zu bedienen wußte und sich selbständig einen Überblick zu verschiedenen Wissensgebieten verschaffte.

Der Kontakt zu seiner mecklenburgischen Heimat war in der Zwischenzeit auch nicht abgebrochen. Im Oktober 1747 erhielt von Dessin Besuch aus Mecklenburg von seinem Bruder August Christian, um Erbschaftsangelegenheiten zu besprechen. Die gerichtlichen Verhandlungen um das Hünemördersche Erbe zogen sich vor dem Land- und Hofgericht Güstrow fast neun Jahre hin und endeten 1754 mit einem Vergleich. Auch Joachim Nikolaus hatte 1745 Anspruch auf die Erbschaft seines Onkels erhoben und den Rostocker Rechtsanwalt Dr. Andreas Vogel zu seinem Bevollmächtigten erklärt.

Aus Krankheitsgründen suchte Joachim Nikolaus von Dessin 1757 um seine Verabschiedung aus dem Dienst der Kompanie mit der Bitte, ihm den Rang des Unterkaufmanns und seine Bezüge zu belassen. Nur wenige Jahre später, am 18. September 1761, ist er in Kapstadt gestorben. Seine Ehefrau und seine einzige Tochter, die 1731 zur Welt kam, waren bereits vor ihm verstorben. In seinem Testament, das am 5. Oktober 1761 im Kirchenrat verlesen wurde, vermachte er der Niederländischen Reformierten Kirche am Kap seine Bibliothek nebst allen Manuskripten, die dazu gehörenden Schränke und Pulte sowie die Bilder und wissenschaftlichen Instrumente unter der Bedingung, daß sein Erbe nicht verkauft werden dürfe, da es als Grundstock für eine öffentliche Bibliothek dienen und jährlich durch Neuheiten vermehrt werden sollte. Dazu vermachte er dem Kirchenrat zusätzlich 1.000 Rijksdaler. Außerdem sollten alle Bücher, die der Konrektor der Lateinschule zu Amsterdam, Daniel Pels, oder andere nachträglich für ihn lieferten, der Sammlung einverleibt werden. Daneben bedachte Joachim Nikolaus von Dessin in seinem Testament seine mecklenburgischen Verwandten, Freunde am Kap, sein Patenkind, Herrn Pels in Amsterdam und die Waisenkammer mit umfangreichen Geldbeträgen. Seinen drei Sklaven schenkte er die Freiheit sowie je 100 Rijksdaler für ihren Lebensunterhalt, auch Wäsche und Kleidung. Dieses Testament belegt, daß Joachim Nikolaus von Dessin am Kap zu Wohlstand gelangt war.

Der Kirchenrat nahm das Legat an. Das am 2. November 1761 angefertigte Inventar der Hinterlassenschaft des Verstorbenen, die von der Waisenkammer an die Kirche überwiesen

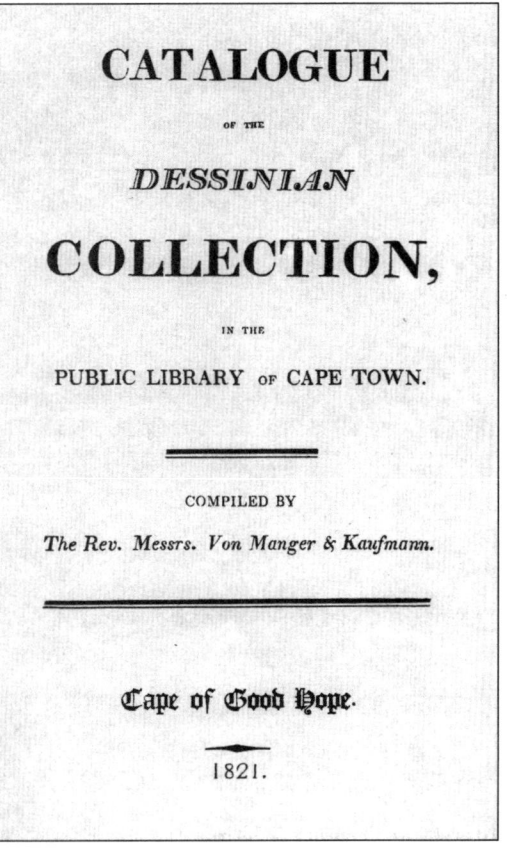

Titelblatt des ersten gedruckten Kataloges der Bibliothek von J.N. Dessin (»Dessinian Collection«) von 1821

wurde, bestand aus »3856 Bänden und Handschriften, gebunden und ungebunden«, in unterschiedlichen Buchgrößen, »nebst dazugehörigen Bücherbrettern, großen Schränken und kleinen Pulten, vier Buchbinderpressen, Etagenbrettern, zwei Stufenleitern, einigen mathematischen und astrologischen Instrumenten, 32 vom Kirchenrat ausgesuchten Bildern, ferner 17 silbernen Medaillen, 123 großen, 103 mittelgroßen, 118 kleinen Silbermünzen und einigen Kupfermünzen«. Die Waisenkammer schenkte der Kirche außerdem eine Beihilfe von 1.000 Rijksdaler zur Errichtung einer Bibliothek.

1763 ließ das Kirchenkonsistorium ein Haus errichten, in dessen oberem Stockwerk die Büchersammlung Platz fand. 1764 wurde als erster Bibliothekar der Prediger Johannes Friedrich Bode eingesetzt und eine Bibliotheksordnung erlassen. Doch nachdem sich die erste Neugier gelegt hatte, nutzte kaum noch jemand die Bibliothek. Sicher traf die Mehrzahl der Bücher kaum den Lesegeschmack und den Bildungsstand der überwiegenden Zahl der Einwohner. Trotzdem wurden im Auftrage des Konsistoriums kontinuierlich neue Bücher angeschafft, so daß die Sammlung zur Zeit der Anfertigung des ersten gedruckten Kataloges 1821 auf 4 565 Bücher angewachsen war.

Nachdem Südafrika Anfang des 19. Jahrhunderts endgültig von den Briten besetzt wurde, ging die Dessinsche Sammlung in die 1820 geschaffene öffentliche Bibliothek ein. Die Neuregelung der Rechtsverhältnisse der Südafrikanischen Bibliothek in Kapstadt 1954 beließ die Sammlung im Eigentum der Kirche, unterstellte sie jedoch der Verwaltung der Südafrikanischen Bibliothek. Während die Gemälde, Instrumente und Münzen zum großen Teil verloren gingen, überlebte der Buchbestand fast ohne Verlust den langen Zeitraum.

Der Mecklenburger Joachim Nikolaus von Dessin nimmt in der Kulturgeschichte Südafrikas einen ehrenvollen Platz ein. Neben der Existenz der Dessinian Collection in der Südafrikanischen Bibliothek erinnern im Gebäude der Provinzialverwaltung in Kapstadt zwei runde Tafeln an sein Wirken. Diese Tafeln wurden auf Veranlassung der Simon van der Stel Foundation angebracht, da sich an dieser Stelle das Wohnhaus von Joachim Nikolaus von Dessin befunden hatte und enthalten folgenden Text: » J. N. von Dessin whose book collection by his bequest the first Public Library in South Africa dwelt on this site from 1756–1761«.

(J.N. von Dessin, dessen Büchersammlung auf sein Vermächtnis hin die erste öffentliche Bibliothek in Südafrika wurde, wohnte an dieser Stelle von 1756–1761).

Der Wunsch, für die Bürger am Kap eine öffentliche Bibliothek zu schaffen, wurzelte nicht nur in seinen Interessen und seiner Bildung, sondern auch in dem erwachenden Selbstbewußtsein einer Gemeinschaft freier Bürger, die nicht mehr an eine Rückkehr in ihre Herkunftsländer dachten. Seinem Wahlspruch »Artem quaevis terra alit« – »Das Wissen gedeiht auf jedem Boden« blieb er auch unter den widrigsten Umständen treu.

Erstmals machte Eduard Moritz 1935 und 1938 auf die Verdienste und die Biographie von Joachim Nikolaus von Dessin aufmerksam. Den bibliophilen Wert der Büchersammlung von Dessins kennzeichnete im deutschsprachigen Raum erstmalig Ludwig Bielschowsky. In Südafrika veröffentlichte R. F. M. Immelmann 1968, zum 50jährigen Jubiläum der Südafrikanischen Bibliothek in Kapstadt, einen Beitrag zu Joachim Nikolaus von Dessin und seiner Büchersammlung. Der schriftliche Nachlaß Joachim Nikolaus von Dessins befindet sich in den Cape Archives in Kapstadt (Republik Südafrika).

Franz Ulrich Theodor Aepinus: Ein Rostocker Naturforscher als Mitglied der St. Petersburger Akademie der Wissenschaften

Bernhard Wandt

Unter den Gelehrten im mecklenburger Raum war der Name der Familie Aepinus im 18. Jahrhundert sehr bekannt. Vor allem der Mathematiker, Astronom und Naturforscher Franz Ulrich Theodor Aepinus gewann einen guten Ruf in der Welt, so daß sich noch in unseren Jahren Wissenschaftler mit ihm sowohl in Deutschland als auch in Rußland oder Australien beschäftigen und in Amerika Arbeiten von ihm und über ihn gedruckt werden.

Als Stammvater der Familie Aepinus kann der in Ziesar (Mark Brandenburg) geborene Johann Hoch (1499–1553) angesehen werden. Er hatte an der Universität Wittenberg studiert und trat als Schüler von Melanchthon für die Durchsetzung der lutherischen Reformation ein. Das brachte ihm in Brandenburg Schwierigkeiten ein, weil sich der dort regierende Kurfürst erst später der Reformation anschloß. So wirkte er zunächst als Lehrer in Greifswald, 1525 wurde er Rektor in Stralsund und 1532 finden wir ihn als Pastor am Dom in Hamburg. Seinen Namen Hoch hatte er, wie in dieser Zeit bei Gelehrten üblich, in das Griechische (»aipeinos« = hoch) und dann in die gebräuchlichere lateinische Form Aepinus abgeändert. Nach der vom Rat der Stadt Rostock 1531 erfolgten Proklamation der lutherischen Lehre und ernsthaften Bemühungen um eine Ausbildung von entsprechenden Theologen an der Universität, bemühte man sich um die Gewinnung des lutherischen Superintendenten Johann Aepinus von Hamburg nach Rostock. Doch Hamburg glaubte, den gelehrten Theologen nicht entbehren zu können und lehnte ab.

Das erste für die Geschichte der Universität Rostock wichtige Familienmitglied wurde dann Franz Albert Aepinus (1673–1750). In Wanzka (Mecklenburg-Strelitz) geboren, legte er nach Studien in Jena und Rostock 1696 das Magister-Examen an der mecklenburgischen Universität ab, erhielt hier 1710 den Doktor der Theologie und wurde auch in die Theologische Fakultät aufgenommen. Bald war er Professor für Logik und ab 1721 für Theologie. Seine Söhne folgten dem Vater im Gelehrtenberuf. Johann Daniel Aepinus (1718–1784) war Professor für Poesie und Beredsamkeit an der Universität Rostock, machte sich als Theologe, Jurist und Historiker einen Namen und dann an der kurzlebigen fürstlichen Friedrichs-Universität in Bützow (1760–1789).

Die Kirche St. Jakobi in Rostock, von deren Turm F.U.Th. Aepinus um 1750 astronomische Beobachtungen und Messungen vorgenommen hat.

Titelblatt der deutschen Publikation, in der Aepinus seine Theorie zur Elektrizität und zum Magnetismus vorstellte; Erstveröffentlichung »Tentamen Theoriae Electricitatis et Magnetismi« in St. Petersburg 1759

Der später geborene Franz Ulrich Theodor Aepinus nahm einen anderen Weg. Er erblickte am 13. Dezember 1724 in Rostock das Licht der Welt. Bereits seine Privatlehrer weckten seine Aufmerksamkeit für die Mathematik, so daß er dieses Fach zusammen mit der Philosophie beim Studium an der Rostocker Universität ab 1740 besonders pflegte und dabei großes Interesse auch für die Medizin zeigte. Die Medizin wählte er in der richtigen Erkenntnis, hier den Boden für die sich entwickelnden naturwissenschaftlichen Disziplinen kennen zu lernen. 1744 wechselte er nach Jena, um dort vor allem auch medizinische Studien zu treiben.

Nach seiner Rückkehr entwickelte Aepinus für die Studenten der Universität Rostock ein Programm für die Tätigkeit eines »Lehrers der Weltweisheit«, das Anerkennung fand. Sein Ziel bestand im Jahrhundert der Aufklärung darin, der Lösung der Naturwissenschaft von der Bevormundung der Religion Rechnung zu tragen und eine Belebung des geistigen Lebens zu bewirken. Die rückständigen wirtschaftlichen und kulturellen Verhältnisse in Mecklenburg boten dafür aber keine förderlichen Bedingungen. Auch an der Universität Rostock, wo vor allem Theologie und Jura gepflegt wurden, hatten die Naturwissenschaften keine besondere Fürsorge oder gar Förderung zu erwarten.

Im Jahre 1747 an der Philosophischen Fakultät der Universität Rostock zum Doktor promoviert, hielt Aepinus als Privatdozent Vorlesungen zur Philosophie, Physik und Mathematik. Darüber hinaus machte er durch mathematische und astronomische Studien auf sich aufmerksam. Er legte eine Sammlung von Instrumenten physikalischer und astronomischer Art an. Vom Turm der (1942 bei Bombenangriffen auf Rostock zerstörten) Jakobi-Kirche machte er astronomische Beobachtungen und Messungen. Für viele galt Aepinus als der beste Mathematiker in Rostock, der einen Lehrstuhl an der Universität hätte einnehmen können. Aber andere Gelehrte mit anderen Rechten hatten den Vorzug und der besser geeignete Aepinus fand keine Berücksichtigung.

Aepinus hatte bereits vorher die Entwicklung anderer wissenschaftlicher Einrichtungen verfolgt und in Erwägung gezogen, Rostock zu verlassen. So kam ihm das von dem berühmten schweizer Mathematiker Leonhard Euler 1755 angeregte Angebot, an die Berliner Akademie der Wissenschaften zu gehen, durchaus gelegen. Mit großen Hoffnungen ging Aepinus nach Berlin, wurde dort Mitglied der Akademie und Direktor ihrer Sternwarte. Es war sein Wunsch, sich hier voll naturwissenschaftlichen Studien widmen zu können. Mit großem Interesse verfolgte er einen 1756 gegebenen Hinweis des preußischen Bergrats Johann Gottlob Lehmann auf die eigenartige Fähigkeit von Turmalinkristallen, bei Wärme kleine Staub- oder Ascheteilchen anzuziehen. Offenbar durch diesen Hinweis angeregt, begann Aepinus mit Studien zur Elektrizität und zum Magnetismus und arbeitete dabei auch mit seinem Schüler aus der Rostocker Zeit Johann Carl Wilcke (1732–1796) zusammen, der aus Wismar kam und später Mitglied und Sekretär der Stockholmer Akademie der Wissenschaften in Schweden wurde. Die beobachtete Erscheinung beim Turmalin war bislang nur als Tatsache hingenommen worden, ohne sich über tiefergehende Erklärungen Gedanken zu machen. Aepinus konnte nachweisen, daß es sich bei dieser Erscheinung eindeutig um ein elektrisches Phänomen handelt, das durch die Erwärmung bei bestimmten Kristallen auftritt. In einer 1771 im Druck erschienenen Arbeit sagte er dazu: »Es ist nämlich mit einer Beständigkeit eine Seite des gewärmten Aschenziehers [Turmalin] positiv, die andere aber negativ elektrisch. Er hat also, so wie der Magnet eine doppelte Magnetkraft hat, beide Arten der Elektrizität zugleich.« Aepinus wurde zum Wegbereiter der Forschungen über die Pyroelektrizität, über das Auftreten elektrischer Ladungen an der Oberfäche von Kristallen mit polaren Hauptachsen bei Temperaturveränderungen. Diese Erkenntnisse gewann er in einer Zeit, in der die Erscheinung der Elektrizität das Interesse bei vielen Gelehrten und auch Laien fand.

Trotz großer Bemühungen und zahlreicher Initiativen erfüllten sich für Aepinus die Hoffnungen auf eine erfolgreiche wissenschaftliche Arbeit in Berlin nicht. Die vorhandenen Instrumente in der Sternwarte reichten nicht aus, in Berlin nennenswerte Resultate auf dem Gebiet der Astronomie zu gewinnen. Deshalb folgte er 1757 einem Ruf an die Petersburger Akademie der Wissenschaften, die 1725 noch von dem russischen Zaren Peter I. gegründet worden war. Diese Möglichkeit hatte wiederum Leonhard Euler erschlossen, der selbst in Petersburg lebte. In der Mitte des 18. Jahrhunderts arbeiteten zahlreiche Gelehrte aus Deutschland, der Schweiz und Schweden für eine bestimmte Zeit oder ständig in russischen Diensten, um die großzügigen Möglichkeiten in St. Petersburg für intensive Studien zu nutzen. Neben Michail W. Lomonossow, der lange Zeit einziger Russe in der Petersburger Akademie war, wirkten zahlreiche Gelehrte aus dem Ausland in dieser Einrichtung und begründeten deren Ruf als Zentrum naturwissenschaftlicher Forschung.

Aepinus wurde an der Petersburger Akademie Professor für Physik und konnte dort seinen Studien zur Elektrizität nachgehen. In dieser Zeit hatten Forschungen zu dieser

Hauptgebäude der St. Petersburger Akademie der Wissenschaften im 18. Jahrhundert, errichtet 1788

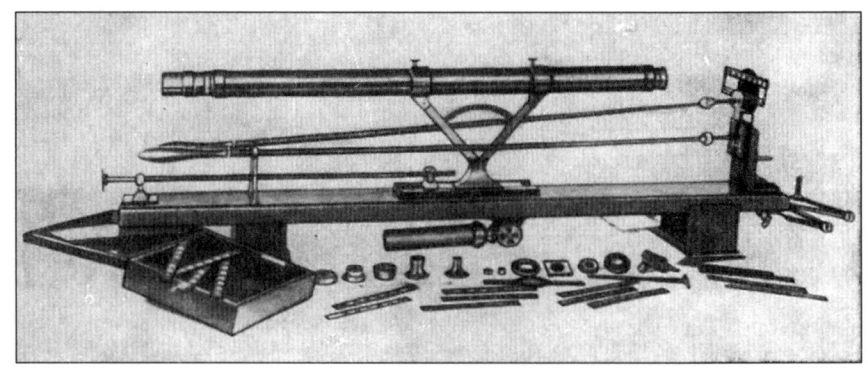

Im Rahmen seiner Arbeiten zur Optik baute Aepinus 1784 das weltweit erste achromatische Mikroskop mit 70-facher Vergrößerung, das sich im Museum der Russischen Akademie der Wissenschaften befindet.

Naturerscheinung eine große Aktualität. Mehr und mehr traten systematische Untersuchungen in den Vordergrund, um die Gesamtheit der elektrischen Phänomene zu erfassen, das Wesen der Elektrizität zu deuten und nach adäquaten Erklärungen der verwickelten und noch wenig geordneten elektrischen Erscheinungen zu suchen. So entstanden in der Mitte des 18. Jahrhunderts die ersten theoretischen Konzeptionen zur Elektrizität, woran Aepinus maßgeblich beteiligt war.

Eine der ersten theoretischen Erklärungen der Elektrizität legte der Amerikaner Benjamin Franklin (1706–1797) vor, die wegen seiner erfolgreichen Entwicklung des Blitzableiters (1752) eine außerordentliche Verbreitung fand. Er ging von der Annahme »eines einzigen elektrischen Fluidums« aus, das in der Art einer Flüssigkeit die gesamte Körperwelt durchdringen und damit die Ursache aller elektrischen Erscheinungen sein sollte. Aepinus veröffentlichte 1759 in Petersburg (in lateinischer Sprache) eine Schrift »Versuch einer Theorie der Elektrizität und des Magnetismus«, in der er eine andere Erklärung dieses Naturphänomens entwickelte. Für ihn wies die von seinem Wismaraner Freund Wilcke entdeckte elektrische Influenz darauf hin, daß die Franklinsche Vorstellung einer elektrischen Atmospäre wenig überzeugend war. Statt dessen prägte er den Begriff des elektrischen Wirkungskreises, von dem jeder elektrisch geladene Körper umgeben sein sollte, unabhängig von seiner positiven oder negativen Ladung. Damit stellte Aepinus in der Urform die Idee eines elektrischen Feldes vor, weil er im Unterschied zu Franklin den elektrischen Wirkungskreis oder Wirkungsbereich nicht mehr im Sinne eines gewissen Ausflusses verstand.

In seinem Buch von 1759 stellte Aepinus Ansätze für eine Reihe weiterer richtungweisender Erkenntnisse für die Entwicklung der Lehre über die Elektrizität vor. Dazu gehörten Grundlagen für die Begriffe des elektrischen Potentials oder der Kapazität, die er andeutete. Darüber hinaus hatte er die Idee, die Methode der Kraftwirkung von Isaac Newton (1643–1727) auch auf die Elektrizität anzuwenden, was ein durchaus origineller und neuartiger Ansatz war. Aepinus war bemüht, die elektrischen Erscheinungen durch die Newtonschen Begriffe der Attraktion (Anziehung), Repulsion (Abstoßung) und des Fließens von Elektrizität in Leitern zu erklären. Auch stellte er Überlegungen zur möglichen Form eines Gesetzes der elektrostatischen Wechselwirkung an.

Auch in anderer Hinsicht zeigt die Veröffentlichung, in welcher Weise Aepinus vom Geist der Mechanik Newtons durchdrungen war. Er versuchte, die Erscheinungen der Elektrizität mit der Mathematik zu verbinden. Obwohl die in den Texten häufig anzutreffenden mathematischen Ausdrücke und Beziehungen noch einen rein formalen Charakter hatten und nicht der Berechnung irgendwelcher Phänomene der Elektrizität dienen konnten, ebneten sie den Weg zur Erarbeitung einer mathematischen Theorie der elektrischen und magnetischen Erscheinungen. Das waren im 18. Jahrhundert sehr wichtige Schritte zur Verknüpfung noch deutlich verschiedener Erkenntnisfelder über die Natur, aus denen später die klassische Physik als eigenständige Naturwissenschaft hervorgehen sollte.

Auch andere Vorstellungen von Aepinus waren in dieser Hinsicht von erheblicher Bedeutung. In Anlehnung und Analogie zu seiner Theorie der Elektrizität arbeitete er auch Vorstellungen zum Magnetismus aus. Für ihn erklärte sich die magnetische Polarität durch die unterschiedliche Verteilung einer magnetischen Flüssigkeit an den Polen. Er deutete die aus der Erfahrung bekannte Tatsache, wonach jedes Bruchstück eines Magneten immer wieder einen vollständigen zweipoligen Magneten bildet, durch die mit der Teilung stets verbundene Neuverteilung eben dieser magnetischen Flüssigkeit.

Diese phänomenologische Theorie des Magnetismus von Aepinus zeigte für damalige Verhältnisse eine gute Übereinstimmung mit der experimentellen Erfahrung. Dabei war diese Deutung nicht nur eine Erklärung der bislang üblichen Magnetisierungsverfahren, sie hatte auch praktische Konsequenzen. Aepinus schlug ein verbessertes Verfahren für die Magnetisierung vor, das in der folgenden Zeit eine umfangreiche Anwendung bei der Herstellung von Permanentmagneten und insbesondere bei Kompaßnadeln fand. Aus diesen Arbeiten zeigt sich für den Physikhistoriker Dieter Hoffmann

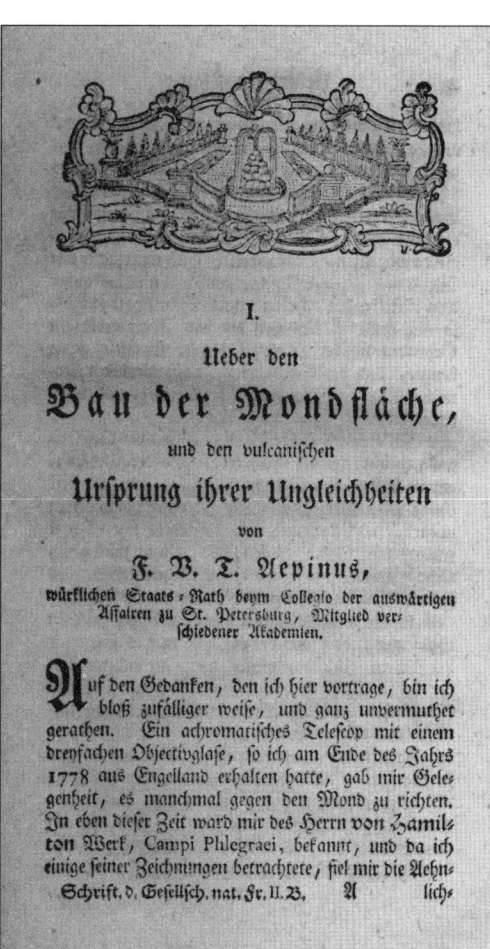

Arbeit von Aepinus über vulkanische Aktivitäten auf dem Mond (Schr. Berlin. Ges. naturforsch. Freunde, 2, 1781)

(1979), »daß Aepinus für die weitere Entwicklung der Elektrizitätslehre an der Wende vom 18. zum 19. Jahrhundert bedeutende Vorleistungen erbracht hat. Seine Herangehensweise, nicht in erster Linie die Verschiedenheit, sondern die Ähnlichkeit von elektrischen und magnetischen Erscheinungen in den Vordergrund zu stellen, deutet prinzipiell jene Richtung an, die dann am Anfang des 19. Jahrhunderts zur Entdeckung des Elektromagnetismus und der elektromagnetischen Induktion führte. Gleiches trifft für die Einführung eines solchen Begriffs wie den des elektrischen Wirkungskreises zu, der dann beinahe ein Jahrhundert später in das Faradaysche Konzept des elektrischen Feldes einmündet«. Es wird deutlich, zu welchen Leistungen der junge Gelehrte aus Mecklenburg in Rußland fähig war und wozu ihm offensichtlich seine eigene Heimat nicht die entsprechenden Wirkungsmöglichkeiten hatte geben können.

Die Untersuchungen von Aepinus zur Elektrizität und zum Magnetismus führte er vornehmlich in den 50er Jahren in St. Petersburg durch. Wenn auch in den folgenden Jahren wegen der Übernahme administrativer Aufgaben seine Intensität in der Forschungsarbeit schwächer wurde, blieb er wissenschaftlich aktiv. Die Liste seiner Veröffentlichungen aus der Petersburger Zeit ist beachtlich und umfaßt Themen nicht nur zur Elektrizität und zum Magnetismus sondern auch zur Astronomie und zu optischen Problemen.

An seine Erfahrungen auf dem Gebiet der Astronomie aus der Rostocker und Berliner Zeit anknüpfend, nahm er die Anschaffung eines achromatischen Teleskops im Jahre 1778 aus England zum Anlaß, bei sich bietender Gelegenheit dieses Instrument auf den Mond zu richten. Die von ihm gemachten Beobachtungen führten ihn zu Überlegungen und Erklärungen über die Gesteinsformationen auf dem Mond. In dieser Zeit hatte er sich nach eigenem Bericht auch mit den zeichnerischen Darstellungen von vulkanischen Bildungen am Vesuv und in Süditalien des Engländers William Hamilton (1730–1803) beschäftigt. Angeregt durch Vergleiche dieser Bilder auf der Erde mit den Beobachtungen auf dem Mond wuchs bei Aepinus die Ansicht, daß die Gesamtheit der Gebirgs-Formationen auf der Mondoberfläche auf ähnliche Weise wie vulkanische Bildungen auf der Erde entstanden seien. 1781 veröffentlichte er dazu eine umfangreiche Arbeit: »Über den Bau der Mondfläche, und den vulkanischen Ursprung ihrer Ungleichheiten«, die den Vergleich von Bildungen auf der Erde und auf dem Mond vor allem zum Gegenstand hat. Im Ergebnis seiner Beobachtungen erkannte er »die vollkommene Ähnlichkeit der Ungleichheiten im Monde mit den vulkanischen Hervorbringungen auf unserer Erde, nach ihrer Form, Bildung und ganzen äußern Beschaffenheit, als einen durch Augenschein unstreitbar erwiesenen, und völlig außer Zweifel gesetzten« Tatbestand. Natürlich konnte Aepinus der großen Vielfalt von Bildungen auf dem Mond in seiner Zeit noch nicht gerecht werden, und er verlangte auch nicht, seine Beobachtungen »für eine erwiesene Wahrheit auszugeben«. Obwohl es aber an Kenntnissen über die chemische und petrographische Beschaffenheit der Mondgesteine und selbst an einer sicheren Theorie über den Vulkanismus auf der Erde mangelte, waren seine Ideen originell und folgenreich. Seine Methode der vergleichenden Beobachtung führte zu neuen Ansichten über den Bau einzelner Formationen der Mondoberfläche und regte zweifellos zu ihrer topographischen Detailaufnahme an. Unter Astronomiehistorikern meint man, »daß Aepinus nach heutigem Wissen der erste war, der den Versuch unternahm, eine geschlossene wissenschaftliche Theorie der Entstehung der Mondformationen zu entwikkeln« und sich »mit seiner Arbeit einen würdigen Platz in der Geschichte der Astronomie erworben hat«.

Daneben hat sich der Rostocker Gelehrte auch intensiv mit Fragen der angewandten Optik beschäftigt. Er entwarf 1784 das weltweit erste achromatische Mikroskop, das an der Petersburger Akademie gebaut wurde und von dem sich noch ein Exemplar in der Mikroskopsammlung des Instituts für Geschichte der Naturwissenschaften und Technik der Akademie befindet. Neben M.W. Lomonossow und L. Euler gehörte Aepinus auf Grund seiner grundlegenden wissenschaftlichen Ideen zu den bedeutendsten Physikern in der zweiten Hälfte des 18. Jahrhunderts an der Petersburger Akademie.

In den Jahren von 1762 bis 1796 regierte Katharina II. (1729–1796) Rußland. Sie zeigte sich aufgeklärt und schuf in St. Petersburg eine Atmosphäre, in der sich ein wissenschaftliches Zentrum von europäischem Rang entwickeln konnte. Aepinus spielte in dieser Zeit im gesellschaftlichen Leben der russischen Hauptstadt eine beachtliche Rolle. Neben seinen wissenschaftlichen Arbeiten, wurden ihm öffentliche Ämter übertragen, so daß er sich während der 60er Jahre von den Sitzungen der Akademie zurückzog. Das fand die Kritik seiner Gelehrten-Kollegen und insbesondere von Lomonossow.

Als hochgeachteter Wissenschaftler entwickelte er sich aber zu einem international einflußreichen Politiker am Hof der Zarin Katharina II., die selbst in einer deutschen Fürstenfamilie geboren worden war und Aepinus eine verständnisvolle und beschützende Förderin war. Im Jahre 1761 hatte man ihn bereits zum Direktor des Kadettenkorps berufen. 1765 übernahm er die Erziehung des Zarewitsch (Großfürsten) Paul I. und wurde mehr und mehr in Aufgaben und die Gesellschaft am Petersburger Hof einbezogen. So wurde er zum Chef der Chiffrierabteilung des damaligen Außenamtes berufen, wobei er diese Aufgabe nicht zuletzt wegen seiner glänzenden mathematischen Kenntnisse mit großem Erfolg bewältigte. Sein Chiffriersystem fand in der russischen Diplomatie bis in das ausgehende 19. Jahrhundert Verwendung. 1780 erarbeitete er für die Zarin eine Konzeption zur bewaffneten Neutralität Rußlands gegenüber England während der amerikanischen Revolution; später machte er sich auch um die Anfänge der staatlichen Beziehungen zwischen Rußland und den USA verdient. Darüberhinaus wurde er 1782 Mitglied der Kommission zur Gründung der Normalschulen in Rußland und erhielt auch hier administrative Aufgaben beim Aufbau des Schulsystems.

Im Jahre 1798 versetzte Zar Paul I. seinen früheren Lehrer Aepinus – nach dessen Ernennung zum Geheimrat – in den Ruhestand. Über vier Jahrzehnte hatte er auf verschiedenen Posten in Diensten der russischen Monarchie gestanden. Nach seinem Ausscheiden aus dem Staatsdienst verlegte der Gelehrte seinen Wohnsitz nach Dorpat (heute Tartu) in Estland, wo der Zar 1799 die Neugründung einer deutschsprachigen Universität verfügte, deren Eröffnung 1802 erfolgte. Am 10. August 1802 verstarb Aepinus im Alter von 78 Jahren. Er war unverheiratet und hatte keine Kinder. Begraben wurde er auf dem Universitäts-Friedhof in Dorpat.

Franz Ulrich Theodor Aepinus aus Mecklenburg hat mit seinen wissenschaftlichen Arbeiten grundlegende Beiträge zur Entstehung der Physik geleistet. Seinem russischen Gastland war er ein treuer Staatsdiener und hat ihm als Beamter sowohl in der Aussen- als auch in der Innenpolitik mit der Erfüllung wichtiger Aufgaben erfolgreich gedient. Aepinus gehörte zu der Gruppe deutscher Gelehrter, die sich im 18. Jahrhundert um die deutsch-russischen Wissenschaftsbeziehungen große Verdienste erworben haben. Zweifelsfrei gehört er zu den bedeutenden Mecklenburgern in der Geschichte, deren Leistungen wir nicht der Vergessenheit überlassen dürfen.

Das Hauptwerk von Aepinus »Tentamen Theoriae Electricitatis et Magnetismi« (Versuch einer Theorie der Elektrizität und des Magnetismus) Petersburg 1759 wurde von dem Russen J. G. Dorfman 1951 in Moskau und dem Australier R. W. Home 1979 in Princeton (USA) neu herausgegeben. Mehrere Beiträge über Leben und Werk von Aepinus erschienen im Heft 3 der Rostocker Wissenschaftshistorischen Manuskripte (1979).

»Ich gelte für eins der geistreichsten Weiber unseres Zeitalters…«
Die Schriftstellerin Fanny Tarnow in Mecklenburg und anderswo

Reinhard Rösler

Den als Überschrift für diesen Beitrag gewählten Satz hat die Schriftstellerin Fanny Tarnow Anfang der 20er Jahre des 19. Jahrhunderts in ihr Tagebuch geschrieben, und das wohl mit einigem Recht. Ihre Romane und Erzählungen wurden viel gelesen; Berühmtheiten des damaligen literarischen Lebens wie August von Kotzebue, Eduard Hitzig, Friedrich de la Motte Fouqué und Friedrich Maximilian Klinger gehörten zu ihren Freunden und aufrichtigen Bewunderern. Sie verkehrte in den literarischen Salons der Zeit und war selbst so etwas wie eine Berühmtheit. Später ist sie völlig in Vergessenheit geraten. »Lohnt« sich eine erneute Beschäftigung mit ihrer Biographie? Ich denke schon, denn es gibt darin manches Besondere, Einmalige.

Fanny Tarnow wurde am 17. Dezember 1779 im mecklenburgischen Güstrow geboren, gestorben ist sie am 20. Juni 1862 in Dessau. Dort befindet sich auch ihre letzte Ruhestätte.

Der Vater, Johann David Tarnow, war Advokat in Güstrow. Seit 1785 trug er den nicht allzu bedeutenden Titel eines Kommissionsrates, Bemühungen um die Ernennung zum Kammerrat hatten keinen Erfolg. Geld hatte er von Hause aus nicht, dafür aber Geschick und Talent, und er war wohl auch ein ansehnlicher Mann, und so gelang es dem Bürgerlichen, eine ausgesprochen gute Partie zu machen: Er heiratete Amalie von Holstein, Tochter des angesehenen Landrates Franz Heinrich von Holstein.

Zur Zeit von Fannys Geburt lebte die Familie Tarnow, wie die Quellen berichten, in Güstrow auf recht großem Fuße. Fannys weiteres Schicksal wird eben damit zusammenhängen: Sie selbst wird nämlich keine gute Partie, sie muß sich, unverheiratet, ihren Lebensunterhalt allein verdienen. Zuerst als Erzieherin und Haushälterin auf verschiedenen Gütern in Pommern und in Mecklenburg, ein Jahr lang als Korrespondentin im fernen Petersburg, seit etwa 1804 auch schon, zunächst neben der Tätigkeit in den adligen Haushalten, als Schriftstellerin. Schließlich macht sie das Schreiben – als erste Frau aus Mecklenburg – zu ihrem Beruf. Das und ihr mutiger Versuch, die engen Verhältnisse der Heimat hinter sich zu lassen und sich in Petersburg eine Existenz zu gründen, sind Grund genug, an sie zu erinnern.

Wäre Fanny Tarnows Leben in üblichen Bahnen verlaufen, dann gäbe es, wie man mit einiger Sicherheit behaupten kann, ihre Korrespondenzen aus Petersburg nicht, und Schriftstellerin wäre sie wohl gleich gar nicht geworden. Sie hätte standesgemäß geheiratet, hätte Kinder bekommen und diese aufgezogen, und wir wüßten nichts von ihr, ihr Name wäre spurlos im Dunkel der Vergangenheit versunken. Doch es kam anders.

Advokat Tarnow muß in der rein anwaltlichen Tätigkeit wenig Erfüllung gefunden haben, das Geld, das man damit verdienen konnte, reichte wohl auch nicht aus, jedenfalls nicht für das Leben, das er für sich und die Seinen im Auge hatte. So warf er sich auf Grundstücksgeschäfte, die mehr Gewinn versprachen, und 1793 gelang ihm mit dem Verkauf des Gutes Neu-Poserin auch ein erfolgreicher Einstieg ins Maklergeschäft. Ein eigenes Gut im Amt Güstrow wird gekauft und der Gattin zu Ehren Amalienhof genannt. Aber es ist klein, bescheiden – man pachtet die angrenzende Domäne Dalkendorf dazu. Überhaupt wird nun das Landleben favorisiert. Tarnow gibt seine Stellung als Advokat auf, will sich fortan ganz der Landwirtschaft verschreiben. Und das geht nicht gut. Zuerst muß Dalkendorf, dann Amalienhof aufgegeben werden. Im Jahre 1800 geht Tarnow in Konkurs; auch das vom kurz zuvor verstorbenen Landrat von Holstein geerbte Vermögen der Gattin wird dabei verspielt. Tarnow erhält, die Beziehungen seiner adligen Frau mögen hierbei eine Rolle gespielt haben, eine Stelle bei der Ritterschaft im Amt Bukow.

Fanny Tarnow hat die Zeit zwischen ihrem 4. und 13. Lebensjahr auf dem Lande verbracht, in Möllenhagen nämlich, bei einer Cousine ihrer Mutter, Wilhelmine von Lefort. Sie war nach einem schweren Unfall, einem Sturz aus dem Fenster, dorthin gebracht worden.

Die Quellen berichten, daß sie in Möllenhagen sehr viel gelesen habe, und zwar wahllos alles, was ihr in die Hände gefallen sei. Zurück in Güstrow setzt sie das fort, und auch in den wenigen Jahren auf Amalienhof und in Dalkendorf muß sie sich sehr stark in eine aus Büchern errichtete Traumwelt geflüchtet haben. Das erhoffte eigene Liebes- und Eheglück, ein erfülltes Leben als Hausfrau und Mutter hat darin, davon zeugen spätere Tagebucheintragungen, eine große Rolle gespielt. Aber: Zur Zeit des väterlichen Konkurses ist Fanny bereits im 21. Lebensjahr; heiratsfähig war ein Mädchen seinerzeit jedoch schon mit 14 Jahren, nach der Konfirmation. Und da es die wirtschaftliche Situation der Eltern nicht zuließ, daß Fanny weiter zu Hause lebte, blieb ihr gar nichts anderes übrig, als sich selbständig zu machen.

Ihre erste Stelle tritt die junge Frau gleich außerhalb Mecklenburgs an, in Pommern nämlich. Sie wird Erzieherin im Hause des Herrn von Schmiterlow in Neparmitz auf der Insel Rügen. Hier bleibt sie vier Jahre, dann ist sie wieder für kurze Zeit bei der Mutter. Sie besucht in Roggow Frau von Oertzen und lernt dort die französische Emigrantin Charlotte Hochecorne kennen – diese Frau soll später noch eine wichtige Rolle für sie spielen –, im gleichen Jahr 1804 muß Fanny Tarnow aber schon ihre nächste Stellung annehmen. Sie wird Erzieherin im Hause des Herrn Christian Friedrich von Both in Rohlstorf. 1808 geht sie nach Wismar in das Haus des Oberstleutnants von Prehn, dem Vernehmen nach hat sie hier eine sehr angesehene Stellung innegehabt, ihre beste wohl. 1811/12 schließlich ist Fanny Tarnow als Erzieherin im Hause eines Herrn Johann Andreas Müller in Rankendorf bei Dassow in Lohn und Brot; danach pflegt sie bis zu deren Tod ihre Mutter in Neubukow. Eine wesentliche Etappe im Leben Fanny Tarnows ist zu Ende, mehr als ein Jahrzehnt, geprägt von wichtigen Ereignissen und Erlebnissen.

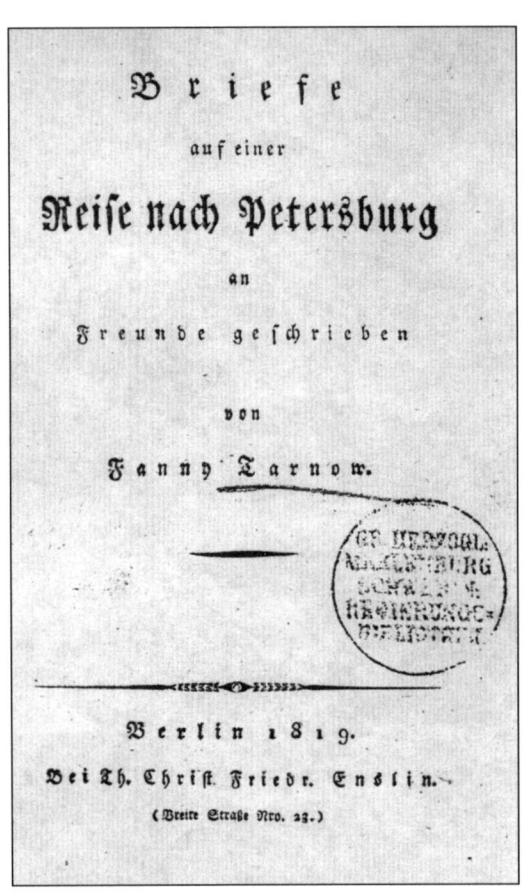

Titelseite der ersten Buchausgabe der »Briefe auf einer Reise nach Petersburg« von Fanny Tarnow (Berlin 1819)

Erstes großes und zugleich nachhaltigstes Erlebnis ist ihre Bekanntschaft mit Ernst Moritz Arndt. Das geschieht 1802, während ihrer Tätigkeit in Neparmitz. Arndt, seit 1801 Witwer, lehrt zu dieser Zeit an der Universität Greifswald. Er ist mit dem Herrn von Schmiterlow befreundet; Fanny Tarnow verliebt sich leidenschaftlich in ihn, ohne daß diese Liebe freilich in gleichem Maße erwidert würde. Später hat Fanny Tarnow in ihrer umfangreichen Erzählung »Natalie. Ein Beitrag zur Geschichte des weiblichen Herzens« (1811 erschienen) dieses Erlebnis dichterisch verarbeitet. Sie hat Arndt auch als den Patrioten, der er war, hoch geschätzt, und sie ist selbst eine glühende Patriotin gewesen; Tagebucheintragungen aus den Jahren in Rohlstorf und Wismar belegen das nachhaltig. Als Ferdinand von Schill mit seinem Corps in Wismar Station macht, sieht sie in ihm »den ersten deutschen Mann«, als er gefallen ist, schreibt sie in ihr Tagebuch: »Warum kann ich nicht Blut statt Tränen weinen.«

Zu schreiben beginnt Fanny Tarnow in Rohlstorf, um 1804 also. Zunächst veröffentlicht sie, anonym noch, Rezensionen zu Neuerscheinungen; bald wagt sie sich, ermutigt durch Freundinnen und auch namhafte Männer des literarischen Lebens wie Friedrich Rochlitz, an Größeres. Im angesehenen »Journal für deutsche Frauen« erscheint ihre Erzählung »Alwina von Rosen«, eine recht sentimentale Liebesgeschichte, noch heute lesenswert sind darin wirklich schöne Naturbeobachtungen und ein geschickt in die Handlung verwobenes Lob auf die Rügen-Schilderungen Gotthold Ludwig Kosegartens.

Fanny Tarnow veröffentlicht, zumeist in Journalen, in den noch folgenden Jahren ihrer Tätigkeit als Erzieherin weitere oft autobiographisch geprägte Erzählungen, sie wird bekannt in den gebildeten Kreisen, schafft sozusagen den Durchbruch als Autorin populärer, sentimentaler Literatur. Und doch verläßt sie Deutschland. Wie kam es zur Reise nach Petersburg? Warum wollte sie fort aus der mecklenburgischen Heimat, und gleich so weit weg, abenteuerlich weit weg für eine unverheiratete Frau ihrer Zeit? Aus der spärlichen Sekundärliteratur und aus einem erst 1921 veröffentlichten Tagebuch der Autorin läßt sich folgendes rekonstruieren: Nach dem Tode der Mutter ist Fanny Tarnow, Mitte 30 inzwischen, gewissermaßen heimatlos. Sie lebt bei Freundinnen, so bei Frau Elise Schleiden auf Ascheberg am Plöner See, wo sie Gelehrte der Kieler Universität ebenso kennenlernt wie Mitglieder des schleswig-holsteinischen Adels. Aber Vermögen hat sie nicht, auch keine Anstellung; die literarischen Veröffentlichungen bringen zwar Anerkennung bei Kollegen, Fachleuten und auch höheren Ortes – hier »war großes Verlangen nach mir, meine ›Natalie‹ hat mir unter dem Adel des Landes viel Anhang verschafft, selbst die Erbprinzessin wollte mich sehen«, kann Fanny Tarnow in ihr Tagebuch schreiben – , aber Geld bringen sie nicht, jedenfalls nicht so viel, daß sie davon leben könnte. Da erhält sie von Charlotte

Hochecorne, die nun, verheiratet mit einem deutschen Kaufmann, Charlotte Henschel heißt, die Einladung, nach Petersburg zu kommen. Das Tagebuch macht deutlich, daß sie vorhatte, länger dort zu bleiben, sich eine unabhängige Existenz aufzubauen. Dabei war es wohl zunächst noch unbestimmt, auf welcher Grundlage diese Existenz eigentlich stehen sollte; es wird eine Stellung als Gesellschafterin oder Vorleserin ins Auge gefaßt – der zu dieser Zeit noch in Petersburg wirkende deutsche Schriftsteller August von Kotzebue hatte ihr versprochen, bei der Suche nach einer solchen Stelle zu helfen –, auch vom Privatstundengeben ist im Vorfeld der Reise die Rede. Zustande kommt schließlich etwas anderes: Fanny Tarnow hat sich auch, mit Unterstützung ihrer literarischen Gönner Hitzig und Fouqué, bei dem angesehenen Verleger Cotta in Tübingen darum beworben, ihr die Petersburger Korrespondenz für das vielgelesene »Morgenblatt für gebildete Stände« zu übertragen. Und Cotta hat tatsächlich zugestimmt.

Im Juli 1816 tritt Fanny Tarnow von Travemünde aus die Schiffsreise nach Petersburg an, in Kronstadt geht man an Land. Nach den hochfliegenden Plänen gibt es gleich Ernüchterung und Enttäuschung. Sie kann bei der Freundin Charlotte Henschel wohnen, hat aber nicht einmal ein eigenes Zimmer. Die Verhältnisse, in denen die Familie Henschel lebt, erscheinen ihr beengt, kleinlich; schließlich muß sie sich eine eigene teure Wohnung mieten. Und überhaupt hat sie sich das Leben in der Fremde doch wohl etwas einfacher vorgestellt. An Eduard Hitzig schreibt sie: »Ich habe hier mehr auf Erholung als auf Arbeit gerechnet. Sie glauben nicht, wie müde und matt mich die erlebte Trübsal gemacht hat.« Die Tätigkeit als Korrespondentin nimmt sie aber sehr ernst. Vom März 1817 an erscheinen im »Morgenblatt« Fanny Tarnows »Briefe an Freunde geschrieben in Petersburg«. Diese Briefe hat sie 1819 auch in Buchform veröffentlicht, 1830 sind sie Bestandteil einer 15bändigen Auswahl ihrer Schriften.

Die Briefe sind gelungene literarisch-publizistische Ergebnisse der Reise nach Petersburg und des Aufenthalts dort. Fanny Tarnow schreibt wirkliche Briefe, adressiert an Freundinnen und literarische Gönner, an ihre Schwester Betty – und in genau dieser lebendigen Form stehen sie in der Zeitung. Es sind informative Plaudereien über Hofereignisse und

Hofklatsch, über das Alltagsleben in Petersburg, über die Natur, über Literatur und Kunst natürlich, über Sitten und Bräuche. Auffällig ist, wie genau die Autorin ihre Adressaten im Auge hat. Die für sie ungeheuer beeindruckende Begegnung mit Friedrich Maximilian Klinger, dem berühmten Dichter des Sturm und Drang, schon seit 1780 in russischen Diensten und nun General – der seinerseits viel von dieser klugen Frau hielt –, wird emphatisch in mehreren Briefen an Eduard Hitzig geschildert; der Dichter Fouqué erhält eher sachliche Informationen über russische Literatur; der Schwester Betty schreibt Fanny Tarnow über russische Küche, Markt- und Versorgungsprobleme. Da beklagt sie dann schon einmal, nach überschwenglichem Lob auf die reiche Obstversorgung in Petersburg, etwas grämlich, für eine richtige Mecklenburgerin aber sehr verständlich, daß die Kartoffeln, die in der Umgebung Petersburgs angebaut würden, doch eigentlich nichts taugten.

Fanny Tarnow interessiert sich für das Leben der Frauen in Rußland, und wenn ihre Ausführungen über den Nationalcharakter der Russen auch nicht gewisser pauschalisierender Urteile entbehren, sind sie insgesamt doch Zeugnis dafür, daß sich die Autorin bemüht hat, in das Wesen der Menschen ihres Gastlands einzudringen. Dabei spart sie Defizite, die sie in der Gesellschaft wahrnimmt, in ihren Berichten nicht aus, beklagt etwa die Zensur mit sehr deutlichen Worten. Die Petersburger Korrespondenzen sind ein wichtiger Teil der literarischen Hinterlassenschaft Fanny Tarnows. Die Sentimentalität der Erzählungen und Romane dieser Autorin ist auch in ihnen mitunter erkennbar, viel stärker aber fällt ins Gewicht, daß sie hier mit dem Blick für soziale Probleme und für interessante Details den Alltag sehr unterschiedlicher Schichten der Petersburger Gesellschaft geschildert hat.

Fanny Tarnow ist am Zarenhof in Petersburg ein- und ausgegangen, die Briefe künden davon ebenso wie das Tagebuch. Die Beziehungen zum Hof müssen sogar recht eng gewesen sein. Im Tagebuch heißt es unter dem Datum des 15. Februar 1817: »Den Kaiser sah ich seit drei Wochen nicht, desto öfter bin ich in der Eremitage, wo ich in seinem Kabinett, das Lüdtey, der Lieblingsdiener des Kaisers, den Befehl hat, mir zu öffnen, sobald ich komme, manche Stunde im Genuß der neuen Welt zubringe, die mir diese reiche Sammlung von Kunstschätzen eröffnet.«

Vielleicht hing es auch mit diesen engen Beziehungen zum Zarenhof zusammen, daß Fanny Tarnow nur knapp ein Jahr in Petersburg geblieben ist. Sie erklärt in ihrem Tagebuch, daß sie das Petersburger Klima nicht vertragen habe. Das Klima war aber wohl nicht die einzige Ursache für ihre frühe Rückkehr nach Deutschland. Der Aufbau einer eigenen Existenz war ohne ausreichende finanzielle Mittel nicht zu schaffen; es ist auch möglich, daß Fanny Tarnow in politische Turbulenzen verwickelt wurde. Verwunderlich wäre das nicht, verkehrte sie doch in der Petersburger »großen Welt« mit all ihren Intrigen und Kämpfen. Friedrich Maximilian Klinger beispielsweise, der zu ihren wichtigsten Freunden in Petersburg gehörte, hatte 1816 unter dem Druck starker antiliberaler Kräfte sein Amt als Kurator der Universität Dorpat niedergelegt. Fanny Tarnow wohnt zeitweise im Hause des Grafen Tolstoi, verliebt sich in den Generalmajor Graf Georg Sivers, hat Umgang mit dem kaiserlichen Leibarzt Stoffregen, mit Dorpater Professoren und den Gesandten vieler Staaten – wie sollte sie da die Übersicht behalten? Das »Petersburger Klima« wäre dann vielleicht in einem viel umfassenderen Sinne doch die Ursache für die Abreise gewesen.

Mit der Reise nach Petersburg ist Fanny Tarnows mecklenburgische und pommersche Zeit vorüber, die Autorin kommt nur noch besuchsweise in ihre Heimat zurück. Zunächst versucht sie einen Neuanfang in Berlin. Sie findet Zugang zu den literarischen Salons, lernt den Schriftsteller E.T.A. Hoffmann und andere Größen der Literatur kennen, sie arbeitet an verschiedenen Zeitschriften und Jahrbüchern mit, macht sich einen Namen als Rezensentin. Für zwei Jahre ist sie dann noch einmal als Erzieherin tätig, in Lübeck und Hamburg nämlich, wo sie sich um eine Stieftochter ihres literarischen Gönners Eduard Hitzig kümmert. Aber das ist von vornherein eine befristete Angelegenheit. Auch der Versuch, gemeinsam mit einer Freundin, der Schriftstellerin Amalie Schoppe, in Hamburg ein Pensionat zu gründen, führt nicht zum Erfolg. Wieder ist ein Lebensplan der Fanny Tarnow gescheitert.

Friedrich Maximilian Klinger (1752–1831), General und Dichter des Sturm und Drang, gehörte zu den wichtigsten Freunden von Fanny Tarnow in St. Petersburg. Nach einem Stich von G.F. Schmoll.

Die nächste Etappe ihres Lebens, sie dauert fast zehn Jahre, spielt sich in Sachsen ab, in Dresden vor allem. Es ist die Zeit, in der Fanny Tarnow, wie anfangs zitiert, von sich sagen konnte, daß sie als eine der geistreichsten Frauen gelte. Sie lebt zunächst in enger Freundschaft mit der Schriftstellerin Helmina von Chezy, und obwohl es bald zum Zerwürfnis zwischen den beiden kommt und allerlei Mißhelligkeiten sie belasten, dürfte Fanny Tarnow im ganzen gesehen hier eine glückliche Zeit verbracht haben. Sie findet Aufnahme in den Dresdener »Liederkreis«, eine um den Hofrat Friedrich Kind, den Verfasser des Librettos zu Carl Maria von Webers Oper »Der Freischütz«, gescharte Gruppierung literarisch Interessierter. Hier wie in verschiedenen Dresdner Familien findet sie Anerkennung, sie wird eingeladen und gibt selbst, oft voller Geldsorgen, kleine literarische Gesellschaften.

Mitte der 20er Jahre verschlechtert sich Fanny Tarnows Lage. Sie erkrankt schwer, kann kaum noch schreiben. Freunde und Gönner helfen ihr wieder, veranstalten eine Subskription zur Herausgabe einer Auswahl aus ihren Schriften in 15 Bänden. Diese Ausgabe erscheint 1830, ihr Reingewinn sowie die von einem englischen Freund ausgesetzte Rente und Zuwendungen von Klinger aus Petersburg bessern ihre materielle Lage deutlich. Die erhoffte und erbetene Hilfe durch den mecklenburgischen Adel ist aber wohl ausgeblieben. Dennoch ist Fanny Tarnow um 1830 in ihrer Heimat nicht vergessen, wie unter anderem das aufschlußreiche Subskribentenverzeichnis im ersten Band der erwähnten Auswahl belegt. Es reicht von der russischen Zarin und dem preußischen König über vierzig königliche und sonstige Hoheiten bis zum Frankfurter Baron Rothschild, zu Buchhändlern und Verlegern, Freunden und Bekannten und gibt Auskunft darüber, wo überall Menschen sich verpflichtet hatten, die Ausgabe zu erwerben. In Fanny Tarnows Heimatstadt Güstrow geschah das immerhin sechsmal und in Schwerin sogar elfmal, siebenundzwanzigmal wird die Ausgabe aus Rostock bestellt, auch in Bützow, Greifswald, Ludwigslust, Stralsund, Wismar und anderswo in Mecklenburg und Pommern wird subskribiert.

1829 verläßt Fanny Tarnow Dresden. Sie geht nach Weißenfels, wo ihre Schwester Betty lebt. Fanny Tarnow ermutigt hier eine junge Frau zum Schreiben, die dann zu einer namhaften Autorin werden soll – Louise von François nämlich. Ihr ausgedehnter, bis 1862 anhaltender Briefwechsel, aufbewahrt im Weißenfelser Museum, ist in vielfacher Hinsicht aufschlußreich. So macht er etwa deutlich, daß Fanny Tarnow regen Anteil an den politischen Ereignissen ihrer Zeit nahm, so an der Revolution von 1848 und an den Auseinandersetzungen um Schleswig-Holstein. Die gründliche Auswertung dieser Korrespondenz steht übrigens noch aus. Fanny Tarnow übersetzt in dieser Zeit viel, vor allem aus dem Französischen; sie lebt weiter unter literarisch Interessierten, in Weißenfels wie dann seit 1842 in Dessau. Obwohl sie im Alter nicht mehr schreibt, ist sie doch von der literarischen Welt noch nicht vergessen: 1859 macht der Schillerverein sie zu seinem Ehrenmitglied.

Daß Fanny Tarnow danach umso gründlicher vergessen wurde, ist schon gesagt worden; zu der Erkenntnis, daß sie dieses Schicksal vielleicht doch nicht so ganz verdient hat, will die vorliegende biographische Skizze beitragen. Was wäre zu tun? Es wäre zum Beispiel Fanny Tarnows Spuren in Mecklenburg und Vorpommern nachzugehen. Möglicherweise gibt es in den Orten ihrer Tätigkeit als Erzieherin noch solche, vielleicht existieren in den Archiven Nachlässe ihrer Dienstherren. Auch über ihre Beziehungen zu einzelnen Mitgliedern des Schweriner Hofes wissen wir wenig, ganz zu schweigen von den Unsicherheiten über das Petersburger Jahr. Vor allem aber: Es müßten Texte Fanny Tarnows neu herausgegeben werden. Einzelne der Korrespondenzen aus Petersburg könnten dabei am Anfang stehen, auch Tagebuchaufzeichnungen und Briefe. Das könnte für die literaturwissenschaftliche Forschung ebenso von Interesse sein wie für die regionale und lokale Geschichte. Fanny Tarnows Biographie und vieles von dem, was sie geschrieben hat, bietet Material, auf das wir nicht verzichten sollten.

Neuere Ausgaben des literarischen Werkes von Fanny Tarnow gibt es noch nicht. Wissenschaftliche Bibliotheken halten die Erzählungen, Romane und Reisebriefe dieser Autorin meist in Gestalt der 1830 in Leipzig erschienenen »Auswahl aus Fanny Tarnows Schriften« (15 Bände) bereit. Adolf Thimme hat 1921 Auszüge aus Fanny Tarnows Petersburger Tagebuch in der »Deutschen Rundschau« publiziert. Die Sekundärliteratur zu der Autorin steht ebenfalls in den großen Bibliotheken: Amely Böltes »Fanny Tarnow. Ein Lebensbild«, Berlin 1965 sowie Arbeiten von Carl Schröder (1913) und Adolf Thimme (1927) in den »Jahrbüchern des Vereins für mecklenburgische Geschichte und Altertumskunde«.

Ein Leben und Wirken für die pharmazeutische Forschung und Lehre – Der Rostocker Professor Dr. Georg Dragendorff in St. Petersburg und Dorpat

Hendrick Randow

Der Alte Friedhof oder »Lindenpark« in Rostock umfaßt neben einem großen alten Baumbestand auch eine Vielzahl historisch interessanter Grabsteine. Etwas abseits der breiten Wege steht das Grabmal von Professor Georg Dragendorff, das durch seine monumentale Größe und den glänzend schwarze n schwedischen Granit auf den Betrachter einen besonders ehrwürdigen Eindruck macht. Der Stein trägt zwei bemerkenswerte Inschriften: »Dorpat 1864 – 1894« und »Seine dankbaren Schüler in Rußland«. Dorpat heißt heute Tartu und war als Hansestadt schon im 13. Jahrhundert mit Bischofssitz und kaufmännischen Niederlassungen eine wichtige Station im Landhandel mit Rußland. Die zweitgrößte Stadt in Estland beherbergt eine Universität, deren Geschichte 1632 mit der Gründung als Academia Gustaviana unter schwedischer Herrschaft beginnt.

Georg Dragendorff (1836–1898)

Die Geschichte der Familie Dragendorff kann in Rostock bis in die Mitte des 18. Jahrhunderts zurückverfolgt werden. Innerhalb von etwa 150 Jahren erklomm diese Familie die soziale Leiter vom Handwerkerstand über das Beamtentum bis zum Arzt und Naturwissenschaftler. Johann Georg Noel Dragendorff, dessen Vater als Amtsarzt unter anderem für Toitenwinkel zuständig war und nebenbei als Privatdozent an der Universität Rostock lehrte, wurde am 20. April 1836 in Rostock geboren. Nach ersten Unterrichtsstunden in einer Privatschule wechselte er zum Gymnasium, wo in den letzten Jahren seiner Schulzeit das Interesse an den Naturwissenschaften besonders durch den Unterricht in der Mineralogie angeregt wurde. Der Vater förderte dies und schenkte seinem Sohn Julius Stöckhardt's »Schule der Chemie«, ein damals verbreitetes, aber von manchen Naturwissenschaftlern als »chemische Spielschule« angefeindetes Lehrbuch. Diesen Leitfaden nutzte Georg Dragendorff, um seine Bekanntschaft mit der Chemie zu vertiefen. Allerdings sollen Experimente im elterlichen Schlafzimmer nicht zur Freude der Eltern geraten sein, wohl aber später erste Mineralienfundstücke, die sich heute in einer privaten Sammlung wie-

69

derfinden. Am Ende der Schulzeit entschied er sich für eine Apothekerlehre, in der Hoffnung, sich in einer pharmazeutisch-chemischen Gehilfenausbildung weiterhin mit der Chemie beschäftigen zu können und später vielleicht eine Anstellung in einem Versuchslabor zu finden. Tatsächlich waren in der ersten Hälfte des 19. Jahrhunderts Apotheken noch wichtige Bildungsstätten, aus denen viele Chemiker hervorgingen.

Am 1. April 1853 begann Georg Dragendorff seine Lehre in der Hirsch-Apotheke der Familie Witte. Dr. Friedrich Witte, der kurz darauf die Leitung der Apotheke aus den Händen seiner Mutter übernahm, erwies sich als strenger Lehrer und verlangte von den Lehrlingen große praktische Fertigkeiten. Die Erweiterung der Apotheke zu einer Drogengroßhandlung – noch viel später sollte daraus eine florierende chemisch-pharmazeutische Fabrik werden – und die damit für die zukünftigen Gehilfen verbundenen vielfältigen und umfangreichen Arbeiten müssen Dragendorffs experimentelles Geschick entscheidend geprägt haben. Trotz der anstrengenden Arbeitstage von 8 Uhr morgens bis 6 Uhr abends gab es jedoch Möglichkeiten, den geistigen Ho-

Hirsch-Apotheke der Familie Witte in Rostock, in der Dragendorff zum Apotheker ausgebildet wurde.

rizont über das gerade Notwendige hinaus zu erweitern; sei es durch Gespräche mit anderen Lehrlingen und Gehilfen, die zum Teil schon in anderen Ländern gearbeitet hatten, oder durch das Lesen von englischen und französischen Büchern, die in der Schublade des Arbeitstisches versteckt wurden. Der Lehrherr Dr. Witte unterrichtete nicht nur selbst, sondern ermöglichte seinen Lehrlingen auch den Besuch von Vorlesungen an der Universität. Diese Praxis trug dem wachsenden wissenschaftlichen Charakter der Pharmazie Rechnung und war ein Vorgriff auf die Möglichkeit, in der Ausbildung zum Apotheker vorgeschriebene »Servierjahre« in der Apotheke durch fakultative Semester an der Universität zu ersetzen. So besuchte Dragendorff im Jahre 1855 die Vorlesungen von Professor Johannes Röper über Botanik, beteiligte sich an den Exkursionen und hörte bei Professor Franz Ferdinand Schulze erste Vorlesungen zur Chemie. Diese enge Verbindung zwischen Botanik und Chemie – das Fach Pharmakognosie war in Rostock nicht vertreten – sollte später als »roter Faden« in einem großen Teil seiner wissenschaftlichen Arbeiten erkennbar sein.

Nach dem Apothekergehilfenexamen im Herbst 1856 blieb Georg Dragendorff für ein weiteres halbes Jahr in der Hirsch-Apotheke, nahm dann aber eine – wahrscheinlich besser bezahlte – Stellung in der Doberaner Hof-Apotheke an. Erste eigene Initiativen konnte er bei der Einrichtung einer Sommerfiliale in Heiligendamm entwickeln, wo sich Möglichkeiten zu physiologisch- und pathologisch-chemischen Untersuchungen unter Anleitung des Badearztes boten. Nach der Rückkehr in seine Heimatstadt ließ Dragendorff sich als Student der Pharmazie immatrikulieren. Zwar war ein Universitätsstudium nicht vorgeschrieben, doch viele angehende Apotheker nutzten ein akademisches Studium zur Prüfungsvorbereitung und zur Verkürzung der Praxisjahre als Gehilfen. Sie fanden so raschen Anschluß an die Entwicklung der Naturwissenschaften und sorgten ihrerseits für den Transport neuer Erkenntnisse in die Apotheken. Den Rahmen hierfür schuf eine großherzogliche

Verfügung vom Jahre 1834, die Personen mit beruflicher Praxis auf bestimmten Gebieten auch ohne Abitur den Zugang zur Universität öffnete. Dragendorff hörte wiederum beim Mitscherlich-Schüler Franz Ferdinand Schulze das Lehrfach Experimentelle Organische Chemie und bei Professor Hermann Karsten Mineralogie. Der Chemiker Schulze wurde schon bald auf den mit Fleiß und Geschick experimentierenden Studenten aufmerksam. So konnte Dragendorff in Schulzes eigenem Labor nicht nur die üblichen qualitativen Arbeiten durchführen, sondern sich auch erstmals mit quantitativ-chemischen Analysen beschäftigen. Selbst wenn Dragendorff später in seinen überlieferten handschriftlichen Erinnerungen anmerkte, sich nicht besonders angestrengt zu haben, so absolvierte er das Apothekerexamen immerhin mit der Note »Eins«, was ihm das Recht verlieh, nun selbst Lehrlinge auszubilden. Seine Schwestern jedoch schrieben den Erfolg einer von ihnen in die Kleidung des Prüflings eingenähten Erbsenfrucht mit neun Samen zu.

Nach diesem Erfolg siedelte Dragendorff nach Heidelberg über, um in der Apotheke eines Verwandten eine Stelle als Laborant anzutreten. Nebenbei nutzte er die vielfältigen Anregungen der Universität, an der zu dieser Zeit Emil Erlenmeyer und Hermann Helmholtz lehrten, und beschäftigte sich besonders mit den von Robert Bunsen und Gustav Kirchhoff gerade entdeckten

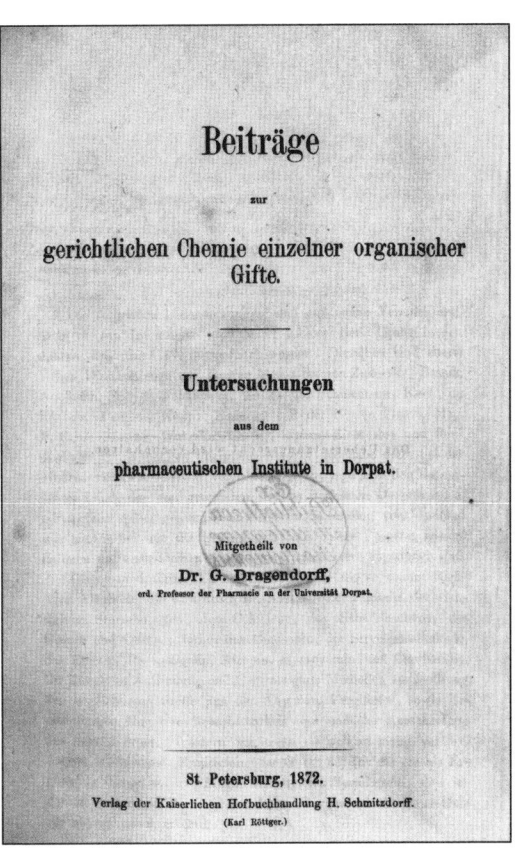

Titelblatt zu Georg Dragendorffs Arbeit über organische Gifte (Petersburg 1872), die in verschiedenen Sprachen im Druck erschien.

Grundlagen der Spektralanalyse. 1860 bot ihm Professor Schulze, Ordinarius für Chemie und Pharmazie in Rostock und Direktor des Chemischen Laboratoriums, die gerade geschaffene zweite Assistentenstelle an. Da es für Dragendorff keine Möglichkeit gab, eine eigene Apotheke zu erwerben oder zu pachten, schlug er diese Offerte nicht aus. Die Vermögenslage der Familie muß ziemlich desolat gewesen sein; nach dem Tod des Vaters wurden nicht nur Haus und Grundstück aufgegeben und die Familienmitglieder zerstreut, auch Dragendorff selbst mußte Kost und Logis bei wohlwollenden und wohlhabenden Freunden der Familie in Anspruch nehmen. Ostern 1860 wurde Dragendorff also Assistent am gerade 26 Jahre alten Chemischen Laboratorium der Rostocker Universität, das sich damals schon nicht mehr im ursprünglichen Gebäude befand. Der rasch fortgeschrittene Erkenntnisstand und die technische Entwicklung in der Chemie, sowie die steigenden Studentenzahlen hatten eine Erweiterung im Jahre 1844 dringend erforderlich gemacht. Dieses sogenannte Neue Museum zentralisierte die naturwissenschaftlichen Institute. Mit zeitgemäßen Einrichtungen der Laboratoriumstechnik versehen, bot es gute Voraussetzungen für eine den gestiegenen Anforderungen entsprechende Lehre und Forschung. Unter der Leitung von Schulze befaßte Dragendorff sich hauptsächlich mit pflanzenanalytischen und agrikulturchemischen Arbeiten. Auf diesem Gebiet besaß Schulze bereits einige Erfahrung, die er vor seiner Berufung nach Rostock als Lehrer an der landwirtschaftlichen Akademie in Eldena bei Greifswald erworben hatte. Mit seinen Arbeiten zur Agrikulturchemie

Die Univerlität Dorpat
(1802—1918).

Skizzen zu ihrer Gelchichte

von Lehrern und ehemaligen Schülern

zusammengestellt

unter der Redaktion von

Hugo Semel.

Dorpat, 1918.
Druck von H. Laakmann's Buch- und Steindruckerei.

Das Hauptgebäude der Universität Dorpat in Estland (gegründet 1632), an der Georg Dragendorff von 1864 bis 1894 Pharmazie lehrte.

und Pflanzenphysiologie trug er zur allgemeinen Verbreitung chemischer Erkenntnisse in der landwirtschaftlichen Praxis Mecklenburgs bei, zudem hatte er den Vorsitz im Mecklenburgischen Patriotischen Verein zur Förderung der Landwirtschaft inne. Dragendorff entlastete als Assistent in Vorlesungen und Praktika und durch Vorträge in der Gewerbeschule den mit großem Engagement in verschiedenen Kommissionen und Gesellschaften tätigen Schulze . In der Dissertation »Über die Einwirkung des Phosphors auf einige kohlensaure und borsaure Salze« beschrieb Georg Dragendorff die Wiederholung eines bereits 1793 von französischen Chemikern beschriebenen Versuches unter abgewandelten Reaktionsbedingungen und diskutierte anhand analytischer Ergebnisse die möglichen Reaktionsprodukte. Im mündlichen Examen am 14. Oktober 1861 ließ Schulze sich die Begriffe »Atom« und »Molekül« erklären und fragte nach der Einteilung der Elemente. Mit dem Prädikat »summa cum laude« wurde Dragendorff zum Dr. phil. promoviert.

Durch die Vermittlung eines Freundes der weitverzweigten, zum Teil auch in Süddeutschland ansässigen Familie wandte sich die Petersburger Pharmazeutische Gesellschaft 1862 an Dragendorff mit der Bitte, für die neu zu gründende eigene Zeitung ein Programm und eine erste Probenummer zu erstellen. Dragendorff war zu diesem Zeitpunkt noch Assistent am Chemischen Laboratorium und hatte gerade eine erste Arbeit in einer wissenschaftlichen Zeitschrift veröffentlicht. Die damals in Rußland herrschende Gepflogenheit, sich in der Wissenschaft der deutschen Sprache zu bedienen, erleichterte Dragendorffs Aufgabe, deren Erfüllung zur Zufriedenheit der Gesellschaft ausfiel. Er wurde zum Sekretär der Pharmazeutischen Gesellschaft berufen, übersiedelte im April 1862 nach Petersburg und begann seine Tätigkeit als Redakteur der »Pharmazeutischen Zeitschrift für Rußland« und zugleich als Leiter eines Labors für gerichtlich-chemische Untersuchungen. Der Neubeginn kann ihm nicht schwergefallen sein. Schon nach kurzer Zeit lehrte Dragendorff an einer pharmazeutischen Schule, beaufsichtigte Apothekenrevisionen und reiste im Auftrag der Russischen Handelsgesellschaft für Apothekenwaren nach Moskau. In der ersten Ausgabe stellte Dragendorff das Profil der fortan zweimal monatlich und ausschließlich in deutscher Sprache erscheinenden »Pharmazeutischen Zeitschrift für Rußland« vor. Seine zahlreichen längeren Reisen nach Deutschland nutzte Dragendorff nicht nur zum Besuch von chemisch-pharmazeutischen Fabriken und zu Treffen mit Fachkollegen – so besuchte er zum Beispiel 1862 die Schering' schen Fabriken in Berlin – sondern auch zum Aufrechterhalten der familiären Bindungen nach Rostock, Heidelberg und Karlsruhe.

Anläßlich der Generalversammlung des Süddeutschen Apothekenvereins lernte Dragendorff ein Jahr später in Karlsruhe Professor Carl Claus kennen, den Inhaber des Lehrstuhls für Pharmazie an der deutschsprachigen Universität Dorpat in Estland, einer der drei baltischen Provinzen Rußlands. Dieser schlug nach seiner Rückkehr dem Konzil der Universität vor, Dragendorff als seinen Nachfolger zu benennen. Georg Dragendorff hatte sich inzwischen als Pharmazeut und in Standesfragen der Apotheker engagierter Organisator profiliert. Durch seine Mitarbeit an der Aufklärung eines Vergiftungsfalles, dem etliche der Gardesoldaten des Zaren im Petersburger Winterpalais beinahe zum Opfer gefallen wären – Blei war durch unsachgemäße Reinigungsarbeiten in das Trinkwasserreservoir geraten – war er darüber hinaus bekannt geworden. So kam es nicht überraschend, daß man ihn für ein Amt im Staatsdienst in die engere Wahl zog. Dragendorff fing an, Russisch zu lernen und kam der Forderung nach einem Examen in Rußland nach. Mit einer Arbeit über chemische Untersuchungen eines an Birken vorkommenden und als »Geheimmittel« gehandelten Schwammes erwarb er an der Universität Dorpat den Grad eines Magisters der Pharmazie. Nach dem unerwartet frühen Tod von Claus wurde Dragendorff schon im Herbst 1864 als Professor für Pharmazie und Direktor des Pharmazeutischen Instituts nach Dorpat berufen und gab in seiner Antrittsvorlesung einen Überblick über den Stand der wissenschaftlichen Pharmazie.

Bezogen auf die Zahl der Studenten war die Dorpater Universität um ein Mehrfaches größer als beispielsweise die Alma mater Rostochiensis und war darüber hinaus auch in den Folgejahren personell und finanziell gut ausgestattet. Die sich innerhalb kurzer Zeit zu einem Mittelpunkt der wissenschaftlichen Bildung in den baltischen Provinzen Rußlands entwickelnde Universität konnte aus den Traditionen der von 1632 bis 1709 existierenden schwedischen Academia Gustaviana schöpfen, deren Wurzeln wiederum in einem 1583 von Jesuiten gegründeten Gymnasium zu finden sind. Nach der Neugründung durch den Zaren Alexander II. im Jahre 1802 erlebten Stadt und Universität eine Blütezeit mit reger Bautätigkeit und einer rasch wachsenden Einwohnerzahl. Zahlreiche Institute wurden gegründet und Lehrstühle geschaffen. Die Zahl der Studenten wuchs, insbesondere, weil schon 1798 durch Erlaß des Zaren Paul I. Studenten aus dem Ausland zurückbeordert wurden, um das Eindringen der Ideen der Französischen Revolution nach Rußland zu erschweren. Im Übrigen war die Dorpater Universität für Professoren aus dem Ausland – trotz der relativen Abgeschiedenheit und der Ferne von Deutschland – nicht nur durch ihre Funktion als »Sprungbrett« für erstmalig auf Lehrstühle Berufene attraktiv, sie war auch durch eine eigene Gerichtsbarkeit, freie Selbstverwaltung, Zollerleichterungen und die Steuerfreiheit der Universitätsangehörigen besonders privilegiert.

In den 30 Jahren seines Wirkens in Dorpat bearbeitete Dragendorff gemeinsam mit seinen vielen Schülern – etliche von ihnen waren aus dem Ausland seinem wissenschaftlichen Ruf gefolgt – fast alle Gebiete der pharmazeutischen Wissenschaften und publizierte

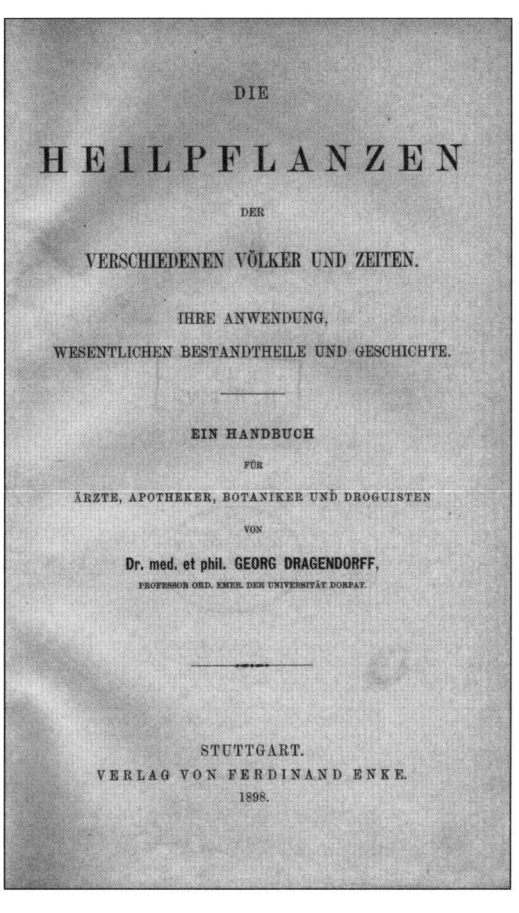

DIE

HEILPFLANZEN

DER

VERSCHIEDENEN VÖLKER UND ZEITEN.

IHRE ANWENDUNG,

WESENTLICHEN BESTANDTHEILE UND GESCHICHTE.

EIN HANDBUCH

FÜR

ÄRZTE, APOTHEKER, BOTANIKER UND DROGUISTEN

VON

Dr. med. et phil. GEORG DRAGENDORFF,

PROFESSOR ORD. EMER. DER UNIVERSITÄT DORPAT.

STUTTGART.
VERLAG VON FERDINAND ENKE.
1898.

Georg Dragendorffs Hauptwerk »Die Heilpflanzen der verschiedenen Völker und Zeiten« (Stuttgart 1898), das wegen seiner hohen Aktualität noch 1967 einen Neudruck erlebte.

Das Grabmal für Georg Dragendorff auf dem Alten Friedhof (Lindenpark) in Rostock, ihm von »seinen dankbaren Schülern in Rußland« um 1900 gewidmet.

in allen namhaften Zeitschriften für Chemie, Pharmazie und Toxikologie, von denen er einige auch als Herausgeber jahrelang prägte. Aus seinem Institut, an dem er schon in den Anfangsjahren einen festen Stundenplan einführte und die Praktika völlig neu organisierte, ging die Mehrzahl der in Rußland wissenschaftlich ausgebildeten Apotheker hervor. Daneben engagierte sich Dragendorff außer in der Dorpater Naturforscher-Gesellschaft auch kommunalpolitisch durch die Gründung einer Schule und eines Lebensmitteluntersuchungsamtes. An der Universität bekleidete er für mehrere Jahre das Amt des Prorektors. Dragendorff pflegte umfangreiche Kontakte zu Gelehrten des Auslands, mit denen er auf zahlreichen und langen Reisen zu Kongressen und Ausstellungen zusammentraf.

Auf einer dieser Reisen heiratete Dragendorff im Jahre 1868 die Fabrikantentochter Sophie Spohn aus Heidelberg. Aus dieser Ehe entstammten 4 Söhne. Ernst Dragendorff, geboren 1869, wurde später Stadtarchivar in der durch Erzählungen und Besuche stets präsenten väterlichen Heimatstadt Rostock. Ebenfalls dort war auch Kurt Dragendorff, geboren 1872, lange als Chemiker in der von Friedrich Witte gegründeten chemisch-pharmazeutischen Fabrik tätig.

Durch seine Forschungen erwarb sich Dragendorff internationale Anerkennung auf den Gebieten der Toxikologie, Pharmakognosie und pharmazeutischen Chemie. Er entwickelte ein neues Nachweis-Reagens für Alkaloide, das heute noch unter dem Namen »Dragendorff-Reagens« Verwendung findet, untersuchte die Konzentrations-Wirkungs-Beziehungen bei pflanzlichen Drogen und entwickelte die chemische Analyse von Pflanzen weiter. Sein 1882 erschienenes Buch »Die qualitative und quantitative Analyse von Pflanzen und Pflanzenteilen« galt als ein Werk, »das die ersten grundlegenden Bemühungen auf dem Gebiete .... würdig krönt«. Ihm wurden hohe Ehrungen zuteil, darunter in Rußland die Ernennung zum Wirklichen Staatsrat (die im Falle des Übertritts in den russischen Untertanenstand mit erblichem Adel verbunden gewesen wäre), die medizinische Ehrendoktorwürde der Universität München und die in London verliehene goldene »Hanbury-Medaille« für besondere wissenschaftliche Leistungen in der Pharmazie und Pharmakognosie.

Nach der Ermordung des Zaren Alexander II. im Jahre 1881 verschlechterten sich die Arbeitsbedingungen in Dorpat. Unter dem neuen, konservativen Zaren wurde die Autonomie der Universität abgeschafft und viele Studenten und Professoren durch die rigorose Durchsetzung der russischen Sprache vertrieben. Die mit diesem Zeitpunkt verstärkt einsetzende Russifizierung lastete Dragendorff dem deutsch-baltischen Adel an, der durch seine Politik die Regierung in Petersburg unnötig provoziert habe.

Nach 30jähriger Dienstzeit, im Dezember 1894, nahm Dragendorff – er war zu diesem Zeitpunkt 59 Jahre alt – in Dorpat seinen Abschied und kehrte nach Rostock zurück. Er blieb wissenschaftlich tätig und plante die Herausgabe eines umfangreichen Werkes. Die hohe Wertschätzung der Rostocker Bürger für Dragendorffs wissenschaftlichen Ruhm und sein Engagement, unter anderem bei der Leitung des Mecklenburger Sängerfestes im Sommer 1897, drückte sich in der Wahl in die Rostocker Bürgerschaft und im Vorsitz in der Gesellschaft der Freunde der Naturforschung aus. Eine Berufung nach Berlin an ein geplantes Pharmazeutisches Institut der Universität kam auch aus Altersgründen nicht mehr zustande.

Georg Dragendorff starb am 7. April 1898 in Rostock. Nachrufe in ganz Europa würdigten ihn als einen der besten und erfolgreichsten Lehrer und Forscher der wissenschaftlichen Pharmazie, dessen liebenswürdiges und freundliches Wesen von Bescheidenheit geprägt gewesen sein soll. Dragendorff war bei seinen Schülern und Kollegen ausgesprochen beliebt. Das von kleinen granitenen Pfosten umfaßte und mit reichen schmiedeeisernen Arbeiten versehene Grabdenkmal wurde von Dragendorffs zahlreichen Schülern mit Magister Paul Georg Birkenwald an der Spitze gestiftet und mehr als zwei Jahre später nach etlichen Diskussionen um Kosten, künstlerische Gestaltung und handwerkliche Ausführung aufgestellt. Leider ist davon nur noch der eigentliche Grabstein übrig. Die Zeiten sehr gut überdauert hat hingegen die von Dragendorff immens erweiterte Sammlung pflanzlicher Drogen aus aller Welt, die man neben historisierenden Gemälden und einem Porträtrelief noch heute im Pharmazeutischen Institut der Universität Tartu besichtigen kann.

Nach seinem Buch über »Die qualitative und quantitative Analyse von Pflanzen und Pflanzenteilen«, Göttingen 1882, und zahlreichen Beiträgen in den verschiedensten Fachzeitschriften erschien posthum sein wissenschaftliches Hauptwerk »Die Heilpflanzen der verschiedenen Völker und Zeiten«, Stuttgart 1898, mit über 20.000 Hinweisen und Angaben über Arznei-, Futter- und Gewürzpflanzen. Noch die Reprintausgabe, München 1967, fand in einer Rezension eine bemerkenswerte Anerkennung: »Es gibt kein neueres Werk gleicher Art, das es ersetzen könnte.« Zur Biographie und Bibliographie der Arbeiten von Dragendorff enthält die Dissertation von U. Kokoska: »Johann Georg Noel Dragendorff – Sein Beitrag zur Gerichtsmedizin, Pharmakologie und Pharmazie an der Universität Dorpat«, Freie Universität Berlin 1983, umfassende Informationen. Weitere Publikationen liegen von H. Randow zu Dragendorff vor, wie in den »Rostocker Wissenschaftshistorischen Manuskripten«, 13 (1986).

Zwischen Bosporus und Euphrat: Helmuth von Moltke als Militärberater im Osmanischen Reich 1835–1839

Manfred Jatzlauk

Helmuth von Moltke, der Sieger von Königgrätz und Sedan, gilt als der überragende Feldherr, ohne dessen überlegene Strategie Otto von Bismarck die Einigung Deutschlands unter Führung des preußischen Staates nur schwerlich hätte durchsetzen können. Der ungewöhnlich schweigsame und bescheidene Moltke, dessen Leben beinahe das ganze 19. Jahrhundert umfaßte, war humanistisch gebildet und vielseitig interessiert. Er wäre gerne Geschichtsprofessor geworden. Moltke begeisterte sich für Goethe, Byron und Heine, liebte die Musik Mozarts und übersetzte Edward Gibbons voluminöse »Geschichte vom Verfall und Untergang des Römischen Reiches«. Um sein geringes Gehalt aufzubessern, schrieb der junge Leutnant für Berliner Zeitschriften, darunter eine Novelle, deren Stoff er dem Siebenjährigen Krieg entnahm, und historisch-politische Aufsätze über Holland, Belgien und Polen. Moltke liebte das Reisen als Mittel zur Welterfahrung. Er war lieber in Wien oder Rom als in Berlin.

Sekundarleutnant Helmuth von Moltke. Selbstbildnis

Helmuth von Moltke wurde am 26. Oktober 1800 in Parchim geboren, wuchs aber in Holstein auf. Väterlicherseits entstammte er einem Rittergeschlecht, das sich seit dem 13. Jahrhundert in Mecklenburg urkundlich nachweisen läßt. Bald danach traten die Moltkes auch in Dänemark und Schweden auf. Wie anderen altadeligen Familien gelingt es den Moltkes seit dem 14. Jahrhundert größere Grundbesitzkomplexe um Neukirchen bei Bützow, um Strietfeld bei Tessin und um Toitenwinkel in der unmittelbaren Nachbarschaft Rostocks zu bilden. »Urkundlich gehörten schon 1266 die Güter Redebas, Alt-Kaland und Stridfeld dem Ritter Eberhard Moltke; das letztere bei Tessin in Mecklenburg liegende Gut ist das Stammhaus des ganzen Geschlechts«, wußte Helmuth von Moltke in der von ihm verfaßten kurzen Familiengeschichte zu berichten. Durch Heirat und Kauf wurden später die benachbarten Güter Samow, Woltow und Walkendorf erworben. Aus dem Hause Samow sollen alle deutschen Moltkes hervorgegangen sein, während der dänische Zweig seinen Ursprung in Walkendorf hatte. 1785 nach dem Tode seines Großvaters Friedrich Siegfried, der mit Sophie Charlotte d'Olivet aus einer hugenottischen Familie verheiratet war, mußte das Familiengut Samow verkauft werden, da man es nicht unter die dreizehn Kinder aufteilen konnte. Wenige Jahrzehnte später verlor die deutsche Linie sämtliche alten Familiengüter, während die dänischen Moltkes in Dänemark umfangreichen Grundbesitz erwarben.

Die wirtschaftlichen Verhältnisse der Eltern Helmuth von Moltkes waren nicht besonders günstig. Sein Vater, Friedrich Philipp Victor, hatte als preußischer Sekondeleutnant den Abschied genommen, als er 1796 die vermögende Hamburger Kaufmannstochter Sophie Henriette Paschen heiratete. Die Ehe war nicht besonders glücklich, die Mitgift zerrann, Mißwirtschaft und Unglücksfälle ruinierten den in Holstein 1805 angekauften Grundbesitz. Als Untertan des Königs von Dänemark, der zugleich Herzog von Schleswig und Holstein war, trat Moltkes Vater 1806 als Major in dänische Dienste. 1811 erhielten seine drei ältesten Söhne, darunter auch der drittälteste Helmuth, Freistellen an dänischen Kadettenanstalten. 1819 wurde Helmuth von Moltke Sekondeleutnant im dänischen Heer. Er bewarb sich nur kurze Zeit später um die Übernahme in den preußischen Militärdienst, da er sich dort ein schnelleres Fortkommen erhoffte. Am 14. März 1822 bekam er nach erfolgter Eignungsprüfung mit der Unterschrift Neithardt von Gneisenaus das »völlig unbedingte Zeugnis der Reife zum Offizier«. Er wurde zunächst Sekondeleutnant beim 8. Infanterieregiment in Frankfurt an der Oder und schaffte es ohne besondere Beziehungen, von 1823 bis 1826 die Allgemeine Kriegsschule in Berlin zu besuchen. Schließlich übernahm man ihn 1833 in den Generalstabsdienst.

Nach seiner Ernennung zum Hauptmann im Generalstab bat Moltke im Frühjahr 1835 um einen halbjährigen Urlaub nach der Türkei, um die Stätten des klassischen Altertums zu besuchen. Bei Streichung seines halben Gehaltes wurde sein Gesuch bewilligt. Gemeinsam mit dem Sekondeleutnant von Bergh vom 1. Garderegiment begannen sie am 7. Oktober 1835 ihre Reise in Breslau, erreichten Wien am 10. Oktober und reisten über Budapest nach Alt-Orsova bis an die Banater Militärgrenze, wo das Habsburger Reich zu Ende war. Nach der Besichtigung einer türkischen Festung auf einer Donauinsel setzte man am 1. November die Reise durch die Walachei in Richtung Bukarest fort. Unterwegs wurden sie mit

Die Nuri-Osman-Moschee in Istanbul, gezeichnet von Helmuth von Moltke

bisher ungewohnten ärmlichen Verhältnissen konfrontiert. »In den Dörfern fand man nichts, weder Essen noch Trinken noch Nachtquartier«, notierte Moltke. Über Bukarest berichtete er: »Die bitterste Armut zeigt sich neben dem üppigsten Luxus, und Asien und Europa scheinen sich in dieser Stadt zu berühren«. Am 12. November betraten sie bei Rustschuk türkischen Boden und erhielten durch Vermittlung eines griechischen Kaufmanns einen tatarischen Reiseführer, der sich für knapp 100 Taler bereitfand, sie mit ihrem Gepäck nach Konstantinopel zu bringen und unterwegs mit Proviant zu versorgen. Ihre Karawane bestand aus fünf Reitern und sieben Pferden. Voran ritt ihr Wegweiser, ein Araber. Moltke fand, daß, »dessen schwarzes Gesicht in der weißen Winterlandschaft etwas deplaciert« wirkte. Dazu versank der Wüstensohn noch »oft bis zu den Bügeln im Schnee«. In Schumla, welches man am Abend einer zweitägigen strapaziösen Reise erreichte, lernte Moltke nach vierzehnstündigem Ritt, geplagt von Hunger, Kälte, Ermüdung und Fieberfrost erstmals ein Hamam ‚ein türkisches Bad, kennen. Nach gründlicher Reinigung streckte er sich mit einem Turban auf dem Kopf und in Tücher gewickelt »in der Eingangshalle so behaglich hin, wie wir es von den Türken gesehen«. Dann schlürfte er Kaffee und rauchte Wasserpfeife. Dabei gelangte er zu der Auffassung, »daß man noch nie gewaschen gewesen ist, bevor man nicht ein türkisches Bad genommen«. Für einen preußischen Generalstabsoffizier war dies alles sicherlich ganz ungewöhnlich. Am 23. November schließlich, »sahen wir die Sonne hinter einem Gebirge emporsteigen, an dessen Fuß ein Silberstreif hinzog; – es war Asien, die Wiege der Völker, es war der schneebedeckte Olymp und die klare Propontis, auf deren tiefem Blau einzelne Segel wie Schwäne schimmerten. Bald leuchtete aus dem Meer ein Wald von Minarets, von Masten und Cypressen empor – es war Konstantinopel«.

Zum Osmanischen Reich zählten in den 1830er Jahren noch immer Gebiete dreier Kontinente. Es reichte von Bagdad bis Tripolis und vom Jemen bis nach Bosnien. Istanbul, das frühere Konstantinopel, war die Hauptstadt dieses Vielvölkerstaates. Die Stadt hatte in jener

Zeit etwa 630.000 Einwohner. Auf die Hagia Sophia, 537 erbaut von dem oströmischen Kaiser Justinian I., hatten die Türken den Halbmond gesetzt. Beinahe wäre dies 1683 auch mit der Stephanskirche in Wien geschehen. Nun aber befand sich das Osmanische Reich in einer tiefen Krise. Die Kriege gegen Rußland (1828/29) und die Griechen (1821–1827) hatten es sehr geschwächt. Rebellionen, wie die des Statthalters von Ägypten, Mehemed Ali, bedrohten es im Innern. Dazu kamen die Rivalitäten der europäischen Großmächte England, Frankreich, Rußland und Österreich und ihr Interesse, noch größeren Einfluß auf den »kranken Mann am Bosporus« zu gewinnen.

Sultan Mahmud II., seit 1808 durch eine Palastrevolution an der Macht, versuchte den inneren Schwierigkeiten durch eine Reform der türkischen Armee nach europäischem Muster abzuhelfen. Deshalb vernichtete er auch das unbrauchbare und nur schwer zu ertragende Korps der Janitscharen, diese Prätorianergarde des Islam. Auf preußische militärische Einrichtungen aufmerksam geworden, beabsichtigte der Sultan, preußischen Instrukteuren die Reorganisation der Armee zu übertragen. In dieser Situation kam Moltke nur vom Zauber des Orients und seiner Reiselust getrieben nach Istanbul, nicht ahnend, welche Rolle er in dieser innertürkischen Auseinandersetzung zwischen Reaktion und reformerischen Kräften spielen sollte. Inzwischen sah er im Islam die Hauptursache für den Niedergang: »Die Trägheit, welche ein glücklicher Himmel und ein reicher Boden nährt, aber ganz besonders die Religion machte den Orient stationär«.

Zur Überraschung Moltkes und zunächst auch gegen seinen Wunsch wurde er vom Seraskier, dem türkischen Kriegsminister, Mehmet Chosref Pascha aufgefordert zu bleiben, während der Leutnant von Bergh die Rückreise antreten durfte. Der »allgewaltige Seraskier« hatte während einer Audienz erkannt, daß es sich bei »Baron Bey«, diesen Namen behielt Moltke bis zum Ende seiner Beratertätigkeit, um einen vielseitigen und auf allen Gebieten der Militärwissenschaften gebildeten Offizier und nicht um einen militärischen Abenteurer

*Vornehmer Türke,
gezeichnet von
Helmuth von Moltke*

handelte und er glaubte, auf seine Unterstützung für den Aufbau regelmäßiger Truppen nicht verzichten zu können. Schließlich wandte sich die Hohe Pforte wegen der Verwendung Moltkes offiziell an den preußischen König. Die Kommandierung wurde bei Zahlung des vollen Gehalts von Friedrich Wilhelm III. genehmigt. Gemeinsam mit drei weiteren Hauptleuten , Friedrich Leopold Fischer, Karl von Vincke und Heinrich von Mühlbach, die nachreisten, unterstützte Moltke die Reorganisation des türkischen Heeres. Später kam noch der Hauptmann a.D. Laue, der mit zehn Unteroffizieren zur Artillerieausbildung abgeordnet war, hinzu. Moltke begann mit der Abfassung militärischer Denkschriften, darunter der »Einführung des preußischen Landwehrsystems in der Türkei«; es folgten topographische Aufnahmen von Istanbul und Vorschläge zur Befestigung der Dardanellen. Dazwischen wurden Rekruten gedrillt und Festungstruppen im Felddienst ausgebildet. Dabei stellte Moltke fest: »In Schumla sieht ein Manöver anders aus als in Potsdam«.

Die Reise im Gefolge des Padischahs nach Rumelien und Bulgarien im Mai 1837 brachte ihm überhaupt viel Interessantes. Dazu hatte er »um nicht als Franke in der Umgebung des Sultans anstößig aufzufallen … die rote Mütze und einen türkischen Anzug angelegt«. Später ging es noch einmal mit Laue bis in die Dobrudscha, wo er nur wenige Menschen, aber viele Vogelarten und die Reste des Walles zu Gesicht bekam, den der römische Kaiser Trajan (98 – 117 n. Chr.) errichten ließ. »Niemals habe ich so viele und so mächtige Adler gesehen«, notierte er voller Erstaunen. Bei anderer Gelegenheit fesselten die Ruinen römischen Kastells seinen Blick. Moltkes Briefe und Aufzeichnungen geben auch beredtes Zeugnis über das Leben in Istanbul, über dortige Einrichtungen und sehenswerte Baudenkmale des Altertums. Er scheute sich nicht, während einer Pestepidemie die Spitäler zu betreten, in denen diese Kranken untergebracht waren oder »auf allerlei Stiegen und über bleierne Dächer« auf die Kuppel der Hagia Sophia hinaufzuklettern. Viel härter als das Leben der Sklaven schien ihm »das Verhältnis der Frauen bei der Ausdehnung, in welcher der Türke die materielle Gewalt über das schwächere Geschlecht übt« und er war davon überzeugt, daß die Reformen zu allerletzt »in die Harems dringen« werden. Auf einem Spaziergang begegneten ihm schwarze Sklavinnen, die »ich glaube aus Oberägypten kamen, wo die Weiber ebenso garstig als die in Nubien schön sind«. Ihr Führer, ein alter Türke, erklärte ihm, daß eine Sklavin durchschnittlich 150 Gulden kostet, etwas weniger als ein Maultier.

Anfang März 1838 ging es mit dem österreichischen Dampfer »Fürst Metternich« in östliche Richtung ungefähr 100 Meilen die türkische Schwarzmeerküste entlang bis nach Samsun und dann weiter mit einer Karawane von dreißig Pferden quer durch Kleinasien zur Taurus-Armee, die zur Rückeroberung Syriens auf die Auseinandersetzung mit den Truppen Ismael Paschas vorbereitet werden sollte. Moltke und von Mühlbach hatten die Aufgabe, dem Oberbefehlshaber der Taurus-Armee, Hafiz-Pascha, als Müsteschare (militärische Berater) zur Hilfe zu stehen und bisweilen an den Seraskier zu schreiben. Im Hauptquartier angekommen, empfing sie Hafiz-Pascha mit untergeschlagenen Beinen auf einem Tigerfell an der Erde sitzend. Nach längerem Schweigen erklärte er endlich, daß sie willkommen wären. Moltke verbrachte anschließend etwa 16 Monate im Gebiet des Oberlaufs von Euphrat und Tigris. Ohne Furcht zu zeigen, war er Tag und Nacht im Sattel, fertigte topographische Aufnahmen an und untersuchte archäologische Funde. Moltke unternahm auf Flößen, die wie schon zu Zeiten Xenophons aus mit Luft gefüllten Hammelhäuten bestanden, lebensgefährliche Erkundungsfahrten auf Euphrat und Tigris. Er nahm aber auch an Strafexpeditionen der türkischen Truppen gegen aufständische kurdische Stämme teil. Nach seinem Plan erfolgte die Belagerung und Erstürmung der Festung Sayd-Bey-Kalessi. Während der Kämpfe bemühte er sich gemeinsam mit von Mühlbach, die schlimmsten Greueltaten zu verhindern, ohne indes viel dagegen ausrichten zu können. Dabei wurden kurdische Dörfer von türkischen Truppen in Brand gesteckt, Flüchtlinge darunter auch Frauen und Kinder, mit dem Bajonett niedergestoßen und den Überbringern abgeschnittener Köpfe und Ohren »Geldgeschenke von 50 bis 100 Pieastern bezahlt«. Moltkes Berichte zeigen aber noch andere Probleme der Taurus-Armee. Zwangsrekrutierte kurdische Soldaten versuchten zu flüchten. »Kein Wunder also«, stellte er fest, »wenn dichte Postenketten das Lager umstellen, welche das Antlitz nicht gegen den Feind, sondern gegen die eigenen Truppen kehren«. Mossul, die »große Zwischenstation der Karawanen auf dem Wege von Bagdad nach Aleppo« war der östlichste Punkt, den Moltke erreichte. Seine »türkischen Begleiter mußten, als sie ihr Abendgebet verrichteten, sich gegen Westen wenden, statt daß in Konstantinopel der Moslem die Kibla noch südöstlich sucht«. In der mesopotamischen Wüste begegnete Moltke arabischen Stämmen und beobachtete: »Sie allein können in diesen Regionen leben und auch sie nur durch die Hilfe des Kamels..., diesem geduldigen, starken, wehrlosen und nützlichsten aller Tiere«.

*Helmuth von Moltke
(1800–1891)*

Zuletzt nahm Moltke wiederum als Berater des Oberbefehlshabers an der Schlacht bei Nisib in der Nähe zu Syrien teil. Hafiz-Pascha hätte am 24. Juni 1839 einen Sieg gegen Ibrahim Pascha erreichen können, wenn er die Ratschläge Moltkes befolgt hätte. Nach der Niederlage kam es zu einer Massenflucht ganzer Truppenteile und damit zur Auflösung des türkischen Heeres, das Moltke reorganisieren wollte. Resignierend verglich er Hafiz-Pascha und die preußischen Offiziere mit »einem Künstler, dem man aufgibt, ein Gewölbe zu bauen, und dem man statt harten Steins nur weichen Ton bietet«. Mahmud II. starb am 1. Juli 1839 in Istanbul, noch ehe er die Nachricht von der Niederlage bei Nisib bekommen hatte. Da seine Reformen gegen vielfältige Widerstände ins Stocken geraten waren, hinterließ er seinem 16 jährigen Sohn und Nachfolger, Abd-ül Meschid, »das Land im traurigsten Zustand«.

Moltke lernte in Konstantinopel bei Graf Königsmarck, dem preußischen Gesandten, auch noch den aus der Lausitz stammenden, vielbegabten aristokratischen Abenteurer, Reiseschriftsteller und leidenschaftlichen Gartengestalter Fürst Hermann von Pückler-Muskau kennen, der seit 1837 durch das Reich von Mehemed Ali bis nach Oberägypten und Nubien gereist war und sich nun mit seiner schönen abessinischen Geliebten Machbuba, die er auf dem Sklavenmarkt gekauft hatte, sowie einem großen Troß abenteuerlicher Gestalten und exotischer Tiere, darunter Ibisse und Krokodile, in Richtung Heimat begab.

Moltke und seine preußischen Offizierskameraden wurden nach Preußen zurückgerufen, ihre Kommandierung nicht verlängert. Die Rückreise erfolgte übers Schwarze Meer donauaufwärts. Erst am 27. Dezember 1839 traf Moltke wieder in Berlin ein, nachdem er in Budapest und Wien wegen gesundheitlicher Probleme pausieren mußte. Moltke hatte ein Zeugnis von Hafiz-Pascha bei sich, in dem dieser ihm bestätigte, »daß der preußische Offizier Baron Bey, ein talentvoller Mann sei« und daß er im Kampf gegen die Kurden und Ägypter »seine Pflicht als treuer und tapferer Mann von Anfang seines Auftrages an bis zu diesem Augenblick getan, sich seiner Aufträge in vollkommenster Weise entledigt«. Moltke meldete sich beim Chef des Generalstabes, dem General von Krauseneck zurück, der ihn sehr lobte. Moltke hatte Krauseneck über die preußische Gesandtschaft regelmäßig Kriegsberichte übermittelt, auch die Ergebnisse seiner topographischen Vermessungen; die Karte von Istanbul im Maßstab 1:25.000 und die aus Einzelaufnahmen zusammengestellte Landkarte von Kleinasien. Auch der für seine nicht leicht zu verstehenden Infinitive bekannte Friedrich Wilhelm III. empfing Moltke. Zum Abschluß der Audienz übergab ihm der König ein Etui und sagte: »Für Berichte danken, Hauptmann von Moltke. Braver Offizier. Ihnen den Orden Pour le merite verleihen«.

Moltkes topographische Arbeiten über Kleinasien bereicherten die damaligen dürftigen geographischen Kenntnisse über diese Region. Er selbst schätzte ein, daß dadurch »der Kartendarstellung des Landes eine neue Gestalt gegeben« wurde. Er hatte im Osmanischen Reich zu Pferde »nahezu 1000 Meilen« zurückgelegt, die ihn in Gegenden führten, »welche der Reisende damals und auch jetzt wieder nur im Gefolge einer bewaffneten Macht betreten kann, in das Gebiet der Kurden, der Awscharen und die mesopotamische Wüste«. Seine »Briefe über Zustände und Begebenheiten in der Türkei aus den Jahren 1835 bis 1839« erschienen 1841 als Buchfassung seiner privaten Korrespondenz bei E.S. Mittler in Berlin. Das Vorwort stammte vom berühmten Geographen Carl Ritter. Die Türkischen Briefe haben auch heute nach mehr als 150 Jahren nichts von ihrer unmittelbaren Lebendigkeit und plastischen Anschaulichkeit verloren und lesen sich wie eine moderne Reisebeschreibung. Sie werden mit Goethes »Italienische Reise« verglichen, aber manchmal fühlt man sich auch in die Welt von Karl May versetzt.

Zur orientalischen Frage verfaßte Moltke in den 1840er Jahren auch eine Reihe von Aufsätzen für die angesehene Augsburger »Allgemeine Zeitung« und eine Geschichte des russisch-türkischen Feldzuges von 1828/29. Er galt in höfischen und militärischen Kreisen nunmehr als Orientexperte und erregte Aufsehen, wenn er zu privaten Gesellschaften mit dem Fes auf dem Kopf erschien. Seine Bildung und seine Gelehrsamkeit haben wohl auch dazu beigetragen, daß einige seiner Vorgesetzten Zweifel an seiner Brauchbarkeit für den Truppendienst hegten. Wahrscheinlich wurde Moltke auch deshalb 1845 zum Adjutanten des in Rom lebenden Hohenzollernprinzen Heinrich, eines Onkels von Friedrich Wilhelm IV., ernannt. Als ungewöhnlich galt auch Moltkes 1842 erfolgte Heirat mit der 16jährigen Marie Burt, Tochter eines Engländers, der in Holstein lebte und in Westindien Plantagen besaß. Erst 1848 wird er Chef des Stabes im IV. Armeekorps und 1857 Chef des Großen Generalstabes der Armee, obwohl sich seine hervorragenden strategischen Fähigkeiten noch nicht offenbart hatten. Deutlich wurde aber schon in diesen Jahren Moltkes Verständnis für den Zusammenhang zwischen Kriegsführung und technischer Entwicklung. Wahrscheinlich war er der erste Generalstabsoffizier, der die Bedeutung der Eisenbahn für den schnellen Truppenaufmarsch voll erfaßte.

Die militärischen Operationen gegen Österreich 1866 und gegen Frankreich 1870/71 brachten ihm dann den höchsten militärischen Ruhm. Dennoch verlor er nicht seine sprichwörtliche Bescheidenheit: »Wir haben nur Siege zu verzeichnen gehabt. Gneisenau aber hat eine geschlagene Armee zum Siege geführt. Diese höchste Probe haben wir noch nicht bestanden«. Moltke konnte jedoch nicht verhindern, daß ihm schon zu Lebzeiten Denkmäler errichtet wurden. Das erste, von einem in Berlin lebenden Landsmann Moltkes, dem Bildhauer Ludwig Brunow, geschaffene Denkmal wurde am 2. Oktober 1876 in seiner Geburtsstadt Parchim enthüllt. Der Feldmarschall blieb diesem Ereignis fern, besuchte dann aber wenig später am 26. November 1876 doch sein Denkmal, um seinen Landsleuten persönlich zu danken. Moltke beabsichtigte mit der Dotation für den Sieg von 1866 ehemaligen Familienbesitz in Mecklenburg zu erwerben. Dazu reichten aber seine finanziellen Mittel nicht aus. Auch in Holstein bot sich keine Gelegenheit zum Ankauf. Daher entschloß er sich 1867 nach einer Generalstabsreise in Schlesien, das in der Nähe von Schweidnitz gelegene Gut Kreisau, 400 Hektar für 240.000 Taler, von einer verwitweten Frau von Dresky zu kaufen. Hier schuf er sich ein Refugium, das er zunächst aber nur in den Sommermonaten besuchen konnte. Er ließ das heruntergekommene Schloß renovieren, legte einen Park an und kümmerte sich um die sozialen Belange seiner Gutsleute. Da Moltkes Ehe kinderlos blieb, verfügte er die Umwandlung Kreisaus in ein Fideikommiß (unteilbares Familienvermögen). Zum zukünftigen Majoratsherrn bestimmte er Wilhelm, den ältesten Sohn seines Bruders Adolf.

Moltke starb am 24. April 1891 abends gegen 21.35 Uhr in Berlin. Am Tage hatte er noch im Preußischen Herrenhaus an einer Abstimmung über die Gewerbeordnung teilgenommen. Er wurde in Kreisau im Mausoleum auf dem Kapellenberg beigesetzt. Während des Zweiten Weltkrieges wurde das Gut zu einem Treffpunkt von Gegnern des nationalsozialistischen Regimes. Von der Gestapo später »Kreisauer Kreis« genannt. Dazu zählte auch der Gutsinhaber, Helmuth James von Moltke (1907–1945), ein Urgroßneffe des Feldmarschalls, der als Sachverständiger für Kriegs- und Völkerrechtsfragen in der Abteilung Ausland im Oberkommando der Wehrmacht eingesetzt war. Er wurde im Januar 1944 verhaftet und wegen seiner Beteiligung am politischen Widerstand am 23. Januar 1945 in Berlin-Plötzensee hingerichtet.

Von Moltke erschienen die »Gesammelten Schriften und Denkwürdigkeiten«, 8 Bde., Berlin 1891/93, in denen die Darstellungen über seinen Aufenthalt im Osmanischen Reich enthalten sind. Von den biographischen Arbeiten über ihn sind zuletzt erschienen Franz Herre: »Moltke. Der Mann und sein Jahrhundert«, Stuttgart 1984, sowie Manfred Jatzlauk: »Helmuth von Moltke«, Schwerin 2000. Beide Bücher bieten auch einen bibliographischen Überblick zu weiterführender Literatur. Über die Zustände im Osmanischen Reich im 19. Jahrhundert informieren Ernst Werner und Walter Markov: »Geschichte der Türken. Von den Anfängen bis zur Gegenwart«, Berlin 1978; Josef Matuz: »Das Osmanische Reich. Grundlinien seiner Geschichte«, Darmstadt 1985 und Alan Palmer: »Verfall und Untergang des Osmanischen Reiches«, München 1997.

Eukalyptuszweige auf dem Wappenschild – Australiens Botaniker Freiherr Sir Ferdinand von Müller

Johannes H. Voigt

Ferdinand Jacob Heinrich Müller wurde am 30. Juni 1825 als drittes von neun Kindern des Christoph Friedrich Christian Müller und dessen Frau Louise geb. Mertens im Möchentor der alten Hansestadt Rostock geboren. Der Vater, der an den Befreiungskriegen gegen Napoleon teilgenommen hatte, war als Strandvoigt in eine geachtete Stellung gelangt. Die väterliche Amtswohnung in Hafennähe bot den Kindern einen Blick auf die Schiffe aus der weiten Welt. Hafenstädte sollten die Stätten des Lebens und Wirkens Ferdinand Müllers bleiben: nach Rostock zuerst Tönning, Husum und Kiel, dann Adelaide und Melbourne.

Die sprichwörtlich sonnigen Jahre der Kindheit wurden bei Ferdinand von Krankheit und Trauer in der Familie überschattet. Fünf seiner Geschwister starben im Kindesalter. Als Ferdinand zehn Jahre alt war, starb sein Vater an Lungentuberkulose. Seine Mutter Louise zog daraufhin 1836 mit ihren verbliebenen vier Kindern zu ihrer Familie nach Tönning an der Eider im südlichen Schleswig. Bei ihrem Fortgang aus Rostock war Louise darauf bedacht, ihr Wohnrecht in der Stadt zu behalten, indem sie in einem Antrag an den Rostocker Rat hervorhob, daß sie nur vorübergehend und aus finanziellen Gründen zu ihrer Familie ziehe und ihr »Domizil« in der Hansestadt nicht aufzugeben beabsichtige.

In Tönning konnte Louise Müller mit Hilfe ihres Bruders die westlichste der Fähren über die Eider von der dänischen Postverwaltung pachten und mit den Erträgen aus ihrem Betrieb ihren und ihrer Kinder Lebensunterhalt bestreiten. Deshalb gab sie wohl jegliche Rückkehrpläne nach Rostock auf. Die Müllers wohnten im damals neuen Fährhaus mit Blick auf den Tönninger Hafen und die breite Eidermündung. Das Meer war nahe und mit dem Schiffsverkehr im Hafen durchwehte auch die neue Umgebung Ferdinands ein Hauch von Ferne.

Der Junge, der in der Großen Stadtschule Rostocks seine erste Schulbildung erhalten hatte und schon in der gymnasialen Klasse lernte, wurde in Tönning als Elfjähriger in die Rektorklasse eingestuft. Einem Bericht des Hauptpastors über seine Schulinspektion des Jahres 1837 in Tönning entnehmen wir folgende Bemerkung: »Die Rectorclasse besteht gegenwärtig aus 12 Schülern, die aus der Stadt Tönning gebürtig sind, bis auf einen Schüler, der aus Rostock gebürtig, dessen Mutter hier aber jetzt wohnt.« Der Rostocker war natürlich kein anderer als Ferdinand Müller. Über den Schulunterricht erhalten wir ein genaues Bild aus den Berichten des Lehrers der Rektorklasse, Peter Martens. Bemerkenswert ist das benutzte Lehrmaterial, vor allem Friedrich Justin Bertuchs Bilderbuch für Kinder, das allgemeines botanisches wie geographisches Wissen vermittelte und im besonderen Schilderungen über Australien und seine Ureinwohner, die Aborigines, enthielt.

Nach Abschluß der Rektorklasse in Tönning ging Ferdinand Müller nach Husum, um in der Einhorn-Apotheke eine Lehre anzutreten. Weitere Schicksalsschläge verdüsterten jedoch auch dort seinen Lebensweg: schon 1840 verstarb seine Mutter, drei Jahre darauf seine Schwester Iwanne, beide an den Folgen der Lungentuberkulose. In Husum entwickelte Ferdinand in seiner Freizeit die sein späteres Leben kennzeichnenden Formen wissenschaftlichen Forschens. Er unternahm ausgedehnte Exkursionen, botanisierte, legte ein Herbarium an, machte genaue Aufzeichnungen über die Fundorte und tauschte in einer wachsenden Korrespondenz Erfahrungen und Ergebnisse seiner Sammeltätigkeit aus. Bereits 1843 legte er eine erste größere wissenschaftliche Arbeit vor: »Husums phanerogamische Flora«.

Nach Abschluß der Apothekerlehre immatrikulierte er sich an der Universität Kiel als Student der Pharmazie, belegte aber auch bei Professor Nolte das Fach Botanik. Ein Höhepunkt der Studienzeit war die Teilnahme an der 24. Versammlung der Deutschen Naturforscher und Ärzte in Kiel vom 18. bis 25. September 1846. Hier lernte er die Koryphäen aus Mittel- und Nordeuropa in der Botanik und den Nachbardisziplinen persönlich kennen. Es ist sehr wahrscheinlich, daß Müller in Kiel auch den Professor der Naturgeschichte und Botanik an der Universität Rostock, Dr. Johannes Roeper traf, zu dem er zeitlebens Kontakt hielt.

Nach seiner Promotion mit einer botanischen Arbeit über die Pflanzenwelt in Schleswig wanderte Ferdinand Müller 1847 mit seinen beiden Schwestern Clara und Bertha über Bremerhaven nach Südaustralien aus. Ob es nur Besorgnisse über die Gesundheit waren, die Müller wiederholt als Gründe für die Auswanderung anführte oder ob auch der sich damals schon abzeichnende Zusammenstoß der deutschen und dänischen Nationalbewegung ihn bewog, die Heimat zu verlassen, muß dahingestellt bleiben. Sicher ist jedoch, daß Ferdinand Müller an den politischen Auseinandersetzungen nicht das geringste Interesse zeigte.

Freiherr Ferdinand von Müller (1825–1896)

Nach einer Reise von fünfeinhalb Monaten betraten Müller und seine Schwestern am 15. Dezember 1847 in Adelaide australischen Boden. Der ebenfalls aus Deutschland eingewanderte Apotheker Moritz Heuzenroeder bot Müller eine erste Anstellung. Von diesem festen Arbeitsplatz aus unternahm Ferdinand Müller – wie schon in Husum – ausgedehnte Exkursionen in die Umgebung, durch die er zahlreiche unbekannte Pflanzen sammeln und bestimmen konnte. Sein schnell wachsendes Herbarium wußte er durch den Erwerb von Exemplaren aus anderen Teilen Südaustraliens und Tasmaniens zu ergänzen.

Am 14. August 1849 wurde er in der britischen Kolonie South Australia naturalisiert und damit Untertan der britischen Krone. Fortan schrieb er seinen Namen »Mueller«. Zusammen mit seinem Freund Friedrich Krichauff, den er von Husum und Kiel her kannte, erwarb er ein Stück Land, um eine Farm zu gründen. Doch das Landarbeiterleben lag ihm nicht und so kehrte er bald in die Apotheke Heuzenroeders zurück.

Der Aufschwung der Stadt Melbourne durch die Goldfunde in der Kolonie Victoria bewog Müller, seinen Wohn- und Arbeitsplatz 1852 dorthin zu verlegen, um sich als Apotheker

Botanischer Garten in Melbourne. Müllers Eisenbrücke mit Blick auf das Gartenhaus (Foto v. Charles Nettleton 1875)

selbständig zu machen. Als aber der neue Lieutenant Governor der Kolonie, Charles Joseph La Trobe, die Stelle eines Regierungsbotanikers schuf und sie Müller anbot, griff dieser zu und begrub seine Apothekerpläne endgültig. Von 1853 bis zu seinem Tode sollte er dieses ihm wie auf den Leib geschnittene Amt innehaben.

Wie sah das ganz der Wissenschaft gewidmete Leben aus, das Ferdinand Müller in der Hauptstadt Victorias fortan führte? Die Regierung erwartete von ihm die Erforschung der Flora der Kolonie sowie praktikable und erfolgversprechende Vorschläge zur Nutzbarmachung von Land und Pflanzenwelt. Amtliche Stellen in London erwarteten seine helfende Hand bei der Förderung der Botanik des Empire, als deren wissenschaftliches Zentrum der botanische Garten in Kew unter der Leitung von Sir William Hooker galt. Schon in den Jahren 1853 bis 1858 unternahm Müller eine Reihe von teilweise mehrmonatigen Reisen unter großen Entbehrungen ins Innere Victorias, die der Erschließung der Kolonie dienten. Doch die größte seiner Unternehmungen sollte die Expedition werden, die ihn unter der Leitung von Augustus Charles Gregory 1855 bis 1856 durch den Norden des Fünften Kontinents, durch Arnhem Land bis zum Valley of Burdekin führte. Für Müller war das Unternehmen schwierig, weil er nicht den Zeitplan beeinflussen konnte, ihm folglich häufig die Zeit zum Botanisieren fehlte und er oft größte Mühe hatte, den Anschluß an die Karawane nicht zu verlieren. Trotzdem war Müllers wissenschaftliche Ausbeute beachtlich: er sammelte etwa 2000 Pflanzenarten, davon waren fast 800 bisher unbekannt.

Im Jahre seiner Rückkehr mit der Gregory-Expedition erfuhr Müller zwei Achtungsbeweise für sein ergebnisreiches wissenschaftliches Wirken. Der erste war die Promotion zum Doktor der Medizin an der Universität seiner Vaterstadt Rostock, die ihm am 7. November 1857 in absentia gewährt wurde. In der Begründung heißt es unter anderem: »Seine äußere Lebenssubsistenz durch Ausübung der Medizin, zu welcher er sich hauptsächlich durch Selbststudium befähigt hatte, sichernd, gab er sich rastlos seiner Neigung zur Erforschung der dortigen Pflanzenwelt hin und veröffentlichte wiederholt in Englisch-Australischen Zeitschriften die werthvollen Ergebnisse seines Fleißes, die wegen der besonderen Berücksichtigung der Heilkräfte … auch für die Medizin ein unmittelbares Interesse haben.« Der zweite war die Ernennung zum Direktor des Botanischen Gartens in Melbourne, mit dem der Zoologische Garten verbunden war. Dies war eine außerordentlich anspruchsvolle Aufgabe, die eine Person gänzlich hätte ausfüllen können. Müller nahm sie ohne Widerspruch neben seiner Aufgabe als Regierungsbotaniker auf sich.

Ohnehin mit seiner Zeit höchst ökonomisch umgehend, wurde er nun zu einem Mann, der sich kaum noch Zeit für andere und anderes nahm. Das war jedenfalls der – sicher nicht ganz unberechtigte – Eindruck Hermann Becklers, eines Mediziners, den Müller eine Weile in seinem Herbarium beschäftigte und der ihn und den damals ebenfalls in Melbourne wirkenden Naturwissenschaftler Georg (von) Neumayer in einem Brief an seinen Bruder Karl 1859 wie folgt charakterisierte: »Müller hat einen schlechten Humor wie beinahe alle sehr fleißigen Gelehrten, will nie mit der Arbeit eines Anderen zufrieden sein, verlangt mehr als er eigentlich kann usw. ... Diese 2 Landsleute, Dr. Müller und Herr Neumaier sind ganz sonderliche Kauze. Arbeiten zum ›Rasendwerden‹, und wenn der eine von nichts spricht als von Gattungen und Species, so sagt der andere nichts, was nicht auf Magnetismus Bezug hätte. Am Besten ist's mit diesen Leuten beinahe gar nicht zu sprechen, nicht wegen Feindseligkeiten, sondern weil sie beide an ein und derselben Krankheit leiden, die ich mir erlaube mit einem wahrscheinlich neuen Namen zu bezeichnen, nämlich ›Minutenhunger‹. Es ist unangenehm, mit solchen Leuten eigentlich zu sein. So ist man besser, wenn man sie von ihrem Standpunkte aus behandelt, das heißt, thut, wie sie wünschen, was ganz einfach darin besteht, daß man sie nie länger als 2-3 Minuten zum Gespräch veranlaßt. Ich habe das beiden beim ersten Besuch abgesehen. Kömmt Dr. Müller nun in mein Zimmer (sein Schlafzimmer) herein und hat mir etwas zu sagen oder ich ihm, so wartet er in beiden Fällen nicht bis er ausgesprochen, sondern endigt seine Rede bei geöffneter Thüre und nachdem er mir schon vollständig aus dem Gesicht verschwunden ist.«

Während Müllers Arbeit als Regierungsbotaniker sich im Aufbau eines Herbariums, in Berichten an koloniale und imperiale Regierungsstellen, in Veröffentlichungen, in einer weltweit gespannten Korrespondenz mit Naturwissenschaftlern und in einem umfangreichen Netz von Materialientausch niederschlug, stand seine Arbeit als Direktor des Botanischen Gartens direkt und unmittelbar im Lichte der Öffentlichkeit Melbournes, die sich denn auch zum Richter ausersehen glaubte. Es mag sein, daß der Wissenschaftler in Müller stärker war als der Ästhet, daß er sich in der Gartengestaltung mehr von den Gesichtspunkten wissenschaftlicher Bedeutung und wirtschaftlicher Nutzung leiten ließ, als von einer Liebe zum Schönen und Gefälligen. Es lag ihm einfach nicht, Zugeständnisse an den romantischen Zeitgeist der damaligen aufstrebenden Gesellschaft Melbournes zu machen. Schlimm für ihn war jedoch, daß manche Neider die Diskrepanz zwischen einem wissenschaftlich nützlichen Garten und einer stadtnahen natürlichen Erholungsstätte gegen Mül-

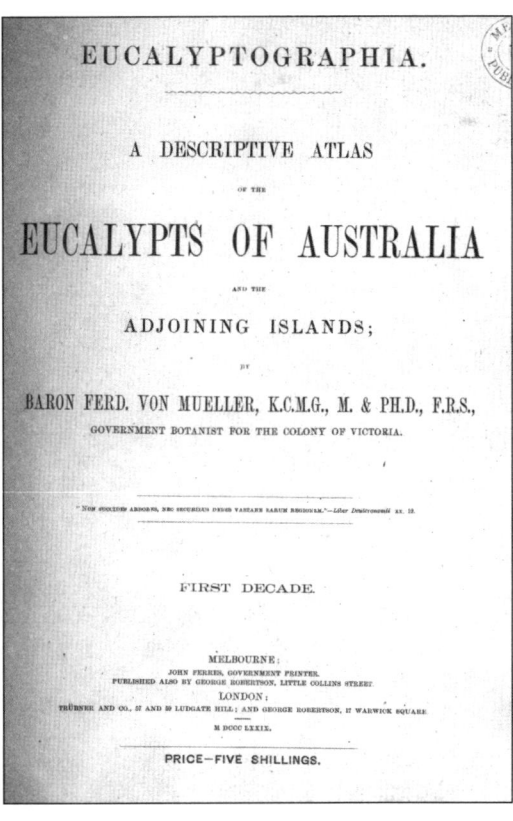

Titelblatt zu F. v. Müllers Hauptarbeit über den Eukalyptus: »Eucalyptographia: A Descriptive Atlas of the Eucalypts of Australia and the Adjoining Islands«, Melbourne / London 1879–1884

87

Müllers Ideenskizze zu seinem Wappen mit zwei Zweigen von Eucalyptus globulus*, die bei seiner Erhebung in den Stand eines württembergischen Freiherrn Akteptanz fand.*

ler ausspielten und ihn heftig öffentlich und hinterrücks attackierten. Als er 1873 durch eine Intrige das Amt des Direktors des Botanischen Gartens verlor, war er so erbittert, daß er wie die Überlieferung geht, diesen Garten nie wieder betrat.

Seine Stellung als Regierungsbotaniker schon füllte – wie erwähnt – seinen Arbeitstag und viele Stunden darüber hinaus aus. Eine Reihe von Aufgaben hatte er sich selbst gestellt, andere waren ihm angetragen worden. Im Jahre 1859 erschien der von ihm verfaßte erste Band der »Fragmenta Phytographiae Australiae«, zehn weitere sollten bis zu seinem Tode folgen. Die Herausgabe des großen, in London konzipierten Werkes »Flora Australiensis« (7 Bände) wurde jedoch zu seinem großen Kummer nicht ihm, sondern George Bentham übertragen. Da man auf Müllers Mitarbeit nicht verzichten konnte, wurde er als Mitverfasser auf der Titelseite genannt, was jedoch ein understatement seines tatsächlichen Anteils war. Das wußten jedoch nur Eingeweihte. Eine bedeutende Hilfe leistete er auch Joseph Hooker beim Verfassen der »Flora Tasmaniae«. Neben solch großen »Hilfsarbeiten« schrieb Müller natürlich auch eigene Werke, wie »Plants of Victoria« (2 Bände) oder »Eucalyptographia« (10 Bände).

Es wäre falsch, wollte man in Müller nur einen Elfenbeinturmgelehrten sehen. Er nahm regen und aktiven Anteil an der Verbreitung naturwissenschaftlicher Kenntnisse in Victoria und in der gesamten austral-asiatischen Welt. 1859 wurde er bereits zum Präsidenten des Philosophical Institute of Victoria gewählt, das unter ihm 1860 in die Royal Society of Victoria umbenannt wurde. Gegen Ende seines Lebens wurde er zum Präsidenten der neugegründeten Association for the Advancement of Science gewählt. Als er in dieser Funktion 1890 nach Neuseeland reiste und dort eine Einführungsrede hielt, ließ er in dieser all jene Persönlichkeiten Revue passieren, denen er begegnet war und die ihm etwas bedeuteten. In dieser Reihe fehlte nicht der Rostocker Botaniker Johannes Roeper. Müllers Name ist mit vielen Expeditionsunternehmungen verbunden, so mit der von Burke und Wills, deren Ziel in der Süd-Nord-Durchquerung des Fünften Kontinents in den Jahren 1860/61 bestand, aber auch mit der Erforschung Papua-Neuguineas oder der Antarktis. Sein Augenmerk galt auch der Aufhellung des Schicksals seines Landsmannes Ludwig Leichhardt, der 1848 sein Ziel bei dem überaus ehrgeizigen Versuch der Ost-West-Durchquerung Australiens nicht erreichte. Müller registrierte alle möglichen Spuren und versuchte Suchexpeditionen zu organisieren. Doch seine Mühe – wie die vieler vor und nach ihm – war vergeblich: Leichhardts Schicksal blieb bis heute ungeklärt.

Dem Einfluß pharmazeutischer Studien vor allem dürfte der immer zu beobachtende Zug in Müllers Wirken zuzuschreiben sein, den praktischen Nutzen einer Pflanze und einer bestimmten Vegetation zu ermitteln. Sein Buch »Auswahl von außertropischen Pflanzen, vorzüglich geeignet für industrielle Kulturen und zur Naturalisation« erschien in mehreren englischen Ausgaben und wurde in andere Sprachen übersetzt. Nicht von ungefähr ist es die einzige von Müllers zahlreichen wissenschaftlichen Arbeiten, die auch in deutscher Sprache erschien. Obgleich er nimmermüde botanisierte, warnte er schon frühzeitig vor dem Aussterben der Arten. Doch in jener Entdeckungs- und Pionierzeit Australiens überwog eindeutig das Interesse am Nutzen, das das botanische Gewissen gleichsam beruhigte.

Mit Botanikern aller Erdteile betrieb er einen schwungvollen Austausch von Pflanzen, lebende für botanische Gärten, getrocknete für Herbarien und Saatgut für die Forstwirtschaft, so nach Indien, wohin er einmal 85 Pfund (englisch) an Akaziensamen versandte. Die Verbreitung von Eucalypten in aller Welt, wie in den Putinischen Sümpfen nahe Roms, ist vor allem seinem Enthusiasmus zuzuschreiben. Allerdings hatte Müller sich auf botanischem Gebiet an die ihm als Regierungsbotaniker gesetzten Regeln zu halten. So mußte ein Exemplar einer neuentdeckten Pflanze zuerst an das Herbarium von Kew in London geschickt werden. Anders war es auf Ge-

Zwerg- oder Flecken-kiwi (Apteryx owenii Gould), *nachtaktiver, flugunfähiger Lauf-vogel Neuseelands. (Zoologische Samm-lung der Universität Rostock, Geschenk von Ferdinand von Müller im Jahre 1879)*

bieten, die nicht direkt mit seinem Amte verbunden waren. Er sandte zoologische, anthropologische, ethnologische und mineralogische Objekte an Museen und Forschungsinstitutionen, wie er es für richtig befand. So schickte er 1881, wie es hieß, eine »riesige Kiste«, 3000 Pfund schwer, nach Rostock, deren wichtigstes Einzelstück eine Todea australis rivualis, ein Riesenfarn, benannt nach Heinrich Tode, einem im 18. Jahrhundert lebenden mecklenburgischen Pfarrer und Cryptogamenforscher, der vor allem mit einer zweibändigen Arbeit über die Pilze Mecklenburgs Aufmerksamkeit fand. Die Masse des zumeist an den Apotheker Dr. Wilhelm Sonder in Hamburg übersandten und von diesem verteilten Materials ging an das Naturalienkabinett in Stuttgart, nachdem der württembergische König 1868 Ferdinand Müller den persönlichen Adel verliehen hatte. Sozusagen fest an Württemberg gekoppelt wurde Müller 1871 durch die Verleihung des erblichen Freiherrn-Titels, den er zum besseren Verständnis der Australier mit dem Titel »Baron« anglisierte. Die im Gestrüpp der Titel wenig erfahrenen Mitmenschen mochten in den Titeln Ehrungen für seine allgemeinen Verdienste um die Naturwissenschaften sehen, wie denn auch die Diplome lauteten. Aber so philanthropisch war auch der württembergische König nicht: Nicht nur hatte Müller versprochen, alle wichtigen Objekte der australischen Fauna ans Stuttgarter Naturalienkabinett zu schicken, auch vermachte er der württembergischen Regierung eine größere Summe Geldes zur Einrichtung einer Ferdinand von Müller-Stiftung, aus deren Zinsen alljährlich die Forschungsreisen von zwei Naturwissenschaftlern finanziert werden sollten. Die Stiftung bestand bis zum 20. November 1956.

Auch Mecklenburg-Schwerin ließ ihm eine willkommene Ehrung zuteil werden. Bereits 1865 wurde Müller der Großherzogliche Hausorden der Wendischen Krone verliehen. Relativ spät zog das englische Königshaus nach, das ihn erst 1879 zum Ritter schlug, was ihm den Titel »Sir« eintrug. Und 1889, in seinem letzten Lebensjahrzehnt also, zeichnete ihn noch einmal der mecklenburg-schwerinsche Großherzog mit der Medaille für Wissenschaften und Künste in Gold mit dem Bande aus.

Müller wußte die Ehrungen zu schätzen und hat selber nicht mit den ihm gegebenen Möglichkeiten gespart, Ehrungen auszuteilen. Als Botaniker konnte er die von ihm ent-

Herausgabe einer gemeinsamen deutsch-australischen Sonderbriefmarke anläßlich des 100. Todestages von Ferdinand von Müller im Jahr 1996

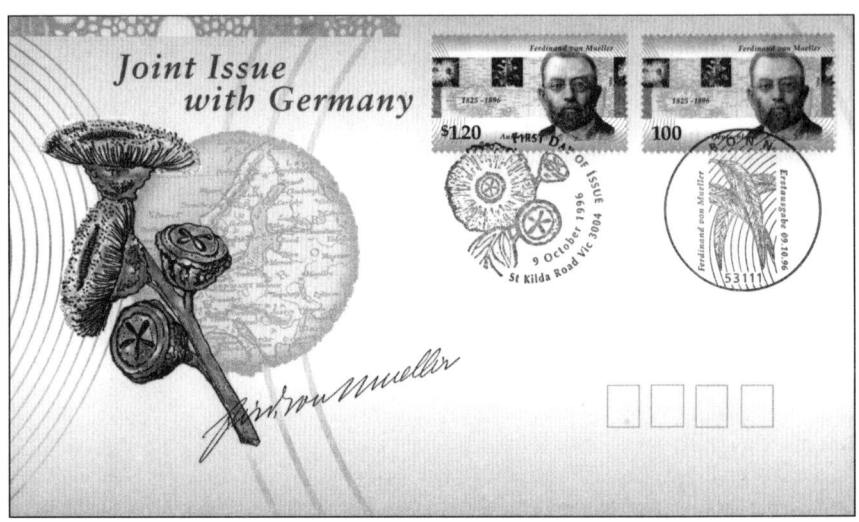

deckten Objekte benennen, als Organisator und Teilnehmer von Expeditionen durfte er für geographische Gebilde Namen »austeilen«. Dem Rostocker Professor Roeper zu Ehren benannte er eine australische Pflanze Roepera diamoides. Einen Berg im Zentrum des Kontinents taufte er »Olga Mountain« nach dem Namen der württembergischen Königin, was lange in Australien vergessen war. 1874 meldete Müller nach Schwerin, daß »zwei wichtige geographische Landmarken in Central-Australien ... mit den hohen Namen des Großfürsten Wladimir und der Prinzessin von Mecklenburg-Schwerin bezeichnet sind«, da er als geborener Mecklenburger »ein bleibendes Denkmal der herrlichen Nuptialfeier zu setzen wünschte«. Der russische Großfürst hatte damals Marie, die Tochter der Großherzogs Friedrich Franz II. geheiratet.

Andererseits versteht es sich fast von selbst, daß Müllers Name auf australischen Landkarten verewigt ist. Gleich drei Mueller Mount (Western Australia, Tasmanien und Northern Territory), einen Von Mueller Mount (Western Australia), einen Mueller Creek (Northern Territory), eine Mueller Range (Western Australia), eine Muellers Range (Queensland), einen Mueller River (Victoria) und einen Mueller Lake (Queensland) weisen auf den Wissenschaftler hin.

Müllers Verdienste um die Geographie – und dabei geht es nicht nur um die Benennung von Landmarken – sind übrigens bisher so gut wie nicht ins wissenschaftliche Bewußtsein gerückt, geschweige denn gewürdigt worden. Ihm ist es zum Beispiel zu verdanken, daß die deutsche geographische Forschung einen beachtlichen Anteil an der karthographischen Erschließung des Kontinents hatte. Der Perthes Verlag in Gotha erhielt von Müller über Jahre Informationen und Kartenmaterial, das August Petermann in der damals bedeutendsten geographischen Zeitschrift Deutschlands, weit über Fachkreise selbst im Ausland als »Petermanns Mitteilungen« bekannt, veröffentlichte. Alle großen Ausstellungen, wie die Internationalen Expositionen von Sydney 1878/79 und von Melbourne 1880/81 sowie die Ausstellung zum 100jährigen Jubiläum der Gründung Australiens 1888 stützten sich auf seinen Rat und verließen sich auf sein Urteil. Müller selbst stellte als Experte australische Naturprodukte für Ausstellungen in aller Welt zusammen. Hoch geschätzt war vor allem seine Sammlung australischer Holzarten.

Wie sehr Müller auch mit seiner Arbeitszeit geizte, er liebte auch das gesellschaftliche Leben in Maßen. Selten ließ er sich eine größere Festivität in Melbourne entgehen, weder die Bälle des Gouverneurs, noch die des deutschen Turnvereins oder der Liedertafel. Bälle und vor allem die zahlreichen Weihnachtsfeiern jeden Jahres in bestimmten Gesellschaften und Vereinen Melbournes gaben dem Baron Gelegenheit, sich mit dem durch Fleiß, Ausdauer und Erfolge in der Wissenschaft erworbenen Ordensornat in der Öffentlichkeit zu zeigen.

Müller heiratete nicht, obgleich er mehr als einmal verlobt war. Die wissenschaftliche Arbeit füllte ihn vollkommen aus. Am 10. Oktober 1896 verstarb Ferdinand von Müller in Melbourne. Für einen Besuch der Heimat hatte er sich seit seiner Ankunft in Australien nie Zeit nehmen wollen. Doch das kann keinesfalls der Grund dafür sein, daß dieser auf dem fünften Kontinent bekannte und teilweise sogar populäre Wissenschaftler in Deutschland meist nur Fachleuten ein Begriff ist. In Rostock erinnert seit 1992 an seinem Geburtshaus, dem Mönchentor, eine Gedenktafel an den bedeutenden Sohn der Stadt und endlich trägt auch eine Straße im Rostocker Stadtteil Gehlsdorf seinen Namen. Und zum Gedenken an Müllers Tod vor 100 Jahren gaben die Postdirektionen in Australien und Deutschland 1996 gleich gestaltete Briefmarken heraus.

Aus dem umfangreichen Gesamtwerk von Müller ragen heraus, die »Fragmenta Phytographiae Australiae«, 11 Bde., 1859/81; die »Eukalyptographia«, 10 Bde., 1879/84 und die »Auswahl außertropischer Pflanzen, vorzüglich geeignet für industrielle Kulturen und zur Naturalisation mit Angabe ihrer Heimatländer und zur Nutzanwendung«, (engl.) 1876 und (dtsch.) 1883. Diese Bände können in größeren Bibliotheken eingesehen werden. In den letzten Jahren sind Briefe von Müller unter der Mitarbeit von J.H. Voigt als Herausgeber erschienen: »Die Erforschung Australiens. Der Briefwechsel zwischen A. Petermann und F. v. Müller 1861–1878«, Gotha 1896 und »Regardfully Yours: Selected Correspondence of Ferdinand von Mueller. Vol. I: 1840–1859«, Bern … 1998. Arbeiten über Müller liegen vor allem in englischer Sprache vor. Als beste Biographie wird immer noch die von Margaret Willis angesehen: »By Their Fruits. A Life of Ferdinand von Mueller. Botanist and Explorer«, Sydney/London 1949. Der biographische Roman »A Man on Edge, a Life of Baron Sir Ferdinand von Mueller« von Edward Kynaston, erschienen in London/Ringwood 1981, führt auf unterhaltende Weise durch das Leben des Botanikers. Zahlreiche Beiträge und Informationen zum Leben von Müller und zu Spuren seines wissenschaftlichen Wirkens in Mecklenburg finden sich in den »Veröffentlichungen der Universitätsbibliothek Rostock«, Heft 122, Rostock 1996 und den »Beiträgen zur Geschichte der Universität Rostock«, Heft 22, Rostock 1998.

Der Staatsrechtler Hermann Roesler als Regierungsberater in Japan

Bert Becker

»Magnifico Rectori et Concilio reverendo erlaube ich mir andurch die gehorsamste Anzeige zu machen, daß ich einen Ruf an das Auswärtige Amt der Kaiserlichen Regierung von Japan erhalten und, da der mir hierdurch eröffnete Wirkungskreis meinen Interessen und Neigungen entspricht, angenommen habe, sowie daß ich um die Entlassung aus meiner Professur an hiesiger Landes-Universität mit dem Ablaufe des gegenwärtigen Monats eingekommen bin.« Mit diesen Worten verabschiedete sich Hermann Roesler, seit siebzehn Jahren Professor der Staatswissenschaften an der Universität Rostock, am 8. Oktober 1878 in einem Brief von seiner bisherigen Wirkungsstätte. Obwohl Roesler aus Bayern stammte und später nicht wieder nach Mecklenburg zurückkehrte, wird in Japan sein Name noch heute mit der Stadt Rostock verbunden. Als Berater der japanischen Regierung wirkte er fünfzehn Jahre lang in Tokio. Dort war er an der Formulierung des ersten japanischen Handelsgesetzbuches und an der Ausgestaltung der Verfassung des Kaiserreichs Japan entscheidend beteiligt.

Hermann Roesler (1834–1894)

Carl Friedrich Hermann Roesler wurde am 18. Dezember 1834 in der Kleinstadt Lauf bei Nürnberg geboren. In seiner Heimatstadt wuchs er in einer tieffrömmigen Familie lutherischen Bekenntnisses auf. Durch seinen Vater, der am örtlichen Landgericht als Advokat wirkte, kam der junge Roesler früh in Kontakt mit der Rechtswissenschaft. Nach einer mit Auszeichnung bestandenen Reifeprüfung (1852) studierte er in Erlangen Jurisprudenz und schloß die Erste Staatsprüfung 1856 ab. Das anschließende Rechtspraktikum beendete er 1858 mit dem mit Auszeichnung bestandenen bayerischen Staatsexamen. Sein erfolgreiches Studium ermunterte Roesler zur Wahl der Universitätslaufbahn. Fasziniert war der junge Jurist besonders von den großen wirtschaftlichen Wandlungsprozessen durch die Industrialisierung. Verschiedene wissenschaftliche Erklärungsmodelle waren dafür aufgestellt worden, von denen die von Adam Smith begründete Theorie der Volkswirtschaft und die von Karl Marx und Friedrich Engels formulierte Theorie des »wissenschaftlichen Sozialismus« am bekanntesten waren. Da es Roesler reizte, in diese Debatte gestaltend einzugreifen, erschien ihm eine Professur in der Staatswissenschaft am geeignetsten. Für dieses Ziel mußte er ein Doppelstudium absolvieren, also seine juristische Ausbildung durch ein wirtschaftswissenschaftliches Studium ergänzen. So fertigte er 1860 in beiden Fächern

Dissertationen an und legte der philosophischen Fakultät der Universität Erlangen seine Habilitationsschrift vor, die bald als Buch im Druck erschien. Mit dem Titel »Zur Kritik der Lehre vom Arbeitslohn. Ein volkswirtschaftlicher Versuch« sollte es Roesler bekannt machen. Das Buch wurde der Anlaß für seine baldige Berufung nach Rostock.

Die mecklenburgische Landesuniversität Rostock, eine der kleinsten Hochschulen im Deutschen Reich, ist als »akademische Durchgangs- oder Wartehalle« bezeichnet worden. Dadurch konnten sich kaum wissenschaftliche Schulen entwickeln, die eine überregionale Ausstrahlung hatten. Der Lehrstuhl für Staatswissenschaften an der Philosophischen Fakultät, 1856 wieder eingerichtet, war bereits 1859 vakant, da der bisherige Lehrstuhlinhaber einem Ruf nach Bonn gefolgt war. Für die Neubesetzung schlug die Fakultät dem zuständigen Großherzoglichen Ministerium für Kultus und Unterricht in Schwerin mehrere Wissenschaftler vor, die jedoch abgelehnt wurden. Das Ministerium hatte einen eigenen Kandidaten: Dr. Roesler aus Erlangen. Dessen kürzlich erschienenes nationalökonomisches Werk gefiel, denn schon in der Einleitung hatte Roesler verkündet, daß er den unklaren sozialistischen und kommunistischen Tendenzen einen auf der Grundlage der reinen Wissenschaft errichteten Damm entgegensetzen wolle. Neben der politischen Unbedenklichkeit erfüllte Roesler noch eine weitere Bedingung der mecklenburg-schwerinschen Regierung: Er war evangelisch-lutherischen Glaubens.

Roesler selbst zögerte keinen Augenblick, dem Ruf nach Rostock zu folgen. Er betrachtete seine erste Professur vor allem als Sprungbrett. Am 20. August 1861 wurde er durch Reskript des Großherzogs Friedrich Franz berufen. Um Roesler mit den anderen Fakultätsmitgliedern gleichzustellen, verlieh ihm die Fakultät die philosophische Doktorwürde honoris causa. Doch Roeslers Erwartungen wurden bald enttäuscht. In Mecklenburg, einem rückständigen Agrarland mit wenigen Ansätzen industrieller Entwicklung, besaßen die ökonomischen Disziplinen an der Landesuniversität eine geringe Bedeutung. Nur wenige Hörer von Roesler interessierten sich für die Staatswissenschaften, die Nationalökonomie blieb ein Nebenfach. Weder fand er Schüler, die seine Ideen aufgriffen und weiterbildeten noch konnte er in einen Ideenaustausch und in anregende Diskussionen eintreten. Trotzdem verwirklichte er ein reichhaltiges Vorlesungsangebot und verfaßte eine Reihe von wichtigen Publikationen wie die »Grundsätze der Volkswirtschaftslehre. Ein Lehrbuch für Studierende und Gebildete aller Stände« (Rostock 1864), »Über die Grundlehren der von Adam Smith begründeten Volkswirtschaftstheorie« (Erlangen 1868) oder die »Vorlesungen über Volkswirtschaft« (Erlangen 1878).

Roeslers Theorie der Volkswirtschaft stand in einem betonten Gegensatz sowohl zur klassischen Theorie von Smith als auch zu den sozialistischen Thesen von Marx und Engels. In

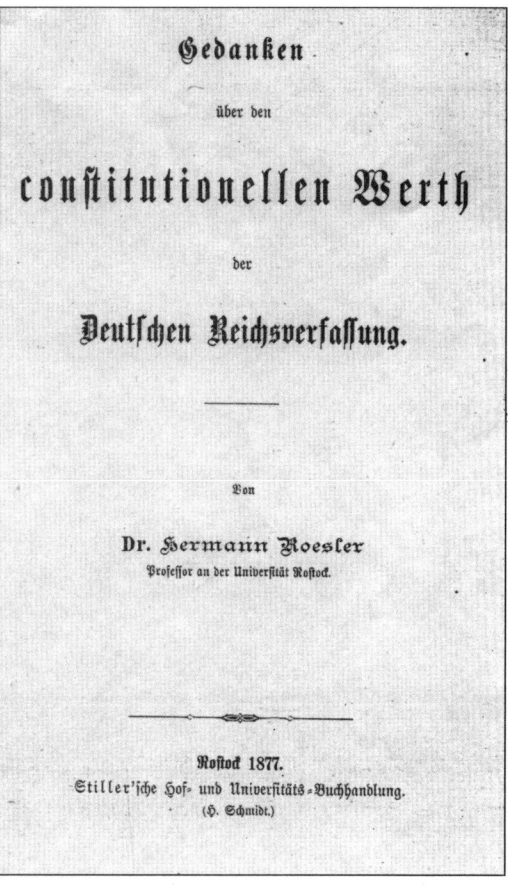

Titelseite einer Arbeit von Hermann Roesler zu staatswissenschaftlichen Fragen aus seiner Dienstzeit an der Rostocker Universität

Fürst Ito Hirobumi (1841–1909), der sich während der Meji-Reform in Japan erfolgreich um die Einführung der Verfassung (1889) bemühte.

seinen Werken entwickelte er eine gesamtgesellschaftliche Theorie des Rechts und der Volkswirtschaft, die beide Disziplinen in einem unauflösbaren Zusammenhang begriff. Grundsätzlich verstand er die menschliche Wirtschaft als ein soziales Verhalten. Deshalb sollte die Wirtschaft rechtlich organisiert und legitimiert werden. Dieses neue Gebiet des Rechts bezeichnete Roesler als »soziales Verwaltungsrecht«. In seinem gleichnamigen rechtswissenschaftlichen Hauptwerk (Erlangen 1872/73) stellte er schwerpunktmäßig das Berufs- und das Erwerbsrecht dar und machte bedeutsame Vorschläge für die Ausbildung eines Arbeitsrechts. Als Ziel schwebte ihm die Schaffung eines umfassenden materialen »Kulturverwaltungsrechts« und die Vollendung des formal-liberalen Rechtsstaats durch den »Staat des sozialen Rechts« vor. Das »soziale Recht« wurde die zentrale Idee von Roeslers wissenschaftlichem Denken, das er als inneres Strukturelement und Wesensnorm des gesellschaftlichen Lebens bezeichnete.

Von seiner politischen Intention her ist Roesler dem deutschen Sozialkonservatismus zuzuordnen. Zwar hatte er am Aufbau des »Kathedersozialismus« einen entscheidenden Anteil, doch gehörte er nie zu ihrem eigentlichen Kreis und distanzierte sich ausdrücklich von ihnen. Trotz aller ideologischen Unterschiede der sozialkonservativen Denker einte sie eine kompromißlose Ablehnung des Liberalismus und des Sozialismus. Roesler geißelte in den »Vorlesungen« wirtschaftsliberale Positionen als »hohle und leichtsinnige Aufklärungsprincipien des vorigen Jahrhunderts«, sozialistische Gesellschaftskonzeptionen als »auflösende Irrlehren«. Die von ihm bewußt gesuchte Verbindung zwischen Rechtswissenschaft und Volkswirtschaft machte ihn jedoch in beiden Wissenschaftsdisziplinen zum Außenseiter. Das Werk wurde nicht akzeptiert, da die theoretischen Grundlagen unklar blieben und die Gliederung des Stoffes nicht überzeugte. Daß ihm »auch in der Zukunft kein Verständnis entgegen kommen« werde, prophezeite Roesler bereits in der Einleitung seiner »Vorlesungen«. Die Kritiken waren jedoch so vernichtend, daß Roesler wohl den Entschluß faßte, dieses Gebiet aufzugeben und sich ein neues Wirkungsfeld zu suchen.

Eine neue berufliche Perspektive tat sich auf, als der japanische Gesandte in Berlin ihm das Angebot machte, nach Japan zu gehen. Wahrscheinlich kam der Kontakt zu Roesler durch die Vermittlung von Großherzog Friedrich Franz zustande, der von Roeslers Unzufriedenheit in Rostock wußte. Am 5. Oktober 1878 fand die Vertragsunterzeichnung in Berlin statt: Roesler trat als juristischer Berater für das öffentliche Recht in den Dienst des Japanischen Auswärtigen Amtes ein. Noch im gleichen Monat konvertierte er in der Notkapelle zu Rostock zur römisch-katholischen Kirche. Die lutherische Kirche war ihm durch ihre liberale Theologie zunehmend fremd geworden, die katholische Kirche stand ihm durch deren aktives sozialpolitisches Engagement inzwischen viel näher. Seine Absichten hatte Roesler schon vorher dem Großherzog offenbart und um die Entlassung aus dem Universitäts-

dienst gebeten. Der Großherzog hatte dabei deutlich zu verstehen gegeben, »daß ein Katholik an einer lutherischen Universität nicht länger Vorlesungen halten könne«. In seinem Abschiedsbrief an die Universität (8.10.1878) beteuerte Roesler: »Ich brauche wohl kaum zu versichern, dass mich der Abschied aus dem deutschen Gelehrtenberufe und aus dem hiesigen Collegen-Kreise, von welchem ich bei vielen freudigen und schmerzlichen Anlässen die wohlthuensten Beweise von Wohlwollen und Theilnahme erhalten habe, mich innig bewegt, und dass die Trennung von einem Posten, auf dem ich so lange Jahre zu wirken gesucht habe, mir schwer geworden ist.« Anfang November 1878 verließ er mit seiner Familie Europa.

Der Wechsel nach Japan eröffnete für Roesler die Möglichkeit, seine theoretischen Erkenntnisse in die Praxis umzusetzen. Er traf auf eine Gesellschaft, die sich in der Meiji-Zeit grundlegend modernisierte. Unter der Herrschaft des Kaisers (Tenno) war 1868 ein Reformprogramm begonnen worden, dessen wichtigstes Ziel die Gleichrangigkeit Japans mit den USA und Europa sowie die Aufhebung der »ungleichen Verträge« war, die das Land zwischen 1854 und 1861 mit den westlichen Nationen abschließen mußte. Der schnellste und sicherste Weg, um diesen Maßstäben gerecht zu werden, war für Japan die Übernahme von Vorbildern aus diesen Staaten. Zahlreiche japanische Politiker und Wissenschaftler fuhren zu Studienreisen in die USA, nach England, Deutschland und Frankreich. Seit den 1880er Jahren dominierte das deutsche Vorbild in wichtigen Bereichen der japanischen Gesellschaft. Eine Vielzahl von japanischen Studenten besuchte Universitäten in Deutschland, an der Rostocker Universität studierten von 1901 bis 1905 26 Japaner, die meisten das Fach Medizin.

Die Anstellung ausländischer Experten für eine vertraglich festgelegte Zeit bildete einen weiteren Schritt zum raschen Aufbau des Landes. Als juristischer Berater des Außenministeriums wurde Roesler mit dem Entwurf eines modernen Handelsrechts betraut. Die Angleichung des japanischen Rechtswesens an westliche Formen galt als Voraussetzung für die Abschaffung der »ungleichen Verträge«. Roeslers dreibändiger »Entwurf eines Handels-Gesetzbuches für Japan mit Commentar« (1884) lehnte sich zwar an das deutsche System an, nahm jedoch auch Elemente anderer westeuropäischer Rechtswesen auf. Seine aus-

Der japanische Kaiser eröffnet 1890 das erste Parlament des Landes. (Holzschnitt von HASHIMOTO CHIKANOBU, 1890)

führlichen Erläuterungen zu den einzelnen Artikeln begründeten in Japan die bis dahin nicht bestehende Wissenschaft vom Handelsrecht. Roesler entwarf das japanische Börsengesetz von 1887 und das Bankgesetz von 1890. Ausgehend von seiner Leitidee des »sozialen Rechts« befürwortete er nachdrücklich die Einführung einer Sozialgesetzgebung in Japan. Im Bereich des Ausbildungssystems machte er Vorschläge für die Selbstverwaltung der japanischen Universitäten. Erwähnenswert ist auch sein Bemühen um Religionsfreiheit, das der katholischen Kirche im modernen Japan eine wichtige Starthilfe gab. Einen wichtigen Anteil hatte er bei den Verhandlungen über die Revision der »ungleichen Verträge«. Am bedeutsamsten war jedoch seine Mitarbeit an der japanischen Verfassung.

Der Erlaß einer Verfassung hatte in den 1870er Jahren zu den herausragenden Forderungen einer breiten Oppositionsbewegung gehört. Der entscheidende Grund für die Einführung des Konstitutionalismus lag jedoch woanders: In den Augen der Meiji-Reformer war eine geschriebene Verfassung nach europäischem Muster die Grundvoraussetzung für die Anerkennung Japans als ebenbürtiger Partner. Welcher europäische Verfassungstyp für Japan als Vorbild gelten sollte, war längere Zeit strittig. Das britische Modell einer repräsentativen Monarchie erschien den meisten Reformern ungeeignet. Die japanische Verfassung sollte auf den Kaiser und seine Regierung, nicht auf ein Parlament justiert werden. Wegen dieser Vorbedingungen wurde die konstitutionell-monarchische Regierungsform preußisch-deutscher Prägung zum Modell für Japan. Wichtigster Berater des mächtigen Innenministers Hirobumi Ito und starker Fürsprecher der »preußischen Schule« war der junge Beamte Kowashi Inoue, der als der beste Kenner des westlichen Staatsrechts galt. Bis 1881 entwarf Inoue in enger Zusammenarbeit mit Roesler zahlreiche Denkschriften. In ihnen wurde vorgeschlagen, daß die japanische Verfassung die preußische Konstitution von 1850, die die Souveränität des Monarchen betonte, zum Vorbild nehmen sollte. Die Bismarcksche Reichsverfassung von 1871 lehnte Roesler dagegen vehement ab. Bereits in seiner Rostocker Abhandlung »Gedanken über den konstitutionellen Wert der Deutschen Reichsverfassung« (1877) hatte er sie als »das Werk einer durchgängigen Verdeckung und

Entstellung fundamentaler und anerkannter Rechtsbegriffe, einer Nichtachtung politischer Grundsätze, die nirgendwo in der Welt ihres Gleichen findet« heftig kritisiert. Die Verfassung des Deutschen Kaiserreichs, treffend charakterisiert als Ausdruck des Kompromisses zwischen dem Nationalstaat und der Monarchie einerseits und den Gliedstaaten und der Demokratie andererseits, übte durch Roeslers Einspruch keine Vorbildfunktion für Japan aus.

In seinen verfassungspolitischen Vorstellungen zählte Roesler zur Schule von Lorenz von Stein. Um dessen Gedanken und Theorien näher kennenzulernen, reiste Minister Ito auf Empfehlung Roeslers 1882 zu Stein und weiter nach Berlin zu Rudolf von Gneist. Bei diesem Aufenthalt fiel die endgültige Entscheidung für das preußische Vorbild. Zwei Jahre später nahm eine streng geheim arbeitende Kommission ihre Arbeit auf, zu der Roesler als einziger Ausländer persönlich hinzugezogen wurde. Seine Aufgabe war es, das preußische Modell den japanischen Verhältnissen anzupassen. 1887 legte er seinen Verfassungsentwurf vor, der auch einige Rechtsinstitute der bayerischen Verfassung von 1818 sowie der belgischen Konstitution von 1830 enthielt. Der Entwurf nahm die kommende Verfassung inhaltlich und weitgehend auch im Aufbau und Wortlaut voraus. Außerdem unterbreitete Roesler eine Denkschrift, in der er ausführlich die Leitidee der »sozialen Monarchie« darlegte. Wie Stein war Roesler entschiedener Monarchist, der das Königtum als »neutrale« und vermittelnde Instanz an der Spitze des Staates sehen wollte. Um die »soziale Freiheit« zu verwirklichen, bedurfte es nach Roeslers Meinung der Erbmonarchie, die über allen Parteien stand und als Ordnungs- und Ausgleichsfaktor wirkte.

Am 11. Februar 1889 proklamierte der Kaiser die »Verfassung des Großen Japanischen Kaiserreiches«. Trotz der Kritik Roeslers hatte Ito die mythische Herkunft des Tenno in den verfassungsrechtlichen Bereich eingeführt. Dem Kaiser stand zwar nach dem Verfassungstext die politische Entscheidungsgewalt zu, doch in der Praxis konnte er diese nicht wahrnehmen. Sollte der Nimbus seiner göttlichen Weisheit und Erhabenheit erhalten bleiben, durfte er nicht auf die Ebene der gewöhnlichen menschlichen Politik und ihrer Streitigkeiten und Fehler herabgezogen werden. Anders als Roesler, der sich stets für eine wirkliche Regierung des Tenno ausgesprochen hatte, verstanden die Meiji-Reformer die Herrschaft des Tenno nur symbolisch: Die Politik wurde vom Kabinett und den hinter ihm stehenden Gruppen gemacht. Die Verfassung bildete einen praktischen Kompromiß zwischen liberalen und demokratischen Ideen auf der einen Seite und theokratisch-absolutistischen Ideen auf der anderen Seite.

Nach der Verkündung der Verfassung wollte Roesler nach Europa zurückkehren, doch wünschte die japanische Regierung eine weitere Verlängerung seines Dienstverhältnisses.

レースラー Karl Friedrich Hermann Roesler 1834-94

ドイツの法学者。日本ではロエスレルと呼ばれてきた。バイエルンの新教徒の家庭に生まれた。1861年よりロストク大学教授。カトリックに改宗して同大学を離れ、78年日本の外務省顧問として来日（後に内閣顧問となる）。81年、プロイセン流の君権主義的憲法を採用すべきことを建言した〈岩倉具視憲法綱領〉を井上毅が起草するにあたり、決定的な影響を与えた。以後も伊藤博文、井上の助言者として憲法起草に大きく貢献した。また旧商法典（1890公布）の起草者でもある。93年帰国。初期の著作〈アダム・スミス流経済理論考〉(1868)などにみられるように、彼は「L. yonシュタインの影響下で、資本主義の階級対立を階級中立的君主が調整するという〈社会君主制論〉を信奉していた。この思想は、日本については、天皇に強大な権力を与える形で具体化された。もっとも彼は、第1条に〈万世一系〉という神話的表現を用いることに反対し、井上と対立した。著書は〈社会行政法教科書〉(1872-73)など。　　　長尾龍一

Lexikonartikel aus der Heibonsha Enzyklopädie (Bd. 30, 1988) als Beispiel für die Würdigung von Hermann Roesler in der Gegenwart in Japan

97

Er ging darauf ein, weil ihm klar war, daß es zwecklos sein würde, in Deutschland in eine Universitätslaufbahn zurückzukehren. Sein wissenschaftliches Werk war in Deutschland vergessen, die Entfremdung vom Heimatland nach fünfzehn Jahren zu groß. Schließlich reiste er mit hohen Ehrungen im April 1893 ab und ließ sich in Österreich nieder. Dem Deutschen Reich fühlte er sich politisch entfremdet. Noch 1893 veröffentlichte er anonym in der Schweiz eine Schrift mit dem Titel »Die Deutsche Nation und das Preußentum«, in der er die preußische Machtpolitik der letzten Jahrhunderte mit überscharfer Kritik überzog. Wenige Monate später verschlechterte sich sein Gesundheitszustand. Am 2. Dezember 1894 starb Hermann Roesler auf Schloß Compil in der Nähe von Bozen an Dickdarmkrebs. Die Familie erhielt zahlreiche Beileidsäußerungen, auch vom Großherzog von Mecklenburg-Schwerin und von ehemaligen Freunden in Rostock, besonders aber aus Japan.

Roeslers Verfassungswerk nahm in Japan eine andere Entwicklung als von ihm erwartet. Entscheidend für die Interpretation der Meiji-Verfassung und ihre praktische politische Anwendung wurde nicht Roeslers Leitidee einer »sozialen Monarchie«, sondern die mythische Auffassung zur Rolle des Tenno. Die überhöhte Stellung des Kaisers bildete eine Art Religionsersatz und ermöglichte in Japan die Einführung einer staatstragenden Ideologie, wie sie in westlichen Ländern das Christentum darstellt. Weil der Kaiser als politischer Herrscher ausfiel, entstand im Zentrum des Regierungssystems eine Leerstelle, die in den 1930er Jahren von nationalistischen Politikern ausgefüllt wurde. Politischer Größenwahn führte Japan schließlich in den Pazifischen Krieg (1941-45). Nach der Niederlage wurde die Verfassung 1947 aufgehoben. Schuld daran trug nicht die Verfassung selbst, sondern die Art ihrer Interpretation. Hätte Roesler sich mit seinen Vorstellungen durchgesetzt, wäre diese Entwicklung kaum möglich gewesen. Seine Rolle im Verfassungsprozeß, die durch die strenge Geheimhaltung lange unbekannt geblieben war, ist in Japan gründlich erforscht und gewürdigt worden. In Deutschland gilt er als Vordenker der Sozialgesetzgebung und des modernen Wirtschaftsrechts. Als einer der wichtigsten Vermittler zwischen Deutschland und Japan ist Hermann Roesler bis heute nicht vergessen.

Das Hauptwerk Roeslers »Vorlesungen über Volkswirtschaft«, Erlangen 1878 wurde 1977 von Harald Winkel und Roland Dubischar neu herausgegeben. In japanischen Lexika finden sich ausführliche Beiträge zu Roeslers Leben und Werk, in denen auf seine frühere Lehrtätigkeit in Rostock hingewiesen wird. Wichtig ist die Studie von Anton Rauscher »Die soziale Rechtsidee und die Überwindung des wirtschaftsliberalen Denkens. Hermann Roesler und sein Beitrag zum Verständnis von Wirtschaft und Gesellschaft«, München u.a. 1969 sowie das Werk von Johannes Siemes »Die Gründung des modernen japanischen Staates und das deutsche Staatsrecht. Der Beitrag Hermann Roeslers«, Berlin 1975. In der Wissenschaftlichen Zeitschrift der Universität Rostock erschienen 1983 zwei Beiträge über Roesler.

Der Malchiner Siegfried Marcus in Wien und die Anfänge des Automobilbaus

Reinhard Kullick

Im Zeitalter der Industrialisierung ergaben sich auch in Mecklenburg neuartige Interessen an technischen Erfindungen. Ernst Alban errichtete 1829 in Klein Wehnendorf bei Sanitz die erste Maschinenfabrik in Mecklenburg und wurde durch seine Entwicklungsarbeiten zur Dampfmaschine berühmt. Johann Heinrich Albrecht Tischbein ließ 1851 in Rostock das erste eiserne, schraubengetriebene Dampfschiff Deutschlands vom Stapel. In diesen Jahren begann auch Siegfried Marcus in Malchin, bereits als Knabe sein Interesse für technische Fragen anzumelden.

Siegfried Marcus wurde als Sohn des Kaufmanns Liepmann Marcus am 18. September 1831 geboren. Die Familie war verhältnismäßig wohlhabend und der Vater als Mitglied des israelischen Oberrates in Malchin durchaus landesweit von Einfluß. Zwei Jahre nach Siegfrieds Geburt trat er mit der Schrift »Kurze Uebersicht der Verhältnisse der Einwohner mosaischen Glaubens in den Großherzoglich-Mecklenburg-Schwerinschen Landen« an die Öffentlichkeit. Sehr anschaulich wird darin die Lage der

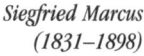

*Siegfried Marcus
(1831–1898)*

Juden am Beginn des 19. Jahrhunderts in Mecklenburg geschildert und auf beengende Grenzen bei ihrer Berufswahl und auch in der Ausbildung hingewiesen. Über die Kindheit von Siegfried Marcus in Malchin ist wenig bekannt. Er besuchte dort die Schule und begann eine Schlosserlehre, die er aber hier abbrach und in Hamburg bei dem ebenfalls aus Malchin stammenden Mechanikermeister Lilge erfolgreich abschloß. Damit endeten auch die Beziehungen von Marcus zu seinem Geburtsland Mecklenburg, in das er nie wieder zurückkehren sollte. Das Verlassen von Malchin lag vermutlich in den aufkeimenden gesellschaftlichen Problemen in seinem Heimatland begründet, die in die Migrationsbewegung einmündeten und in deren Verlauf Zehntausende seiner Landsleute in andere Länder und vor allem nach Amerika auswanderten.

Marcus ging im Revolutionsjahr 1848 im Alter von 17 Jahren von Hamburg nach Berlin als Hilfsarbeiter in die gerade gegründete Werkstatt von Siemens & Halske. Dort zeigte er rasch ein beachtliches technisches Verständnis und machte durch geschickte manuelle Fertigkeiten auf sich aufmerksam. Er war ein begabter Handwerker, der sich als Autodidakt weiterbildete und dazu auch einige Kurse an der Gewerbeschule besuchte. Besonders interessierte ihn die Telegrafentechnik,

Erster Marcus-Wagen, 1870 in Wien konstruiert

wozu er bereits in Berlin an der Verbesserung verschiedener Apparate arbeitete und dort auch schon für ein von ihm entwickeltes Relais ein Patent einreichte.

Obwohl sich Siegfried Marcus der wohlwollenden Aufmerksamkeit durch Werner von Siemens erfreute, hielt es ihn in Berlin nicht. Sein großer Wille zur Freiheit, die beabsichtigte Verwirklichung der ihm zuströmenden Ideen, die Enge des harten preußischen Arbeitsrhythmus und die unbefriedigende Anerkennung seiner Leistungen waren wohl die hauptsächlichen Gründe für seine Übersiedlung 1852 nach Wien, wobei Siemens die Beziehungen zu Marcus auch nach dessen Verlassen seiner Fabrik nicht abreißen ließ. Marcus fühlte sich in seiner Wahlheimat offenbar recht wohl, wenn er 1852 über Wien meinte: »Die Luft war dort milder, die Menschen waren toleranter, die Musik und die Frauen schöner, das Leben in der Ungebundenheit leichter«.

Mit seinen bemerkenswerten elektrotechnischen und mechanischen Erfahrungen machte er sich zunächst in der Werkstatt des Hofmechanikers Kraft und dann ab 1854 als Laborant und Mechaniker am Physikalischen Institut der Wiener Universität einen guten Namen. An der Universität konstruierte er zu Lehrzwekken verschiedene Apparate, war aber auch schon am Bau der Telegrafenleitung Wien-Berlin und einer anderen Telegrafenleitung für die Donauschiffahrtslinie beteiligt. Die von ihm mit großem Geschick verwirklichten Aufgaben und einige Patente für technische Erfindungen sicherten ihm die finanziellen Bedingungen für die Eröffnung einer eigenen »Fabrik mechanischer und physikalischer Instrumente« 1860 auf der Mariahilfer Straße in Wien, von der er bis zu seinem Tode lebte. Wichtigster Raum in seiner Werkstatt war das Privatlaboratorium, in dem er viele Ideen und Erfindungen entwickelte, die ihm Anerkennung und Erfolg brachten. Ausgehend von seinen Arbeiten zur Telegraphie wurde er auch zu seinen wohl bedeutendsten Erfindungen angeregt. Das waren der Vergaser und der magnetelektrische Zündapparat.

Während der 60er Jahre gab es bereits mehrere Initiativen zur Entwicklung von Gasmotoren. Dem Franzosen Jean Joseph Etienne Lenoir war bereits 1860 der Bau eines Gasmotors gelungen, der in kleinen gewerblichen Betrieben als Antriebskraft verwendet wurde. Auch in Deutschland konstruierten Nikolaus August Otto und Eugen Langen eine atmosphärische Gasmaschine, die 1867 auf der Pariser Weltausstellung Aufmerksamkeit fand. Während diese Maschinen zunächst das durch die Verkokung von Kohle reichlich verfügbare Gas nutzten, dachte Siegfried Marcus im gleichen Jahrzehnt in Wien über die Nutzung flüssiger Kohlenwasserstoffe bei einer kontinuierlichen Verbrennung in einem ganz anderen Zusammenhang nach. Er entwickelte eine Heizlampe, um auf der Grundlage flüssiger Kohlenwasserstoffe durch ein Thermoelement aus Wärme direkt elektrische Energie zu erzeugen. Das setzte voraus, den flüssigen Brennstoff in den gasförmigen Zustand zu überführen, um die Verbrennung zu ermöglichen. Marcus war der erste, der die Verwendung von »Benzin« als Kraftstoff erfolgreich meisterte. Er entwickelte 1864 einen »Apparat zur Karbonisierung der atmosphärischen Luft«, für den er am 16. Mai 1865 ein österreichisches »Privileg« – heute Patent genannt – erhielt. Damit war das Prinzip des Benzinvergasers erfunden, der sich heute in jedem Auto mit einem Verbrennungsmotor findet. Marcus hatte sehr früh – und vermutlich angeregt durch den Professor für Maschinenlehre an der Gewerbeakademie in Berlin Franz Reuleaux – bei dieser Erfindung immer auch die Anwendung seines Vergasers für die Nutzung flüssiger Kraftstoffe in mobilen Verbrennungsmotoren im Auge. Es ging ihm also nicht nur um den Vergaser an sich. Er hatte bei dieser Entwicklung auch sehr früh die Vorstellung der Verwendung seines Motors als Antrieb von Fahrzeugen in seine Überlegungen einbezogen.

Viertakt-Benzinmotor (1875/77), der im zweiten Marcus-Wagen zum Einsatz kam

So entwickelte er Ende der sechziger Jahre einen atmosphärischen Motor, der 1870 in einen Leiterwagen eingebaut wurde und mit dem in Gegenwart zahlreicher Zuschauer die ersten Fahrversuche stattfanden. Dieser Motor wurde bereits durch einen Benzinvergaser gespeist. Die Montage eines Zweitakt-Gasmotors in einen Wagen und die mit diesem Gefährt 1870 in Wien unter Zeugen realisierten Fahrversuche durch Siegfried Marcus dürfen als Beginn der Kaftfahrzeuggeschichte gewertet werden, weil verschiedene technische Erfindungen unter der Idee der Nutzung eines mobilen Motors für die Fortbewegung verknüpft und erfolgreich praktisch bestätigt werden konnten. Diese Bemühungen erschöpften sich nicht in einem einmaligen Versuch. Marcus ließ 1873 einen verbesserten Motor bauen und experimentierte zwischen 1875 und 1877 mit einem Viertakt-Benzin-Motor mit magnetelektrischer Zündung, der ebenfalls in ein Straßenfahrzeug eingebaut war. Dieser zweite Marcuswagen war mit einem Einzelzylinder-Mittelmotor mit Wasserkühlung, Steuerung über Einlaßschreiber und Tellerauslaßventil, Spritzbürsten-Vergaser und magnetelektrischer Abreißzündung ausgerüstet. Mehrere Elemente der Konstruktion basierten auf Patenten von Marcus.

Berichte über Fahrten mit dem zweiten Marcuswagen in Wien können bis 1877 verfolgt werden und wurden von ihm auch noch in den 80er Jahren fortgesetzt. Alle diese Bewegungen mit dem Fahrzeug trugen den Charakter von Versuchen, weil eine Produktion für den verbreiteten Gebrauch technisch noch nicht ausgereift und auch offenbar nicht beabsichtigt war. Marcus hatte aber den wesentlichen Beweis erbracht, daß ein Fahrzeug mit einem Motor prinzipiell bewegt werden kann. Er war der erste der Konstrukteure in der zweiten Hälfte des 19. Jahrhunderts, der seine Versuche mit einem Benzinmotor unternahm und dabei Erfolg hatte. Die Leistung von Siegfried Marcus wurde frühzeitig anerkannt und er erhielt von Kaiser Franz Joseph I. für seine schöpferischen Erfindungen das »Goldene Verdienstkreuz mit Krone« als Auszeichnung.

Bei diesen und vielen anderen Leistungen von Siegfried Marcus ist es erstaunlich, daß kaum Unterlagen über seine Konstruktionen und Erfindungen überliefert sind. Natürlich war er eher ein großartiger Praktiker mit genialen Ideen als ein Bücher schreibender Technikwissenschaftler. Schriftlich dokumentiert wurden seine wesentlichen Arbeiten aber in jedem Fall, da seine vielen Patente nur auf der Grundlage von schriftlich eingereichten Texten oder Zeichnungen erteilt werden konnten. Verluste traten aber durch juristische Verfahren ein.1879 bemühte sich ein amerikanischer Anwalt um ein Patent für ein Straßenfahrzeug. Wertvolle Unterlagen von Marcus gingen als Anfechtungsmaterial in diesem Zusammenhang in die USA und haben sich dort verloren. Marcus hatte seinen persönlichen Patentanwalt Tischler in Berlin, der 1921 verstarb. In dessen Obhut waren nicht wenige Unterlagen zu den Erfindungen und Patenten von Marcus, die aber leider nach dem Tod des Juristen vernichtet wurden.

Es unterliegt keinem Zweifel, daß in der Zeit der Hitler-Diktatur die Leistungen eines jüdischen Erfinders gezielt herabgemindert werden sollten. Sein Name hatte aus den Schriften, Nachschlagewerken oder Geschichtsdarstellungen zu verschwinden, wozu es erschreckende Belege gibt. Ein Brief aus dem Jahr 1940 ist dazu ein wichtiges Dokument:

Reichsministerium   Berlin W8, den 4. Juli 1940
für Volksaufklärung und Propaganda
Wilhelmplatz 8-9
Geschäftszeichen. S 8100/4.7.4.0/7 1/10

An die Direktion der
Daimler-Benz A.G.
Stuttgart-Untertürkheim

Betrifft: Eigentlichen Erfinder des Automobils.
Auf Ihr Schreiben vom 30. Mai 1940 – Dr.Wo/Fa.–

Das Bibliographische Institut und der Verlag F.A.Brockhaus sind darauf hingewiesen worden, dass in Meyers Konversations Lexikon und im Großen Brockhaus künftig nicht Siegfried Marcus, sondern die beiden deutschen Ingenieure Gottlieb Daimler und Carl Benz als Schöpfer des modernen Kraftwagens zu bezeichnen sind.

Im Auftrag
gez. Dr. Erckmann

Derartige Eingriffe in weit verbreitete Nachschlagewerke haben dazu beigetragen, den Namen von Siegfried Marcus im Geschichtsbild der Technik in den Hintergrund zu drängen. Bezeichnend für den Umgang mit dem Andenken an Siegfried Marcus ist auch ein anderes Ereignis während der Nazizeit. Erst im Oktober 1932 wurde ihm vor der Technischen Hochschule Wien ein Denkmal in Form einer schönen Porträtbüste errichtet. Sie wurde während des Hitler-Regimes entfernt und konnte erst 1945 wieder am gleichen Platz errichtet werden. So wurde aus politischen Motiven Einfluß auf das Bild des Erfinders Siegfried Marcus genommen, um sein Werk in der Erinnerung zu schmälern.

Unter den Technikhistorikern gab es unterschiedliche Meinungen zur Datierung des zweiten Marcuswagens, von dem sich ein Exemplar im Technischen Museum in Wien befindet. Schon 1950 wurde in Wien unter maßgeblicher Beteiligung des Ingenieurs Alfred Buberl dieser »Original Marcuswagen« gründlich untersucht, restauriert und für eine Fahrt rekonstruiert. Es zeigte sich, daß der Marcuswagen funktionstüchtig war und betriebsverläßlich arbeitete. Am 16. April 1950 fand anläßlich einer Gedenkfeier für Siegfried Marcus: »75 Jahre Benzinautomobil. 1875–1950« eine Ausfahrt mit dem Marcuswagen um das

Technische Museum in Wien unter den Augen von etwa 20.000 Schaulustigen statt. Und obwohl die Untersuchungen des Marcuswagens im Technischen Museum in Wien zur Datierung des Fahrzeugs auf die 70er Jahre des vorigen Jahrhunderts führten, wurde seit etwa 1960 auch behauptet, der Wagen stamme aus dem Jahre 1888. Unterschiedliche Meinungen über Prioritäten bei technischen oder naturwissenschaftlichen Leistungen – gerade im19. Jahrhundert – sind unter Historikern verbreitet, können aber im konkreten Fall die objektiven Verdienste von Siegfried Marcus als Pionier der Entwicklung des Automobils nicht mindern. An historischen Tatsachen kann man nichts ändern oder diese

Zweiter Marcus-Wagen, mit dem in den Jahren um 1875 experimentiert wurde

ungeschehen machen. Eingriffe in technikhistorische Darstellungen aus rassistischen oder politischen Gründen wie in der Zeit des Nationalsozialismus verfälschen aber das Bild von der Vergangenheit und schmälern im konkreten Fall das Ansehen von Marcus. Gegenüber solchen Verzeichnungen von Ereignissen und Tatsachen der Geschichte sind Fakten zu setzen, um falsche Darstellungen zu überwinden und vollbrachte Leistungen zu würdigen.

Marcus war ein überzeugter Einzelerfinder und begabter Handwerker, der wohl bewußt kein industrielles Unternehmen gründete und deshalb in der sich herausbildenden Industriewelt mit Massenproduktionen ein Außenseiter blieb. Weder ein großes Unternehmen noch eine einflußreiche Familie waren deshalb aus gewerblichen oder traditionellen Gründen an einer beständigen Würdigung seiner Leistungen interessiert. Marcus war ein herausragender Erfinder, dessen funktionierende Konstruktionen aber durch ihn nicht weiter entwickelt und bis zur Produktionsreife im industriellen Rahmen fortgeführt wurden. Andere übernahmen die Stafette beim Bau von Automobilen, an deren Leistungen gegenwärtig in einem stärkeren Maße erinnert wird als an die Pionierleistungen von Marcus.

Neben den grundlegenden Erfindungen und erfolgreichen Versuchen zur Entwicklung des Automobils gehen auf Marcus zahlreiche andere technische Neuerungen zurück. Man weiß heute von 158 Patenten und Privilegien, wobei diese Zahl sein Gesamtwerk noch keineswegs erschöpft, da er viele Erfindungen gar nicht hat schützen lassen. Zu seinen vielen Leistungen gehören beispielsweise:

1857	Verbesserungen der Sicherheitsventile an Dampfkesseln
1858	Verbesserungen an dreibackigen Schraubenschneidekluppen
1858	Telegraphenrelais
1864	Magnetelektrischer Zünder
1865	Apparat zur Karbonisierung der Luft (Vergaser)
1876	Automatischer Bilderapparat (Revue)
1877	Elektrische Lampe
1880	Neuerungen an galvanischen Elementen
1891	Neuerungen an Wagenfedern
1892	Elektrisches Läutewerk
1894	Neuerungen an Bunsenbrennern
1894	Elektrische Zündvorrichtungen für Gasflammen

Max Grundwald, der Marcus noch persönlich gekannt hat, schrieb in einem Beitrag über den Erfinder 1908 in der Neuen Freien Presse: »Durch eine einzige [Patent-] Firma

Locomobile von S. Marcus (ganz rechts), 1887.

*Von Siegfried Marcus
1887 in Wien kon-
struierte Lokomobile
(Marcus ganz rechts
im Bild)*

erwarb Marcus in den Jahren zwischen 1876 und
1896 27 und durch eine zweite zwischen 1892 und
1898 nicht weniger als 76 Privilegien, davon in Österreich 12, Ungarn 4, Belgien 9, England und Frankreich je 8, Deutschland 7, Amerika 6, Italien 4, der
Schweiz und Finnland je 3, Spanien und Rußland je
2 usw.« Marcus war offensichtlich ein vielseitig begabter und geschickter Konstrukteur. Dabei erwies
sich sein Wissen und Können insbesondere auf dem
Gebiet der Elektrotechnik als ganz außergewöhnlich.
Er erfand die elektrische Lampe für die Straßenbe-
leuchtung und vor allem den elektrischen Zünder,
der in den Armeen von Österreich-Ungarn, Preußen
und Rußland Verwendung fand. Eine Nordpolexpe-
dition bediente sich seiner Zünder bei der Sprengung von Eisbarrieren. Darüber hinaus
erfand er eine während des Schießens nachladbare Schnellfeuerpistole, Geräte für zau-
bernde Artisten, eine Masse zum Plombieren von Zähnen, Instrumente für die bessere
Beobachtung von Meeresböden und er leistete Beiträge zur Vervollkommnung der Torpedo-
technik.

Phantasie, konstruktive Vorstellungen und praktischer Sinn müssen in dem geniali-
schen Hirn von Marcus in seltener Harmonie zusammengewirkt haben. Er konnte nur
schwer Herausforderungen widerstehen, sich einer Verbesserung, Rationalisierung oder
Modernisierung ihm begegnender technischer Apparate oder Probleme sofort anzunehmen. Marcus war nicht nur Visionär einer zukünftigen technisierten Welt, er gestaltete sie
in einem bedeutenden Maße mit. Wie kurzsichtig erscheinen die Meinungen einiger seiner
Kritiker, er wäre nicht gründlich genug, flatterhaft und unbeständig in der Durchführung
seiner Ideen gewesen, wozu ihn die Vielfalt seiner Interessen und Bestrebungen verleitet
habe. In Wahrheit wurde alles, was Marcus auch immer in Angriff nahm, zunächst mit
größter Präzision auf sämtliche Möglichkeiten hin analysiert und dann mit untrüglichem
Sinn für das Machbare bis zur sicheren Funktion ausgeführt. Die Resultate waren stets
praktikabel.

Nicht nur über seine jeweiligen Arbeiten oder Pläne ließ Marcus in der Regel wenig
verlauten. Auch vieles aus seinem Privatleben, das heute interessieren würde, bleibt uns
verborgen. So muß Marcus bereits um 1861 mit einer jungen geschiedenen Frau namens
Eleonore Baresch ein enges Verhältnis eingegangen sein. Seine Lebensgefährtin gebar ihm
zwei Mädchen, die er – wie es in einem Polizeibericht vom September 1890 heißt – »erziehen ließ und bisher unterstützte«. Weshalb er diese Verbindung, von der viele seiner Bekannten nichts wußten, nicht legalisieren ließ, bleibt unbekannt. Aufgrund seines Testa-
ments erhielten Mutter und Töchter sein gesamtes Vermögen, ausgenommen einige Erin-
nerungsstücke für Verwandte in Hamburg. In dem Testament vererbte er dem Bruder seiner Lebensgefährtin – der ebenfalls Mechaniker war – sein offenbar gut gehendes Mechan-
ikergeschäft bei der Verpflichtung jährlicher Zahlungen an seine Töchter und deren Mutter.

Das Leben von Siegfried Marcus war erfüllt von intensiver Arbeit und großen Erfolgen.
Sein Testament von 1885 beginnt er mit den Worten: »Bin zwar kranken Körpers, aber im
Vollgenusse meiner geistigen Kraft«. Vermutlich meinte er ein über Jahrzehnte ertragenes
Leiden. Marcus litt unter den qualvollsten Nervenschmerzen in der linken Gesichtshälfte,

die er sich bei seinen Versuchen mit Benzin zugezogen hatte. Bei einem Unfall ergab sich als Folge eine Nervenverletzung, die sich als nicht heilbar erwies.

Siegfried Marcus starb 1898. Im Sommer wurde sein Benzin-Kraftwagen auf der Gewerbeausstellung in Wien an einer bevorzugten Stelle gezeigt und er hatte diese Exposition zur Eröffnung noch miterleben können. Stunden später verstarb er in der Nacht vom 30. Juni zum 1. Juli an Herzversagen. Marcus wurde auf dem Hütteldorfer Friedhof nach evangelischem Ritus beerdigt. Anläßlich seines 50.Todestages ließ die Gemeinde Wien seine sterblichen Überreste in ein von ihr gestiftetes Ehrengrab auf dem Wiener Zentralfriedhof umbetten.

In seiner Geburtsstadt Malchin blieb die Erinnerung an Siegfried Marcus lebendig. Der Lehrer Kurt Ramson beschäftigte sich bereits vor 1990 intensiv mit dem Leben und Werk dieses verdienstvollen Erfinders, zu dem anläßlich dessen 160. Geburtstags 1991 im Rathaus der Stadt eine Ausstellung gezeigt wurde. Ein Hotel ganz in der Nähe des Geburtshauses erhielt den Namen »Marcus-Hotel« und die Realschule in Malchin trägt seit 1992 den Namen »Siegfried-Marcus-Realschule«, in der

Gedenktafel am Marcus-Hotel in Malchin (Mecklenburg)

jährlich am Geburtstag von Marcus Veranstaltungen zu Ehren des großen Sohnes der Stadt stattfinden. Enge Beziehungen entstanden von dieser Schule auch zur Siegfried-Marcus-Berufsschule für Kraftfahrzeugtechnik Wien wie auch zu Marcusfreunden in der österreichischen Hauptstadt, in der Marcus lebenslang gewirkt hatte. Die Wiener Freunde machten der Stadt Malchin 1995 eine Büste von Siegfried Marcus zum Geschenk, die in der Realschule ihren Platz erhielt. Seit 1998 hat die Stadt Malchin einen Siegfried-Marcus-Platz. So wird das Andenken an Marcus in seiner Geburtsstadt und in der Stadt seiner großen erfinderischen Leistungen in gutem Einvernehmen in würdiger Weise gepflegt.

Auf der Grundlage von Dokumenten und Originalarbeiten zum Leben und Werk von Siegfried Marcus in entsprechenden Archiven gibt es bis in die jüngere Zeit zu ihm verschiedene biographische Darstellungen. Dazu gehören von Gustav Goldbeck: Siegfried Marcus. Ein Erfinderleben, VDI Verlag Düsseldorf 1961; Peter Kirchberg: Siegfried Marcus und sein Beitrag zur Kraftfahrzeugtechnik, Rostocker Wissenschaftshistorische Manuskripte 13 (1986), 38–41; Alfred Buberl: Die Automobile des Siegfried Marcus, Bad Sauerbrunn 1994.

Der Traum von Troja und das archäologische Wirken im Leben des Mecklenburgers Heinrich Schliemann

Hans Einsle

Durch die Dichtungen Homers begeistert, wurde der mecklenburgische Schliemann einer der bekanntesten deutschen Archäologen im 19. Jahrhundert. Er entdeckte Troja, Mykene, Tiryns und andere Burgen, indem er den topographischen Angaben der Ilias folgte. Nach mühsamen Grabungsarbeiten fand er im Hügel von Hissarlik die Ruinen Trojas, später entdeckte er den Palast von Mykene und weitere Burgen der griechischen Antike. Wenn auch die Ausgrabungsmethoden Schliemanns heute kritisiert werden und ihn seine Begeisterung für Homer oft sehr in die Irre und zu falschen Deutungen geführt hat, so waren seine Grabungsergebnisse für die Archäologie doch bahnbrechend. Sein kühner, zu seiner Zeit abenteuerlich erscheinender Vorstoß in die Vergangenheit brachte Licht in das Dunkel, das die Stätten und Länder eingehüllt hatte, von denen die Kultur des Abendlandes ihren Ausgang nahm.

Heinrich Schliemann (1822–1890)

Viele haben sich von Homer begeistern lassen und deutsche Archäologen sind seinen Fingerzeigen gefolgt. Im wesentlichen ist es das Verdienst der Engländer Richard Bentley und Robert Wood, daß Homer im Rahmen ihrer Interessen für die griechische Antike wieder neu entdeckt wurde. Durch den Dichter Johann Heinrich Voß fand Deutschland seinen Interpreten Homers, der wohl als der beste zu nennen ist.

Mit Heinrich Schliemann, dem großen deutschen Archäologen, beginnt eine Geschichte, die fast ein Märchen sein könnte. Geboren wurde er in der Familie eines Pastors am 6. Januar 1822 in der mecklenburgischen Kleinstadt Neubukow bei Bad Doberan. Er war sieben Jahre alt, als ihm der Vater schon nach dem Umzug der Familie nach Ankershagen bei Waren (Müritz) ein Buch schenkte, das den trojanischen Helden Äneas zeigt, wie der mit dem Sohn im Arm aus dem brennenden Troja flüchtet. Mit zehn Jahren schreibt Schliemann einen Aufsatz über den Trojanischen Krieg. Es war eine Lateinarbeit. Als Schüler des Neustrelitzer Gymnasiums ist Schliemann weiterhin von dem Schicksal Trojas so ergriffen, daß er eines Tages dem Vater sagt: »Wenn ich groß bin, werde ich Troja finden und den Schatz des Königs!«

Vierzig Jahre später hat Schliemann die Ruinen der verbrannten, untergegangenen Stadt ausgegraben. Der Kern des homerischen Epos kann als historisch gelten. Die Einzelheiten sind erdichtet. Agamemnon ist ein

mythischer Held, der ein echtes Vorbild gehabt haben mag. Viele andere Gestalten, wie beispielsweise Achilles oder andere sind vom Dichter hineingeflochten. Schliemann war Sohn einer nicht gerade begüterten Pastorenfamilie. Als er vierzehn Jahre alt war, starb der Vater. Da ein weiterer Schulbesuch nicht mehr möglich war, wurde er Lehrling in einer Materialwarenhandlung in Fürstenberg. Fünf Jahre lang verkaufte er Salz und Mehl, Milch und Heringe, schleppte Kisten und Fässer, fegte den Laden und rieb Kartoffeln.

Es ist verständlich, daß das dem Jungen nicht gefiel, und so begann er ein abenteuerliches Leben, das Glückssträhnen hatte, aber auch Rückschläge brachte. 1841 wurde Schliemann Schiffsjunge auf einem Segelschiff mit Kurs nach Venezuela, das nach einer Fahrt von knapp vierzehn Tagen vor der niederländischen Küste unterging. Dann wurde er Bürodiener in Amsterdam. Der Lohn war karg, die Dachstube, die er sich leisten konnte, ärmlich. Nach einem System, das er sich selbst erdacht hatte, begann er Sprachen zu lernen, und innerhalb von zwei Jahren konnte er neben Englisch und Französisch sogar Holländisch, Spanisch und Italienisch. Im Alter von zweiundzwanzig Jahren – er war inzwischen zum Buchführer und Korrespondenten emporgestiegen – lernte er Russisch.

Zweimal mußte er umziehen, da sich die anderen Mieter wegen seines lauten Lernens über ihn beschwert hatten. Nach kaum zwei Monaten seiner russischen Sprachstudien war Schliemann in der Lage, sich mit russischen Kaufleuten perfekt zu unterhalten. Aus dem armen Pastorensohn, dem Lehrling, dem Bürodiener und Korrespondenten war innerhalb weniger Jahre ein erfolgreicher Kaufmann geworden, der fließend acht Sprachen beherrschte. Bereits 1846 ging er, vierundzwanzig Jahre alt, nach Petersburg und gründete dort nach einem Jahr sein eigenes Handelshaus. Das Glück blieb Schliemann auch in Rußland treu. Aus dem erfolgreichen Großkaufmann wurde ein Millionär.

Eigenartig war, daß sich Schliemann trotz seiner ungeheuren Sprachbegabung lange scheute, die griechische Sprache zu erlernen, obwohl doch Griechenland der Traum seines Lebens war. Vielleicht war es die Furcht, sich dann voll seiner Leidenschaft zuzuwenden und alles

Troia und seine Ruinen.

Vortrag

von

Dr. HEINRICH SCHLIEMANN

gehalten

in der Aula der Universität Rostock

den 17. August 1875.

WAREN.
DRUCK VON C. QUANDT.
1875.

Titelblatt der Veröffentlichung von Heinrich Schliemann »Troia und seine Ruinen«, Waren 1875

andere – Geschäftserfolge, Freunde und Beruf – aufzugeben und seinem Traum zu verfallen. 1856 entschloß er sich dann doch, Neugriechisch zu erlernen. Auch diese Sprache beherrschte er nach sechs Wochen. Geschwunden war die Scheu vor den Stätten, die Homer besungen hatte und ihn magisch anzogen. Zweimal stand er kurz davor, das Land seiner Sehnsucht zu betreten.

Doch noch war für Schliemann die Zeit nicht reif. Er nützte vorerst noch geschäftsträchtige Konjunkturen und Krisen, beteiligte sich unter anderem am Teegeschäft und am Goldhandel. 1863 schrieb er stolz: »Der Himmel hatte meine Handelsunternehmungen auf wunderbare Weise gesegnet, so daß ich mich am Ende des Jahres im Besitz eines Vermögens befand, nach welchem zu streben mein Ehrgeiz niemals gewagt hatte … Ich zog mich daher vom Handel zurück, um mich ausschließlich den Studien, welche den größten Reiz für mich haben, zu widmen.«

Im Alter von vierundvierzig Jahren läßt er sich in Paris nieder und beginnt dort Archäologie zu studieren. Er beschafft sich alle Fachliteratur, die greifbar ist, liest alle Klassiker, besucht viele Museen, bereitet sich vor, um seinen Jugendtraum zu verwirklichen, in die Welt Homers zurückzuwandern. 1868 reist er dann nach Ithaka, und das Vorwort zu seinem Buch »Ithaka« mit dem Untertitel »Archäologische Forschungen« trägt bereits das Datum des 31. Dezember 1868.

Überall begleitete ihn nun das Glück, nur in der Ehe nicht, die er mit einer Russin geschlossen hatte. Sein Vater, Freund aller Frauen, hatte seine Pfarre seiner vielen Liebschaften wegen verlassen müssen. Als Sohn dieses vitalen Mannes suchte er an den Frauen nur Schönheit und Tugend, und so zerbrach fast zwangsläufig seine erste Ehe.

Es gibt eine Fotografie Schliemanns aus der Petersburger Zeit, die ihn in einem schwarzen Pelzmantel und mit Zylinder zeigt. Er schenkte sie einer Jugendfreundin, die mit ihm in dem mecklenburgischen Dorf Ankershagen gewohnt hatte, in dem er aufgewachsen war. Die Rückseite dieses Bildes enthält eine stolze Widmung, mit der Schliemann zugleich sein Leben Umriß: »Photographie von Henry Schliemann, früher Lehrling des Herrn Hückstaedt in Fürstenberg; jetzt St. Petersburger Großhändler I.Gilde, erblicher russischer Ehrenbürger; Richter im St. Petersburger Handelsgericht und Direktor der Kaiserlichen Staatsbank zu St. Petersburg.« Die zerbrochene Ehe und der Weg von Petersburg zum Großhandel nach Kalifornien, dann zum Studium der Archäologie nach Paris, waren ab 1868 Vergangenheit. Die Zukunft hieß Homer. Ihn wollte Schliemann beweisen.

Mykene ist die wohl berühmteste Burg Altgriechenlands. Seit den Epen Homers wurde sie zum Bestandteil der westlichen Kultur, und viele Tragödien- und Dramendichter haben sich des von Homer vorgezeichneten Stoffes angenommen.

»Auch zwei mächtige Lanzen, gespitzt mit der Stärke des Erzes,
    Faßte der Held, daß ferne das Erz zum erhabenen Himmel
    Leuchtete. Laut her donnerten nun Athenaia und Here,
    Hoch zu ehren den König der golddurchstrahlten Mykene.
Also stürmten die Trojer und Danaer gegeneinander
    Mordend, nicht hier noch dort der verderblichen Flucht sich erinnernd,
    Haupt an Haupt drang alles zur Feldschlacht, und wie die Wölfe
    Tobten sie. Froh nun schaute die jammererregende Iris;
    Denn sie allein war noch der Unsterblichen unter den Streitern.
Jetzt mit Kraft durchbrachen die Danaer kühn die Geschwader,
    Rufend die Freunde umher in den Kampfreih'n. Sieh Agamemnon
    Stürmte voran und erlegte den Völkerhirten Bianor,
    Ihn, und darauf den Genossen, den Wagenlenker Oileus.
Jetzt den kriegesfrohen Hippolochos und den Peisandros,
    Beid' Antimachos' Söhne, des Waltenden, welcher am meisten
    Drang, vom Gold Alexandros' den glänzenden Gaben, betöret,
    Helena nicht zu geben dem bräunlichen Held Menelaos.«

(Homer, Ilias)

Mykene liegt auf der Halbinsel Peloponnes, die von den Griechen früher als Insel eingestuft worden war. Diese »Pelops-Insel« wurde nach einem Ahnen des Agamemnon benannt. Agamemnon ist in der Ilias der große Gegenspieler des Achilles. Homer, um dessen Geburtsort sich sieben Städte streiten, hat die Ilias, diese vierundzwanzig Gesänge, in denen er die Kämpfe der Griechen vor Troja schildert, wahrscheinlich im 8. Jahrhundert v. Chr. verfaßt. Der Kampf um Troja dürfte jedoch zwischen 1194 und 1184 v. Chr. gewesen sein und die Blütezeit von Mykene muß man auf 1600 bis 1200 v. Chr. einstufen. Die großen Burgwälle von Mykene und das Löwentor, der Palast, das riesige Grab, das Schatzhaus des Arteus und andere Monumente wurden in den Jahrhunderten von 1400 bis 1200 v. Chr. erbaut.

Die homerischen Helden waren in ihrer Sprache, in ihrer Religion und in ihren Lebensäußerungen Griechen. Schliemann ging davon aus, daß die große Pracht, der gewaltige Reichtum, die Haltung und die Eleganz der Kleidung der Menschen Ergebnisse einer hohen Kultur gewesen seien, und er meinte, daß man in den griechischen Städten der mykenischen Epoche die erste Hochkultur zu sehen habe.

In dem festen Glauben daran, daß Homers Ilias eine geschichtliche Grundlage habe, begann Schliemann seine archäologische Arbeit. Man nannte ihn den Romantiker und verspottete ihn als Phantasten. Es gehörte schon sehr viel Festigkeit dazu, gegen eine Welt von Vorurteilen anzugehen. Um sich fachlich bestens zu rüsten, studierte Schliemann mehrere Jahre die griechische Literatur und die griechische Geschichte. Er studierte in Paris Archäologie und wurde sogar mit einem altgriechisch abgefaßten Grabungsbericht 1870 an der mecklenburgischen Landesuniversität Rostock in absentia zum Dr. phil. promoviert.

Später, als es galt, Konzessionen für die Grabungsarbeiten zu erhalten, Arbeiter zu verpflichten und Funde zu sichern, kam ihm immer wieder seine Erfahrung als Großkaufmann zustatten. Schliemann bewies sich und der Welt, daß sich Träume mit zäher Energie verwirklichen lassen.

In der Ilias werden zwei schön sprudelnde Quellen erwähnt und so zog Schliemann aus, einen Ort mit zwei Quellen zu finden. Homer sprach sogar von einer warmen und einer kalten Quelle. Zuerst wandte sich Schliemann dem Dörfchen Bunarbashi zu, denn dort gab es zwei Quellen. Doch dieser Ort konnte nicht gemeint sein, er lag drei Stunden vom Meer entfernt, während die Helden Homers täglich mehrmals von der Burg zu den Schiffen gingen. Und so wanderte Schliemann weiter, las die Verse der Ilias und ging die Wege, die einst Hektor gegangen war. Er rekonstruierte Schlachten, kletterte Abhänge hinauf und suchte die Überreste zyklopischer Mauern und einer Stadt, in die einst der Listenreiche das hölzerne Pferd gebracht hatte.

Das Glück stand ihm auch menschlich bei. 1869 heiratete er Sophia Engastromenos, eine Griechin. Sie war nicht nur sehr schön, sondern teilte schon bald mit ihrem Mann die Leidenschaft, Troja zu entdecken und Homer beweisen zu wollen. Sie ertrug mit ihm alle Strapazen und teilte mit ihm alle Mühen und Beschwerlichkeiten der Grabungen.

Im April 1870 begann Schliemann in Hissarlik zu arbeiten. Nach mehreren Perioden rastloser Tätigkeit entdeckte er Bauwerke, die er als »Skäisches Tor« und als »Palast des Priamos« bezeichnete. Die Erfolge von Hissarlik, wo er bis zu seinem Lebensende grub, ermutigten ihn, auch in Mykene, Tiryns, Orchomenos und anderen geschichtlichen Stätten zu graben. Er fand vieles, doch kein Fund kam der triumphalen Entdeckung der Burg von Mykene gleich, wo er königliche Schachtgräber freilegte, die hochinteressante Grabbeilagen enthielten. All die goldenen Becher, eingelegten Schwerter, Spangen, Diademe und Masken waren von einer so hohen künstlerischen Vollendung, daß sie Schliemann und mit ihm die ganze Welt verblüfften und geradezu blendeten.

Porträt Sophia Schliemanns mit dem »Großen Diadem« und anderen Teilen des Goldschmucks aus dem »Schatz des Priamos«

Schliemann fand Homer, aber auch sich selbst bestätigt. Die Londoner Zeitung »Times« brachte fast täglich seine Ausgrabungsberichte, und Schliemann wurde durch sie eine internationale Berühmtheit. Die Archäologie wurde nun öffentliches Bildungsgut, und Schliemann gelang es, in den zwei Jahrzehnten seiner archäologischen Forschungen diesem Wissenschaftszweig viele neue Impulse zu geben. Vor ihm hatte Johann Joachim Winckelmann (1717–1768) den Titel eines »Vaters der Archäologie« erhalten, nun gab man ihm dieses Prädikat. Vor Schliemann ging es den Archäologen oft nur um die Ausgrabung bestimmter klassischer Kunstgegenstände, um Vasen, Statuen, Tempel. Es ging immer um Einzelheiten, nicht um das Erfassen der betreffenden Kultur. Mit Schliemann erwachte das Interesse am Ganzen, an der Geschichte einer Landschaft, eines Volkes, einer Kultur.

Schliemanns Verdienst ist es, Troja entdeckt und ausgegraben zu haben. Durch seine Arbeiten in Troja, Mykene, Orchomenos und Tiryns vermittelte er die Grundlagen unserer Kenntnis der ägäischen Kultur. Und er zeigte auch, daß der Erfolg einer Grabung nicht an dem Gewicht des aufgefundenen Schmuckes gemessen werden darf. Ohne Zweifel war Schliemann ein Romantiker, ein Schwärmer; oft arbeitete er zu hitzig, wodurch er wertvolle Kulturschichten aus anderen Epochen zerstörte, doch war er unbedingt ein Mann der Tat. Ohne seine Treue zu Homer, seine Zähigkeit, hätte er nie den Urboden der ältesten trojanischen Ansiedlung gefunden. Wenn Schliemann sich auch oft irrte, wenn er in seinem ungezügelten Drange, die »Stadt des Priamos« zu finden, einen derart tiefen Graben durch den Hügel von Hissarlik legen ließ, als wolle er die Dardanellen ableiten, werden seine Fehler durch seine Leistungen wieder mehr als ausgeglichen.

Wohl selten dürfte ein Archäologe bei seinen Grabungen solchen Widerständen begegnet sein. Gutes Wasser war knapp, die nahen Sümpfe mit ihren Myriaden von Mücken brachten Fieber. Die Arbeiter waren oft aufsässig. Die Behörden sahen in Schliemann einen Spion und hemmten die Ausgrabungen, wo und wie es nur möglich war. Dazu kam, daß man ihn fast überall als Phantasten ansah und sich über ihn lustig machte. Trotzdem hat sich Schliemann nicht beirren lassen und im Hügel von Hissarlik gegraben und gesucht. Immer wieder stießen seine Arbeiter auf dicke Mauern, man durchbrach sie und grub sich weiter in den Hügel hinein. Unter den Ruinen von Neu-Ilium fanden die Ausgräber eine weitere Ruinenschicht, unter dieser wieder eine neue, und bald stellte sich heraus, daß wie damals bei der Ausgrabung von Jericho, mehrere Kulturschichten (Zivilisationen) aufeinander lagen. Hissarlik wurde zu einem Geschichtskalender, zeigte Städte, die untergegangen waren, wies auf Völker hin, die gelebt hatten. Die verschiedenen Zivilisationen konnten wie in einem Bilderbuch abgelesen werden. Man entdeckte Waffen und Hausrat, Schmuck und Vasen, fand immer wieder bestätigt, daß man sich auf den Ruinen einer Stadt befand, in der Brand und Krieg gewütet hatten, in der sowohl Kulturen als auch Eroberer gekommen und gegangen waren. Schliemann hatte Troja gesucht, um Homer zu beweisen.

An der Entdeckung der Schichtenfolge in Troja war auch der junge Architekt Wilhelm Dörpfeld beteiligt, der an der Berliner Bauakademie studiert hatte. Er wurde Schliemanns Mitarbeiter, treuer Freund und zuverlässiger Begleiter. Dörpfeld hatte an den Ausgrabungen des Deutschen Reiches in Olympia in den Jahren 1877 bis 1881 teilgenommen und war von 1887 bis 1912 Leiter des Deutschen Archäologischen Instituts in Athen. Wie Schliemann, so war auch er zeitlebens ein leidenschaftlicher Verehrer von Homer. Er setzte die Arbeiten von Schliemann fort und fand neun übereinander liegende Schichten in Troja. Welche Kulturschicht enthielt aber das Troja, das Schliemann gesucht hatte? Sie waren der Meinung, daß der Horizont VI die gesuchten Reste enthielt. Aber alle Kenntnisse und Erkenntnisse erfuhren und erfahren in der Wissenschaft immer wieder eine Korrektur. So stellte bei Neuausgrabungen am Troja-Hügel der amerikanische Archäologe Carl. W. Blegen fest, daß Schliemann und Dörpfeld unrecht hatten: Nicht die Schicht VI, sondern VIIa barg das homerische Troja (1200 bis 1184 v. Chr.).

Schon zu seinen Lebzeiten fand Schliemann Unterstützung für die Anerkennung seiner archäologischen Arbeiten durch hoch geschätzte Gelehrte, die sich unter anderem auf die erfolgreichen Grabungen in Troja, Mykene und Tiryns stützten. So war für Schliemann die

Karte zur Lage von Troja in der nordwestlichen Türkei von Graves und Spratt (1840) mit Ergänzungen durch Heinrich Schliemann (1883)

Freundschaft mit Rudolf Virchow, dem berühmten deutschen Pathologen und Begründer der Zellularpathologie ein großes Glück. Virchow nahm 1878 an den Grabungen Schliemanns in Troja teil und begleitete ihn auch auf mehreren anderen Reisen. Wahrscheinlich ist es auch Virchow zu verdanken, daß Schliemann in den Kreisen der Fachwissenschaft bald Anerkennung fand und als ernst zu nehmender Archäologe Ansehen gewann.

In vier Grabungsabschnitten am Hügel von Hissarlik, die 1870 begannen und sich über einen Zeitraum von rund zwanzig Jahren erstreckten, legte er einen großen Teil von Troja frei. Schliemanns Tagebuch hat unter dem 17. Juni 1873 folgende Eintragung:

»Seit meinem Bericht vom 10. Mai bin ich besonders bemüht gewesen, die große Ausgrabung an der Nordseite des Berges zu beschleunigen, und ich habe zu diesem Zweck auch von der Westseite einen tiefen Einschnitt angelegt, in dem ich leider in schräger Richtung auf die vier Meter hohe, drei Meter dicke Ringmauer des Lysmachos stieß ...

Hinter dieser legte ich in acht bis neun Meter Tiefe die vom Skäischen Tor weitergehende trojanische Ringmauer bloß und stieß beim Weitergraben erneut auf diese Mauer und unmittelbar neben dem Haus des Priamos auf einen großen kupfernen Gegenstand höchst merkwürdiger Form, der um so mehr meine Aufmerksamkeit auf sich zog, als ich hinter demselben Gold zu bemerken glaubte. Auf dem kupfernen Gegenstand ruhte eine eineinhalb Meter dicke steinfeste Schicht von roter Asche und calcinierten Trümmern, auf der die sechs Meter hohe Festungsmauer lastete, die aus großen Steinen und Erde bestand und aus der ersten Zeit nach der Zerstörung Trojas stammen muß.

Um den Schatz der Habsucht meiner Arbeiter zu entziehen und ihn für die Wissenschaft zu retten, war die allergrößte Eile nötig; und, obgleich es noch nicht Frühstückszeit war, ließ ich doch sogleich die Pause ausrufen; und während meine Arbeiter aßen und ausruhten, schnitt ich den Schatz mit einem großen Messer heraus, was nicht ohne die allergrößte Kraftanstrengung und die furchtbarste Lebensgefahr möglich war, denn die große Festungsmauer, die ich zu untergraben hatte, drohte jeden Augenblick auf mich einzustürzen. Aber der Anblick so vieler Gegenstände, von denen jeder einzelne einen unermeßlichen Wert für die Wissenschaft hatte, machte mich tollkühn, und ich dachte an keine Gefahr.

Die Fortschaffung des Schatzes wäre mir nicht möglich gewesen ohne die Hilfe meiner lieben Frau, die immer bereit stand, die von mir herausgeschnittenen Gegenstände in ihren Schal zu packen und fortzutragen.

Der zuerst gefundene Gegenstand war ein großer kupferner Schild in Form eines ovalen Präsentiertellers, in dessen Rinde sich ein von einer Rinne umgebener Nabel befindet ... Der zweite Gegenstand, den ich herauszog, war ein kupferner Kessel mit horizontalen Henkeln ... Der dritte war eine einen Zentimeter dicke, sechzehn Zentimeter breite, vierundzwanzig Zentimeter lange, kupferne Platte; an einem Ende sieht man zwei unbewegliche Räder mit Achse ... Der vierte hervorgekommene Gegenstand war eine kupferne Vase ... Darauf folgte eine fünfzehn Zentimeter hohe, vierzehn Zentimeter im Durchmesser haltende und vierhundertdrei Gramm wiegende, kugelrunde Flasche von reinstem Gold mit einer angefangenen, aber nicht vollendeten Zickzackverzierung am Halse und ein neun Zentimeter hoher, zweihundertsechsundzwanzig Gramm schwerer Becher von reinstem Golde ... in Form eines Schiffs mit zwei großen Henkeln ... Ich fand ferner sechs mit dem Hammer getriebene Stücke allerreinsten Silbers in Form von großen Klingen, deren eines Ende abgerundet, das andere in Gestalt eines Halbmondes ausgeschnitten ist ...

Teils auf, teils neben den goldenen und silbernen Sachen fand ich dreizehn kupferne Lanzenspitzen. ... Da ich alle Gegenstände, einen viereckigen Haufen bildend, zusammen oder ineinander verpackt auf der Ringmauer fand, so scheint es gewiß, daß sie in einer hölzernen Kiste lagen, wie solche in der Ilias im Palast des Priamos erwähnt werden. …

Daß man den Schatz bei furchtbarer Lebensgefahr, in zitternder Angst zusammengepackt hat, davon zeugt unter anderem auch der Inhalt der größten silbernen Vase, in der ich ganz unten zwei prachtvolle goldene Diademe, ein Stirnband und vier herrliche, höchst kunstvoll gefertigte Ohrgehänge von Gold fand. Darauf lagen sechsundfünfzig Ohrringe höchst merkwürdiger Form und achttausendsiebenhundertfünfzig kleine goldene Ringe, durchbohrte Prismen und Würfel, goldene Knöpfe usw., die offenbar von anderen Schmucksachen herrühren. …

Derjenige, der versucht hat, den Schatz zu retten, hat glücklicherweise die Geistesgegenwart gehabt, die große silberne Vase mit den beschriebenen Kostbarkeiten aufrecht in die Kiste zu stellen, so daß nicht eine Perle herausgefallen und alles unversehrt geblieben ist. …

Da ich hoffte, hier weitere Schätze zu finden, auch wünschte, die trojanische Ringmauer, deren Bau Homer dem Neptun und dem Apollo zuschreibt, bis ans Skäische Tor ans Licht zu bringen, so habe ich die teilweise auf ihr lastende obere Mauer auf einer Strecke von siebzehn Meter ganz weggebrochen.«

Der »Schatz des Priamos« in einer Holzstichdarstellung von 1875

Damit gab Schliemann nicht nur einen Bericht über die Umstände des Fundes, sondern auch eine detaillierte Beschreibung des »Schatzes des Priamos« im Rahmen seiner Grabungen in Troja, der insgesamt über achttausend Einzelstücke umfaßte. Die trojanische Sammlung hatte Schliemann 1881 »dem deutschen Volke« zur ungeteilten Aufbewahrung in der deutschen Reichshauptstadt Berlin als Schenkung übergeben. Dort gehörte das »Gold von Troja« zu einem der Glanzpunkte im Museum für Vor- und Frühgeschichte, bevor es 1945 infolge des II. Weltkriegs als Beutekunst nach Moskau gebracht wurde und sich noch heute dort befindet. In den Berliner Museen ist gegenwärtig eine Kopie des Schatzes ausgestellt.

Schliemanns Methode hatte Früchte getragen und ihm aufsehenerregende Erfolge gebracht. Er ging Berichten in altgriechischen Texten nach und fand immer neue Zeugnisse der alten Kulturen. So sprechen die Schriften des Pausanias aus dem 2. Jahrhundert n. Chr. zum Beispiel von Mykene, der Stadt Agamemnons, und sagen, daß sie im Gebiet südlich des Golfes von Korinth liege. Schliemann ließ sich auch von diesem Hinweis führen und so zog er 1874 aus, um das Grab des Agamemnon zu finden. Erst 1876, nach langwierigen Verhandlungen mit den Behörden, konnte er mit den eigentlichen Grabungen beginnen. In einer Agora aus aufgeschichteten Steinen entdeckte er hinter dem Löwentor, dem Haupteingang zum Palast von Mykene, mehrere Schachtgräber. Sie sind neben dem Stonehenge in Südengland das wohl älteste Monumentalbauwerk in Europa. Neben den Skeletten lagen prunkvolle Waffen, Juwelen und Goldschätze. Für Schliemann war dies der Beweis, daß er

ein Königsgrab gefunden habe. Jedoch hatte er sich – wie sich später herausstellte – auch hier geirrt. Diese königliche Grabkammer stammte aus einer Zeit vor dem trojanischen Krieg. Sie war rund vierhundert Jahre älter.

1884 begann Schliemann in Tiryns zu graben. Bis dahin hatte man die Überreste der tirynischen Burg als Ruinen aus dem Mittelalter angesehen. Auch hier stützte sich Schliemann auf Berichte alter Schriftsteller und durchsuchte die Erde zwei Jahre lang. Immer wieder stieß er auf zyklopische Mauern, auf Blöcke von zwei bis drei Metern Länge und einem Meter Dicke. Und er fand einen Palast, der im Altertum ein wahres Wunderwerk gewesen sein mußte, mit Säulenhallen und Vorsälen, mit Badezimmern und vielen Höfen. In Tiryns gruben die Archäologen aber auch schauerliche Beweise des Untergangs aus. Man fand an den Stadtmauern die Skelette der Verteidiger unter verkohlten Trümmern. Man entdeckte aber auch Hinweise auf Bauten zur Verteidigung, wie die Verstärkung der Festungsmauern oder die Anlage von Wasserbehältern. Schliemann verfolgte weitere Grabungspläne und auch das homerische Troja ließ bis zu seinem Lebensende ihn nicht los. Noch 1890, bei der letzten Ausgrabungskampagne vor seinem Tode schrieb er, daß er weitergraben werde, um die noch offenen Fragen endgültig zu klären. Der Freund und Mitarbeiter Wilhelm Dörpfeld arbeitete anfangs mit den Mitteln der Witwe Schliemanns weiter. 1894 finanzierte dann das Deutsche Reich die Ausgrabungsarbeiten in größerem Umfang.

Schliemann hat sich von Homer leiten lassen. Heute suchen Historiker, Sprachforscher und Archäologen in den Mythen und den Dichtungen Homers, Hesiods und anderer Griechen nach weiteren Hinweisen auf die geographische Lage wichtiger versunkener Städte. Nach der griechischen Mythologie war Nordgriechenland die Geburtsstätte der Götter und der Schauplatz von Schöpfung und Flut. Es war die Heimat der weisen Zentauren und das Land der großen Unsterblichen, die auf dem Olymp ihren Wohnsitz hatten. Auf der Suche nach seiner homerischen Welt enthüllte Schliemann in den Schichten des Hügels von Hissarlik ungewollt die vorgeschichtliche Vergangenheit Kleinasiens. Einwanderungen und Eroberungen durch die Hethiter, Phryger, Lyder, Assyrer, Kimmerer, Perser, Makedonier, Kelten, Römer, Byzantiner und andere Völker haben Kleinasien zu einer Art Sammel- und Schmelzbecken der jeweiligen rassischen, politischen und kulturellen Einflüsse der mittelmeerischen Antike gemacht. Und Homer, Thales, Herodot und Sappho waren eben Griechen von der »ionischen« Küste dieses Kleinasiens. Ob Sage, wahrer Bericht, Überlieferung oder eigenes Erleben, diese Schilderungen sind für die Archäologie von einigem Interesse und Schlüssel für das Verstehen von Geschichte.

Schliemann war ein schnell entschlossener Geschäftsmann, blieb aber auch immer ein zäher Geschäftsmann. Als er hörte, daß ein spanischer Konsul auf einem mit Ölbäumen bewachsenen Feld eines Bauern auf Kreta die Mauerreste eines großen Gebäudes gefunden hatte, war er sofort vor Ort. Der Bauer, unter dessen Acker der Palast des Minos liegen mußte, ahnte in seiner Gerissenheit, daß die Ruinen auf seinem Grundstück auf diesen Mann einen ungeheuren Reiz ausübten. Es begann der typische Handel; der Bauer verlangte einhunderttausend Franken und begründete den Preis mit den zweitausendfünfhundert Ölbäumen, die auf dem Grundstück standen und reiche Ernte abwarfen. Schliemann lachte und fuhr wieder ab. Er hatte reiche Erfahrungen von dem Handel auf den Basaren und wußte, wie man in diesen Ländern feilschen mußte. Doch der Bauer war ebenso zäh und hart. Und dann siegte in diesem Handel doch Schliemann. Er war bereit, für den Acker vierzigtausend Franken auszugeben. Als jedoch der Bauer auf einer sofortigen Anzahlung von sechstausend Franken bestand, wurde Schliemann stutzig. Schnell kam der Schwindel des Bauern heraus. Von den zweitausendfünfhundert Ölbäumen standen auf dem Grundstück nur noch etwa neunhundert, der pfiffige Bauer hatte bereits über sechzehnhundert Bäume heimlich verkauft, obwohl sie im Kaufpreis mit eingeschlossen waren. Im Archäologen Schliemann wuchs die Verärgerung des Kaufmanns Schliemann. Er trat vom Kauf zurück und fuhr verärgert ab. Das war vielleicht der größte Fehler, den Schliemann in seinem Leben je gemacht hat. Hätte Schliemann ein Auge zugedrückt, wäre es ihm schon bald gelungen, die Mauerreste als den Palast des Königs Minos zu identifizieren. Und er hätte weiter entdeckt, daß die Kultur von Mykene und Tiryns wesentliche Anregungen aus Kreta bekommen hatte. Dieses Versäumnis holte fünfzehn Jahre später der Engländer Sir Arthur Evans nach.

Schliemann wurde krank. Immer häufiger quälten ihn furchtbare Ohrenschmerzen. Auf Anraten seines Freundes Virchow wurde er in Halle operiert. Ungeduldig wartete er auf die Heilung. Neue Aufgaben stellte er sich im Geiste. Die hethitische Stadt Kadesch in Mesopotamien reizte ihn, Kreta trat ebenfalls wieder in seine Gedanken. Ja, er wollte sogar noch nach Mexiko reisen, um von dort aus nach den Spuren von Atlantis zu forschen.

Bald darauf, als Schliemann gerade zwei Tage ununterbrochen im Museum von Neapel Funde studiert hatte, befielen ihn erneut diese furchtbaren Ohrenschmerzen. Er tat sie mit einer flüchtigen Handbewegung ab und fuhr im offenen Wagen nach Pompeji, um sich dort die letzten Ausgrabungen anzusehen. Als er abends nach Neapel zurückkehrte – es war Weihnachten 1890 –, quälten ihn die Ohrenschmerzen so sehr, daß er sich zu Bett legen mußte. Schliemann wurde sofort operiert. Am nächsten Tag umstanden acht Ärzte das Krankenbett, doch die Lebensuhr war abgelaufen. Er verstarb am 25. Dezember 1890 in Neapel. Bestattet wurde er auf eigenen Wunsch in einem Grabmal der Familie Schliemann auf dem Zentralfriedhof in Athen.

Erst viele Jahre nach dem Tode Schliemanns kamen die Fachgelehrten zu einem abgewogenen Urteil. So sagte zum Beispiel Ernst Meyer: »Er war ein Außenseiter mit all den Fehlern seiner unvollkommenen Grabungstechnik und mit einem lückenhaften Fachwissen. Aber diese Mängel glich er wieder aus durch den seherischen Blick, mit dem er den Kern mancher Fragen erfaßte und die notwendigen Beweisstücke aus dem Schutt ans Licht zog«.

Von der Persönlichkeit und der Leistung Schliemanns geht bis in die Gegenwart eine ungebrochene Faszination aus. Immer wieder aufs Neue zeigt sich das Interesse an den von ihm ausgegrabenen Funden aus der frühen europäischen Kulturgeschichte. Fast unüberschaubar sind die veröffentlichten Arbeiten von Schliemann und über ihn. Wissenschaftliche Konferenzen und würdigende Feiern finden zu seinen besonderen Lebensdaten statt, ihm zu Ehren werden Briefmarken ediert und Medaillen geprägt. Schulen und Straßen sind nach ihm benannt. In Neubukow und Ankershagen in Mecklenburg gibt es Schliemann-Museen. In seiner Heimat gehört er zu den bekanntesten Persönlichkeiten der Kulturgeschichte des Landes.

Ausgewählte Texte aus den Werken von Heinrich Schliemann sind in mehreren Auflagen unter anderen erschienen unter den Titeln: »Abenteuer meines Lebens. Heinrich Schliemann erzählt«, Leipzig 1953 und »Auf den Spuren der Antike. Heinrich Schliemanns Berichte über seine Entdeckungen in der griechischen Welt«, Berlin 1974. Von der umfangreichen Literatur über Schliemann seien genannt: Heinrich Alexander Stoll: »Der Traum von Troja. Lebensroman von Heinrich Schliemann«, Leipzig 1956; Hans Einsle: »Sophia Schliemann. Die Frau des großen Archäologen«, Mühlacker 1984; Joachim Herrmann: »Heinrich Schliemann. Wegbereiter einer neuen Wissenschaft«, Berlin 1990; Wolfgang Richter: »Heinrich Schliemann. Dokumente seines Lebens«. Reclam-Bibliothek 1355, Leipzig 1992; Hans Einsle und Wilfried Boelke: »Heinrich-Schliemann-Lexikon«, Bremen 1996.

»Ergänzung meines nordischen Ich durch den Süden« – Der Schriftsteller Adolf Wilbrandt als Intendant des Wiener Burgtheaters

Jürgen Grambow

Vorstellbar wäre ein vorbestimmtes Leben mit wohlbehütetem Werdegang und ausbalancierten Neigungen gewesen: Adolf Wilbrandt, geboren am 24. August 1837 in Rostock, entstammte einer Professorenfamilie, die aus einem Geschlecht von Pastoren und Gelehrten hervorging. Den Vater könnte man mit einiger Berechtigung einen »Selfmademan« nennen, begonnen hatte Christian Ludwig Theodor Wilbrandt, da sein Vater, ein protestantischer Geistlicher, das Geld zum Studium nicht aufbrachte, als Kaufmannslehrling. Dann erst universitäre Ausbildung, Anstellung als Gymnasiallehrer. Wilbrandt richtete an der Landesuniversität Rostock das philosophisch-ästhetische Seminar ein, wurde zum Rektor gewählt und wiedergewählt. Der Knabe war elf Jahre alt, als die Bürgerfreiheiten eingeklagt wurden und sein Vater der Abgeordnetenkammer angehörte. Und er wurde fünfzehn, als seinem Vater neben den Brüdern Julius und Moritz Wiggers der Prozeß wegen vorgeblichen Hochverrats gemacht wurde. Wilbrandt verlor alle Ämter einschließlich des Lehrstuhls, und zwei Jahre Untersuchungshaft trennten ihn von seiner Familie. Die Gebrüder Wiggers waren an Kinkels Flucht aus Spandau und seinem Entkommen nach England beteiligt. Als Wilbrandt eine Schuld nicht nachgewiesen werden konnte, mußte er sich dennoch in die Pensionierung schicken. Viel Idealismus und wenig Geld, bei neun Kindern. Im Grunde ganz eine der Gründergestalten, die Vorlagen für Legenden abgeben, ließ dieser Vater dem Sohn so viel Kraft, daß der eigene Begabungen entfalten und seine Bedeutungen an den Namen knüpfen konnte; erst dessen Sohn Robert, Professor der Volkswirtschaft in Tübingen, später Berlin, richtete sich dann ein in bemessenem Fortkommen, veröffentlichte freilich auch Standardwerke in seinem Fach.

Die Demütigungen und Malträtierungen, die der Vater erfuhr, werden den Ausschlag gegeben haben, daß Adolf Wilbrandt eine akademische Laufbahn für sich gar nicht erst ins Auge faßte, sondern nach Jurisprudenz, Geschichte und Philosophie, mit Abstechern in die Kunstgeschichte und Ägyptologie, mit Sprachstudien, deutsche Philologie eingeschlossen, sich beherzt auf seine Feder verließ. Sein Studium hatte Wilbrandt bis nach München zu Heinrich von Sybel, als Historiker Verfechter der deutschen Einigung »von oben«, geführt, in München arbeitete er für die Presse. Freilich hatte er der Neigung zu schreiben sehr früh nachgegeben; in einem launigen kurzen Selbstporträt, das erst 1917, zu Wilbrandts 80. Geburtstag und sechs Jahre nach seinem Tod erschien, beziffert er das Alter mit Sechseinhalb. »Zeichnungen mit Gedichten erschütternden und erheiternden Inhalts« habe er seinem Vater zu dessen Geburtstag gewidmet. »Ich schrieb zwar damals Alexander den Großen noch ›Alechszander‹«, aber Verse und Reime zeigten, »daß sie nicht mehr die ersten waren: ich hatte schon damals eine Vergangenheit«. Am Theaterzettel, an der Sammlung, die der Großvater zusammentrug, habe sein Vater lesen gelernt, konnte Robert Wilbrandt später sagen.

Adolf Wilbrandt
(1837–1911)

Die holsteinisch-dänischen Auseinandersetzungen begleitete Wilbrandt mit furiosen Zeitungsattacken in Frankfurt am Main. Dort auch verfaßte er seinen Roman »Geister und Menschen«, den er später als »wundervoll mißratenes Buch« zurückkaufte und vernichtete. In einem Brief an die mit ihm verlobte Schauspielerin Auguste Baudius schildert er sich als »mager und langhaarig«, auch äußerlich ein wenig abgerissen in diesen Zeiten exzessiven Schreibens, »durch die Politik verwirrt, durch unsere nationale Misere verstört, schon krank in den zerrütteten Nerven, die, gegen meinen eisernen Körper noch ohnmächtig, einstweilen mein Gehirn verwildert hatten«. Die körperliche Konstitution sei ein Erbteil seines Vaters, bemerkte er stolz.

»Mich interessierten hunderttausend Dinge«, schreibt er und nennt, mit einer Begabung zum erhellenden Kontrast: Arbeiterbewegung und Eisenbahnen, Baedeker und Militärwesen, Astronomie und Waldpilze. »Überanstrengung, Halluzinationen, schlaflose Monate« gingen der eigentlichen Krise erst voraus, die ihn in Italien ereilte, als er die grellen Reize in Deutschland zurückgelassen wähnte. In Italien lebten noch immer deutsche Maler, von denen, aus Wilbrandts Umfeld, uns der Name Böcklin geläufig ist. Wilbrandts Freund wurde Franz von Lenbach, der Porträtist Bismarcks.

Nach München zurückgekehrt, verordnete er sich regelrecht eine Schreibtherapie, oder, da er auf Dosierungen achtete, müßte man treffender wohl von homöopathischem Schreiben sprechen; mit Wilbrandts eigenen Worten »eine Art Geistkräftigungskur«. Als Zwang zu gelassener Genauigkeit nahm er sich literarische Übersetzungen vor, an Eigenem gestattete er sich vorerst lediglich Frohsinniges: Lustspiele, Komödien. Jahrelang sei er allem Tragisch-Gewichtigen ausgewichen »wie ein Kranker der verbotenen Flasche oder wie ein gebranntes Kind dem Feuer«. Der Schluß der autobiographischen Porträtstudie ist ein sehr heutiger Gedanke: »Die Chronologie meiner poetischen Schriften wäre also ungefähr die Geschichte meiner Krankheit und Rekonvaleszens«.

Kontaktfreudig muß Wilbrandt alle Zeit gewesen sein, so wie er in Berlin zum »Tunnel unter der Spree« Zugang gefunden hatte, so nahm ihn in München die literarische »Gesellschaft der Krokodile« auf, und er rechnete unter anderen Paul Heyse, Theodor Fontane, Franz und Hans Kugler zu seinen Gesprächspartnern, und manchen von diesen zu seinen Freunden. Später in Wien sollte ihm ein Anzengruber als Tischnachbar im Wirtshaus nichts Ungewöhnliches sein, und Monate vor Grillparzers Tod 1872 ließ er sich bei dem Nestor der österreichischen Literatur einführen. Der greise Dichter räsonnierte allerdings hintergründig gegen die Reichseinigung, die Österreich ausschloß aus dem Verbund, indem er gegenüber den »Deutschen da draußen« und ihrer Weise die Vorzüge des Südens, also Bayerns und Österreichs Lebensart, monologisierend absetzte. Der Wiener Lebensabschnitt, das waren Makard und Semper, der Strauß der Walzerseligkeit und Brahms, Girardi und Ferdinand von Saar, das Burgtheater und die Weltausstellung 1873. Noch ein Gratulationsband im renommierten Verlag Cotta's zu Wildbrandts Siebzigstem vereinigt die Namen Max Dreyer und Marie von Ebner-Eschenbach, Wilhelm Raabe und Peter Rosegger, Wilhelm Busch und Paul Heyse, neben vielen uns heute nichts mehr sagenden. Die Geselligkeit im Berliner »Tunnel« führte zu der Bekanntschaft mit Friedrich Eggers und über diesen zu einer ersten eingehenden Inspizierung seiner künftigen Wahlheimat, mit »historisch verwurzelten Vorurteilen, mit politisch wattierten Antipathien«, wie der vorsitzende Obmann der Grillparzer-Gesellschaft Markgraf Alexander Pallavicini 1937 bei Würdigung des »halben Österreichers« anmerkte. Obwohl Eggers achtzehn Jahre mehr als Wilbrandt zählte, waren sie sich bei einer sommerlichen Wanderung an die Stätten des sächsischen und des habsburgischen Barock und Rokoko gute Reisegefährten. Eggers hatte als Professor dreier Akademien in Berlin einen Namen, was ihn nicht hinderte, beherzt als niederdeutscher Lyriker zu dilettieren (»Tremsen«). Ein ungleiches Paar, der noch von »kriegerischen Gefühlen« beherrschte, auffahrende junge Redakteur und der regelrecht sanfte Kunsthistoriker. »Zuneigung und Rostocker Blut und mecklenburger Humor« machten die Bildungs- zu einer Vergnügungsreise, deren Stationen Dresden, Prag, Brünn und endlich auch Wien hießen.

Adolf Wilbrandt mit Ehefrau Auguste

Es sagt natürlich auch etwas über das geistige Klima und die Möglichkeiten für die Entfaltung und berufliche Etablierung eines Kunstinteressierten in Mecklenburg aus, wenn Eggers und Schack und Seidel, wenn schließlich selbst Reuter der geliebten Heimat valet sagten. Und so Wilbrandt, der durchaus mit Vorsatz den Süden ansteuerte: »Ergänzung meines nordischen Ich durch den Süden!«. Ein gehätscheltes Traumbild seiner »Werdephantasien« nannte Wilbrandt später seine Lieblingsvorstellung, »eine Wienerin heimzuführen und mit ihr dann in Berlin zum Volldeutschen zu werden«. Allerdings müssen sich zu solchen zeitweiligen Versiegenheiten reale Anlässe und Zufälle gesellen, soll aus der Wahnidee handfeste Realität werden. Eines von Wilbrandts Lustspielen, »Die Vermählten«, sollte im Stadttheater an der Wien aufgeführt werden, kam aber an das Hofburgtheater, und wie Zufälle das so an sich haben, wurde die weibliche Hauptrolle Arabella von Auguste Baudius gespielt, einer jugendlichen Liebhaberin, von dem männlichen Theaterpublikum bedichtet und angehimmelt. Sie galt als Dame der Wiener Gesellschaft, von der freilich überliefert ist, daß sie sich als erste Frau in aller Öffentlichkeit auf Schlittschuhkufen traute. Sie sei auf der Eisfläche »wie die Nixe des Windes und des Winters« dahingeflogen, ganz Sportgestalt. Von Bergtouren, beispielsweise einem »besonnten Traum«, den man »Salzburg nennt«, schrieb Adolf Wilbrandt seiner Arabella witzige lange Briefe. Die Einstudierung blieb kein Unikat, der Theaterschriftsteller übersiedelte von München in die österreichische Metropole. Er hat ein Jahrzehnt für die Bühne und speziell für die Burg geschrieben, ehe die Intendanz des Hoftheaters vakant wurde und sich die kaiserliche Administration Gedanken über die Besetzung machen mußte. Das Burgtheater sei »vom Geiste ausgegangen ... und nicht vom Handwerk«, so wurde die Ent-

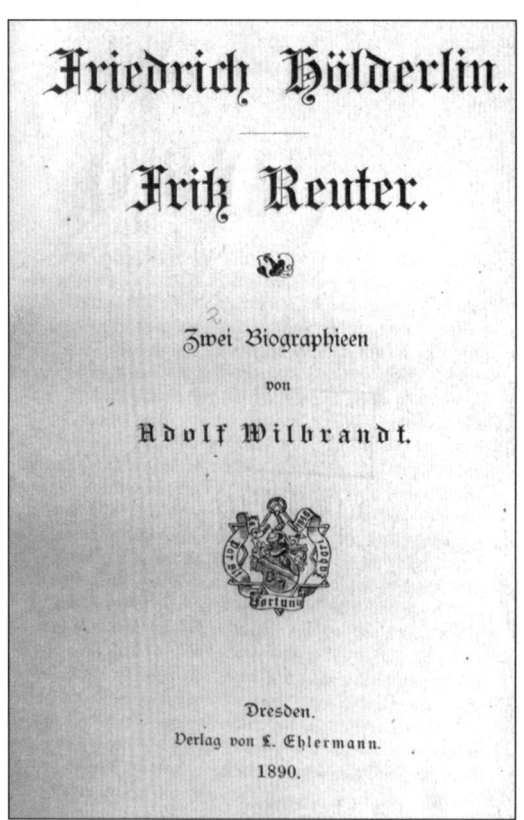

Friedrich Hölderlin.

Fritz Reuter.

Zwei Biographieen

von

Adolf Wilbrandt.

Dresden.
Verlag von L. Ehlermann.
1890.

Titelblatt zu biographischen Arbeiten über Hölderlin und Reuter von Adolf Wilbrandt (1890)

scheidung für Wilbrandt begründet. Es hat etwas Sensationelles, daß die Berufung einem Ausländer und mentalitär so ganz anders Geprägtem gegen die Phalanx der Bewerber zuteil wurde. Dieser war sich der Problematik seines Talents und der Fährnisse dieser Wahl durchaus bewußt. Von einem »Gott mißlung'nem Komödiant« hatte er in einem Gedicht gesprochen: »Eine Bühnennase sollst du haben, / Doch nicht die andern Bühnengaben; / Was in dir brennt und singt und spricht, / In deinen Gliedern lebt es nicht«. Wilbrandt hat aus seinen Talenten, die neben und zwischen der überragenden und ausschließenden einseitigen Begabung lagen, mit Klugheit und Arbeitsdisziplin gemacht, was zu machen war. Seine Entscheidungen als Dramaturg sicherte er ab, indem er sich durch schriftlich niedergelegte Gutachten Klarheit über seine Motive verschaffte. Das »Belehren des Einzelnen« war ihm nichts Anrüchiges, »so manches Talent entwickelt sich spät oder nur zur Hälfte«, wenn die »unmittelbare Einwirkung des Erfahrenen auf den Werdenden« unterbliebe. »Werden« war eine Lieblingsvokabel Wilbrandts, die Hoffnungen bürgerlicher Aufklärung hatten in der Geistesströmung des Positivismus im ausgehenden Drittel des Jahrhunderts einen letzten produktiven Niederschlag gefunden. Er verzichtete auf Regisseure mit prägender Handschrift zugunsten regieführender Schauspieler. Sein Vertrag sicherte ihm einerseits Entscheidungsfreiheit bei Spielplangestaltung und Besetzungen zu, andererseits waren die Wünsche des Hofes zu respektieren. Nicht zuletzt als Übersetzer und Bearbeiter des Fundus, den die Weltdramaturgie bereithält, bereicherte er das Repertoire; Wilbrandt übersetzte die Griechen, so Sophokles »Ödipus«, auch »Antigone«, die allerdings nicht mehr zur Aufführung gelangte, er verdeutschte Calderon und Shakespeares Historiendramen, darunter eindrucksvoll den »Coriolan«, der mit seinem Trauerspiel »Gracchus der Volkstribun« korrespondierte. Den ganzen »Faust« führte er auf, an drei Abenden. Spielplanpositionen, wie sie ostberliner Bühnen oder auch die Schwerins in den sechziger und siebziger Jahren unseres Jahrhunderts so markant heraushoben aus dem Gängigen, glaubt man in dieser Zusammenstellung zu erahnen; es sind Prinzipien des neuen Jahrhunderts, auf die sich Wilbrandt stützte. Natürlich wurde in penibel ausgemalten Prospekten und mit ungebrochenem Pathos deklamiert, selbst die Bewegung des Naturalismus stand den Bühnen noch bevor; ein Schlagwort der Zeit lautete »idealisch«. Aus Verlegenheit an Spielbarem und aus Zuschauerrücksichten wurde freilich auch das französische Boulevardstück, die Gesellschaftskomödie, gegeben. Als Wilbrandt Bilanz zog, stellte er in seinen »Erinnerungen« das Wort seines Kontrahenten Laube, die Galerie müsse etwas zu lachen haben, in Frage: Ob der Rang denn tatsächlich um jeden Preis zum Lachen gebracht werden müsse. »Wie schön, wenn ein ganzes Zuschauerhaus von unten bis oben kunstfroh lächeln könnte!« Der Deutsche aus dem höchsten Norden war sich auch dieser so anderen Mentalität seines Publikums bewußt. Wien ist in einem solchen Maße Musikstadt, daß die Sprechbühne schon überragend sein muß, um bestehen zu können. Das Hofburgtheater hat innerhalb dieser spannungsreichen Konstellation wieder eigene Traditionen, aber nahezu auch Obsessionshaftes herausgebildet, wovon der Schriftsteller Thomas Bernhardt als unser Zeitgenosse in allen seinen Stücken und Romanen schmähend handelte: »Burgtheaterspiel«, »Burgtheatersprechweise«, »Schauspielervernichtungsmaschine«, »Stückevernichtungsanstalt« – das wurden in seinem Munde Schimpfworte. Wilbrandt schrieb von einem verwöhnten, dem gefährlichsten Publikum »der Welt, dem man den Erfolg aus den Zähnen ziehen« müsse. Wenn er von der »großen Fülle« seines »Theaterpechs« sprach, das ihn mit »merkwürdiger Erbarmungslosigkeit verfolgte«, meinte er die restriktiven Bestimmungen der Feuerschutzpolizei nach einem Theaterbrand in Wien und langwierige Erkrankungen seiner Darsteller. Sich zerschlagende Engagementsabsprachen beeinträchtigten die Realisierung seiner Pläne, aber am Ende seiner sechs Direktionsjahre hatte er Ferdinand Raimund eingebürgert, Schillers »Wallenstein«-Trilogie aufführen lassen. Fanny Elßler, die »Zauberin des Tanzes«, hatte seine Bahn gekreuzt. Und er hat neun Übersetzungen und 22 eigene Stücke untergebracht, immer unter der Ausweichmöglichkeit, als Bühnendichter auch im städtischen Theater von Wien willkommen zu sein. An 648 Abenden sprach man auf Österreichs vornehmster Bühne, was Wilbrandt ersonnen hatte. Er hat ein paar junge Frauen von der Theaterschule weg an die erste Bühne des Landes verpflichtet, die Rumänin Agathe Barsescu, Louise Dumont, und er hat versagt, als es um ein Engagement Josef Kainz' ging. Wer Wilbrandt Fehler ankreiden wollte, fand Handhabe, aber insgesamt sprach man trotz dieser kurzen Zeit seines Direktorats von einer Ära Wilbrandt, die sich mit dem Abstand der Jahre als das »goldene« Zeitalter »der alten Burg« verklärte.

Er habe, bei dem schauspielerischen Ansehen, die, entsprechend einem ungeschriebenen Gesetz der Burg, brachliegende Begabung seiner Frau nicht länger der eigenen Karriere opfern mögen, mutmaßen spätere Stimmen; Wilbrandt selbst begründete seine Demission mit dem Drang des Dichters, schreiben zu müssen und schreiben zu dürfen ohne zeitliche Einschränkungen. In seine Wiener Jahre fallen die Verleihung des Schiller- und des Grillparzer-Preises; den Wilbrandt sogar zweimal zugesprochen bekommt; der bayerische König verleiht ihm den Maximiliansorden, die k-und-k-Monarchie nimmt ihn in den Adel auf. Er machte davon sowenig Gebrauch, wie er die ihm zustehende Pension beanspruchte.

Wie eine Klammer umfaßt der Name Reuters, die Beschäftigung mit Reuters Werk die Jahre in Süddeutschland und Österreich. Unter Datum vom 7. Dezember 1862 teilt Reuter brieflich an Wilbrandt mit: »Leider sind die übrigens noch fragmentarischen Stücke der ›Urgeschicht‹ ganz plattdeutsch geschrieben, und zwar in einem geradezu unübersetzbaren Plattdeutsch. Ich habe die ernsteren Dinge unseres armen Vaterlandes des komischen Kontrastes wegen in einer so derben, hausbackenen Tagelöhnersprache geschrieben, daß

Einer der vielen Drucke der von Adolf Wilbrandt verfaßten Bühnenmanuskripte

Der Dramatiker und Schriftsteller Adolf Wilbrandt wird in Rostock zu Grabe getragen.
Der Trauerzug in den Straßen der Stadt.

ich für meine Person durchaus daran verzweifeln muß, dieselbe auch nur annähernd durch das Hochdeutsche wiedergeben zu können.« Der 52jährige tituliert den 25jährigen als »Mein geehrtester Freund«, aber Wilbrandt hatte die »Stromtid« besprochen, und er war mit Reuter durch seine Schwester Bertha, die den Postdirektor Wilhelm Kunze geehelicht hatte, Reuters Schwager also, »über soeben Scheffel Arwten« verwandt. 1874 kam Wilbrandt mit Louise Reuter überein, in seine Werkausgabe, der er eine Lebensbeschreibung des Dichters voranstellen wollte, neben anderen Manuskripten aus dem Nachlaß just dieses Fragment aufzunehmen. Wilbrandt hatte immer auch biographisch gearbeitet, etwa, wenn er Platons Verteidigungsrede des Sokrates übersetzte, besonders betont aber in seinen Büchern »Heinrich von Kleist« (1863) und »Hölderlin, der Dichter des Pantheismus« (1870).

In das festungsartige Haus der Familie in der Rostocker Altstadt, das Haus seiner Kinderjahre, kehrte Wilbrandt zurück, um seine Erinnerungen zu schreiben, Erinnerungen an die Jugend- und »Werde«jahre, Erinnerungen an die Burg. Er lebte in seiner Vaterstadt von 1887 bis zu seinem Tode 1911, schrieb Autobiographisches, siedelte seine Romane und Novellen, »Sommerfäden« etwa (1907), »Hiddensee« (1910), an Schauplätzen der engeren Heimat an. Victor Klemperer, der LTI-Klemperer, selber Journalist und Publizist, ehe sich ihm eine Universitätslaufbahn eröffnete, und lange bereit, an sich zu zweifeln, hatte über den Schriftsteller Wilbrandt eine Monographie verfaßt (1907), und er hat den alternden, raunzenden Wilbrandt aufgesucht in der Schnickmannstraße, für eine Zeitungsveröffentlichung zu dessen Siebzigstem.

Es erging Klemperer nicht wie Wilbrandt vor Grillparzer, der Ältere nahm den Jungen »mit großer Herzlichkeit auf und widmete sich« ihm »stundenlang beim Mittagessen, beim Kaffee und in seiner Bibliothek. … Er plauderte unermüdlich vom Burgtheater, von seiner Frau, der Burgschauspielerin Auguste Baudius (›Wir haben uns schmerzlos und freundschaftlich getrennt‹), von seinem Sohn, dem Nationalökonomen, seinem ›Drachen‹, der

122

Nichte, die ihn hier im alten Vaterhause bewache, so daß er ungestört ein, zwei Bände im Jahr zu schreiben vermöge.«

Klemperers Bericht mündet in eine eigenartig berührende Offenbahrung, die des milden Antisemitismus, eine Regung, die der Nationalkonservative nicht zurückhält und die der zum Christentum konvertierte Sohn eines freisinnigen Rabbiners gleichmütig hinnimmt, äußert sich doch in Wilbrandts Entgegnung auf die Frage, ob er vielleicht selbst etwas für das »Berliner Tageblatt« schreiben wolle, auch so etwas wie Vertrauen in seinen Gesprächspartner. »Rundheraus in ziemlich schroffem Ton« habe Wilbrandt entgegnet: »Nein; das Judenblatt paßt mir nicht«. Auffahrend war Wilbrandt immer gewesen, neben der anderen Seite seines Charakters, der Geduld, Toleranz, dem Kunstsinn. Wie sehr die Zeit aber auch noch in den Fugen war, läßt ein scherzhafter Vergleich aus Wilbrandts Brautbriefen erkennen. Nur um eines Bonmots Willen formuliert er: »Sie sind jüdischer Herkunft, Sie denken alttestamentarisch: Auge um Auge, Zahn um Zahn, Brief um Brief!«

Wilbrandt hatte schon an Klemperers Anfangsjahren gestanden. Als der aus den Ablenkungen Berlins in eine Internatsschule in seiner Geburtsstadt Landsberg an der Warthe verbannt wurde, um das Abitur zu schaffen, »verproviantierte« er sich mit zeitgenössischer Literatur, auch Wilbrandt. Und konnte nun also zu zurückliegenden Theatereindrücken Vergleiche ziehen. »Wilbrandts ›Meister von Palmyra‹, mit Sommerstorff und der Gessner im Deutschen Theater, war herrlich, aber ebenso herrlich war auch sein ganz anders geartetes Drama ›Arria und Messalina‹. Das theatralische Stück wurde als Gastvorstellung im Berliner Theater gespielt; Adele Sandrock gab die Kaiserin.« Für Klemperer machte es noch Sinn, den Erzähler dem Dramatiker gegenüberzustellen. Uns ist der ganze Wilbrandt zu einem Namen ausgedünnt für ein Gleichnis auf die Wechselfälle des Lebens und die Realität des Unwahrscheinlichen, oder auch als Beweis dafür, daß überbetonte Nähe zur Gegenwart, also uneingeschränkte Zeitgenossenschaft nichts auf die Nachwelt kommen läßt. Er starb am 15. Juni 1911 und wurde unter großer Anteilnahme der Rostocker beigesetzt. Doch die Grabstätte auf dem Alten Friedhof, der heute Lindenpark heißt, wurde längst eingeebnet, der Stein entfernt. Auf einer Landungsbrücke an der Warnow soll eine Bank gestanden haben mit in die Rückenlehne geschnitzten Versen, die Wilbrandt hier am Fluß eingefallen sein sollen. Auch sie ist unauffindbar.

Das dichterische Werk, es zählt nach Regalmetern, wurde in die Magazine der Bibliotheken verbannt. Der Roman »Hiddensee« hat sich vielleicht gerade durch seine Fiktionalität, so paradox das ist und entgegen aller landläufigen Annahme, das Urteil gesprochen, vielleicht hätte das Buch als Reiseschilderung oder Sachdarstellung überdauert. Wilbrandts 150. Geburtstag war uns 1987 nicht einmal eine Zeitungskolumne wert. Und doch, taucht man in Wilbrandts Erinnerungsbücher hinab, so wird das Jahrhundert Brinckmans lebendig, die Stadt am Ende ihres überkommen Ruhms, Reste des hansisch-ständischen Rostock.

Wilbrandt hat sein Leben selbst resümiert in »Erinnerungen«, Stuttgart und Berlin 1905. Geradezu populär wurde die Arbeit seines Sohnes Robert »Mein Vater Adolf Wilbrandt«, Berlin-Wien-Zürich 1937. Zum 100. Geburtstag des Dichters und Theatermannes gab die Grillparzergesellschaft in Wien eine Festschrift heraus, die als Beigabe zum 34. Jahrgang ihres Jahrbuches 1937 erschien.

Im Bann Michelangelos: Ernst Steinmann und seine Bibliotheca Hertziana in Rom

Hubert Laitko

»Wer auf seinen Lebensweg zurückschaut, der vom weltentlegenen Jördenstorf in Mecklenburg zuletzt zu dem Hause neben Trinità dei Monti geführt hat, das er selbst stets als einen Hochsitz empfand, als die Warte eines Türmers, der, über räumliche und zeitliche Weiten hinblickend, sich dem Himmel besonders nahe fühlen durfte, der sieht ihn bei diesem Aufstieg wie von gütigen Feen geleitet.« Diese Worte galten Ernst Steinmann, Pastorensohn aus Jördenstorf bei Teterow, und sie wurden am 10. Januar 1935 auf der für ihn im Goethesaal der Bibliotheca Hertziana in Rom veranstalteten Trauerfeier gesprochen von Leo Bruhns, der ihm im Amt des Direktors dieser Einrichtung gefolgt war.

Steinmann ist aus Mecklenburg in die Welt gegangen, Rom war schon früh und blieb sein ganzes Leben lang die Stadt seiner Wahl, deren Kultur er sich in einem Maße erschloß, das bei einem unter ganz anderen Himmeln Aufgewachsenen kaum glaubhaft scheint. Dennoch hat er die Nabelschnur zur Heimat niemals ganz durchtrennt – er hat für sie gearbeitet, am intensivsten in seinen Jahren als Direktor des Großherzoglichen Museums Schwerin von 1903 bis 1911, die als ausgedehntes Intermezzo inmitten seiner römischen Lebensjahrzehnte liegen, und er blieb über den Tod hinaus mit ihr verbunden. Sein Testament enthielt Legate für die Kirchengemeinde seines Heimatdorfes, darunter die Mittel für die Anschaffung eines schönen Altarschmucks.

Ernst Steinmann (1866–1934)

Die Ahnentafel der Familie Steinmann weist eine durch und durch bodenständige Herkunft aus, die Lebensläufe der darin erfaßten Vorfahrensgenerationen spielten sich zwischen Rostock und Güstrow ab. Der Vater, Dr. Adolf Steinmann, scheint den am 4. September 1866 geborenen Sohn wohl als seinen künftigen Nachfolger gesehen zu haben, der Antritt eines Theologiestudiums spricht dafür. Es ist schwer zu sagen, was den jungen Jördenstorfer zu seinem ungewöhnlichen Weg motiviert haben könnte – zur Umorientierung des Studiums auf den Schwerpunkt Kunstgeschichte, zur Wahl eines Themas aus der Geschichte der italienischen Kunst, zur Konzentration auf die Renaissance und dabei mit größtem Nachdruck auf Michelangelo, zur Faszination durch das italienische Milieu, von dem er sich nie wieder losreißen konnte. Gewiß – da war die eindrucksvolle Persönlichkeit seines Lehrers, des Leipziger Kunsthistorikers Anton Springer, da war der noch

ungefestigte Status der Kunstgeschichte im Kanon der wissenschaftlichen Disziplinen, ihr
Ringen um akademische Anerkennung und der Pioniergeist, der solchen Phasen in der
Wissenschaft besonders eigen ist, da war auch die lockende Neuartigkeit des noch weitgehend unerschlossenen Themenfeldes, auf dem Entdeckungen warteten. Doch es ist selten
möglich, die Entscheidungen, die ein Leben bestimmen, bis ins letzte rational aufzuklären.

Steinmann war Forscher und Museumspraktiker, und er war dabei ebenso Schriftsteller
und Dichter wie Wissenschaftler, und dies nicht in wechselnden Rollen, sondern zugleich
und in einem. Darauf gründete sich seine Ungewöhnlichkeit und, wenn man es so sagen
darf, sein Außenseitertum. Er arbeitete in einer Ära, in der die Wissenschaft – geblendet
vom rasanten Auschwung der naturwissenschaftlichen Disziplinen und ihrer praktischen
Wirkungen – durchweg um methodisch gesicherte, objektivierende und abstrahierende
Distanz zu ihren Gegenständen, um weitestmögliche Austreibung der Subjektivität aus ihren Ergebnissen bemüht war. Diesem mächtigen Trend unterwarf sich Steinmann nicht.
Sein primäres Verhältnis zur Kunst war das der Liebe oder auch der Verehrung, nicht das
der Erkenntnis. Empfindend und deutend näherte er sich seinen Gegenständen, erspürte
im Werk den Künstler und ordnete dieser sublimen, auf eine hochentwickelte Kultur des
Verstehens gegründete Unmittelbarkeit des Schauens seine ganze enorme Bildung und
Gelehrsamkeit unter. Schon in seinen ersten Forscherjahren fand er in Michelangelo den
eigentlichen Helden seines Lebens, dessen tragisch zerklüftete Persönlichkeit ihn ebenso
anzog wie sein über Malerei, Skulptur und Dichtung ausgebreitetes ungeheures Werk.

Steinmann hat Michelangelo nicht seziert, er war ihm nahe. Er hat sich selbst schwan-
kende Gerüste bauen lassen und ist wieder und wieder hinaufgestiegen, einsam und Auge
in Auge mit den unsterblichen Bildwerken an den Wänden der Sixtinischen Kapelle, bis sie
ihm ihr Geheimnis preisgaben. Damit war Steinmann ein Außenseiter unter den Wissenschaftlern seiner Zeit, und das römische Institut, das er zwei Jahrzehnte lang – von 1913
bis 1934 – leitete, war nicht nur eines der ersten Auslandsinstitute der Kaiser-Wilhelm-

GROSSHERZOGLICHES MUSEUM
SCHWERIN i. M.

PORTRÄT-AUSSTELLUNG
DES MECKLENBURGISCHEN HOFMALERS
GEORG DAVID MATTHIEU
[BERLIN 1737 — LUDWIGSLUST 1778]
1. JUNI bis 15. AUGUST 1911.

Katalog zu der von Ernst Steinmann vorbereiteten Porträt-Ausstellung von Georg David Matthieu (1737–1778), Hofmaler des Herzogs Friedrich von Mecklenburg-Schwerin, 1911 im Schweriner Museum

Gesellschaft (nach der Zoologischen Station in Rovigno, gleichfalls in Italien), sondern auch das bei weitem exotischste Unternehmen dieser überwiegend dem nüchternen Geist strenger Naturwissenschaft verpflichteten Forschungsorganisation.

Wie es dazu kam, sei in der Folge seiner wichtigsten Stationen kurz rekapituliert. Spätestens seine bei Anton Springer in Leipzig, den er verehrte und bei dem er kurze Zeit als dessen letzter Assistent tätig war, zum Thema »Die Tituli und die kirchliche Wandmalerei im Abendlande vom V. bis XI. Jahrhundert« geschriebene und 1892 abgeschlossene Dissertation verwies ihn auf die enorme Bedeutung Italiens für die europäische Kunstgeschichte. Es war die Zeit, in der der Wettlauf der führenden Industrienationen um die Erschließung der Kunstschätze und der historischen Quellen nicht allein der Antike, sondern auch des Mittelalters und der frühen Neuzeit voll entbrannt war. Das war ein vielschichtiges Phänomen, in dem sich außenpolitische Rivalitäten und Bündniskonstellationen, gelehrtes Kosmopolitentum und nationalistisch gefärbter Wissenschaftlerstreit, intellektuelle Moden und die Kultur der von gebildeten Dilettanten belebten Salons zu einem unentwirrbaren Knäuel mischten. Es galt als Signum feiner Lebensart, italienische Kunst zu sammeln und einen Teil des Jahres in Italien zu verbringen. Die Jagd nach Altertümern hatte politisch-legitimatorische Konnotationen, die archäologischen Interessen deutscher Monarchen waren sprichwörtlich.

Schon seit der ersten Hälfte des 19. Jahrhunderts arbeitete in Rom ein deutsches archäologisches Institut, das zu Steinmanns Zeiten als eine der beiden Zweigstellen (die andere war in Athen) des Archäologischen Instituts des Deutschen Reiches fungierte, dessen Zentraldirektion sich in Berlin befand. Als Papst Leo XIII. im Jahre 1881 das für die historische Untermauerung oder Anfechtung von Besitz- und Machtansprüchen höchst aufschlußreiche vatikanische Archiv öffnen ließ, bemühten sich verschiedene europäische Mächte um eine ständige Präsenz ihrer Historiker vor Ort. Auch Preußen ergriff die Chance und errichtete 1888 zunächst eine historische Station, dann das Preußische Historische Institut in Rom, das dort zum zweiten wichtigen Stützpunkt deutscher wissenschaftlicher Interessen wurde.

Der wissenschaftliche Weg und das Lebensschicksal Ernst Steinmanns waren mit allen Seiten dieser Konstellation verbunden. Das Deutsche Archäologische Institut war sein erster Geldgeber für Studien in Italien, von ihm erhielt der junge Kunsthistoriker ein Stipendium, das ihm ab Herbst 1894 die Arbeit in Florenz und in Rom ermöglichte. Zunächst arbeitete er über die Maler des Florentiner Quattrocento; die Frucht dieser Untersuchungen waren neben kleineren Studien auch drei 1897 und 1898 als Bücher publizierte Monographien über die Maler Botticelli, Ghirlandajo und Pinturicchio. Die Beschäftigung mit der Sixtinischen Kapelle, an deren Ausgestaltung die Florentiner Maler beteiligt waren, führte ihn jedoch mehr und mehr zu Michelangelo.

Steinmanns bedeutendste Leistung, die große zweiteilige Monographie über die Sixtinische Kapelle, deren Mittelpunkt natürlich Michelangelos Werk bildete, stand noch bevor, sie wurde in der Morgenröte des neuen Jahrhunderts verfaßt, im intensivsten und glücklichsten Jahrzehnt seines Lebens. Die Mittel dazu wurden ihm durch Reichstagsbeschluß bewilligt, und er schrieb diese Bücher, die ihm hohe Anerkennung und vielleicht sogar Ruhm brachten, auf dem Kapitol in den Räumen des Archäologischen Instituts. Noch ehe der zweite Teil des Werkes vollendet war, erreichte Steinmann die Ernennung zum Vorstand des Großherzoglichen Museums und der Großherzoglichen Kunstsammlungen in Schwerin als Nachfolger des 1902 verstorbenen Friedrich Schlie, ausgesprochen vom mecklenburgischen Großherzog Friedrich Franz III.

Doch blicken wir noch einmal zurück auf die frühen italienischen Jahre, von denen es heißt, Florenz habe Steinmann anfangs stärker fasziniert als Rom. In Florenz fand er Zugang zu den Kreisen mehrerer bedeutender Frauen, die sein Leben, jede auf ihre Art, entscheidend beeinflußt haben. Zunächst ist Emilia Peruzzi zu nennen, eine hochgebildete alte Dame, die ihm zur mütterlichen Freundin wurde und deren Persönlichkeit er in einer literarischen Studie feinfühlig beschrieb; weiterhin Henriette Hertz und Frida Mond, zwei seit der gemeinsamen Schulzeit in Köln befreundete, begüterte Damen, gute Kennerinnen und begeisterte Verehrerinnen der italienischen Kunst, die regelmäßig die Wintermonate im Süden verbrachten; und schließlich Olga von Gerstfeldt, eine musisch hochtalentierte, als Konzertsängerin wie als Kunstschriftstellerin erfolgreiche Baltendeutsche, die sich mit liebevoller Hingabe ihrer leidenden Mutter widmete. Es war eine liebenswürdige und feinsinnige Kultur, auf der im Angesicht der rauhen Wirklichkeit des auf den Weltkrieg zurasenden Industriekapitalismus schon der Hauch des Vergehens lag. Diese Kultur prägte auch Steinmann. Bei aller Gewandtheit und Weltläufigkeit, die die Zeitgenossen an ihm hervorhoben, wird oft auch der Zug stiller Schwermut erwähnt, der sein ganzes Wesen durchdrang.

In der Tat war Steinmann alles andere als ein Organisations- und Verwaltungsmensch. Was er bei der Sicherstellung von Bedingungen wissenschaftlicher Arbeit für sich und für andere vermochte, das erreichte er mit der feinen Kunst kulturvoller Diplomatie. Henriette Hertz sollte in Rom das Institut schaffen, dem er – unterbrochen durch die Zeit des ersten Weltkriegs – zwei Jahrzehnte lang vorstand. Für sie war er zunächst und vor allem Mentor auf dem Gebiet der Kunstgeschichte, er lenkte behutsam den Aufbau ihrer kunsthistorischen Bibliothek und beriet sie beim Erwerb von Kunstwerken. 1904 kaufte sie in Rom einen Renaissancepalast, den der Maler Federico Zuccari Ende des 16. Jahrhunderts am Hang des Monte Pincio erbaut hatte, ließ ihn von Grund auf restaurieren und machte ihn für die

Das Gebäude der »Bibliotheka Hertziana« (Palazzo Zuccari) in Rom

letzten Jahre ihres Lebens zu ihrem Wohnsitz, zu einer Stätte erlesener Sammlungen und zu einem Ort geistvoller Geselligkeit. Finanzielle Unterstützung empfing sie dabei von Ludwig Mond, dem Ehemann ihrer Freundin, einem Chemiker und erfolgreichen Industriellen, der in England florierende Unternehmungen aufgebaut hatte und stark ausgeprägte mäzenatische Neigungen besaß. In Olga von Gerstfeldt aber fand Steinmann die große und wohl einzige Liebe seines Lebens. Die beiden waren einander auch geistig sehr nahe, sie arbeiteten viel zusammen und schufen sogar gemeinsam Nachdichtungen von Shakespearesonetten, in denen Steinmann Parallelen zu den Sonetten Michelangelos sah.

Das erstaunlichste Faktum aus Steinmanns Schweriner Zeit ist die ungewöhnliche Großzügigkeit des Großherzogs. Dieser nahm nicht nur bei der Vereinbarung des Dienstantritts Rücksicht auf das Werk über die Sixtinische Kapelle, das noch abzuschließen war, sondern gestattete Steinmann auch für die ganze Dauer seine Dienstverhältnisses, jedes Jahr mehrere Monate in Italien zuzubringen, gewährte ihm Zugang zu seinem familiären Kreis und ehrte ihn 1905 mit dem Professorentitel. Steinmann war in Schwerin ein rühriger Museumsdirektor, gestaltete sukzessiv mehrere Säle von Grund auf um, arrangierte eindrucksvolle Ausstellungen und knüpfte Kontakte zu zahlreichen Einrichtungen und Organisationen des Landes, um dem Museum so viel Öffentlichkeit wie nur irgend möglich zu geben. Die Richtung seiner Forschungen ist aber nicht wesentlich vom Schweriner Milieu beeinflußt worden, sie blieb weiterhin italienzentriert.

Olga von Gerstfeldt, die er 1901 geheiratet hatte, begleitete ihn nach Mecklenburg; sie bemühte sich, ein verständnisvolles Verhältnis zu Land und Leuten zu finden, und behandelte in ihren Schriften bisweilen auch mecklenburgische Themen – so stammt von ihr eine Skizze über die Afrikareise des Herzogs Adolf Friedrich zu Mecklenburg. Doch das Glück hatte keine Dauer. Mit dem Tod der Mutter Helene von Gerstfeldt 1908 war auch die Lebenskraft der Tochter erschöpft. Olga verlosch unaufhaltsam und starb im April 1910. Nach diesem Schicksalsschlag war für Steinmann des Bleibens in Schwerin nicht länger. Er verabschiedete sich mit einer großartigen Matthieu-Ausstellung, mit der das gemeinsame mit Hans Witte verfaßte Buch »Georg David Matthieu. Ein deutscher Maler des Rokoko (1737–1778)« verbunden war, und zog sich nach Rom zurück.

In Rom bahnten sich wichtige, Steinmann ganz persönlich betreffende Entscheidungen an. Henriette Hertz wollte aus dem Palazzo Zuccari eine Begegnungs- und Forschungsstätte deutscher und italienischer Kunsthistoriker machen, ganz im Geist menschlichen Verstehens ohne jeden Anflug von Nationalismus. Eine Lösung in diesem Geist durchzusetzen war bei der deutschen Politik jener Jahre nicht leicht. Schließlich bot der Anschluß an die gerade gegründete Kaiser-Wilhelm-Gesellschaft eine günstig erscheinende Option. Er wurde hauptsächlich vermittelt durch Theodor Lewald, der einerseits mit Steinmann befreundet war, andererseits als Ministerialrat im Reichsamt des Innern einen wesentlichen Anteil am Gründungsprozeß dieser Gesellschaft hatte und mit seinen Ratschlägen bei deren Präsidenten Adolf von Harnack Gehör fand. So übernahm die Kaiser-Wilhelm-Gesellschaft den Palazzo und die von der Stifterin zusammengetragene Büchersammlung als Grundstock einer kunsthistorischen Forschungsbibliothek mit der Bedingung, daraus ein Institut zu machen. Steinmann sollte als Direktor auf Lebenszeit eingesetzt werden und das Recht erhalten, seinen Nachfolger vorzuschlagen. Im Januar 1913 wurde das Institut – zu Ehren der Stifterin »Bibliotheca Hertziana« genannt – eröffnet, drei Monate später trat die Kaiser-Wilhelm-Gesellschaft in ihre Rechte ein. Im April starb Henriette Hertz – »rechtzeitig, um den Zusammenbruch ihrer Welt nicht mehr erleben zu müssen«, wie Christof Thoenes

1983 schrieb. Als das Institut gerade in Gang gekommen war, erzwang der Kriegsausbruch schon wieder seine Schließung. Der Palazzo kam unter Verwaltung der italienischen Regierung, Steinmann mußte wohl oder übel nach Deutschland gehen und seine Forschungen in München und Berlin fortsetzen.

In der ganzen Zeit seiner Tätigkeit als Leiter der Bibliotheca Hertziana dürfte es der sensible, nicht im geringsten an Machtentfaltung oder großräumiger Forschungsorganisation interessierte und Konflikten in den jedem groben Zugriff entzogenen Raum geistvoller Innerlichkeit ausweichende Steinmann nicht leicht gehabt haben. Denn der tonangebende Doyen der deutschen Geschichtswissenschaft in Rom war ein Mann, der in mehrfacher Hinsicht einen schroffen Kontrast zu Steinmann bildete: Paul Fridolin Kehr, durch und durch ein Tatmensch, nicht nur mit Beharrlichkeit, sondern auch mit brachialem Durchsetzungsvermögen begabt, eine »wissenschaftliche Conquistadorennatur«, wie er in einem Nachruf genannt wurde.

Als die Idee der Stiftung von Henriette Hertz spruchreif wurde, bemühte sich Kehr, diese Mittel und damit auch die kunsthistorische Renaissanceforschung an sein Institut zu ziehen und damit Steinmann auszuschalten oder ihn sich zumindest unterzuordnen, wobei er sich geschickt des Arguments bediente, die Gründung eines dritten deutschen Instituts in Rom würde unvermeidlich nationalistische Ressentiments in Italien auslösen. Dieses Argument war eine Zweckbehauptung; wenn etwas italienische Ressentiments schüren konnte, dann war dies eher die forsche Haltung Kehrs, keineswegs der sanfte, ein wenig weltfremde Kosmopolitismus, wie ihn Henriette Hertz und Steinmann praktizierten. Ein nachträglicher Beleg dafür ist die Tatsache, daß Steinmann nach Kriegsende wesentlich früher als seine Kollegen aus den anderen deutschen Instituten in die Stadt am Tiber zu-

129

Porträt Michelangelos (Sepiazeichnung von unbekannter Hand), Titelbild der Monographie von Ernst Steinmann »Michelangelo im Spiegel seiner Zeit«, Leipzig 1930

rückkehren und in aller Stille die Arbeit wieder aufnehmen konnte, während offiziell die Beschlagnahmung des Gebäudes noch lange – bis 1927 – andauerte.

Nach dem ersten Weltkrieg waren die äußeren Bedingungen der Bibliotheca Hertziana jahrelang mehr als bescheiden. Steinmann selbst, der Assistent und hervorragende Bibliothekar Ludwig Schudt und ein Pförtner – das war schon der gesamte Personalbestand des Instituts. Die Inflation verschlang das Stiftungskapital, die Kaiser-Wilhelm-Gesellschaft und das Reich konnten nicht zahlen. Der einzige Weg, den Institutsbetrieb aufrechtzuerhalten, bestand darin, den größten Teil des Gebäudes zu vermieten, wobei es stets ungewiß war, ob die Miete auch tatsächlich einkam. Erst in der zweiten Hälfte der zwanziger Jahre normalisierten sich die Verhältnisse allmählich. Es kamen Stipendiaten und weitere Assistenten, für deutsche Kunsthistoriker wurde es zu einer geschätzten Tradition, während ihrer Laufbahn einige Zeit in der familiären Atmosphäre der Bibliotheka Hertziana zu arbeiten.

Steinmann hatte schon in der Anfangszeit des Instituts die Publikationsreihe »Römische Forschungen der Bibliotheca Hertziana« begründet und darin eine Abhandlung über die Porträtdarstellung Michelangelos veröffentlicht. In den 20er Jahren wurde die Serie fortgesetzt, zunehmend traten weitere Autorennamen in Erscheinung. 1927 legte Steinmann selbst zusammen mit seinem Assistenten Rudolf Wittkower – einem der Institutsmitarbeiter, der nach der Machtübernahme Hitlers unter rassistischen Zwängen gehen mußte – eine umfassende annotierte Michelangelo-Bibliographie vor, ein Standardwerk, in dem eine enorme Arbeit steckte und das gleichsam den Extrakt seiner persönlichen Michelangelo-Bibliothek darstellte. Neben der offiziellen Institutsbibliothek hatte er eine spezielle Büchersammlung aufgebaut, die praktisch alle jemals erschienenen Veröffentlichungen über Michelangelo, darunter zahlreiche Raritäten und Unikate, enthielt und die er als seinen größten Schatz ansah.

Die Möglichkeit, endlich unter entspannten, vielleicht sogar großzügigen Bedingungen arbeiten zu können, kam für Steinmann schon fast zu spät. Nur noch wenige Jahre konnte er sie ungetrübt nutzen. Sein Gesundheitszustand verschlechterte sich fortschreitend. Die Machtergreifung durch die Nationalsozialisten blieb auch für die in Rom tätigen Deutschen nicht ohne Folgen. Es ist schwierig zu sagen, wie dieser jeglicher Politik fernstehende Gelehrte auf die Ereignisse des Jahres 1933 reagiert hat. Jedenfalls wurde er 1934 – unter Bruch der ursprünglichen Vereinbarung, die ihm das Direktorat auf Lebenszeit zugesprochen hatte – mit Erreichen der offiziellen Altersgrenze pensioniert. Wenige Monate später starb Steinmann am 23. November 1934 im Sanatorium Sonn-Matt bei Basel. Sein Nachfolger wurde der bisherige Ordinarius für Kunstgeschichte an der Leipziger Universität, Leo Bruhns, der dem Lebenswerk von Steinmann mit Respekt gegenüberstand und auch kein Nationalsozialist war, aber politischer dachte und sich den neuen Verhältnissen geschmeidiger anzupassen verstand. Vor allem aber kam als zweiter Direktor und Leiter der neu eingerichteten kulturwissenschaftlichen Abteilung Werner Hoppenstedt, Mitglied der NSDAP und Träger ihres Blutordens, der auch für die rassistische »Säuberung« der Hertziana Sorge trug.

Von 1910 an hatte Steinmann immer wieder Testamente geschrieben, so daß für den Umgang mit seiner Hinterlassenschaft eine sehr komplizierte Situation entstand. Von tieferer Bedeutung ist aber wohl, daß er im August 1934 – wenige Wochen vor seinem Tod – unerwartet verfügte, seine private Michelangelo-Bibliothek, von deren Verbleiben für alle Zeit bei der Bibliotheka Hertziana er bis dahin mit der größten Bestimmtheit ausgegangen war, der Vatikanischen Bibliothek zu übereignen. Alle Versuche der Kaiser-Wilhelm-Gesellschaft, das Legat anzufechten, scheiterten im Grundsätzlichen, wenn auch kleinere Kompromisse mit dem Vatikan ausgehandelt werden konnten. Es mag wohl sein, daß dieser Sinneswandel als Steinmanns letzter Protest gegen die nationalsozialistisch initiierten Umgestaltungen an der Hertziana aufzufassen ist; zumindest war es eine Art von Protest, die seinem Naturell am ehesten entsprach. Als Steinmann einmal darauf zu sprechen kam, daß Michelangelo im Alter zahlreiche seiner Zeichnungen und Skizzen verbrannt hatte, um sie der Nachwelt zu entziehen, bemerkte er dazu: »So können wir auf das Menschliche und Vergängliche verzichten, weil wir das Unvergängliche besitzen«. Das kann nicht jedermanns Credo sein, aber wer es sich in vollem Ernst zueigenmacht und sein Leben danach einrichtet, der verdient allen Respekt auch in späterer Zeit.

Im Beitrag sind alle bedeutenden kunsthistorischen Arbeiten von Steinmann genannt, die in vielen großen Bibliotheken eingesehen werden können. Eine umfassende biographische Würdigung von Ernst Steinmann steht noch aus. Sein Nachlaß befindet sich wie der seiner Frau Olga von Gerstfeldt im Archiv zur Geschichte der Max-Planck-Gesellschaft in Berlin-Dahlem. Um die Systematisierung und Verzeichnung dieser Sammlungen hat sich in jüngster Zeit Frau Ulrike Reinfeldt verdient gemacht; Frau Dr. Doreen Tesche (Archiv der Max-Planck-Gesellschaft, Berlin-Dahlem) arbeitet als Kunsthistorikerin über Leben und Werk von Steinmann.

»Die beste Bildung findet ein gescheiter Mann auf Reisen« – Hermann Freiherr von Maltzan und seine naturhistorischen Studien im Ausland

Heidi Hecht

Die Linie des Geschlechts derer von Maltzan läßt sich in der Geschichte von Mecklenburg über den langen Zeitraum bis in das Jahr 1194 zurückverfolgen. Der Name wird in den verschiedensten historischen Zusammenhängen genannt und spielt im 19. Jahrhundert auch in der Kulturgeschichte des Landes eine Rolle. Besondere Aufmerksamkeit verdienen in diesem Zusammenhang die naturhistorischen Interessen und Aktivitäten des Hermann Freiherr von Maltzan, die für die Gewinnung und Verbreitung von Kenntnissen über die Natur in Mecklenburg und Deutschland von großer Bedeutung waren.

Hermann Friedrich Joachim von Maltzan wurde am 18. Dezember 1843 in Rostock geboren. Seine Eltern waren der Landrat des Güstrower Kreises Nikolaus Friedrich Rudolf von Maltzan und dessen zweite Ehefrau Ida Betty Sophie, geborene von Strahlendorf. Die Kindheit verlebte Hermann mitten in Mecklenburg auf dem Gut Rothenmoor am Malchiner See, dem festen Wohnsitz seiner Eltern. Seine Kinder ließ der adlige Landrat der Kost und Kleidung nach recht einfach aufwachsen und durch Hauslehrer erziehen. Sie waren mit der umgebenden Natur sehr eng verbunden und zeigten für sie ein großes Interesse. Schon als Knabe trug Hermann die wildwachsenden Pflanzen um Rothenmoor in einem Herbarium zusammen und sammelte außerdem Käfer und Schmetterlinge, Schneckengehäuse und Vogeleier sowie sogar Briefmarken.

Mit 16 Jahren trat er 1859 in das Gymnasium in Neubrandenburg ein, das er aber wegen seiner schwachen Gesundheit bereits 1861 wieder verließ, um in Französisch und Englisch Privatunterricht zu nehmen. Vom Herbst 1861 bis zum Frühjahr 1863 war Hermann von Maltzan Student an der Universität Rostock. Hier hörte er vor allem bei dem über Mecklenburg hinaus bekannten Professor Johannes Roeper Vorlesungen zur Botanik und Zoologie, die sein Interesse in besonderem Maße fesselten. Allerdings konnte er wegen seiner schwachen Augen das Studium nicht fortsetzen. Zur Festigung seiner Gesundheit verbrachte er den Sommer 1863 im Seebad Trouville in Nordfrankreich. Die dort an der Küste vorkommenden zahlreichen Schnecken und Muscheln fesselten seine Aufmerksamkeit in so hohem Maße, daß er sich nun vor allem dem Studi-

Hermann v. Maltzan (1843–1891), der Stifter des Naturhistorischen Museums für Mecklenburg, um 1870

um dieser Tiergruppen widmen wollte. In den Monaten vom Oktober 1864 bis zum Mai 1865 bereiste er verschiedene Regionen in Frankreich, Spanien, Italien und Ägypten, um auch dort Schalen (Konchylien) von Mollusken und Brachiopoden zu sammeln und zu erforschen.

Von dieser Reise brachte er erhebliche Aufsammlungen mit nach Mecklenburg. Allein in Spanien hatte er von der Schnecke Helix gualtiana 200 Exemplare gesammelt, in Ägypten interessante Landschnecken gefunden und vergleichenden Studien über die Fauna des Mittelmeerraumes und des Roten Meeres unternommen. Sein exakt geführtes Tagebuch über diese Reise verrät schon seine besondere Fähigkeit zum Beobachten, Sammeln und Beschreiben. Er gab dabei instruktive Landschaftsschilderungen, charakterisierte humorig die Sitten und Bräuche fremder Völker, beschrieb seinen Besuch in Theben oder die Besteigung der Cheopspyramiden. Von Maltzan reiste nicht zum Zeitvertreib, er suchte sich zu bilden und Eindrücke auch für andere zu sammeln, die er auf seine Weise interessierten Zeitgenossen gerne weitergab.

Bereits im Sommer 1864 hatte Hermann von Maltzan seinen Vater verloren, der noch auf dem Sterbebett durch Los das Erbe für seine Söhne bestimmte. An Hermann vielen die Güter Federow und Schwarzenhof bei Waren, an seinen Bruder Vollrath das Gut Rothenmoor. Noch völlig unerfahren in der Führung eines Gutes, wurde zunächst Hermanns Halbbruder Adolf als Vormund für Federow und Schwarzenhof eingesetzt. Nach seiner Rückkehr von der Mittelmeer-Reise begann Hermann von Maltzan mit der Bewirtschaftung seiner Güter, die auch wegen ihrer leichten Böden kaum gewaltige Erträge erwarten ließen. 1867 heiratete er Eva von Korckwitz und Kuschdorf, die Tochter eines schlesischen Gutsbesitzers. In dieser Ehe wurden drei Kinder geboren, sie blieb aber nicht von Bestand und wurde 1876 gelöst. Auch mit seinen Gütern war von Maltzan nicht glücklich und mußte 1877 seinen Grundbesitz verkaufen. So endete nach zwölf Jahren sein Wirken als mecklenburgischer Gutsbesitzer.

Ungebrochen blieb während dieser Jahre seine Leidenschaft für die Natur und die Naturwissenschaften, die sein Leben vor allem bestimmte. Bereits während seiner Reisen hatte er zahlreiche Schalen von Weichtieren gesammelt, kaufte aber auch entsprechende Sammlungen in Paris, Frankfurt am Main und Bremen auf. Die Kollektion des Bremer Konsuls Gruner soll mehr Raum als einen ganzen Eisenbahnwaggon eingenommen haben. Alle diese Schätze wurden auf Schloß Federow untergebracht und aufgestellt.

Hermann von Maltzan brachte viel Zeit für die Bearbeitung und Pflege seiner Sammlungen auf. Er galt als einer der ersten Kenner von Weichtieren in Europa und seine reichhaltigen Sammlungen waren weithin bekannt. In der Mitte des 19. Jahrhunderts besaß er nach dem Britischen Museum in London die wertvollste Konchyliensammlung. Sie zählte »außer einigen tausend Varietäten gegen 6 500 Species Meeresconchylien und etwa 4 500 Species von Binnenconchylien«. Allein von der seltenen Meeresschnecke Conus cedo nulli besaß er fünf Exemplare. Es ist nur verständlich, daß von Maltzan mit namhaften Fachkollegen in aller Welt in Verbindung stand und gerne Interessenten die Besichtigung seiner Sammlungen anbot.

Aber auch zu Naturfreunden in Mecklenburg gab es rege Kontakte. Sein älterer Halbbruder Albrecht von Maltzan hatte 1847 zusammen mit Ernst Boll den »Verein der Freunde der Naturgeschichte in Mecklenburg« gegründet, dessen Mitglieder zielgerichtet die Erforschung der »vaterländischen Natur« betreiben wollten. Bereits 1861 trat Hermann von Maltzan dieser Gesellschaft bei, der viele Gelehrte, Pastoren, Lehrer, Mediziner und Apotheker angehörten. Später wurde er sogar ihr Präsident. Um 1850 gab es in Mecklenburg 56 private Sammler von Naturalien, also von Pflanzen, Insekten, Vögeln, Mineralen, Versteinerungen und anderem. Naturhistorische Sammlungen besaßen darüberhinaus die Gymnasien in Neubrandenburg, Neustrelitz, Schwerin und Wismar, sowie natürlich die Universitäten in Rostock und Greifswald. Sie alle hatten aber nicht den Charakter öffentlicher Einrichtungen mit dem Ziel, allgemein naturwissenschaftliche Bildung zu verbreiten. In einer Zeit der Entwicklung großer Industrien, in der die Beschäftigung mit Erkenntnissen über die Natur in den verschiedensten Kreisen der Gesellschaft aktuell geworden war und viele Interessenten fand, fehlte in Mecklenburg ein öffentliches naturwissenschaftliches Museum.

Hermann von Maltzan hatte die Idee, ein derartiges Museum zu gründen, dessen Bestände allen Kreisen der Gesellschaft zugänglich sein sollten und das auch in der Lage war, private Sammlungen nach dem Tod ihrer Besitzer aufzunehmen. Bereits 1865 gewann er den Lehrer Carl Struck in Waren für dieses Vorhaben und stiftete für eine erste beständige und allgemein zugängliche Ausstellung eine Reihe von Konchylien, ein Dutzend ausgestopfter Vögel, eine Eiersammlung und von ihm selbst in der Gegend von Rothenmoor gesammelte Pflanzen. Das war der Anfang des »Naturhistorischen Museums für Mecklenburg« in Waren, das 1885 ein eigenes Gebäude erhielt und nach seinem Begründer »Maltzaneum« genannt wurde.

Nach dem Verkauf seiner Güter konnte sich von Maltzan seinen naturwissenschaftlichen Neigungen in vollem Umfang widmen. Er siedelte zunächst nach Berlin über und unternahm in den folgenden Jahren verschiedene kleinere und weitere Reisen. Im Harz begegnete er der verwitweten Frau Agnes Coppel, geborene Vidal, die er 1877 heiratete. Seine Ehefrau war Malerin mit lebhaftem Interesse für die naturhistorischen Ambitionen ihres Mannes, die sie gemeinsam pflegten, nicht zuletzt auf den Reisen der folgenden Jahre. Agnes Freifrau von Maltzan-Vidal brachte einiges Vermögen in die Ehe ein, begleitete ihren Mann auf den nicht selten strapaziösen und anstrengenden zoologischen Exkursio-

nen und unterstützte ihn auch bei den Sammlungs-
arbeiten mit bemerkenswerter Sachkenntnis.

Man hatte sich 1879 in Frankfurt am Main niedergelassen, wo von Maltzan eine Naturalien- und Lehr-
mittel-Handlung gründete, die »Linneae«. Ihre Zielsetzung charakterisierte der Gründer in einem Brief mit
den Worten: »Die Linneae soll wissenschaftliches Material für Museen und Privatforschungen liefern, ohne
für sich einen händlerischen Nutzen zu entnehmen«.
Ganz in diesem Sinn unternahm von Maltzan im Frühjahr 1879 zusammen mit seiner Frau eine Reise in das
damalige Königreich Algarve in Südportugal, über die
er in einem auch heute noch lesenswerten Büchlein
berichtete. Darin vermittelt er ein plastisches Bild des
Landes: »Stolze Bergketten mit starren Felstrümmern
und düstern Heiden, romantische Flußtäler, paradiesi-
sche Landstriche, besät mit blühenden Ortschaften und
malerischen Ruinen, vereinen sich in Algarve mit dem
wechselvollen Ozean zu Bildern bezaubernster Art. Dazu
kommt noch ein herrliches Klima und ein gediegener
Menschenschlag.« Ihn interessierte vor allem die Fauna des Landes, auf die er mit folgenden Worten ein-
geht: »Erst das unwirtliche Schiefergebirge ist die eigentliche Heimat der algarbischen Tierwelt. In den
Wüsten Cistusheiden, Mato genannt, findet das Kanin-
chen Schutz vor den Nachstellungen des lauernden
Luchses. In dichtem Gestrüpp verbirgt das Rothuhn
seine Brut vor der schleichenden Genettkatze. Der hung-
rige Wolf, verscheucht aus den spanischen Gebirgen,
sucht diesseits des Guadina ein sicheres Versteck. Hier

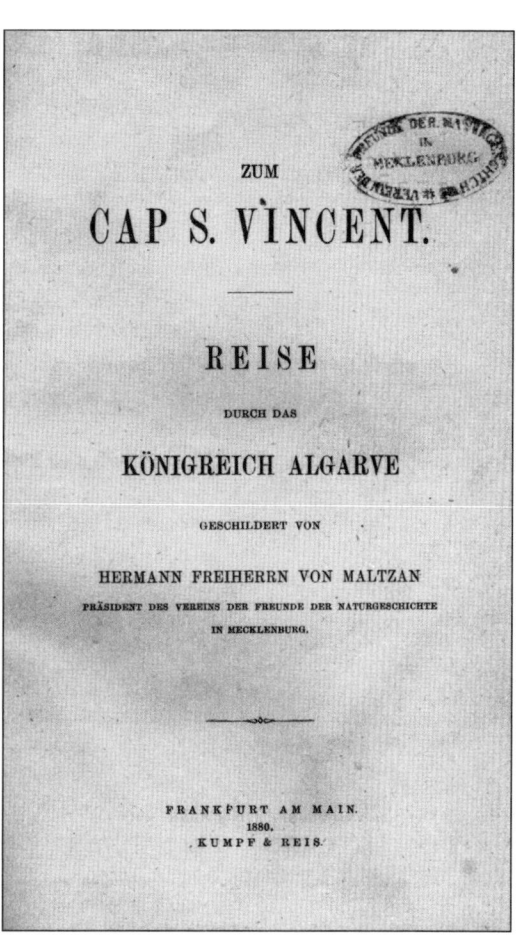

Titelblatt zum Bericht
von Hermann von
Maltzan über seine
Reise durch das
Königreich Algarve
(1880)

sind die Kriechtiere und giftigen Gliedertiere in ihrem eigentlichen Element. Unter locke-
rem Fels lauert der Scorpion mit dem grünlichen Tausendfuß auf die harmlose Beute.
Große schillernde Eidechsen sonnen sich auf durchglühtem Gestein. Aus den Felsspalten
lugt die grämliche Gestalt des Geko hervor, rötliche Nattern wiegen sich in den Zweigen des
Cistus.« Im Blick des Reisenden waren alle Gruppen der Fauna des Landes, obwohl natürlich Schnecken und Muscheln bei Bootsexkursionen entlang der Atlantikküste oder bei
Einstiegen in Höhlen das besondere Interesse fanden. Unübersehbar ist die bildhafte und
schöne Sprache, in der von Maltzan seine Eindrücke und Beobachtungen formuliert. Neben diesem Reisejournal publizierte er über seine wissenschaftliche Ausbeute in Fachzeitschriften, worin von ihm gleich mehrere neue Arten von Konchylien beschrieben werden.
Die gesammelten Exemplare aus der Tierwelt der Algarve wurden allesamt über die Naturalienhandlung verkauft.

Bereits im folgenden Jahr finden wir das Ehepaar in Westafrika; im Herbst 1880 besuchten sie Senegambien und kehrten 1881 nach Deutschland zurück. Auch dieses Unternehmen hatte natürlich den Charakter einer Forschungsreise unter vornehmlich zoologischen
Gesichtspunkten. Bewußt war das Ende der Regenzeit gewählt worden, weil sich in diesem

135

Jahresabschnitt die Fauna wohl am stärksten in ihrer Vielfalt den Forschungsreisenden präsentierte, wie sie von Maltzan beschrieb:»In der zweiten Hälfte der Regenzeit, wenn die Vegetation zur höchsten Entwicklung gelangt ist, tritt das Tierleben in das für den Beobachter interessanteste Stadium. … Unzweifelhaft ist dieser Zeitpunkt für den beobachtenden Zoologen von besonderem Interesse und der Berichterstatter schreibt die befriedigenden Resultate seiner Forschungsreise vorzugsweise der Ausnutzung dieser Periode zu.«

In seinem Bericht kommt deutlich die Zufriedenheit mit dem Erfolg der afrikanischen Forschungen zum Ausdruck, wobei wiederum die gesamte Fauna Senegambiens ins Auge genommen wurde. Bemerkt wird bereits für 1880, daß die Zeiten, in denen sich Elefanten in den Sümpfen »wie Schweine wälzten«, längst dahin seien. Das Reich der Vögel zeige aber eine große Mannigfaltigkeit bei erstaunlicher Individuenzahl und die Insektenwelt wäre durch die Schönheit der Schmetterlinge, aber auch die zahllosen Arten von Kleinkäfern, Termiten, Ameisen und Mücken ausgesprochen reich. Gewürdigt werden die verschiedenen Reptilien und die Fischfauna. Natürlich stehen die Mollusken im Mittelpunkt seines Interesses und dabei sowohl die marinen als auch die Binnenformen. Dazu urteilte er: »Die Meeresfauna ist im ganzen noch weniger untersucht, als die Landfauna. Hier findet der Zoologe ein unbegrenztes Gebiet für seine Forschungen. Eine eingehendere Untersuchung der Meeresfauna Senegambiens wird uns zweifellos über die geographische Verbreitung der Seetiere unerwartete Aufschlüsse geben.« Das Unternehmen wurde mit vielen neuen Beobachtungen und zahlreichen gesammelten Exemplaren der afrikanischen Tierwelt beendet. Von Maltzan stellte eine ganze Reihe neuer Arten von Schnecken und anderen Schalentieren auf; Fachkollegen in Deutschland und selbst England vermittelten in umfangreichen Publikationen ein Bild von den eindrucksvollen afrikanischen Sammelergebnissen. Der englische Forscher Edward J. Miers würdigte dabei auch die nach von Maltzan benannte Konchylienart »Heterocrypta Maltzani Miers«, womit dem leidenschaftlichen Forscher – wie auch mit anderen Benennungen – ein würdiges Denkmal in seiner Fachdisziplin gesetzt wurde.

Obwohl 1881 die Naturalienhandlung aufgegeben wurde, blieb das Ehepaar von Maltzan dem Naturinteresse und der Reiselust treu. Sie brachen 1883 zu einer erneuten Exkursion nach Griechenland, Kreta und dem Orient auf. In Athen waren sie Gäste im Hause des mecklenburgischen Archäologen aus Leidenschaft, Heinrich Schliemann, und planten auch einen Besuch seiner Grabungsstätte von Troja, der allerdings wegen widriger Verkehrsverbindungen mißlang. Kreta wurde zu Pferde erkundet und neben tiefen Eindrücken von der reizvollen Natur der Insel verschaffte das Sammeln von wiederum zahlreichen Schneckenarten den Reisenden offenbar so große Freude, daß ihnen das Unternehmen insgesamt volle Befriedigung brachte.

1885 wurde wieder Berlin der Wohnsitz der Barons von Maltzan und seiner Frau. Noch im gleichen Jahr besuchten sie die drei großen Mittelmeer-Inseln Korsika, Sardinien und Sizilien. Wiederum ging es um naturhistorische Beobachtungen und die Gewinnung von Sammlungsmaterial. In einer 1886 erschienenen Veröffentlichung stellte von Maltzan neue Schneckenarten vor, die auf Sardinien und Korsika entdeckt worden waren. Fraglos waren die Mollusken sein bevorzugtes Forschungsgebiet; daneben entdeckte er aber auch bei seinen Reisen eine »ansehnliche Zahl neuer Reptilien, Amphibien, Fische, Käfer, Kruster, Spinnentiere etc.«, wie Carl Struck 1892 in einer Würdigung schrieb. Damit gehörte Hermann von Maltzan zu der Gruppe von Zoologen im 19. Jahrhundert, die sich vor allem durch sammelnde Detailforschung große Verdienste um unser Wissen über die Natur er-

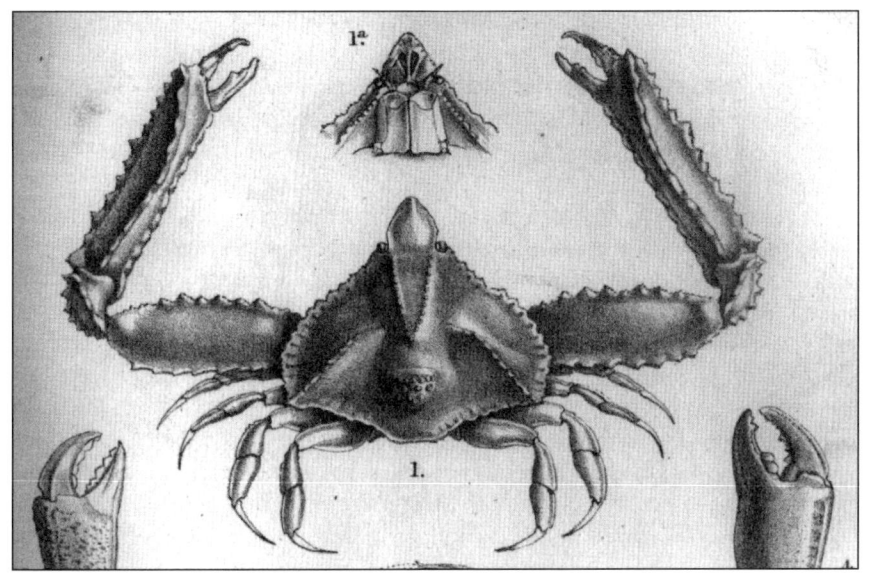

worben haben und den Inhalt dieser naturwissenschaftlichen Disziplin durch zahlreiche Einzelerkenntnisse bereicherten.

Obwohl nicht im Vollbesitz körperlicher Kräfte und seit der Jugend mit gesundheitlichen Problemen kämpfend, bewältigte von Maltzan ein umfangreiches Arbeitspensum. Seine Liebe zur Zoologie mit seiner Sammelleidenschaft, den dazugehörigen Reisen und einer beeindruckenden Publikationsmenge haben wohl sein Lebenswerk am nachhaltigsten bestimmt. Er war aber auch tätiges Mitglied zahlreicher – vor allem naturwissenschaftlicher – Gesellschaften und Vereine, teilweise aber auch anderer Gemeinschaften mit recht unterschiedlichen Anliegen, dem Geist seiner Zeit entsprechend. Aktiv beteiligte er sich an der Gründung eines deutschen Kolonialvereins, der auch ganz im Sinne imperialer Weltmachtbestrebungen des Deutschen Reiches 1882 ins Leben trat. Man kann ihn als einen der geistigen Väter der deutschen Kolonialbewegung ansehen. Mitglied war von Maltzan aber auch im Verein der Berliner Presse, im akademisch-dramatischen Verein und sogar Vorstandsmitglied der sozial orientierten Bewegung der Volkskaffee- und Speisehallen in Berlin. Seine Aktivitäten umspannten ein bemerkenswert weites Spektrum.

Neben seinen naturwissenschaftlichen Arbeiten hat er sich auch mit Musik und Harmonielehre, mit Kunstgeschichte, Literatur und dramatischen Arbeiten beschäftigt. Bereits als Kind spielte er sehr gut Klavier, später komponierte er Märsche, Musikpossen sowie Couplets. Als Autor verfaßte er einige Dramen und verschiedene Lustspiele, die in Berlin mit wechselndem Erfolg aufgeführt wurden. Verschiedene dieser Arbeiten sind erhalten, andere gingen während des II. Weltkriegs verloren. Unbeeindruckt von Rückschlägen engagierte sich von Maltzan für die Theaterarbeit und forderte in Aufsätzen und Vorträgen eine deutsche Volksbühne, da seiner Meinung nach die Schauspielkunst insbesondere für die Bildung des Volkes geeignet und bedeutsam sei. Hier zeigt sich, daß der Kreis der Interessen von Maltzans mit seiner Begeisterung für die Tierwelt und insbesondere die Konchylien nicht erschöpft war; auch Musik und Literatur gehörten zu seinem Leben und alle diese Felder in ihren Zusammenhängen machten die Kultur seiner bemerkenswerten Persönlichkeit aus.

Die rastlose Tätigkeit von Maltzans überforderte vermutlich häufig seine Kräfte; er hatte mit verschiedenen Leiden zu kämpfen. Wegen Problemen mit seinem Gehör mußte er sich in Berlin einer Kopfoperation unterziehen. Geplagt von einer bösen Entzündung im Gehirnbereich verstarb er nach dreiwöchigem schweren Krankenlager am 19. Februar 1891 im Alter von nur 47 Jahren. Unter großer Anteilnahme der Öffentlichkeit wurde er in Berlin am 23. Februar auf dem Dorotheenstädtischen Friedhof beigesetzt.

Friedrich von Maltzan war ein adeliger Privatgelehrter aus Mecklenburg, wie sie im 19.Jahrhundert auch in Deutschland öfter anzutreffen waren. Die weitgehende wirtschaftliche Ungebundenheit ermöglichte ein freies Studium der Natur bis hin zu Reisen in ferne Länder mit entsprechenden wissenschaftlichen Auswertungen, wie sie Alexander von Humboldt bereits am Beginn des Jahrhunderts unter großer Anteilnahme der gebildeten Kreise in Europa unternommen hatte. Unvergessen bleibt von Maltzan in seiner mecklenburgischen Heimat wegen der Begründung des »Naturhistorischen Museums für Mecklenburg in Waren«, das sich bis in unsere Tage dem Anliegen der Verbreitung von Kenntnissen über die Natur und ihren Schutz verpflichtet fühlt. Darüber hinaus hat er durch sein ansteckendes Interesse, seine Sammelleidenschaft und seine naturwissenschaftlichen Arbeiten – insbesondere im Zusammenhang mit seinen Reisen in andere Länder – zur Bereicherung der Kenntnisse über die Natur in Deutschland beigetragen.

Die meisten seiner naturwissenschaftlichen Arbeiten hat von Maltzan in Fachzeitschriften und Jahrbüchern wie dem »Archiv des Vereins der Freunde der Naturgeschichte in Mecklenburg« oder dem »Jahrbuch« bzw. »Nachrichtenblatt« der Deutschen Malakozoologischen Gesellschaft veröffentlicht. Neben dem Reisebericht »Zum Cap S.Vincent. Reise durch das Königreich Algarve« (Frankfurt a.M. 1880) erschienen verschiedene seiner literarischen Arbeiten vor allem während der achtziger Jahre in Berlin im Druck. Die umfassendste Biographie ist noch immer der Beitrag von Carl Struck »Hermann von Maltzan, Freiherr von Wartenberg und Penzlin« im Archiv d. Vereins d. Fr. d. Naturgesch. in Meckl., 45.Jahr (1891), II. Abt., S.138–150, Güstrow 1892.

Im Nordmeer, an den Küsten Grönlands und Spitzbergens: Die Unternehmen des Kapitäns Wilhelm Bade aus Wismar zur Erschließung der arktischen Regionen

Reinhard A. Krause

Das Leben des Kapitäns Wilhelm Bade ist geprägt durch ein außerordentliches Ereignis. Er war 1869/70 Teilnehmer der 2. Deutschen Nordpolar-Expedition. Diese Expedition wurde von Bremerhaven ausgehend mit zwei Schiffen durchgeführt, der GERMANIA und der HANSA. Bade war 2. Steuermann der HANSA, die im Oktober 1869 im Eis vor Ostgrönland zerquetscht wurde. Unter unglaublichen Umständen verbrachte er mit 13 Kollegen den Winter auf Eisschollen. Endlich, Mitte Juni 1870, nach 200 Tagen im Eis, konnten sich die Männer retten.

Bade hat sich trotz der lebensgefährlichen Erlebnisse dieser Expedition später als Protagonist der Polarforschung betätigt und sich mit verschiedenen handfesten kommerziellen arktischen Projekten befaßt. Zwei Dinge gilt es in diesem Zusammenhang zu verstehen. Wie kam es zu der Expedition, an der Bade beteiligt war, und wie ist das allgemeine Interesse an arktischen Aktivitäten und der Polarerforschung im ausgehenden 19. Jahrhundert zu bewerten?

Der Beginn der modernen Entdeckungsgeschichte der arktischen Regionen ist, so eigenartig es erscheinen mag, eng mit den europäischen Entdeckungen der tropischen Gebiete in Ostasien verknüpft. Die auf europäischen Märkten höchst begehrten Produkte ostasiatischer Herkunft wurden bis in das 16. Jahrhundert vorwiegend über arabische Zwischenhändler an das Mittelmeer gebracht und von dort aus weiter gehandelt. Mit der Umschiffung Afrikas und dem Erreichen der indischen Küste durch portugiesische Expeditionen 1497/98 begann der routinemäßige ostasiatische Seehandel; bereits um 1520 waren Sumatra und Indochina bekannt. Politische Entwicklungen zwischen den damaligen Hegemonialmächten Portugal und Spanien brachten es mit sich, daß auch die Holländer im Direkthandel mit Ostasien aktiv wurden. Darüber hinaus glaubten auch die Dänen, in diesem Metier Fuß fassen zu können. Um Konfrontationen zu vermeiden, suchte man nach alternativen Seewegen.

Ab 1594 begannen holländische Seeleute mit Versuchen, Eurasien nördlich zu umrunden. Diese Pläne mißglückten. Aber man fand Nowaja Semlja und Spitzbergen und sah die ungeheuren Mengen von leicht zu jagenden Bartenwalen. Diese Entdeckungen leiteten den Großwalfang ein, der bis in das 19. Jahrhundert eine erhebliche ökonomische Bedeutung hatte. Eine dänische Expedition wollte Ostasien über westliche Kurse erreichen und versuchte, Amerika im Norden zu umschiffen. Im übrigen waren es britische Unternehmen, die am ausdauerndsten Schiffe zur Suche der Durchfahrten sowohl nach Westen als auch nach Osten schickten. Zwar wurden solche Möglichkeiten nicht gefunden, dafür aber andere Verkehrswege etabliert, neue Walfanggebiete entdeckt, Handelsgesellschaften und Niederlassungen gegründet ,wie Muscowy Company 1553 oder Hudson's Bay Company 1670.

Mitte des 18. Jahrhunderts lebte die Vorstellung erneut auf, man könne über die Hudson Bay in den Pazifik gelangen. Entsprechende britische Unternehmen fanden statt. 1778 gelang James Cook ein echter entdeckungsgeschichtlicher Durchbruch: Er durchsegelte als erster die Beringstraße, wandte sich im Nordpolarmeer nach Osten und erreichte das Icy Cap (162° W), wo ihm Eis das weitere Fortkommen versperrte. Über die kanadischen Flüsse gelangte als erster John Franklin 1819 an das Nordmeer. Die berühmte Schiffsexpedition zur Auffindung der Nord-West-Passage, die derselbe Franklin 1845/47 leitete, berührte schon mittelbar das Schicksal des mecklenburgischen Kapitäns Wilhelm Bade. Franklin wollte über die inzwischen durch den Walfang gut bekannten Gewässer, wie die Davis Straße und den Lancaster Sound, einen Weg nach Westen finden. Seine hervorragend ausgerüstete Expedition erreichte aber ihr Ziel nicht, sondern ging vollständig mit 2 Schiffen und 129 Mann unter. Über 10 Jahre wurden unglaubliche Anstrengungen unternommen, um das Schicksal der Expedition zu erhellen. Daß in diesem Zusammenhang die Nord-West-Passagen entdeckt wurden und der kanadische Archipel vermessen werden konnte, waren Nebeneffekte der Suche.

In deutschen Ländern gab es seinerzeit ein erhebliches Interesse am Schicksal Franklins und an den Suchexpeditionen. Bade konnte sich übrigens 1875 noch mit einigen der legendären Kapitäne der Suchschiffe bekannt machen. Jemand, der sich an den theoretischen Überlegungen zur Auffindung der Expedition beteiligt hatte, war August Petermann. 1822 im Harz geboren, lebte er seit 1845 als Kartograph in England. 1855 ging Petermann nach Deutschland zurück und war als leitender Redakteur bei dem Verlagshaus Justus Perthes in Gotha tätig. Petermann galt als Experte für die arktische Geographie. Er hat die erste deutsche wissenschaftliche Polarfahrt initiiert und instruiert. Die Überschüsse aus Sammlungen zur Finanzierung dieser Fahrt bildeten den Grundstock zur 2. deutschen Nordpolarexpedition. Die wissenschaftliche Zielsetzung auch dieser Expedition ist allein durch Petermann festgelegt worden. Ihr Hauptzweck war die geographische Erforschung der Region. Eines der Ziele war die Erreichung des Nordpols. Der Weg dorthin sollte an der Ostküste Grönlands entlang führen, vor der man einen eisfreien Streifen vermutete (Küstenpolynia). Grönland selbst sollte sich nach Petermanns Vorstellung quer über das arktische Becken bis vor die Beringstraße erstrecken. Das zentrale arktische Becken hielt er für schiffbar. Diese Hypothesen waren umstritten. Hätten sie sich aber als richtig herausgestellt, wäre ihrem Urheber, sowohl wie den Entdeckungsreisenden, unvergänglicher Ruhm sicher gewesen.

Petermanns unermüdliche Agitation wäre 1866 beinahe durch die Aussendung einer staatlichen preußischen Expedition belohnt worden. Aber der Krieg mit Österreich machte die Planungen zunichte. Immerhin fanden Petermanns Initiativen in der deutschen Öffentlichkeit Anklang. Das Interesse an Forschungs- und Entdeckungsreisen war im allgemeinen schon sehr bedeutend. Hinzu kam das wachsende nationale Element: Deutsche mögen sich in diesem Zusammenhang auch bewähren und auszeichnen. Bades Engagement für das Polarabenteuer ist wesentlich auch aus dieser ideellen, patriotischen Stimmung abzuleiten.

Eduard Gustav Wilhelm Bade wurde am 20. Februar 1843 als Sohn des Rittergutbesitzers Bade in Hohen Wieschendorf bei Wismar geboren. Er starb unerwartet am 27. Juli 1903 im Krankenhaus in Rostock an den Folgen einer Operation am Mittelohr. Bade war damals eigentlich ein gesunder Mann; er wollte einen als harmlos eingestuften Eingriff noch hinter sich bringen, bevor er die Leitung einer schon arrangierten Nordlandreise übernahm.

»Einer, unser feister Untersteuermann, Herr Bade, Hätt manche Maid wie er, solch eine kräft'ge Wade, ….« hatte Gustav Laube anläßlich der Polartaufe 1869 gedichtet, als die Hansa den nördlichen Polarkreis übersegelte. Bade war von sportlicher, kräftiger Statur, was auch die Fotos von ihm zeigen. Er war als sechstes von acht Kindern auf dem Gut Hohen-Wieschendorf aufgewachsen. Bades Eltern besaßen dieses Gut ab 1833. Sie übergaben es 1860 ihrem ältesten Sohn Theodor und zogen nach Rostock, wo ihnen ein Haus gehörte.

Aus seinen Tagebuchaufzeichnungen von 1869/70 läßt sich entnehmen, daß Bade enge familiäre Bindungen hatte. Gedanken über die Heimat und seine Familie klingen hier mehrfach an. Besonders hat er an seiner Schwester Anna gehangen, die am 5. Oktober 1868 verstorben war. Unter dem 2. Oktober 1869 heißt es: »Die Sonne fängt an, immer saumseliger zu werden, kommt um 7 Uhr hinter dem Horizont herauf und verschwindet bald nach 5 Uhr. Während des Tages hält sie sich dann auch noch immer in der Nähe der Kimm auf. Wärme gibt sie nicht mehr, und ihr Licht blendet nicht mehr das Auge. In unserer Kajüte hört die Dämmerung während des ganzen Tages nicht mehr auf. Man kann beinahe melancholisch werden, um so mehr, da ich jetzt fortwährend zurückdenken muß an den entsetzlichen Verlust meiner Schwester Anna, die im vorigen Jahr am 5. Oktober so unerwartet uns genommen wurde.«

Über besondere Kindheits- oder Jugendereignisse sowie über seinen schulischen Werdegang wurde nichts überliefert. Offensichtlich ist er bereits als 14jähriger zur See gegangen. Hinweise darauf, auf welche Weise er zum Seemannsberuf kam, sind ebenfalls nicht bekannt. Aber Bades Aufzeichnungen ist zu entnehmen, daß er stolz darauf war, Seemann zu sein. Er hat seinen Beruf mit Enthusiasmus ausgeübt. Als er 1869 als zweiter Steuermann auf der Hansa fuhr, hatte er bereits wesentliche Teile der Weltmeere besegelt. Und ab 1874 zeichnete er seine Briefe mit »Capt. W. Bade«.

Am 20. Mai 1873 heiratete Wilhelm Bade seine Kousine Lulu Bade in Schwenkendorf. Am 3. März 1874 wurde dem Paar die Tochter Sara geboren. Weitere Kinder waren: Axel, geboren 1876; Else, geboren 1878; Heinrich, geboren 1883 und Lulu, geboren 1889. Lulu lebte noch im März 1958 in Waren Müritz. Briefe des Sohnes Axel aus dem Jahre 1958 sind eine wichtige Quelle dieser kleinen biographischen Skizze.

Es wurde bereits erwähnt, daß das Leben und Wirken von Wilhelm Bade ab 1870 wesentlich durch seine Erlebnisse im Zusammenhang mit dem Untergang der Hansa während der 2. Deutschen Nordpolar-Expedition geprägt war. Das Überleben der Schiffbrüchigen

Wilhelm Bade (1843–1903) im Polarpelz

141

wurde mehrfach in massiver Weise bedroht, was auch die Tagebücher widerspiegeln, die vom Kapitän der Hansa, Friedrich Hegemann, und dem 1. Steuermann, Richard Hildebrandt, hinterlassen wurden. Aus diesen Aufzeichnungen ist zu erkennen: In kritischen Situationen hat Bade seinen Mann gestanden. Er war bei gefährlichen Exkursionen und Jagden immer dabei und hat durch seine Haltung nicht unwesentlich zum letztendlich glücklichen Ausgang der Reise beigetragen.

In seinem Tagebuch hat auch Wilhelm Bade die Dramatik im Packeis für die Besatzung auf der Hansa beschrieben. Die Expedition wurde am 15. Juni 1869 in Bremerhaven feierlich verabschiedet und die beiden Schiffe liefen zunächst gemeinsam aus, verloren sich aber Ende Juli etwa bei 74° N und 12° W vor der Ostküste Grönlands. Die beiden Besatzungen waren auf sich selbst gestellt und kämpften gegen Kälte, Eis und Nebel. Bereits im September war die Hansa in den Eisschollen eingeschlossen und wurde am 18. Oktober durch Eisdruck zerdrückt, so daß sie aufgegeben werden mußte. Bade beschrieb die gewaltigen Wirkungen des Eises auf anschauliche Weise: Es »spaltete unsere Schutzwälle von Schnee und jungem Eis, und thürmte dasselbe ziemlich hoch auf. Jedoch längst gewöhnt an diese Gefahren, da das Eis täglich in Bewegung war, und uns das Singen, Stöhnen und Krachen längst zur gewohnten Musik geworden war, so glaubten wir auch diesmal nicht an das Schlimmste.« Aber es kam schlimmer. »Das Eis an Steuerbord thürmte sich hoch auf, die ganze Masse rückte drohend gegen die Breitseite des Schiffes an, und ich glaubte nicht anders, als daß dasselbe sofort zermalmt werden würde.« Das hoch gepresste Schiff senkte sich wieder, und war offensichtlich stark beschädigt. Wasser drang in die Laderäume, das trotz intensiven Pumpens nicht mehr zu bewältigen war. Lebensmittel, Brennmaterial, Rettungsboote, Instrumente, Waffen und andere lebenswichtige Dinge wurden auf das Eis gebracht. Die Besatzung richtete sich auf der Scholle in einem Schneehaus ein. Das ausgeschlachtete Wrack ging am 31. Oktober vor der Liverpool-Küste, 71° N, infolge der Eispressung verloren.

Grimmigen Frost, schneidenden Winden, anhaltenden Schneestürmen und dem Druck gewaltiger Eisberge trotzend, meisterten die Männer die Situation bis Anfang Januar. Gerade zum Jahreswechsel gab es aber eine der gefährlichsten Situationen mit der Zertrümmerung der Eisscholle, auf der das Haus der Schiffbrüchigen stand. Die Männer waren der Verzweiflung nahe und Bade berichtete am 3. Januar in seinem Tagebuch: »Wir befinden uns in einer äußerst bedenklichen Lage, und der Tod schreitet in fürchterlicher Gestalt auf uns zu. Während ich dies schreibe, ist es 2 Uhr Nachmittags, vielleicht schon nach zwei Stunden ist keiner mehr von uns am Leben. Unser Eisfeld ist in der Zertrümmerung begriffen, und wird zusehends kleiner, das Verderben naht sich mit fürchterlicher Schnelligkeit, und wird die Scholle unserer Ansiedlung mit zertrümmert, dann sind wir so gut wie verloren. Das Schreckliche unserer Lage wird noch erhöht durch den fürchterlichen Schneesturm, der nun schon fast ununterbrochen über eine Woche anhält, im Freien zu sein ist fast unmöglich, und um uns sehen können wir natürlich gar nicht. … Wir fühlen und hören in unserem Hause, das jetzt tief unter dem Schnee vergraben liegt, und wohin selbst das Heulen des Sturmes nicht mehr dringt, wie die Scholle sich zerstückelt, wir lauschen mit banger Sorge auf das Knattern und Krachen des Eises … Unsere Boote sind gleichfalls tief unter dem Schnee vergraben, und können wir diese im Falle der Katastrophe auch nicht retten, da wir selber oft bis unter die Arme in den immer höher werdenden Schnee einsinken …« Die Männer überlebten diese und andere Gefahren, mußten aber bald ihr erstes Haus aufgeben und sich vor allem in den Booten auf dem Eis einrichten.

Die Schonerbrigg
HANSA,
gebaut 1863/64

Von der nach Süden entlang der Ostküste Grönlands driftenden Scholle hatten die Schiffbrüchigen häufig Land in Sicht und es wuchs die Hoffnung, sich aus den Eismassen zu befreien, zumal die Temperaturen milder wurden, wobei das Leben in der kalten Einöde ungeheuer belastend blieb. In sein Tagebuch schrieb Bade am 27. Februar: »Wir haben schon eine rechte Eskimonatur, und das ist unser Glück, nur darf eine solche Kälte nicht allzulange anhalten. Da wir keine Betten mehr haben, kann es sehr leicht angehen, daß dem Einen oder Andern eines guten Morgens Hände und Füße erfroren sind, oder er selbst dem Erstarren nahe ist. Für uns wäre es noch der größte Triumph, wenn wir alle wieder nach Hause kämen, daß Keiner fehlte, was meines Wissens noch keiner Expedition geglückt ist. Wir sind in dieser Woche wenig getrieben, haben ungefähr fest gelegen, befinden uns heute 64° 24' Nordbreite, immer schönes klares Wetter, die Nächte große Nordlichter...«

Erst am 7. Mai lockerte sich die Dichte der Packeisfelder so auf, daß die Männer ihre Scholle auf 61° 12' Nord nach genau 200 Tagen mit ihren Booten in Richtung Küste verlassen konnten. Sobald sich offene Wasserflächen zeigten, versuchte man der Gefangenschaft des Eises zu entkommen. Veränderte Eislagen erzwangen immer wieder extrem anstrengende Transporte der Boote über das Eis, so daß nur kleine Distanzen zurückgelegt wurden. Hunger, Kälte und Nässe zermürbten die Männer zusehends. Erst vier Wochen nach Aufbruch von ihrer Wohnscholle erreichten sie die der Grönländischen Küste vorgelagerte Insel Illuidlek, von wo aus sie weiter nach Süden in der Hoffnung vordrangen, bald Eskimos zu treffen. Mit jedem Tag nahm die Dichte der Eisberge und Schollen ab. Am 13. Juni erreichten die 14 Männer Friedrichsthal (Narsaq Kujalleq), nahe der Insel Sedlevik an der Südküste von Grönland, wo sich Missionare der Herrnhuter Brüdergemeinde zusammen mit ihren Familien und Eskimos niedergelassen und eine feste Siedlung gegründet hatten. Das war die lang ersehnte Rettung der Schiffbrüchigen, die dort mit großer Herzlichkeit aufgenommen wurden.

In seinem Tagebuch notierte Bade über die Aufnahme in Friedrichsthal, daß »die Leute vor Gutherzigkeit gar nicht wissen, was sie uns Alles für Liebeserweisungen anthun sollen. Wenn unsere Ankunft in Europa nur den hundertsten Theil von dieser Freude und

Theilnahme erzeugen würde, wollten wir ungemein zufrieden sein. Auch die Bewirthung überstieg alle unsere Erwartungen. Ich hatte geglaubt, daß man uns von den stinkenden Häringen vorsetzen würde, welche die Weiber zum Trocknen auf dem Platze ausgestreut hatten … Statt dessen aber gaben uns die guten Leute glücklicher Weise zu essen, wie wir es zu Hause gewohnt waren, eine Mahlzeit drängte die andere. Es gab Kaffee, Thee mit Zucker und Ziegenmilch. … Pfannkuchen, gebackenes Obst, schöne europäische Butter, obgleich schon zweijährig; frisch gebackenes Brodt, wir schwelgten wie im Himmelreich.«

Die Heimreise traten die deutschen Seeleute mit dem dänischen Segelschiff Constance an und erreichten Kopenhagen am 1. September 1870. Wenige Tage danach wurden sie in Hamburg mit großer Freundlichkeit und in Anerkennung ihrer seemännischen Leistungen begrüßt. Erst nach dem Abklingen des Siegestaumels nach der Schlacht von Sedan im Deutsch-Französischen Krieg 1870/71 fand ihre Rückkehr auch in der Öffentlichkeit zunehmende Beachtung und Bade äußerte: »Wenn nun auch von uns, den Männern der Hansa, dem deutschen Volk nichts weiter zurückgebracht wurde, wie das nackte Leben, so erfüllt es uns doch mit Stolz, daß gleich wie auf dem Schlachtfelde deutscher Muth und Tapferkeit den Sieg davon trägt, so auch im Kampfe mit den Elementen deutsche Beharrlichkeit und Ausdauer Alles überwindet.«

Was tat Bade nach der Rückkehr von der abenteuerlichen Polarreise? Die Informationen zur Beantwortung dieser Frage sind sehr lückenhaft. 1870/71 hat er viele Vorträge über seine Polarabenteuer gehalten. Im Konzertsaal des großherzoglichen Schauspielhauses in Schwerin sprach er vor der »Elite des höchsten Adels und dem Hofe«. Mit dem Großherzog selbst hatte er eine längere Unterredung. Im Februar 1871 sprach er deutlich aus, daß er in die Marine überzuwechseln wünschte, wo bereits der 1. Steuermann der Hansa, Richard Hildebrandt, ein Unterkommen gefunden hatte. Offensichtlich waren seine diesbezüglichen Bemühungen aber nicht von Erfolg gekrönt. Im März 1874 schrieb er an Moritz Lindeman, daß er noch immer beim Baltischen Lloyd in Stettin beschäftigt sei. »…Wir wohnen in Swinemünde und es geht uns hier ganz gut.« In diesem Schreiben ist auch die Rede von mehreren Vorträgen, die er in Mitteldeutschland gehalten hatte.

1875 ernannte die Bremer Geographische Gesellschaft Bade zum korrespondierenden
Mitglied. Im folgenden einige Sätze aus seinem Dankesbrief, die in sachlicher Hinsicht
interessant sind, weil darin zum Ausdruck kommt, aus welchen Motiven und mit welchen
Erwartungen er sich an der Polarforschung beteiligte und welche Achtung ihm darüber
hinaus offensichtlich von englischer Seite entgegen gebracht wurde: »Seitdem ich in England war, ist der Wunsch wieder heftiger in mir rege geworden, zur Ehre des deutschen
Namens der arktischen Forschung wieder zu dienen. ... ich will hier nur meine persönliche Meinung dahin aussprechen, daß wohl niemals eine Expedition ausgelaufen ist, und
wieder auslaufen wird, die so ausgestattet ist wie die nun fortgegangene Englische. Es muß
eine Wonne sein, mit solchen Schiffen und solchen Mitteln zu arbeiten. Ein Gefühl der
Bitterkeit überkam mich bei dem Gedanken, daß wir von der deutschen Regierung nicht
die Hälfte der Mittel erreichen können, die das generöse England ... bewilligt. Das Entge-
genkommen, welches ich in Portsmouth fand ... war ein sehr herzliches. Der Admiral Mc.
Clintock führte mich persönlich und zeigte mir Alles, der junge Deutsche ... war zwischen
der Elite der ergrauten englischen Nordpolfahrer ein gern gesehener Gast – die 8 Monate
lange Schollenfahrt zwang ihnen Respekt ab.«

Aus dem zitierten Brief erfährt man auch, daß Bade zwar noch vorübergehend in Swinemünde lebte, er aber nicht mehr im Dienste des Baltischen Lloyd stand. Weiter heißt es
dort: »... läßt sich bis zum Winter keine andere Beschäftigung finden, werde ich dann
nochmals versuchen, das Interesse im deutschen Binnenlande durch Vorträge zu erwek-
ken.«

Seine Vortragsreisen setzte er bis in die 80er Jahre hinein fort. Um das Auftreten eines
Doppelgängers gab es eine regelrechte Presseschlacht. Der Mann hatte unter Bades Namen
bereits in Städten Vorträge gehalten, die der wirkliche Bade erst noch zu besuchen gedach-
te. Tatsächlich mußte sich Bade damals von der Bremer Geographischen Gesellschaft, von
Moritz Lindeman, Identifikations- und Legitimationsdokumente ausfertigen lassen!

Zum besseren Verständnis der Badeschen Biographie, insbesondere in den 70er Jahren,
noch das Folgende: Schon ab 1871 war man in Bremen damit beschäftigt, Pläne zur weite-

ren Ostgrönlandforschung auszuarbeiten. Die Erfahrung und die Männer, um solche Unternehmen durchführen zu können, waren vorhanden. Insbesondere weil der hohe wissenschaftliche Wert und das große Interesse an solchen Unternehmungen unbestritten war, lebten Bade und seine Kollegen jahrelang in der Hoffnung auf eine 3. deutsche Polarexpedition und ihre Teilnahme an diesem Unternehmen. Die Bremer Protagonisten für eine solche Initiative suchten die Unterstützung der Berliner Gesellschaft für Erdkunde. Das vor allem auch deshalb, weil eine neue Form der Finanzierung für die Expedition gefunden werden mußte. Die Befürchtung der Berliner, die Bremer Polarforschung könnte staatliche Mittel abschöpfen, die die Gesellschaft für Erkunde für ihre Afrikaforschung einsetzen wollte, blockierte aber eine gedeihliche Zusammenarbeit. Auch mit einer Eingabe an den Bundesrat konnte sich der Bremer Polarverein 1875 nicht durchsetzen.

Es hat den Anschein, daß Bade jahrelang auf die Einnahmen aus seiner Vortragstätigkeit angewiesen war, die aber gleichzeitig auch eine Werbeveranstaltung für die Polarforschung war. Seit 1880 war er Inhaber der Fischhandlung »Ostseefischerei Wendorf« in Wismar geworden. Über Umfang und Erfolg dieses Geschäftes ist nichts bekannt. Im Jahre 1891 muß Bade allerdings über gute Verbindungen und einen gewissen finanziellen Spielraum verfügt haben, wenn man die Richtigkeit der Erinnerungen seines Sohnes Axel unterstellt, der 1958 schrieb: »... und es gelang ihm, die nordische Hochseefischereigesellschaft mit dem Sitz in Mühlheim Ruhr zu gründen. ... Um die Qualität und Quantität der auf Spitzbergen, das damals noch Niemandsland war, vorkommenden Kohle festzustellen, charterte mein Vater im Sommer 1891 den gerade fertiggestellten Fischdampfer AMELY von der Firma Droste, Gehrels und Co., Bremerhaven, der im Laderaum mit mehreren Wohnkabinen eingerichtet wurde und fuhr mit einem Bergingenieur und einigen Aktionären zum erstenmal nach Spitzbergen. Dortselbst wurde in mehreren Buchten sehr gute Kohle anscheinend in ausgiebiger Menge und leicht zu fördern im Tagbau festgestellt. Da aber bei den Aktionären Zweifel entstanden, daß durch die große Entfernung und, wie man damals annahm, nur im Sommer eine Arbeitsmöglichkeit wäre, wohl kaum auf eine Rentabilität zu rechnen sei, so löste sich die Gesellschaft wieder auf. Bei den Teilnehmern dieser kleinen Expedition fanden die Schönheiten der Polarregionen eine große Begeisterung, und beschloß mein Vater, Passagierfahrten nach Spitzbergen zu arrangieren ...« Die nordische Hochseefischereigesellschaft, von der oben die Rede ist, wurde tatsächlich erst 1892 gegründet, so daß die Mitfahrer von denen Axel Bade spricht, vermutlich Aktionäre »in spe« waren.

Als sicher darf man annehmen, daß Bade die Idee und die Initiative zur Gründung der Gesellschaft geliefert hatte. Leider wurden bisher keine Geschäftsunterlagen der Gesellschaft aufgefunden. Über Bades Rolle innerhalb der Gesellschaft herrscht ebenfalls keine Klarheit. Ihre bunt zusammengewürfelten Statuten sind allerdings erhalten. Danach gehörten Walfang, Polartourismus, Hochseefischerei und Bergbau in arktischen Gebieten zu den Unternehmenszielen.

Die Mühlheimer Gesellschaft brachte im November 1892 einen Walfangdampfer, die GLÜCKAUF in Fahrt, der interessanterweise so eingerichtet war, daß er anschließend an die Walfangsaison als Fischdampfer verwendet werden konnte (Fischereikennung LK 1). In ihrer ersten Fangsaison, 1893, sollen von der GLÜCKAUF 17 Wale geschossen worden sein. Die erbeuteten Wale wurden zu einem Betrieb nahe Tromsö (Nordnorwegen) geschleppt. Parallel zu den Walfangaktivitäten wurde unter Bades Leitung eine Nordlandreise veranstaltet, zu der der Dampfer ADMIRAL von der deutschen Ostafrikalinie gechartert worden war (71

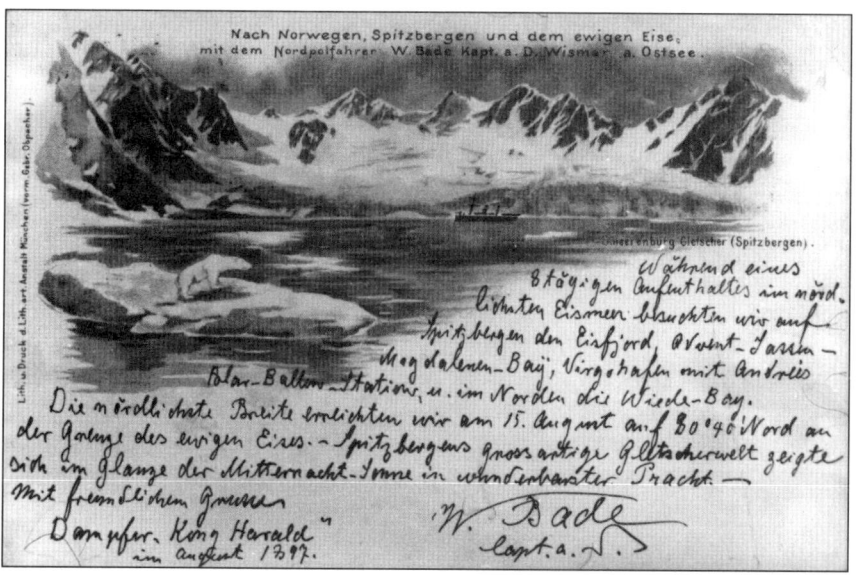

Mann Besatzung, 70 Passagiere). Die Schiffe trafen sich vor der norwegischen Küste und die Passagiere auf der ADMIRAL konnten aus einiger Entfernung beobachten, wie durch die von der GLÜCKAUF abgefeuerten Explosivharpune ein Buckelwal erlegt wurde.

Die ADMIRAL ging noch bis Spitzbergen hinauf, wo nebenbei weitere Kohleproben gezogen wurden. Offenbar schätzte man aber in Mühlheim die Geschäftsrisiken eines Abbaues als zu hoch ein. Es kam jedenfalls nie zu deutschen Bergbauaktivitäten auf Spitzbergen. Vielmehr löste sich die Gesellschaft Ende 1893 oder im Frühjahr 1894 schon wieder auf.

Die von Bade geleiteten Reiseveranstaltungen sind dagegen zweifellos erfolgreich gewesen. In den folgenden Jahren charterte er vom Norddeutschen Lloyd Bremen auf eigene Rechnung die Schwesterschiffe STETTIN und DANZIG. Beide Reisen wurden von Kapitän Wempe geführt. Die Schiffe waren ursprünglich als Ostasien-Zubringer konzipiert, wurden aber später im Mittelmeer eingesetzt. Bade wählte 1895 die DANZIG als Kreuzfahrtschiff, die bei der Eröffnung des Kaiser-Wilhelm-Kanals als Hotel gedient hatte. Die dafür gemachten Einbauten ermöglichten nun die Mitnahme zusätzlicher Passagiere.

Mit der DANZIG gab es vor Spitzbergen eine schwere Havarie, die zwar für die Passagiere folgenlos war, aber offenbar die Geschäftsbeziehungen zum Norddeutschen Lloyd belastete; jedenfalls hat Bade anschließend Schiffe norwegischer und finnischer Reedereien gechartert: 1896 die ERLING JARL, 1897 die KONG HARALD und ab 1902 die eisverstärkte finnische OIKONNA.

Interessanterweise sind die Badeschen Polarreisen mehrfach durch Teilnehmer literarisch dargestellt worden, so die Reise mit der AMELY von Max Graf von Zeppelin (Stuttgart 1892) und von Leo Cremer (Berlin 1892); die Reise mit der ADMIRAL von Friedrich Plass (Hamburg 1894) und W. Lategan (Mühlheim an der Ruhr 1894) sowie die Reise mit der EARLING JARL von Georg Wegener (Berlin 1897).

1900 hatte Bade eine Jagdreise in das Gebiet zwischen Spitzbergen und Franz Joseph Land mit dem norwegischen Fangdamper HERTHA organisiert. Sein Sohn Axel berichtete über diese Reise, daß sich unter den Passagieren auch italienische Aristokraten befanden,

Postalischer Sonder-
stempel zur Erinne-
rung an Wilhelm
Bade aus dem Jahr
1983

denen es hauptsächlich darum ging, als erste den nach zweijähriger Expedition mit der STELLA POLARE zurückkehrenden Herzog der Abruzzen begrüßen zu können.

Bevor im Juli 1903 die zweite Reise mit der OIKONNA beginnen konnte, verstarb Bade. Sein Sohn Axel (Firma Kapt. Bades Söhne) hat dann mit diesem Schiff noch bis 1906 weitere Reisen unternommen. 1907 charterte er den neu eingerichteten Dampfer THALIA vom Österreichischen Lloyd, 1908 die norwegische ANDENÄS. Es ist bedauerlich, daß sich auch Axel Bade nicht weiter über den Geschäftserfolg dieser Reisen äußerte. Er liquidierte das Polartouristik-Unternehmen 1908. Bades touristische Nordland- und Polarreisen (Exkursionen) seit dem Jahr 1893 hatten Pioniercharakter. Zwar führte die Hamburg- Amerika-Linie 1891 ihre erste Mittelmeer-Orient-Kreuzfahrt durch, begann aber mit Nordlandfahrten erst 1894.

Wilhelm Bades Leben war ereignisreich. Seine Vorträge zu der Polarexpedition 1869/70 und seine Werbung für die Polarforschung, besonders aber die Durchführung seiner touristischen Polarreisen, haben ihn damals über Deutschlands Grenzen hinaus bekannt gemacht. Das allein hätte aber vermutlich nicht ausgereicht, das Interesse an seiner Person so lange lebendig zu halten. Der Grund für Bades Popularität ist zunächst seine Beteiligung an der Gründung der Mühlheimer »Nordischen Hochseefischerei-Gesellschaft«, die speziell für Walfanghistoriker immer noch von großem Interesse ist. Als noch bedeutender erwies sich etwas, das damals eher eine Nebensächlichkeit war. Bade hatte in einer Auflage von jeweils 1000 Stück verschiedene Vignetten speziell für die Polarfahrten drucken lassen – man könnte diese als Reklamebriefmarken bezeichnen – und dazu auch Postkarten mit Werbeaufdruck. Beide sind unter Philatelisten international hoch begehrte Sammlerobjekte. Um Herkunft und Auflage dieser Marken und Karten zu ergründen, haben sich passionierte Sammler immer wieder mit dem Kapitän Wilhelm Bade aus Mecklenburg befaßt. Auf diese Weise führen seine Spuren bis in die Gegenwart.

Tagebücher und schriftliche Materialien zu Wilhelm Bades Leben und seinen Unternehmen befinden sich im Archiv der Stadt Wismar und im Deutschen Schiffahrtsmuseum Bremerhaven. Ch. Kindler veröffentlichte in den Wismarer Beiträgen, Heft 4, Wismar 1987 einen Beitrag zum Nachlaß von Wilhelm Bade. Reinhard A. Krause publizierte unter dem Titel »Zweihundert Tage im Packeis« authentische Berichte der HANSA-Männer der deutschen Ostgrönland-Expedition 1869 bis 1870 (mit sehr ausführlichen Tagebuchaufzeichnungen von Wilhelm Bade) im Ernst-Kabel-Verlag Hamburg 1997. Viele Informationen sind enthalten in Klaus Barthelmes: »Mühlheimer Walfanggesellschaft im Eismeer« in: Mühlheim an der Ruhr – Jahrbuch '89, sowie vom gleichen Autor »Kommentierte Bibliographie zur Biographie Kapitän Wilhelm Bades« in: Polarphilatelie e.V. Mitteilungsblatt 1 / 1990.

Bernhard Funk –
Ein Neubrandenburger in der Südsee

Peter Maubach

Es gab viele Gründe für Mecklenburger, im 19. Jahrhundert ihr Heimatland zu verlassen. Die einen waren nach der Aufhebung der Leibeigenschaft dazu gezwungen, wenn es auch paradox klingt, weil ihre »Freisetzung« mit »kein Hüsung« haben verbunden war. Andere fielen der Demokratenverfolgung zum Opfer. Sie mußten sich eine neue Heimat suchen, die liberaler war, in der sie ihre demokratischen Ansprüche – denn die waren bei den Mecklenburgern mehr als bescheiden – realisieren konnten. Aber es gab auch Menschen, denen die Abenteuerlust im Blute floß, denen das Land zu eng war, die mehr kennenlernen wollten, als über den heimischen Tellerrand zu sehen war.

Unbestritten ist, daß viele Mecklenburger im 19. Jahrhundert in die Fremde gingen, ganz gleich, ob es ökonomische, politische oder persönliche Gründe waren, die sie dazu trieben. Und sicher ist es auch, daß es lohnt, dem Wirken von Mecklenburgern in anderen Ländern nachzuspüren, die ihnen eine Heimat wurden. Was haben sie in die Entwicklung dieser Länder eingebracht, welche Spuren finden sich heute noch?

Was für Bernhard Funk der Grund war, 30 Jahre seines Lebens auf den Südseeinseln, und insbesondere auf Samoa zu verbringen, läßt sich im Detail kaum nachvollziehen. Aber Spuren lassen sich immer finden, ganz gleich, ob sie im jeweiligen Land vorhanden sind, die man auf den Ursprung »Mecklenburg« zurückführen kann – erinnert sei an die ersten Denkmale für Fritz Reuter, die nicht in Mecklenburg, sondern in Amerika standen – oder ob es Zeugnisse in der alten Heimat gibt, die die immerwährende Verbundenheit mit ihr belegen.

Die Vorfahren des Bernhard Funk wanderten im 18. Jahrhundert in Mecklenburg-Strelitz ein, in ein Land, in dem in Folge des 30jährigen Krieges eine Situation entstanden war, die Neusiedlern Möglichkeiten bot, eine neue Existenz aufzubauen. Landwirte waren es, die sich hier niederließen. Nicht alle Söhne der Zuwanderer sahen aber ihre Zukunft auf dem Lande. Einige studierten Jura oder Medizin und siedelten sich in den Städten an. Bernhard Funks Großvater war Jurist und ein geachteter, aber von seinen Gegnern auch gefürchteter Advokat.

Der Vater unseres »Samoa-Doktors«, Hans Ludwig Wilhelm Bernhard Funk, studierte Medizin und ließ sich 1839 in Neubrandenburg nieder. Auf Grund seiner fachlichen Qualität und seiner Verdienste um das Medizinalwesen wurde er 1852 zum Landphysikus für das Amt Stargard und die Stadt Neubrandenburg durch den Großherzog ernannt. Seine Mutter, Auguste Friederike Adolfine, war die Tochter des Neddeminer Pastors, Ernst Heinrich Ferdinand Brückner, und stammte aus der berühmten Neubrandenburger Gelehrtenfamilie Brückner, die auch mit Caspar David Friedrich und Philipp Otto Runge verschwägert war. Sie starb kurz nach der Geburt ihres siebenten Kindes.

Bernhard Funk wurde am 8. August 1844 in Neubrandenburg geboren. Er war der Erstgeborene dieser Ehe und wuchs in einem harmonischen Elternhaus behütet auf. Sicher war der Umgang der Kinder in der Großfamilie Brückner/Funk/Boll auch ein geistig anregender, denn Kultur, Geschichte und Wissenschaft erlebten alle in ihrer unmittelbaren

Dr. Bernhard Funk
(1844–1911)

Umgebung. Die Traditionen des Bildungsbürgertums wurden gepflegt; Natur- und Heimatverbundenheit waren wesentliche Elemente der Erziehung. Seine schulische Ausbildung erhielt Bernhard Funk am Neubrandenburger Gymnasium, das er am Michaelistag 1866 mit Erfolg abschloß, um in Berlin und Tübingen bis 1870 Medizin zu studieren.

Als im Juli 1870 mit der Kriegserklärung Frankreichs an den Norddeutschen Bund der Deutsch-Französische Krieg ausgelöst wurde, begann auch die medizinische Praxis des Dr. Bernhard Funk. Als Unterarzt waren die Verwundeten dieses Krieges seine ersten Patienten. Er arbeitete unter dem berühmten Professor von Langenbeck, der durch seine Operationskunst und Erfolge in der plastischen Chirurgie einen großen und guten Ruf hatte. So wurde der Krieg zu einem grausamen Lehrmeister für den jungen Arzt, was sicher auch sein Leben mit prägte. Aus dem preußischen Heeresdienst entlassen, nahm er vorübergehend eine Stellung in Herzfelde bei Berlin an.

Lag ihm nun der Unternehmungsgeist im Blut, worauf Berichte aus seiner Kindheit schließen lassen, oder war ihm die Heimat fremd geworden – wir wissen es nicht. Aber Anfang der 70er Jahre vertauschte er seine gesicherte Existenz und begann als Schiffsarzt bei einer Hamburger Reederei, die die Hamburg-Amerika-Linie betrieb. Ende der 70er Jahre nahm Bernhard Funk eine Anstellung bei dem bekannten Hamburger Handelshaus Godeffroy an, welches ausgedehnte Besitzungen in der Südsee hatte und einen bedeutenden Handel betrieb. Das Handelshaus brauchte einen Arzt zur medizinischen Betreuung seiner Angestellten in der Südsee. Dort angekommen, lernte er ein junges Mädchen kennen, das mit ihrer Mutter zusammenlebte. Der Mittdreißiger dachte nun auch an die Gründung einer Familie. 1881 heiratete er in Sydney Leonore Hayes. Ob ihm bekannt war, daß sein Schwiegervater, Bully Hayes, ein damals bekannter und berüchtigter Pirat war, läßt sich vermuten, denn dieser gebürtige Amerikaner, der in dieser Zeit die Seewege der Südsee unsicher machte, war damals in aller Munde. In der Reiseliteratur dieser Zeit finden wir immer wieder auch Schilderungen über Bully Hayes »Wirken«. In einem Bericht des Dr. Siegfried Genthe heißt es: »Apia ist so glücklich, noch ein paar Gefährten des berühmten Südseemannes aufzuweisen, Leute, die den großen Bully Hayes noch persönlich gekannt haben, jenen famosen Seeräuber und Wegelagerer des großen Ozeans, der fast ein halbes Jahrhundert lang diese ungeheure Wasserfläche mit ihrem spärlichen Schiffverkehr unsicher gemacht wie ein chinesischer Pirat die südasiatischen Gewässer. Hayes hatte viele Jahre hindurch hier sein Hauptlager in der samoanischen Hauptstadt, und zur Zeit, als die deutschen, amerikanischen und englischen Kriegsschiffe noch nicht zu den dauernden Erscheinungen des hiesigen Hafens gehörten, pflegte der große ›Gentleman Pirate‹ hier anzulaufen und sich von seinen Schandtaten zu erholen, von denen die Kunde immer erst auf Umwegen und lange Zeit nach seiner Abfahrt hierher gelangte.«

150

Die junge Familie des Bernhard Funk wurde in Apia seßhaft, und am 18. Oktober 1881 wurde ein Sohn geboren, den man auf den Namen Conrad taufte. Die Ehe hielt aber nicht lange, schon 1882 wurde sie geschieden. Bernhard Funk behielt seinen Sohn; was aus Eleonore Funk geworden ist, darüber gibt es keine Nachricht.

Bernhard Funk war 1881 von der Handelsgesellschaft Godeffroy entlassen worden, so daß die Einrichtung einer Privatpraxis für ihn notwendig wurde. Zu diesem Zeitpunkt begann auch der Aufbau eines deutschen Hospitals in Apia. In den Akten des Reichskolonialamtes vom Juli 1882 findet sich die folgende Mitteilung: »Ich kann nur dringend beführworten für erkrankte Offiziere und Mannschaften von hier stationierten S. M. Schiffen, welche ausgeschifft werden müssen von jetzt ab das gegenwärtig in der Einrichtung begriffene Deutsche Hospital, für welches ein gewisser Fonds von seiner Majestät dem Kaiser, aus Strafgeldern der Samoaner herrührend, allergnädigst gewährt worden ist, zu benutzen. Das Hospital wird, ... noch während der Anwesenheit S. M. Aviso ›Möwe‹ soweit fertig sein, daß einige Kranke aufgenommen werden können ... Die Behandlung der Kranken und die Verpflegung übernimmt der hiesige Municipalitätsarzt Dr. Funk, ein Deut-

Senitima, Bernhard Funks zweite Ehefrau

scher. Derselbe hat gegen freie Wohnung, im Erdgeschoß des Hospitals, sich zur freien Behandlung der Kranken und Zubereitung der Arzneien und Verpflegungsmittel verpflichtet. Er ist verheiratet. Beim Abgang der Kriegsschiffe zurückgelassene Kranke werden von Dr. Funk behandelt. Derselbe hat eine ziemlich gute Ausrüstung von Arzneien, Instrumenten und Medikamenten. Er kennt aus eigener Erfahrung aus dem Kriege 1870/71 den preußischen Militairlazareth Dienst.«

Interessant ist auch die Schlußbemerkung in diesem Bericht: »Mit der Fertigstellung und Eröffnung des Hospitals würde etwas Positives Deutsches geschaffen sein, die erste gemeinnützige öffentliche Einrichtung. Alle anderen öffentlichen Institutionen ... sind nicht deutsch.« Für Bernhard Funk bedeutete dieses Hospital eine günstige Voraussetzung für eine Privatpraxis und ein festes Einkommen.

Im März 1883 hatte sich jedoch eine neue Situation ergeben: »Die mit dem seiner Zeit für die Deutsche Handels und Plantagen Gesellschaft herausgekommenen und bald darauf von Herrn A. Godeffroy entlassenen, deutschen Arzt Dr. Funk getroffene Vereinbarung wegen Beaufsichtigung des Hospitals und Verpflegung der Kranken habe ich wieder aufheben müssen. Dr. Funk theilte mir mit, daß er in kurzer Zeit nach Tonga zu gehen beabsichtige, er zeigte in letzter Zeit wenig Interesse mehr für das Hospital und hielt Haus und Inventar nicht in guter Ordnung. Als er in das Hospital einzog war er verheiratet, ist aber später geschieden worden, so daß er als alleinstehender Mann auch nicht im Stande sein würde eine ordentliche Verpflegung für die Kranken zu liefern. Dr. Funk hat die Wohnung im Hospital am 31ten Januar d. J. geräumt ...«

*Samoa-Insulaner
(Foto aus der Funk-
schen Sammlung)*

Ob die Absicht, nach Tonga zu übersiedeln, mit dem Kennenlernen seiner zweiten Frau zusammenhing oder warum er seine Übersiedlung nicht realisierte, läßt sich heute nicht mehr nachvollziehen. Fest steht, daß er wenig später nach seiner Scheidung die Tochter des Häuptlings Talea, Senitima, heiratete. Dieses samoanische Mädchen war blutjung und eine Schönheit, von der alle Besucher schwärmten. Sie wurde Dr. Funk eine liebende Gattin und dem kleinen Conrad eine treusorgende Mutter. Bernhard Funk erweiterte nun seine Privatpraxis, in der sowohl einheimische Samoaner als auch die Beschäftigten der englischen, amerikanischen und deutschen Plantagenbesitzer und Handelshäuser behandelt wurden. Als 1893 die Auseinandersetzungen um den Kolonialbesitz der Inseln zwischen England, Deutschland und den USA begannen, finden wir Bernhard Funk nicht beteiligt. Die Auseinandersetzungen zwischen den englischen und deutschen Interessen wurden durch die Favorisierung verschiedener Stammeshäuptlinge in Gang gebracht. Funk sah die Schürung der Konflikte zwischen den Samoanern, die von außen hineingetragen waren, mit sehr viel Mißtrauen, da er sich durch seine Heirat unmittelbar in diese einbezogen sah. In der Zeit der Auseinandersetzungen hatte er vor allem samoanisches Hilfspersonal mit medizinischen Kenntnissen ausgerüstet, um Kriegsfolgen zu lindern. 1899 wurden endlich die Konflikte um die Kolonisierung der Inseln beendet und Samoa aufgeteilt. Deutschland wurde Westsamoa zugesprochen und die USA erhielten Ostsamoa. Nach der Beruhigung der Verhältnisse konnte sich auch Dr. Funk seinen eigentlichen Intentionen wieder intensiver widmen.

Schon unmittelbar nach seiner Arbeitsaufnahme auf Samoa hatte Bernhard Funk begonnen, Wetteraufzeichnungen zu machen. So legte er den Grundstein für eine systematische meteorologische Beobachtung auf den Inseln, die heute noch durch eine Wetterstation, die nun die UNO betreibt, fortgesetzt wird. Hervorzuheben sind auch seine Forschungen zu Krankheitsbildern auf den Inseln. Dabei waren es vor allem Untersuchungen zu Ursachen und Krankheitsverlauf der Elephantiasis, die zu dieser Zeit sehr verbreitet war. Des weiteren beschäftigte er sich mit den durch die Europäer eingeschleppten Krankheiten, die auf die Urbevölkerung mitunter eine verheerende Wirkung hatten. Bernhard Funk war immer daran interessiert, daß Ausländer, die sich längere Zeit auf der Insel aufhielten, auch den direkten Kontakt zur Inselbevölkerung hielten. Dazu erarbeitete er ein Wörterbuch: Samoanisch – Deutsch – Englisch. Er selbst sprach fließend samoanisch.

Besonders hatte es ihm die einheimische Kultur angetan. In seinem Haus wurden samoanische Sitten und Gebräuche gepflegt, was manchen Besucher irritierte. In dem Buch »Der Kampf um Deutsch-Samoa« (1938) von Otto Riedel heißt es: »Zu dem Personal der Hauptagentur gehörte auch der Arzt Dr. Funk, der in Samoa völlig verwurzelt gewesen ist und nicht nur als Betreuer unserer Gesundheit und der unserer Arbeiter und Angestellten, sondern auch als der samoanische Wetterwart und wichtigster Gehilfe aller Wissenschaftler, die zu uns kamen, seine Verdienste hatte. Er hatte sich hinter seinem europäischen Haus noch zwei echte Samoahütten bauen lassen, in denen er gelegentlich wohnte und auch sehr hübsche Feste gab.«

Die Beschäftigung mit der Kultur der Insulaner brachte ihn zu einer intensiven Sammlungstätigkeit von Zeugnissen der Lebensweise sowie der Sitten und Gebräuche der Samoaner. Die immer noch während Verbundenheit zu seiner Vaterstadt Neubrandenburg führte dazu, daß er diese Sammlung durch Schenkung und Verkauf an das Neubrandenburger Museum, das 1872 gegründet worden war, weitergab. Ursprünglich bestand die Sammlung aus etwa 250 Exponaten. Leider sind ungefähr zwei Drittel der Sammlung verlorengegangen. Trotzdem ist der erhaltene Teil beachtlich. Der Ethnologe Frank R. Reiter, der die Sammlung 1995 wissenschaftlich neu bearbeitete, äußerte sich dazu wie folgt: »Bei den im Regionalmuseum Neubrandenburg vorhandenen Ethnographica aus Ozeanien, die zum überwiegenden Teil 1894 durch Ankauf und 1902 durch Schenkung von dem in Neubrandenburg gebürtigen Arzt

Maske von Nord-neuirland (Papua-Neuguinea) aus der Sammlung von Bernhard Funk

Dr. Bernhard Funk erworben wurden, handelt es sich um eine bemerkenswerte Sammlung von Kulturgut einzelner Inselgruppen Melanesiens und Polynesiens. In besonderem Maße vertreten sind Objekte von den Samoa-Inseln und aus dem Bismark-Archipel. Die noch vorhandenen Bestände – nahezu zwei Drittel der ursprünglich inventarisierten Sammlung sind verlorengegangen – geben zwar keinen umfassenden Überblick über die traditionelle materielle Kultur dieser Inselgebiete, sondern erfassen nur einzelne Lebensbereiche, doch angesichts des relativ frühen Erwerbsdatums dokumentieren sie Elemente dieser Kulturen in der Entwicklungsphase, die sie zur Zeit des ersten intensiven Kontaktes mit Europäern erreicht hatten. Abgesehen von einigen wenigen Modellanfertigungen handelt es sich um Gegenstände, die noch in ihrem kulturellen Zusammenhang mit teilweise traditionellen (metallosen) Werkzeugen hergestellt und gebraucht wurden. Besonders herausragend sind die Masken des Malaggan-Komplexes, die in ihrer Qualität und Erhaltung als museale Kostbarkeiten anzusehen sind. Insgesamt ist die Sammlung von erheblichem kulturhistorischen Wert.«

Bereichert wird die Sammlung noch durch Großfotos, die zwischen 1895 und 1905 entstanden und wertvolle Bilddokumente des Insellebens und der Kolonialzeit darstellen. Somit wird deutlich, daß es bei der Sammlung Dr. Bernhard Funks nicht um etwas Exotisches für die »Heimat« ging, sondern um Dokumentationen der Kultur und Lebensweise der Südsee, in die er sich selbst integriert hatte. Daß der Kolonialismus sehr wenig für die Entwicklung dieser Länder tat, belegt auch die Tatsache, daß er seinen Sohn nach Neubrandenburg in die Obhut seiner Verwandtschaft gab, um ihm eine ordentliche Ausbildung

zukommen zu lassen. In einem Brief an seinen Vetter schrieb er dazu: »Der Begriff ›Erziehung‹ ist hier ein Traumgebilde, der selbst bei den meisten europäischen Ansiedlern dunkel ist und ihnen durchaus fern liegt. Die Kinder besuchen zwar die hiesigen, mehr als mangelhaften Schulen der englischen bigotten Missionare und der stock-katholischen jesuitischen Mission, aber von einer wirklichen Erziehung ist nicht weiter die Rede. Daher hier ein stummes Kopfschütteln dieser dunklen Bande, als ich meinen Jungen, anstatt ihn hier in ihre Station zu liefern, aufs Schiff setzte und ihn nach Hause schickte.«

Zu Beginn des Jahres 1911 begab sich Dr. Bernhard Funk nach Berlin in ärztliche Behandlung. Es sollte für ihn ein Abschied von Samoa für immer sein. Am 8. April 1911 verstarb er nach »langer schwerer Krankheit«, wie es in der Todesanzeige heißt, fern von seiner neuen Heimat in Berlin. Die Beerdigung fand am 12.4.1911 in Neubrandenburg statt.

Vielleicht war es sein Wunsch, neben dem Schotten Robert Louis Stevenson seine letzte Ruhestätte in Apia zu finden, der fern von Schottland dort seine »Schatzinsel« gefunden hatte und dort 1894 auch verstorben war. Das ist sicher Spekulation. Aber daß er mit den Südseeinseln fest verwurzelt war, belegt ein Auszug aus

Grabstein für Bernhard Funk auf dem Neubrandenburger Friedhof (seit 1988 unauffindbar)

Titelblatt des Buches von Bernhard Funk »Kurze Anleitung zum Verständnis der Samoanischen Sprachen« (Berlin 1893)

»The Cyclopedia of Samoa«, die 1907 in Sydney erschien: »Dr. Bernhard Funk in Apia gehört zu den seit langer Zeit in Samoa ansässigen Europäern, und es gibt keinen Menschen auf diesen Inseln, der größere Popularität genießt. Seiner vertrauten Erscheinung – Zigarre im Mund und Spazierstock in der Hand – kann man fast jeden Tag am Strand begegnen. Als fähigen Arzt und zuverlässigen, jovialen Freund würde man Dr. Funk sehr vermissen, wenn er Samoa jemals den Rücken kehren würde. Doch das kommt für ihn nicht in Frage. Er liebt dieses Land, ist mit ihm fest verwurzelt, und ein Verlassen der Inseln, auf denen er ein Vierteljahrhundert seines Lebens verbracht hat, wäre für ihn ebenso schmerzlich wie für seine vielen Freunde. Dr. Funk ist eine herausragende Persönlichkeit und aus Samoa nicht wegzudenken.«

Neben seinen medizinischen und metereologischen Aktivitäten entstand im Zusammenhang mit der völkerkundlichen Arbeit von Bernhard Funk eine »Kurze Anleitung zum Verständnis der Samoanischen Sprache«, Berlin 1893. Über sein Leben und Wirken erschien 1970/71 in Göttingen die bisher umfangreichste Darstellung von Bernhard Funk im »Carolinum« (Jg. 36 und 37) in zwei Teilen.

Träume im Tropenlicht:
Die Reiseabenteuer der Malerin und Forscherin Elisabeth Krämer-Bannow

Anna Pytlik

Die mecklenburgische Malerin und Forscherin Elisabeth Krämer-Bannow beteiligte sich am Beginn des 20. Jahrhunderts an drei aufsehenerregenden Expeditionen. Zusammen mit ihrem Ehemann dem Arzt und Südseeforscher Augustin Krämer, erkundete sie zwischen 1906 und 1910 zahlreiche Inseln im Pazifik. Die Ausbeute dieser Reisen: jede Menge Feldnotizen, Tagebücher, Skizzen, Aquarelle, ethnographische Objekte und das photographische Werk befinden sich heute in verschiedenen deutschen Museen. Ihrem Ehemann Augustin Krämer ermöglichten diese frühen Reiseabenteuer in die exotische Ferne den Ein- und Aufstieg in den heimischen Wissenschaftsbetrieb: zuerst als Direktor des Linden-Museums in Stuttgart, dann von 1919 bis 1933 als Lehrbeauftragter und Professor für das Fach Völkerkunde am Geographischen Institut der Universität Tübingen. Das Werk und die Arbeit der nur »mit«-gereisten Ehefrau geriet in Vergessenheit, verschwand meist ungenannt in den zahlreichen Publikationen ihres Mannes. Sie starb am 9. Januar 1945 in Stuttgart und wurde dort im Familiengrab der Krämers beigesetzt. Heute, 90 Jahre nach ihren ungewöhnlichen Reisen, soll ihr Beitrag zur Wissenschafts-, Reise- und Photogeschichte gewürdigt werden.

Elisabeth Krämer-Bannow bei der Dokumentationsarbeit während der Hamburger Südsee-Expedition 1909/10 auf den Palau-Inseln, im Hintergrund der einheimische Dolmetscher William Gibbon

155

Versammlungshaus auf den Palau-Inseln (Karolinen, Mikronesien). Die reliefartig geschnitzten und bemalten Giebel sowie die Balken im Innern wurden in akribischer Detailarbeit von Elisabeth Krämer-Bannow auf ihrer ersten (1906/ 07) und dritten (1909/10) Südseereise dokumentiert. (Aquarell von Elisabeth Krämer-Bannow)

Cherchez la femme – oder wer war die Frau hinter Augustin Krämer?

Elisabeth Krämer-Bannow wurde am 29. September 1874 in Wismar geboren. Sie stammte aus gutbürgerlichem Hause. Ihr Vater, Dr. Adolph Bannow, war mit Charlotte Beckmann, der Tochter eines Apothekenbesitzers, verheiratet. Die Bannows, von Haus aus Zimmerleute, lebten seit 1809 in der See- und Hansestadt. Der Großvater mütterlicherseits, Carl Beckmann, kam ursprünglich aus Pommern. Am 1. Januar 1852 kaufte er die Löwen-Apotheke in Wismar und betrieb ein angesehenes Geschäft, das nach seinem frühen Tod von der Witwe noch bis 1875 weitergeführt wurde. Zu diesem Zeitpunkt war Enkelin Elisabeth ein Jahr alt. Über ihre Kindheit und Jugend ist bislang kaum etwas bekannt. Ihr Vater, ebenfalls Apotheker, machte in Berlin Karriere, wurde Professor und schließlich Direktor einer Chemiefabrik.

Vermutlich ist auch Elisabeth Bannow dort aufgewachsen und wurde entsprechend der damaligen Mädchenbildung in den Tugenden und Fähigkeiten unterrichtet, die höhere Töchter erst gesellschaftsfähig machten: Klavierspielen, Singen, ein wenig Zeichnen und Aquarellieren und an Lektüre nur so viel, daß es nicht in Blaustrümpfigkeit ausartete. Ihr Hang zur Kunst schien ausgeprägt. Ob sie je wirklich eine akademische Kunstausbildung absolvierte, ist zu bezweifeln, zumal am Ende des 19. Jahrhunderts solch ein Studium für sie kaum möglich war. Wollte eine Frau damals die künstlerische Laufbahn einschlagen, mußte sie meist mit teuren Privatschulen vorliebnehmen, wurde vom Aktmalen ausgeschlossen, konnte sich in der Regel nur den typischen Sujets wie Porträt- und Blumenmalerei oder den gering geachteten kunstgewerblichen Richtungen zuwenden. Erst im 20. Jahrhundert öffneten sich die Kunstakademien allmählich für Frauen. Auch jegliches andere Studium war Elisabeth Bannow damals in Deutschland verwehrt. Bis 1893 bestand an den Mädchenschulen keine Möglichkeit, das Abitur zu machen, die Zugangsvoraussetzung für die Universität. Die Hochschulen öffneten sich danach nur sehr zögerlich und erst unter massivem Druck. Preußen war schließlich das letzte Land, das 1908 endlich auch Frauen zum Studium zuließ.

Doch da befand sich Frau Krämer-Bannow schon auf ihrer zweiten Forschungsexpedition. Ein Glücksfall für sie, denn wissenschaftliche Betätigung ermöglichten damals meist nur aufgeschlossene Väter, Brüder oder Ehemänner. Der Marinearzt Augustin Krämer (1865–1941) galt laut seinem Biographen Dietrich Schleip schon vor seiner Begegnung mit Elisabeth Bannow in den einschlägigen Kreisen als vielversprechender Südseeforscher. Mehrere langjährige Fahrten hatte er hinter sich und sein umfangreiches Werk über die Samoainseln publiziert. Seit der Heirat 1904 unterstützte ihn seine Ehefrau. Scheinbar selbstlos, war sie von Anfang bis Ende ihrer Ehe eine fleißige und tüchtige Assistentin. Nachforschungen über das Leben solch ergebener Ehefrauen beginnen deshalb auch immer mit der Biographie des Mannes. Privates und Persönliches hat sie kaum hinterlassen. Bruchstückhaft rekonstruierbar anhand von Notizen, Skizzen und Bildern sind nur ihre drei großen Reisen. Dabei schrieb sie wenig über Probleme, Entbehrungen und Ängste dieser risikoreichen Touren. Überhaupt verschwieg sie gar zu empfindsame Regungen gerne. Zwei Jahre nach ihrer Heirat führte sie ihre erste gemeinsame Studienreise in die Südsee: Ein riesiger Ozean mit Tausenden von unerforschten Inseln. Ihr Ziel waren damals die Karolinen, benannt nach dem spanischen König Karl II. Das riesige Inselgebiet, zunächst spanische Kolonie, unterstand seit 1899 deutscher, seit dem I. Weltkrieg japanischer Herrschaft. Das Forscherehepaar Krämer war Anfang des 20. Jahrhunderts dem kolonialen Denken der Zeit verhaftet. Dennoch galt ihr Interesse mehr der Erhaltung traditioneller Lebensweisen in den eroberten Gebieten, weniger deren Vernichtung. Im Gegenteil. Sie verschrieben sich ganz der wehmütig-romantischen, typisch europäischen Suche nach unberührten, vermeintlich im Urzustand verbliebenen oder vom Untergang bedrohten Kulturen. Dies zeigte sich auch in ihrer beständigen Angst, möglicherweise zu spät zu kommen. Die Befürchtung, der letzte wissende Häuptling könnte just verstorben sein, trieb sie zu einem gehetzten Arbeitsstil, ständiger Zeitdruck überschattete ihre Reisen.

Versammlungshaus (Aquarell von Elisabeth Krämer-Bannow)

Für die Auswertung des reichlichen Materials nach sieben Monaten harter Arbeit blieb ihnen zu Hause jedoch keine Zeit. Augustin Krämer übernahm kurz darauf die Leitung der Deutschen Marine-Expedition in Neu-Mecklenburg, später Neu-Irland genannt, heute eine zu Papua Neuguinea gehörende Insel. Allerdings stellte er die Bedingung, daß seine Frau ihn als Assistentin begleiten müsse. Damit war Elisabeth Krämer-Bannow auf ihrer zweiten Südseereise von 1908 bis 1909 für die Erforschung des Frauenalltags und die visuelle Dokumentation zuständig.

Die Ergebnisse ihrer Arbeit veröffentlichte sie in Form einer unterhaltsamen Reisebeschreibung. Schließlich wollte sie ja der wissenschaftlichen Bearbeitung ihres Mannes nicht vorgreifen. Danach sollte es mehr als 20 Jahre dauern, ehe eine akademisch ausgebildete Ethnologin, die US-Amerikanerin Hortense Powdermaker, diese Region untersuchte. Somit ist ihr Buch einer der wenigen frühen Berichte aus Sicht einer Forscherin. Der heute diskriminierend wirkende Titel: »Bei kunstsinnigen Kannibalen der Südsee« macht zweierlei deutlich: zum einen die Abhängigkeit von Verlegern und den Zwang, mit reißerischen Titeln Verkaufserfolge zu erzielen. Zum anderen aber doch eine feine Ironie der Verfasserin, die damit auf die einzigartigen und bewunderungswürdigen Produktionen der melanesischen Kulturen verweist. Die Würdigung dieser Holzschnitzereien als Kunst war damals neu. In den Metropolen Europas begann gerade die Entdeckung unbekannter ästhetischer Formen. Avantgardistische Künstlergruppen wie »Les Fauves« in Paris oder die Malergemeinschaft »Brücke« in Dresden ließen sich ab etwa 1905/6 durch außereuropäische Objekte, vor allem aus Afrika und Ozeanien, zu epochemachenden Kunstwerken inspirieren.

Küstenlandschaft der Truk-Inseln (Karolinen, Mikronesien) mit Auslegerboot. Ein Reisefahrzeug, das zwischen den vielen kleinen Inseln verkehrte. (Aquarell von Elisabeth Krämer-Bannow)

Die Forschungssituation der Ethnologen, die sogenannte »Feldarbeit«, war um die Jahrhundertwende methodisch und theoretisch wenig ausgereift. Augustin Krämer, ein ausgebildeter Naturwissenschaftler, begann seine Karriere als Schiffsarzt in den deutschen Kolonien. Wie seine Frau war auch er Autodidakt auf ethnologischem Gebiet. Zur damaligen Zeit eine durchaus gängige Berufskarriere, kamen doch viele der frühen Ethnologen aus fachfremden Disziplinen oder hatten keine akademische Ausbildung. Die Völkerkunde als eigenständiges Fach etablierte sich in Deutschland erst während des 20. Jahrhunderts an den Hochschulen. Die Arbeitsteilung des Forscherehepaares im »Feld« war klar. Er befaßte sich mit allen exakten Vermessungen und Bestandsaufnahmen sowie mit den Befragungen einheimischer Informanten zum Bereich der »geistigen Kultur«. Seine Ehefrau dokumentierte das eher Sichtbare, sprich die »materielle Kultur«. Außerdem, warum hier aus der Not nicht eine Tugend machen? Sie konnte sich schließlich leichter als ihre männlichen Kollegen Zugang zum weiblichen Lebensalltag verschaffen und wurde deshalb für die Frauenforschung eingesetzt. Merkwürdigerweise schien ihr Geschlecht bei der Untersuchung männlicher Bereiche keine große Rolle zu spielen. Obwohl der Zutritt zu den heiligen Bezirken und den geheimen Kultgegenständen für die einheimischen Frauen bei Todesstrafe verboten war, schien dieses Tabu die fremde weiße Frau nicht zu betreffen. Wagte sie es doch, die vor Frauenaugen verborgenen Objekte abzuzeichnen, ohne letztendlich Schaden zu nehmen. Sehr selten erwähnt sie Konfliktsituationen. Spuren von leichten Zweifeln und schlechtem Gewissen lassen sich nur ahnen, wenn sie ihre unerwünschte Teilnahme an manchen Festen oder ihr gewaltsames Eindringen an verbotenen Orten eingestand.

Laut Lehrbuch wurde die wichtigste Methode in der Ethnologie, die teilnehmende Beobachtung, von Bronislaw Malinowski (1884–1942) während seines Forschungsaufenthalts im I. Weltkrieg auf den Trobriand-Inseln entwickelt. Noch unbewußt und unreflektiert arbeitete Elisabeth Krämer-Bannow auf ihren Reisen bereits ähnlich. Augustin Krämer plädierte zwar für längere Aufenthalte an einem Ort, mindestens jeweils ein Jahr hielt er für

nötig, doch im Gegensatz zu seiner Frau bediente er sich im »Feld« einer reichlich distanzierten Arbeitsweise. Ein wichtiger Grundgedanke der teilnehmenden Beobachtung, nämlich als »Unwissender« in der fremden Kultur von und mit den Menschen zu lernen, war für ihn nicht denkbar. Ganz anders seine Ehefrau. Beim Dokumentieren war sie gezwungen, sich in einer behutsamen und zeitintensiven Art den Einheimischen zuzuwenden: »In der ersten Zeit blieben Malen und Zeichnen meine Hauptbeschäftigung. Dies eignete sich auch besonders gut zur Annäherung an die scheuen, zurückhaltenden Menschen. Dadurch, daß ich, um ein Bild zu vollenden, des öfteren in ein Dorf kam, mich still und unbekümmert um die Menschen zur Arbeit setzte, gewöhnten sich sogar die Weiber an mich, die ja besonders unzugänglich sind.« Welch ein Unterschied zu der Arbeitsweise des Künstlers Emil Nolde, der mit seiner Frau Ada ebenfalls diese Region bereiste. Nolde nahm als Maler und Ethnograph 1913/14 an der medizinisch-demographischen Expedition des Reichskolonialamts nach Neuguinea teil. Auf einem seiner Streifzüge beschrieb er das Porträtieren eines Einheimischen so: »Ich zeichnete ihn und malte. Zur Rechten neben mir lag der gespannte Revolver und hinter mir stand, den Rücken deckend, meine Frau mit dem ihrigen, ebenfalls entsichert.«

Ihre aktive Teilnahme an den Frauenarbeiten, sei es nun Körbe flechten oder Taro, eine Wurzelknolle, kochen, ließen sie die unbekannten Techniken spielend erlernen. Auch entstanden so die nötigen Kontakte und das allmähliche Vertrauen der Frauen. Als sie ihren männlichen Dolmetscher durch einen weiblichen ersetzen konnte, waren auch Befragungen zu Geburt, Schwangerschaft und ähnlich intimen Themen möglich. Visuelle Produktionen, wie die realistische Malerei und die vermeintlich dokumentarische Photographie, sind in starkem Maße, genau wie Texte auch, von den Sichtweisen der Produzenten abhängig, folglich können keine objektiven Reisebilder entstehen. Dennoch versuchte Elisabeth Krämer-Bannow die Erwartungen an wirklichkeitsgetreue Abbildungen zu erfüllen. Häufig genug verzweifelte sie jedoch an diesen Bemühungen. Nach ihrem eigenen Eingeständnis war es nicht möglich, die Schönheit und Üppigkeit der Landschaft, die Tier- und Pflan-

*Junger Mann
von den Truck-Inseln
(Karolinen, Mikro-
nesien)
(Photographie von
Elisabeth und
Augustin Krämer)*

zenwelt nur annähernd wiederzugeben oder gar die Menschen mit ihrer besonderen Kultur zu erfassen. Sich dieser Mängel sehr wohl bewußt, versuchte sie mit einer Kombination aus farbigen Aquarellen, schwarzweißen Photographien und eher technisch orientierten Skizzen einen umfassenden Eindruck der Fremde zu vermitteln.

Über ihre dritte und letzte Reise von 1909 bis 1910 hat Elisabeth Krämer-Bannow nichts unter ihrem eigenen Namen veröffentlicht. Obwohl jetzt sogar offizielles Mitglied im Forschungsteam der Hamburger Südsee-Expedition, läßt sich ihre Arbeit in der fast 30bändigen Ausgabe der wissenschaftlichen Ergebnisse nur mit Mühe wiederfinden. Augustin Krämer erwähnt zwar stets die Hilfe seiner Frau. Warum sie nicht als Koautorin erscheint, begründet er so: »Nicht allein Zeichnen und Malen war ihr Feld, sondern auch in der Erforschung des Lebens der Frauen, deren Arbeit, Wirtschaft, Kochkunst usw. verdanke ich ihr so viel, daß ich manches Kapitel eigentlich unter ihrem Namen bringen müßte. Wenn ich dies nicht tue, so ist es, weil ihre Beobachtungen und Anregungen auch sonst überall mit in meine Arbeit hineinspielen.«

Die ungeheure Ausbeute dieser Forschungen wurde vor allem im zweiten Jahr gewonnen, als Augustin Krämer im Sommer 1909 die Leitung der Expedition übernahm. Dem Ehepaar reichte die Zeit nicht einmal für eine Heimreise. Nahtlos war der Übergang von einer Forschungsreise zur anderen. Wieder fuhren sie in das Gebiet der Karolinen. Vor allem die Palau-Inseln und die faszinierende Architektur dieser Region sollten näher erforscht werden. Es galt die geheimnisvolle Ornamentik der reichverzierten Versammlungs- und Männerklubhäuser, die sogenannten »bai«, zu entschlüsseln. Wie die Krämers feststellten, gab es rund 150 solcher Gebäude, heute allerdings fast keine mehr. Taifune, Erdbeben, Kriege, koloniale Auswirkungen und nicht zuletzt das Verschwinden sozialer und politischer Einrichtungen vernichteten diese phantastischen Bauten. Die Häuser wurden damals unter Anleitung eines Baumeisters und mit Hilfe einer Männergruppe aus dem Nachbardorf erstellt. Aufsichtführende Häuptlinge überwachten die Einhaltung der traditionellen Zeremonien. Geschichtskundige Alte gaben die Vorlagen und das Wissen zu den reliefartig geschnitzten Bildergeschichten an die Jüngeren weiter. Die Balken- und Giebelgraffitis berichteten von allerhand Mythen, Märchen und Alltagsgeschichten. Sie waren eine Art illustrierte Chronik, in der Spaß, Scherz, Frivolitäten, Geschichte und moderne Berichterstattung eine bunte Mischung eingingen. Kein Wunder, daß die Kunstavantgarde in Deutschland sich von derlei Leichtigkeit und Spontanität begeistern ließ. Die »Brücke«-Maler setzten die ästhetische Bildersprache der geschnitzten und bemalten Holzbretter, die sie in den völkerkundlichen Museen sahen, direkt in ihre Werke um. Die Kunsthistorikerin Karla Bilang führt in ihrer Dissertation (1981) typische Merkmale des frühen »Brücke«-Stils, wie den flächigen Figurenverlauf, die zeichenhaften Kürzel für Umrißlinien, bestimmte Bewegungsmotive und eine strenge Flächenbildung, auf die Auseinandersetzung der Künstler mit den Palau-Reliefs zurück. Der Maler Max Pechstein ging sogar so weit, die alten romantischen Südseeträume der Aufklärer wiederzubeleben. Auf der Suche nach der Einheit von Mensch und Natur reiste er 1914 mit seiner Frau Lotte nach Palau.

In akribischer Detailarbeit hielt Elisabeth Krämer-Bannow die wundersamen Bildergeschichten für die Nachwelt fest. Sie zeichnete hunderte dieser Bretter, formte die Reliefs mit nassem Papier nach und goß dann diese Abbildungen mit Gips aus. Das umfangreiche Material läßt die magisch-pittoreske Formenvielfalt einer längst vergessenen Baukunst erahnen. Auch in dieser Region war die Forscherin wieder für Frauenfragen verantwortlich. Ihre einzelnen, verstreuten Aufschriebe, im Werk ihres Mannes untergebracht und namentlich oft nicht kenntlich, wirken seltsam blaß, ja farblos. In der Art technischer Arbeitsanleitungen zum Herstellen von Grasschürzen, Körben und sonstigem Flechtwerk erinnern sie eher an langweilige Handarbeitsstunden, denn an aufregende Südseefahrten. Unklar bleibt auch der Gesamtumfang ihrer Beiträge. Ein unveröffentlichtes Tagebuch von ihr gibt über das enorme Arbeitspensum

Auskunft. Kurz und knapp werden hier ereignisreiche neun Monate auf wenigen Seiten dargestellt. Zwar sind es keine Texte im Sinne empfindsamer Literatur oder gar selbstreflexiver Gedankengänge, dennoch finden sich darin wichtige Informationen. Häufig beschreibt sie ihre Zeichenarbeit, darüber hinaus jedoch auch, und das ist nun wirklich eine Überraschung, ihre photographische Tätigkeit. Glaubt man ihren Notizen, hat sie jede Menge Photos aufgenommen. Fast hundert Jahre später ist natürlich kaum mehr feststellbar, wer welches Bild ablichtete. Auch stellt sich die Frage, wie sinnvoll ein solcher Rekonstruktionsversuch wäre. Angesichts eines gemeinschaftlich erstellten photographischen Werks sollten für solche Koproduktionen beide Namen erwähnt werden, zumal die Photogeschichte Deutschlands nur wenige Reisephotographinnen vor 1910 kennt. Die beschwerliche Kunst der Lichtbildnerei auf Reisen wurde erst durch den Einsatz der Gelatinetrockenplatten seit etwa 1880 erleichtert. Aber immer noch mußten große, schwere Plattenkameras aus Holz mit ins Gelände geschleppt werden. Sicherlich mit ein Grund, warum, von wenigen Ausnahmen abgesehen, sich Frauen hier so selten betätigten.

Bei der Namensnennung ethnographischer Sammlungen tauchen ähnliche Probleme auf. Hatten Ehepaare Objekte mitgebracht, wurden sie meist automatisch unter dem Namen des Mannes in den Museumsunterlagen verbucht. Häufig genug waren jedoch beim Zustandekommen der Handels- und Tauschgeschäfte die mitgereisten Ehefrauen beteiligt. Auch Elisabeth Krämer-Bannow erstand Material, mit der sich die Frauenarbeiten der verschiedenen Inselgruppen belegen ließen. Bemerkungen in ihrem Tagebuch verdeutlichen, daß sie das Jagdfieber packte, wenn sie besonders schönen oder möglichst authentischen Stücken auf der Spur war. Beim Abschied von der Insel Fais am 18.10.1909 bemerkte sie stolz: »... ich packte zusammen, ergatterte zum Schluß noch 2 sehr gute Matten und einen feinen Männerschurz ...«

Das Bedauern über das Verschwinden der traditionellen Lebensformen auf den besuchten Inseln wird gegen Ende ihrer letzten Reise immer deutlicher. 1910 mokiert sie sich über die Nähmaschinen, die Wellblechbuden mit ihrem »liederlichen europäischen Hausrat« und die erbärmliche westliche Kleidung. Das Wissen über die alten Handwerks- und Kunsttechniken wurde letztendlich durch ihre Arbeit in europäischen Bibliotheken und Museen konserviert, ging aber vor Ort verloren. Obwohl sie die Grundintentionen der Kolonialpolitik nicht in Frage stellte, übte sie an verschiedenen Stellen immer wieder Kritik an den Mißständen. Sie tadelte die gewalttätigen Methoden der Pflanzergesellschaften bei der Arbeitskräfterekrutierung unter der einheimischen Bevölkerung, die fragwürdigen Missionierungsversuche und nicht zuletzt den massenhaften Abtransport ethnographischer Objekte durch raffgierige europäische Sammler. Unfähig zur Selbstanalyse und verstrickt in die Denkmuster ihrer Zeit, konnte sie nicht erkennen, daß auch sie, Opfer und Täterin zugleich, Teil dieser ausbeuterischen Machtverhältnisse war. Trotz aller Widersprüche, gehörte sie zu den Frauen, die bereits Anfang des 20. Jahrhunderts neue Wege wagte.

Objekte aus den umfangreichen ethnographischen und photographischen Sammlungen des Ehepaares Augustin Krämer und Elisabeth Krämer-Bannow befinden sich in den völkerkundlichen Museen von Berlin, Hamburg und Stuttgart sowie im ethnologischen Institut der Universität Tübingen. Über ihre zweite Südseereise veröffentlichte Elisabeth Krämer-Bannow den Reisebericht »Bei kunstsinnigen Kannibalen der Südsee. Wanderungen auf Neu-Mecklenburg 1908–1909«, Berlin 1916. Zur Biographie der Forscherin erschien ein Beitrag in der publizierten Magisterarbeit von Rosemarie Kullik: Frauen »gehen fremd«: Eine Wissenschaftsgeschichte der Wegbereiterinnen der deutschen Ethnologie. Bonn: Holos 1990. Eine ausführliche Darstellung zu Elisabeth Krämer-Bannow im Vergleich zu einer weiteren photographierenden Forscherin und Malerin dieser Zeit erschien mit dem Titel »Träume im Tropenlicht – Forscherinnen auf Reisen«, Reutlingen: Coyote-Verlag 1997 von Anna Pytlik.

162

In das Innere Afrikas: Forschungsreisen und Initiativen zur Erschließung von Südwestafrika durch Paul Friedrich Pogge

Hartmut Pogge von Strandmann

Im Frühjahr 1884 brachten Mecklenburger Zeitungen zunächst die noch ungesicherte Nachricht vom Tod des Afrikaforschers Paul Pogge. So meldete die Güstrower Zeitung vom 17. April, daß möglicherweise »unser berühmter Landsmann, der Afrikareisende Dr. Pogge, gestorben sei.« Das Blatt erinnerte seine Leser dann daran, daß Todesnachrichten aus Afrika, wie im Fall von David Livingstone, mit großer Vorsicht aufzunehmen seien, da sie sich mehrmals als falsch erwiesen hätten. Wenige Tage später mußte die Presse jedoch Pogges Tod bestätigen, und kurz darauf folgten genauere Nachrichten. Danach war einer der erfolgreichsten deutschen Afrikaforscher seiner Zeit am 17. März 1884 im Holländischen Haus in Loanda, in der damaligen portugiesischen Kolonie Angola, an den Folgen einer Lungenentzündung gestorben. Außer den ungeheuren Anstrengungen in den vergangenen Monaten haben Geld- und Ausrüstungsmängel zu seiner Erschöpfung beigetragen, so daß eine Körperschwäche mit schwerer Erkrankung die Folge war.

Paul Pogge war Ende Februar von seiner zweiten Reise in das südliche Zairebecken nach Loanda zurückgekehrt, um von dort seine Heimreise nach Deutschland anzutreten. Viereinhalb Jahre hatte diese zweite Forschungsreise ins Innere Afrikas gedauert. Sie hatte ihn zusammen mit dem jungen militärischen Begleiter Leutnant Hermann Wissmann nach Nyangwe am oberen Zaire (Kongo) geführt, wo sich die beiden, wie vorher vereinbart worden war, trennten. Wissmann marschierte unter verhältnismäßig geringen Mühen durch Ostafrika nach Sansibar, wo er am 18. November 1882 eintraf und womit ihm die erste West-Ost-Durchquerung des Kontinents dicht unter dem Äquator gelungen war. Während Wissmann daraufhin seinen Erfolg erst in Sansibar, dann in Ägypten und schließlich in Europa feiern ließ, verzichtete Paul Pogge auf den mit einer West-Ost-Durchquerung verbundenen Ruhm. Er war äußerst bescheiden und hatte sich schon nach der erfolgreichen Beendigung der ersten Reise gegen öffentliche Anerkennungen gesträubt. Als gewissenhafter Mensch fühlte er sich an die Abmachungen gebunden, die er mit der Afrikanischen Gesellschaft getroffen hatte. Er sollte nämlich einmal eine Station aufbauen und über einen längeren Zeitraum erhalten. Zum andern kam es ihm darauf an, sein dem Fürsten Kalamba von Mukenge sowie den Trägern der Expedition vor Antritt des Marsches nach Nyangwe gegebene Versprechen einzulösen, sie selber an ihren Heimatort am Lulua zurückzuführen.

Die Pogge-Wissmann-Expedition hatte von der Residenz des Mukenge am Lulua bis Nyangwe etwa viereinhalb Monate gebraucht, nämlich vom 30. November 1881 bis Mitte April 1882. Den wieder sehr anstrengenden Rückmarsch sollte Pogge in erheblich kürzerer Zeit schaffen. Schon am 21. Juli 1882 gelangte er nach Mukenge. Nach diesem Erfolg dauerten die Festlichkeiten für die Rückkehrer mehrere Tage. Dann machte sich Pogge daran,

Dr. Pogge, Afrikareisender.

*Paul Friedrich Pogge
(1838–1884)*

die Anlage einer Station zu vervollständigen, deren Grundstein noch vor dem Abmarsch nach Nyangwe gelegt und die während seiner Abwesenheit weiter ausgebaut worden war.

Mit dem Aufbau und Unterhalt einer Station sollte bewiesen werden, daß man als Weißer längere Zeit in Zentralafrika unabhängig von der Küstenzufuhr leben konnte. Durch Pflanzenanbau und Kleintierzucht sollte es gelingen, sich selbst zu erhalten. Pogge wollte weiterhin zeigen, daß sich eine landwirtschaftliche Handelsstation, auf der dann auch Forschungen verschiedenster Art durchgeführt werden könnten, errichten und ohne große Kosten erhalten ließ. Er machte sich keine Illusionen über das Ausmaß eines möglichen Handels, wie noch Stanley, der daran glaubte, in Zentralafrika ein neues Indien entstehen zu sehen. Pogge träumte nicht von neu entstehenden Handelsmetropolen, sondern beurteilte die wirtschaftlichen Möglichkeiten Zentralafrikas wohl auf Grund seiner ersten Reise sehr viel nüchterner. Er meinte, daß eine Station, mit halbjährigen Handelskarawanen versorgt, einen einbringenden Kleinhandel mit der Küste aufbauen könnte. Die Weißen würden im Tausch gegen Stoffe, Werkzeuge und andere Gegenstände wohl hauptsächlich Elfenbein und Kautschuk erwerben können. Außerdem würde ein solcher Platz Ausgangsort für neue Expeditionen sein, deren Kosten sich durch sein Bestehen erheblich verringern ließen. Schließlich wäre der Erfolg einer solchen letztlich von der Afrikagesellschaft geleiteten Station davon abhängig, wie in »taktvoller Weise und die Rechte der Eingeborenen schonend« – nach Pogges eigenen Worten – vorgegangen werden würde. Ohne auf die Frage von Kolonien einzugehen, legte Pogge Wert darauf, daß solche Stationen vom Heimatland nachhaltig unterstützt werden sollten. Er ließ sich nicht darüber aus, wie eine solche Unterstützung aussehen sollte, aber wahrscheinlich dachte er an eine etatsmäßig gesicherte Bereitstellung von öffentlichen und privaten Mitteln sowie die Zustimmung durch die Öffentlichkeit.

Auf der Station beim Kalamba am Lulua wurde Pogges Leben in den nächsten Monaten nach all den Mühen und Strapazen der Märsche geruhsamer und vielleicht sogar ein wenig eintönig. Jetzt war es jedoch möglich, das Leben und die Gewohnheiten der Bevölkerung genauer zu studieren. So entschied Pogge bald, daß ein Missionar hier ein gutes Wirkungsfeld vorfinden würde, da seiner Meinung nach die Menschen hier aufnahmebereiter seien als ihre Nachbarvölker. Außerdem legte er Felder an, versuchte sich im Reis-, Tabak- und Gemüseanbau, nahm die Tierzucht auf und erkundete die weitere Umgebung. Gleichzeitig begann die Zeit des Wartens, denn Pogge hoffte auf Ablösung durch die Ankunft einer Entsatzexpedition, die mit Tauschgütern reichlich ausgestattet, seinen Kredit beim Kalamba erhöhen würde. Das Ausbleiben von Geld und Entsatz müssen den Afrikaforscher schwer enttäuscht, und sein Ausharren auf der Station muß ihn auf eine harte Probe gestellt haben. Die Folgen dieser Lage scheinen außerdem seinem Gesundheitszustand geschadet zu haben. Der Mangel an Kommunikation mit Berlin sowie eine gewisse bürokratische Sturheit dort sollte schließlich tragische Konsequenzen haben.

Was tat sich während Pogges Aufenthalt auf der Station in Berlin? Hatte man Pogges wachsende Schwierigkeiten entsprechend eingeschätzt? Zunächst kann festgehalten werden, daß der Vorstand der Afrikanischen Gesellschaft zumindest im Frühjahr 1883 gar nicht daran dachte, eine Entsatzexpedition zu Pogge an den Lulua zu senden. Anstatt dessen erwartete man in Berlin seine baldige Rückkehr. Wie Pogge das jedoch finanziell ohne die Überweisung der zweiten Rate seines Zuschusses bewerkstelligen sollte, war nicht klar. Die von der Regierung ursprünglich bewilligten 26.000 Mark waren von der sehr sparsam operierenden Pogge-Wissmann-Expedition größtenteils aufgebraucht, als die beiden Forscher Nyangwe erreicht hatten. Daraufhin wurde im Reichsamt des Innern überlegt, ob und wie man Pogge die restlichen 20.000 Mark zukommen lassen konnte. Da erhob der Staatssekretär Karl Heinrich von Boetticher Einwände und sah nicht ein, »warum eine weitere Unterstützung für Pogge erforderlich sein wird.« Da von Pogge seit geraumer Zeit keine Nachrichten eingetroffen seien, bestand der Staatssekretär darauf, daß die Bedürfnisse eingehender nachgewiesen werden müßten. Die Lage änderte sich, als Wissmann dann Sansibar erreicht hatte. Jetzt bat er um einen Zuschuß, um die Kredite der Araber zurückzuzahlen, die er für die Reise durch Ostafrika nach Sansibar in Anspruch nehmen mußte. Obwohl man im Reichsamt voller Anerkennung für die Leistungen Pogges und Wissmanns war, wurde nun angenommen, daß Wissmann die bereitgestellten 20.000 Mark Reserve dringender brauchen würde. Für Pogge wollte man kein neues Geld bewilligen, »da er direkt nicht erreichbar ist.« Da er aber um 15.000 Mark für Mitte 1883 gebeten hatte, die ihm in Loanda zur Verfügung stehen sollten, fand das Reichsamt, daß dieser Betrag von der Afrikanischen Gesellschaft selber aufgebracht werden müßte. Wenn Pogge und Wissmann zusammengeblieben wären, hätten 20.000 für beide nach Meinung des Reichsamts ausgereicht, um entweder die Ost- oder die Westküste zu erreichen. Wegen des Wissmannschen Ruhms wurden ihm nun die für Pogge bestimmten Gelder in Höhe von 20.000 Mark überwiesen.

Kurz darauf trat jedoch ein Meinungsumschwung im Reichsamt ein, als klar wurde, daß Pogges Bedarf immer dringender wurde. Hinzu kam, daß die selbstlosen Leistungen Pogges im Vergleich zu Wissmanns Erfolg immer mehr Anerkennung fanden. Jetzt wurde lobend hervorgehoben, daß die Afrikanische Gesellschaft durch die Errichtung der Poggeschen Station im Innern Afrikas festen Fuß gefaßt habe, während die Durchquerung des Kontinents zwar spektakulär, aber nichts Dauerhafteres geschaffen habe. Auch in der Afrikanischen Gesellschaft fand diese Sichtweise Unterstützung. Damit hatten sich die Überlegungen Pogges durchgesetzt, denn schon vor Antritt seiner zweiten Reise hatte er sich in einem Artikel für die Errichtung von Stationen ausgesprochen, da sie für die Erforschung Afrikas wichtiger werden könnten als die bloße Erkundung weißer Flecken auf der Landkarte.

Beiträge
zur
Entdeckungsgeschichte Afrika's.

Drittes Heft.

Im Reiche des Muata Jamwo.

Tagebuch
meiner im Auftrage der Deutschen Gesellschaft
zur Erforschung Aequatorial-Afrika's
in die Lunda-Staaten
unternommenen Reise.

Von

Dr. Paul Pogge.

Mit 6 Holzschnitten, 6 lith. Tafeln und 1 Karte.

BERLIN, 1880.
Verlag von Dietrich Reimer.

In seinem gedruckten Tagebuch »Im Reiche des Muata Jamwo« berichtet Paul Pogge über seine Entdeckungen und Erfahrungen bei der Reise zur Erforschung von Aequatorial-Afrika.

Am 2. Mai 1883 wurden deshalb zwei neue Beträge bewilligt und im Juni an die Afrikanische Gesellschaft überwiesen, d.h. fast zehn Monate nach Pogges Rückkehr aus Nyangwe. Der eine Betrag in Höhe von 4500 Mark ging an Wissmann für seine Erholung in Madeira, von denen er jedoch nur ein Drittel in Anspruch nahm. Der andere Betrag in Höhe von 11.500 Mark war für Pogge bestimmt. Damit war die bürokratisch bedingte Verzögerung beseitigt, aber Pogge war noch immer nicht im Besitz des Geldes oder genauerer Instruktionen von seiten der Afrikanischen Gesellschaft. In den letzten Monaten in Mukenge hat er sich wirtschaftlich nur knapp über Wasser halten können. Jetzt scheint es die Afrikanische Gesellschaft versäumt zu haben, das schließlich bewilligte Geld für Pogge so schnell wie möglich in Loanda anzuweisen. Irgendwie scheint der Vorstand die Dringlichkeit der Poggeschen Bitte unterschätzt zu haben. Es ist aber auch möglich, daß das Geld nach Loanda überwiesen und dort durch den Tod des deutschen Konsuls Niemann nicht weiter bearbeitet worden ist. Als sich dann Wissmann im November 1883 erbot, auf seiner erneuten Reise nach Angola, dieses Mal jedoch im Auftrag des belgischen Königs Leopold II, Nachforschungen nach Pogge anzustellen und ihm im Auftrag der Afrikanischen Gesellschaft finanziell zu helfen, willigte der Vorstand ein.

Von alledem wußte Pogge nichts. Im Juli 1883 ist der von Pogge früher zur Küste ausgesandte Germano zur Station zurückgekehrt und brachte einige Waren, Vieh und sehnlichst erwartete Briefe, denn Pogge war seit über zwei Jahren ohne Nachricht geblieben. Da seine Mittel zu Ende gingen und da er keine Weisung von der Afrikanischen Gesellschaft erhalten hatte, entschied er sich im November 1883, die Station zu verlassen und von Mukenge aufzubrechen. Er ist dann zunächst nach Norden marschiert und hat die Mündung des Lulua in den Kassai entdeckt, bevor er sich nach Westen in Richtung Malange wandte. Dieser kurze Abstecher wurde von den Geographen später besonders gewürdigt. In der geographischen Zeitschrift »Petermanns Mitteilungen« war vor ihrer Ausreise Kritik an den Zielen der Pogge-Wissmann-Expedition laut geworden, da der Wunsch der Afrikanischen Gesellschaft nach einem glänzenden Erfolg, wie er sich dann in Wissmanns Durchquerung manifestieren sollte, den möglichen wissenschaftlichen Ergebnissen eine geringere Bedeutung verliehen hatte. Für die geographische Welt wäre eine Expedition an den mittleren Kongolauf (Zaire) sowie eine Erforschung der südlichen Nebenflüsse des Kongo wichtiger gewesen.

Für Pogge selbst sollte sich diese relativ kurze Exkursion nachteilig auswirken. Er verlor eine Reihe von Ochsen, und sein Gesundheitszustand verschlechterte sich. Am 9. Februar 1884 erreichte Pogge Malange, erhielt Nachricht von der Kredithinterlegung in Loanda und traf wenige Tage später zu seiner größten Überraschung mit Wissmann zusammen, der ihm den wichtigen Vorschuß in Höhe von 11.555 Mark zahlen konnte. Es muß Pogge merkwürdig berührt haben, den Mann als ersten Weißen wiederzusehen, den er als letzten in Nyangwe im Mai 1882 verlassen hatte. Wissmann schrieb an den Vorsitzenden der Afrikanischen Gesellschaft, »wie sehr mich dieses eigentümliche Wiedersehen tief ergriffen und freudig überrascht hat.« Das Wiedersehen der beiden Afrikaforscher erinnert in gewisser Hinsicht an das Treffen von Stanley und Livingstone oder das später erfolgte Eintreffen Stanleys bei Emir Pascha in der vom Mahdi-Aufstand eingeschlossenen Äquatorialprovinz des Sudans. Ob Pogge bei diesem denkwürdigen Treffen das Verhalten der Afrikanischen Gesellschaft und Wissmanns spätes Kommen kritisiert hat, nachdem Wissman das für Pogge bereitgestellte Geld in Sansibar vereinnahmt hatte, ist – obwohl unbekannt – unwahrscheinlich. Es paßte nicht zum Charakter Pogges. Nach Pogges Tod ist Wissmann von anderen

Afrikaforschern angegriffen worden, weil er sich einmal zu viel Zeit genommen hat, um von Sansibar nach
Deutschland zurückzukehren – nämlich vom 18. November 1882 bis 28. April 1883. Nach dem Verbrauch
des für Pogge bestimmten Geldes hätte er schneller nach
Berlin reisen müssen, um sich für die rasche Bereitstellung neuer Mittel für Pogge einzusetzen. Zum andern habe er sich in Berlin nach der durchgeführten
Durchquerung nicht genügend für seinen früheren Ex-
peditionsleiter verwandt, um die Dringlichkeit des
Poggeschen Geldbedarfs zu schildern oder einen Entsatz zu organisieren. Es sieht so aus, als ob Wissmann
einiges versucht hat, um Pogge zu helfen, aber er scheint
sich nicht früh und energisch genug für Pogge eingesetzt zu haben. Insofern trifft Wissmann eine gewisse
Schuld an den Schwierigkeiten, die zu Pogges Tod entscheidend mit beigetragen haben.

Bei ihrem Treffen in Malange ist Wissmann Pogges
Gesundheitszustand nicht besonders aufgefallen. Bereits in seinem letzten, kurzen Brief an die Afrikanische Gesellschaft hatte Pogge im Februar seinen Blut-
husten erwähnt, um der Gesellschaft klar zu machen,
warum er eine Besichtigung der Wasserfälle des Kassai
nicht mehr geschafft habe. Diese Fälle sind etwas später von Wissmann erreicht und nach Pogge benannt
worden. Des Weiteren bat Pogge den Vorstand, seinen
Gesundheitszustand diskret zu behandeln, um seine
Verwandten nicht in Besorgnis zu versetzen. Während

*Der afrikanische
Häuptling Muata
Jamwo*

Wissmann nur Pogges Nervosität erwähnte, hoffte ein anderes Mitglied der Wissmannschen
Expedition, daß Pogge auf seiner Heimreise einige Zeit in Madeira verbringen werde, um
seinen »schlimmen Husten« kurieren zu lassen. Später erschienen in der deutschen Presse Berichte, die von Wissmann stammen sollten, daß Pogge beim Wiedersehen »ein durch
Strapazen und Krankheit gebrochener Greis« gewesen sei. Doch weder Wissmanns überlie-
ferte Briefe noch die seiner Begleiter erwähnen einen solchen verfallenen Zustand. Somit
scheint es sich entweder um frei erfundene Übertreibungen in der Presse oder um von
Wissmann beeinflußte Entstellungen gehandelt zu haben. Überhaupt fällt auf, daß Wissmann
in seinen Büchern den Gesundheitszustand Pogges negativer schildert, als er möglicherweise gewesen ist. Vielleicht lag Wissmann daran, seine eigene Leistung und seinen Anteil
an der erfolgreichen Durchführung der Unternehmung in Äquatorialafrika herauszustel-
len.

Nach Pogges Tod erschienen eine Reihe von Nachrufen im In- und Ausland, welche die
Verdienste Pogges für die Erforschung Afrikas hervorhoben. Von der Afrikanischen Gesellschaft wurde er als der erfolgreichste Reisende in ihrem zwölfjährigen Bestehen entsprechend gewürdigt. Auch die Gesellschaft für Erdkunde hielt am 4. Mai 1884 eine Sitzung zu
Ehren Pogges ab, der bereits einige Jahre vorher zum Ehrenmitglied der Gesellschaft gewählt worden war. Die Afrikanische Gesellschaft wiederum bewilligte die Errichtung eines

Denksteins auf dem Grab Pogges auf dem protestantischen Friedhof Loandas, der noch heute dort steht. In Rostock in Mecklenburg, dem Wohnsitz Pogges vor seiner zweiten Reise, tat man sich im Mai 1884 zusammen, um durch Subskription Geld für ein Denkmal zu sammeln. Ob die Anregung zu einem Denkmal von der Afrikanischen Gesellschaft oder von der Gesellschaft für Erdkunde ausgegangen ist, läßt sich nicht feststellen. Auf jeden Fall gehörten beide dem Provisorischen Denkmalsausschuß an.

Im September 1885 war es dann so weit, daß das Pogge-Denkmal in Rostock vor dem Ständehaus enthüllt werden konnte. An dieser Stelle sei nur kurz angemerkt, daß im Oktober 1995 das nach dem Zweiten Weltkrieg abgerissene Denkmal durch ein neues in der Nähe der alten Stelle ersetzt worden ist. Das Denkmal von 1995 war ein Geschenk der Volksbank an die Stadt Rostock. Dementsprechend hatten die Ansprachen einen ganz anderen Charakter als die Einweihung 110 Jahre vorher. Damals wurde die Festrede von dem Ornithologen Major von Homeyer gehalten, der mit Pogge seine erste Reise ins Innere Afrikas unternommen hatte. Wie war es zu Pogges erster Forschungsreise gekommen?

Paul Pogge wurde am 27. Dezember 1838 auf dem Gut seines Vaters in Zierstorf in Mecklenburg im sogenannten Pogge-Dreieck zwischen Güstrow, Teterow und Lalendorf geboren. Nach Beendigung seiner Schulzeit in Neubrandenburg, Güstrow und Rostock lernte er Landwirtschaft. Noch nicht zwanzigjährig gab er die Landwirtschaft auf und begann Jura in Heidelberg zu studieren, wechselte nach Berlin und München, um 1862 wieder in Heidelberg mit dem Titel eines Dr. phil. sein Studium abzuschließen. Danach kehrte er nach Mecklenburg zurück, entschied sich jedoch – für einen Mecklenburgischen Gutsbesitzer recht ungewöhnlich – drei Jahre später für eine Reise nach Afrika ins Kapland und nach Natal, von der er 1866, über Mauritius und Reunion kommend, wieder zurückgekehrt ist. In den nächsten Jahren widmete er sich wieder der Landwirtschaft, bis er wohl zwischen Herbst 1872 und Sommer 1874 von den Plänen in Berlin gehört hat, Forschungsexpeditionen nach Afrika und insbesondere ins südliche Kongobecken zu schicken.

Pogge war unverheiratet. Jedoch sieht es so aus, als ob er zumindest seit seiner 1866 erfolgten Rückkehr von einer Jagdreise nach Südafrika ein dauerndes Verhältnis mit seiner Haushälterin, einer Witwe, eingegangen ist. Aus dieser Verbindung stammten eine, möglicherweise sogar drei Töchter. Seine Partnerin soll aus Kummer über Pogges Tod zwei Jahre später gestorben sein.

Der Motor der Bewegung, die mit Unterstützung der Öffentlichkeit auf eine Erforschung der letzten unbekannten Teile Afrikas drängte, war Adolph Bastian. Er wurde im Herbst 1872 durch die Berichte Stanleys über die Entdeckungen Livingstones dazu angeregt, die Forschungsbestrebungen der acht in Deutschland existierenden geographischen Gesellschaften zusammenzufassen und auf Äquatorialafrika zu konzentrieren. So entstand zwischen dem 19. und 21. April 1873 auf einer Delegiertentagung der verschiedenen geographischen Gesellschaften in Berlin die Deutsche Gesellschaft zur Erforschung Äquatorialafrikas oder in kürzerer Fassung Afrikanische Gesellschaft unter dem Patronat des Großherzogs von Sachsen-Weimar, dem Kronprinzen von Sachsen und dem Prinzen Adalbert von Preußen. Der Zweck der Gesellschaft war die wissenschaftliche Erschließung Zentralafrikas im Rahmen europäischer Bemühungen. Das sich später entwickelnde Kolonialinteresse in Deutschland hatte noch keinen Einfluß auf die Bestrebungen, den schwarzen Kontinent zu erforschen.

Unter der Federführung Bastians wurde ein Forschungsplan für zunächst fünf Expeditionen aufgestellt. Das bisher gesammelte Geld reichte, um die erste Expedition unter Paul

Güssfeldt an die Küste von Loango nördlich des Zaire auszurüsten. Privates Geld reichte jedoch nicht für die weiteren Vorhaben. So wurde der Reichstag um eine Subvention von jährlich 30.000 Talern angegangen, die über einen Zeitraum von fünf Jahren gezahlt werden sollten. Zur gleichen Zeit wurde eine Eingabe an den Reichskanzler abgesandt, die dazu führte, daß mehr Mittel aus dem kaiserlichen Dispositionsfonds zur Verfügung gestellt wurden. Es war geplant, die dritte Expedition von Loanda aus auf den alten Handelswegen ins Innere vorstoßen zu lassen, um das sagenumwobene Lundareich wiederzuentdecken. Als Leiter dieser Expedition war Major von Homeyer ausersehen. Allerdings wurde von englischer Seite vor einer Erforschung des Innern von Westen her gewarnt. Das bedeutete, daß man in England auf die Erschließung von Osten her setzte. Ja, die Royal Geographical Society ging so weit, zu behaupten, daß das Homeyersche Unternehmen scheitern und die »mysteriöse Metropole von Muata Jamvo (Lundareich) nicht werde erreichen können.« Diese Prophezeiung hinderte jedoch nicht die weiteren Vorbereitungen.

Unterdessen hatte sich Pogge 1873 oder Anfang 1874 erboten, eine der Expeditionen zu begleiten. Dabei konnte er sich auf seine ersten in Südafrika gemachten Erfahrungen berufen. Professor Bastian hielt zunächst nicht viel von dem Anerbieten, ging jedoch schließlich auf Pogges Angebot ein, zumal Pogge bereit war, seine

Die Tochter des Häuptlings Muata Jamwo

eigenen Kosten zu tragen. Hinzu kam, daß seine Persönlichkeit sowohl bei Bastian wie auch bei Homeyer einen günstigen Eindruck hinterließ. Pogge konnte sich also als Volontär bzw. Assistent den ursprünglich geplanten vier, später jedoch nur drei Expeditionsmitgliedern anschließen, nachdem er sich selber ausgerüstet hatte und die Reisekosten bis Loanda zu tragen bereit war. Außerdem mußte er 4000 Taler zugunsten der Afrikanischen Gesellschaft einzahlen und sich verpflichten, weitere 3000 Taler beizusteuern, sollte sich der Weitermarsch in Angola über einen bestimmten Zeitpunkt hinaus verzögern. Die 4000 Taler sind nach Pogges erfolgreich beendeter Reise an ihn zurückerstattet worden.

Jedoch schien die 1874 begonnene Expedition zunächst unter einem ähnlich ungünstigen Stern zu stehen wie die ersten beiden, von der Afrikanischen Gesellschaft ausgesandten Unternehmen. Im Februar 1875 begann der Marsch ins Innere, aber Homeyer und der Botaniker Soyaux mußten aus Gesundheitsgründen bald umkehren. Homeyer übertrug in Pungo Andongo die Leitung Pogge, der zusammen mit dem österreichischen Leutnant Lux weitermarschierte. Wesentliche Hilfe erhielten sie von den Portugiesen, vor allen Dingen von den Brüdern Saturnio, die einen schwunghaften Kleinhandel im Hinterland von Angola unterhielten. Lux schreibt sogar, daß die Expedition ohne die Mithilfe des in Malange lebenden Bruders, »ohne seine Ratschläge und Angaben bezüglich der Ausrüstung, ohne seine Einwilligung, daß wir uns ihm und seiner Karawane anschließen durften, nie hätten daran denken können, ins Innere, d.h. ins Hinterland von Angola erfolgreich einzudringen.« Bis Malange hatten die Ausgaben an Waren, Löhnen und Kleinigkeiten nebst Waffenträgern die stattliche Höhe von 17.880 Mark erreicht. In Malange war die Karawane auf 114 Afrikaner angewachsen. Auf dem Weitermarsch schlossen sich weitere an, so daß die Expedition in Kimbundu aus 140 Trägern bestand. Im September in Kibundu mußte auch Lux ausscheiden, so daß Pogge alleine mit seiner Karawane nach Osten zu dem Lundareich zog. Durch das Ausscheiden von Lux war die Poggesche Karawane auf 54 Träger geschrumpft. Die Marschzeiten pro Tag schwankten zwischen maximal fünf Stunden und minimal einer Stunde. Nur zweimal schaffte Pogge eine Marschleistung von 6 Stunden. Die Reise führte durch Sümpfe, unwegsame Wälder und über zahlreiche Flüsse. Auch Pogge war gesundheitlich durch Fieberanfälle, Durchfall und Skorbut so geschwächt, daß er manchmal nicht aus eigener Kraft seinen Reitochsen besteigen konnte. Aber er hielt durch, um am 10. Dezember in der Mussumba in der Residenz des Muata Jamwo einzuziehen. Abgesehen von einigen Jagd- und Forschungsausflügen verbrachte er vier Monate lang in der Mussumba. Da Muatua Jamwo aus Handelsneid es ablehnte, Pogge weiter nach Osten ziehen zu lassen, trat Pogge notgedrungen im April 1876 den Rückmarsch an. Ihm war also ein beachtlicher Teilerfolg beschieden. Zwar hatte er das Lundareich erreicht und bewiesen, daß ein Vordringen von Westen in das Kongobecken möglich war, aber der Weitermarsch in die unbekannten Landesteile östlich des Lundareichs war ihm versagt. Man hatte in Berlin gehofft, daß es ihm gelingen würde, neue Handelswege vielleicht sogar bis nach Nyangwe zu erforschen. Nach seiner Rückkehr wurde sein in England, Frankreich und Belgien anerkannter Reiseerfolg in weitere Gesuche beim Reichskanzler umgemünzt. Durch Pogges »taktvolles und zugleich festes Benehmen« seien Wege geebnet worden, so argumentierte die Afrikanische Gesellschaft, die als Grundlage für weitere Erkundungen dienen könnten. Pogge habe »überall einen günstigen Eindruck« hinterlassen. Bismarck ließ daraufhin der Gesellschaft erst 30.000 und dann nochmal 25.000 Mark anweisen und im Etat des Reichskanzleramts für 1878/79 weitere 100.000 für Forschungszwecke in Afrika beantragen.

Das Leben am Hofe des afrikanischen Fürsten hat Pogge in Berichten und schließlich in seinem 1880 erschienenen Buch »Im Reich des Muata Jamwo« eingehend geschildert. Für Anthropologen sind diese in Tagebuchform gehaltenen Berichte ertragreich, für den Laien manchmal spannend zu lesen. Zum Teil sind Pogges Schilderungen auch komisch, wenn er das Interesse der Lukokescha, der Nebenregentin des Muata Jamwo, an ihm selber beschreibt. Seine weiße Hautfarbe erregte bei den Afrikanern, die noch keinen Europäer gesehen hatten, größte Verwunderung. Bei einigen mußte er sich blutig kratzen, um zu zeigen, daß er nicht angemalt sei. Andere brachten ihm einen Korb Mehl aus Dankbarkeit dafür, daß sie einen richtigen Weißen gesehen hatten. Politisch schien die Herrschaft Muata Jamwos nicht sehr gefestigt zu sein, denn am Anfang des Jahres 1874 hatte Cameron ihn noch als Flüchtling an seinen östlichen Grenzen herumirrend getroffen, weil – so Petermanns Mitteilungen – seine gegen Frauen verübten Grausamkeiten eine Revolution ausgelöst hätten. Allerdings blieb es unklar, wie er wieder an die Macht gekommen ist und wer ihm dabei geholfen hat. Pogge schätzte den Fürsten wenig, glaubte jedoch, daß man in Zukunft eine Station bei ihm einrichten könne. Klimatisch hielt Pogge die Gegend für ideal, da sie frei von Malaria, Epidemien und Geschlechtskrankheiten sei. Die Aussicht auf eine Station schien Muata Jamwo zuzusagen, da er sich davon größeren Einfluß und wirtschaftliche Gewinne versprach. Pogges Beobachtungen über die politischen Verhältnisse sind deskriptiv gehalten. Die Organisation des Staates erinnert ihn an mittelalterliche Lehnsverhältnisse. Bisher habe es 13 Muata Jamwos gegeben, aber da die durchschnittliche Regierungsdauer nicht feststellbar war, ist eine genaue Datierung der Existenz des Lundareichs kaum möglich. Hinsichtlich der Regierungspraxis wies Muata Jamwos Herrschaft laut Pogge Zentralisierungserscheinungen auf, obwohl sich Unterfürsten an der Peripherie des Reiches von dessen Oberhoheit losgesagt hatten. Wie Muata Jamwo zum Fürsten gewählt worden war, wird aus Pogges Angaben nicht ganz deutlich. Ob es wirklich nur um die Legalisierung eines chronischen Unruhestifters ging, ist nicht ganz klar, denn die Sympathie des Volkes habe einem anderen, dem ältesten Sohn des Vorgängers, gegolten. Auf jeden Fall erhält der Leser ein plastisches Bild vom Alltag in der Residenzstadt und von der Regierungsstruktur im Reich. Nicht ganz klar ist in Pogges Buch das Verhältnis des Muata zur Lukokescha. Aber in seinem vor der Afrikanischen Gesellschaft gehaltenen Vortrag legt Pogge dar, daß Muata Jamwo bei wichtigeren Geschäften die obersten vier Staatsräte sowie die Lukokescha zu befragen habe. Die Erwähnung im Buch von seiner Stellung als »Autokrat« war im Text des früher gehaltenen Vortrags nicht zu finden. Der Schlüssel zur Klärung der Unklarheit liegt wohl in der Beschreibung ihres Amtes als »oberste Würdenträgerin«. Das bedeutete, daß sie tributfrei und im Rahmen ihrer Funktion ziemlich »unumschränkt« agieren konnte. Für die augenblickliche Residenz Quizememe bezifferte Pogge die Einwohnerzahl auf zwischen 8 und 10.000. Über die mögliche Größe des Lundareichs machte Pogge einige Begrenzungsangaben.

Am 14. April 1876 trat Pogge die beschwerliche Rückreise an. Wie auf der Hinreise ritt er auf seinem Reitochsen, ging zu Fuß oder wurde in der dort üblichen Tipoya (einer Art Hängematte) von vier Afrikanern getragen. Letzteres Transportmittel war vor allen Dingen bei Krankheiten oder kurzfristigen Fieberanfällen nützlich, aber anscheinend sichtbehindernd. Unterwegs traf er mit Eduard Mohr, dem Leiter der nachfolgenden vierten Expedition der Afrikanischen Gesellschaft, zusammen, der etwas später in Malange dem Fieber erlag. Im Januar 1877 erreichte Pogge den Hamburger Hafen, zog sich nach Rostock zurück und begann seine Tagebücher für den Druck vorzubereiten. Außerdem veröffentlichte er zwei Artikel, einen über die Unmöglichkeit mit Elephanten im südlichen Becken des

Das Grab von Paul Pogge (um 1935) auf dem Friedhof im heutigen Luanda in Angola

171

Das 1995 wiedererrichtete Denkmal für Paul Pogge an der Wallstraße (Rosengarten) in Rostock (Büste von Jo Jastram)

Zaire zu reisen und den anderen über die Nützlichkeit einer zu errichtenden Handelsstation. Die mitgebrachte wertvolle Sammlung von Insekten, Pflanzen, afrikanischen Gebrauchs- und Kunstgegenständen sowie 18 Schädeln übergab er an die königlich-preußischen Museen in Berlin.

Pogge brachte auch ein geographisches Ergebnis nach Hause, das sich bald als falsch erweisen sollte. Er glaubte, daß der Lualaba nicht in den Zaire, sondern in den Ogowe münde. Aber dieses Fehlurteil sollte seinem Erfolg keinen Abbruch tun. Zum ersten Mal war es einer Expedition der Afrikanischen Gesellschaft gelungen, das gesteckte Ziel zu erreichen und den Beweis für weitere Forschungen des Zairebeckens (Kongo) von Westen her erbracht zu haben. Außerdem war das Geheimnis des Lundareichs gelüftet, das ja schon früher einmal von portugiesischen Händlern erreicht worden war. Die Royal Geographical Society in London sprach Pogge deshalb ein uneingeschränktes Lob aus, als sie schrieb, daß »he had made a most remarkable journey, and one which will put him high in the list of African travellers.« Vor allen Dingen in Brüssel registrierte man Pogges Ansichten über die Möglichkeiten, eine Faktorei bei Muata Jamwo zu errichten und Handel treiben zu können, mit besonderer Aufmerksamkeit, da Leopold II. schon hoffte, einen großen Teil Äquatorialafrikas für sich vereinnahmen zu können.

Die Afrikanische Gesellschaft suchte zunächst den Poggeschen Erfolg weiter auszubauen und schickte zwei neue Expeditionen in das südliche Kongobecken und zwar unter der Leitung von Schütt und Buchner. Letzterer sollte sich ebenfalls zu Muata Jamwo begeben und die Stellung, die Pogge gehabt hat, weiter ausbauen und versuchen, nach Osten vorzudringen. Da Pogge zu wenig Geschenke für Muata Jamwo mitgebracht hatte, sollte Buchner das dadurch ausgleichen, daß er auf Rat Pogges einige gut polierte Hinterlader nebst Patronen, einige Säbel, arabische Steinschloßgewehre, ein rotgesticktes Gewand, einen Revolver und zwei Pickelhauben übergeben sollte. Die Summe für diese Geschenke in Höhe von 1200 Mark konnte aber nicht über den Expeditionsetat gedeckt werden, sondern mußte dem kaiserlichen Dispositionsfond entnommen werden. Dazu mußte die Einwilligung des Kaisers eingeholt werden, die er dann bereitwillig erteilte.

Jedoch schafften es auch die mitgebrachten Geschenke nicht, das Mißtrauen von Muata Jamwo gegenüber den Absichten der Weißen zu beseitigen. Und so gelang es auch Buchner nicht, über die Mussumba hinaus in den Osten vorzudringen. Doch bevor Buchners Fehlschlag bekannt wurde, stellte sich Pogge 1879 erneut der Afrikanischen Gesellschaft zur Verfügung, jedoch dieses Mal nicht mehr als Volontär, sondern mit einem selbständigen auf seinen früheren Erfahrungen beruhenden Reiseprojekt. Der von Pogge veröffentlichte Plan ging dahin, in der Mussumba des Muata Jamwo eine Station zu errichten, die sich unter Leitung Pogges durch Ackerbau, Viehzucht und Handel selbst erhalten sollte. Die Afrikanische Gesellschaft zögerte keinen Augenblick, das Projekt ihres bewährten und erfolgreichsten Forschungsreisenden anzunehmen. Pogge war bereit, sich mit einem sehr bescheidenen Etat zu begnügen. Da es sich weitgehend um öffentliche Gelder handelte, mußte er sich von einem vom preußischen Kriegsminister empfohlenen aktiven Offizier begleiten lassen. In den Vorbesprechungen und Planungen wurde auch schon festgelegt, daß es außer der Stationsgründung darum gehen sollte, die Verbindung zu Nyangwe am oberen Zaire und zum Tanganyikasee herzustellen. Im Laufe des Sommers 1880 wurde Wissmann für die Teilnahme gewonnen, und die letzten Vorbereitungen getroffen. Am 18. November schifften sich die beiden in Hamburg nach Loanda ein. Erst nach dem Treffen mit Buchner entschieden sich Pogge und Wissmann wegen der im Lundareich ausgebrochenen kriegerischen Wirren, nicht zum Muata Jamwo zu marschieren, sondern nach Norden auszuweichen. Und damit begann die eingangs kurz skizzierte zweite Reise Pogges ins Innere Afrikas. Während seines Aufenthalts in Afrika sollte sich in Deutschland ohne sein Wissen und sein Zutun das politische Klima so weit verändern, daß anstatt einer europäisch orientierten Afrikaforschung die koloniale Bewegung in Deutschland an Überhand gewann und Bismarck im April 1884 mit seiner ersten Schutzerklärung eine deutsche Kolonie im Südwesten Afrikas begründete. Damit war in Deutschland die international orientierte Afrikaforschung beendet, welche danach durch die Erforschung der deutschen Kolonien ersetzt wurde. Allerdings wurde im Reichstag, ein Jahr nach Pogges Tod, noch der Antrag der Afrikanischen Gesellschaft auf weitere Unterstützung mit dem Hinweis »auf die beiden großen Reisen [Pogges] eines der genialsten Reisenden, welche die Welt noch gekannt hat«, begründet.

Unmittelbare Eindrücke von der ersten Afrika-Expedition Pogges vermittelt sein 1880 in Berlin erschienener Bericht »Im Reiche des Muata Jamwo. Tagebuch meiner in die Luanda-Staaten unternommenen Reise«. Berichte und Tagebuchaufzeichnungen von Pogge sind in den Mitteilungen d. Afrikanischen Gesellschaft in Deutschland, Bd. I – IV abgedruckt. Weitere Informationen über Pogges Aktivitäten in Afrika gibt Hermann von Wissmann in den »Reiseberichten über die Pogge-Wissmann-Expedition«, die in mehreren Teilen ebenfalls in den »Mitteilungen der Afrikanischen Gesellschaft« Bd.3 (1881/ 83) und Bd.4 (1883/84) erschienen sind. Biographische Darstellungen über Pogge haben F. Ratzel in der »Allgemeinen deutschen Biographie« Bd.26 (1888) und F.W. Doß in den »Mecklenburgischen Monatsheften« 14 (1938) veröffentlicht.

Als Präparator in Ostafrika: Der Großherzoglich Mecklenburgische Hofkonservator Carl Knuth

Renate Seemann

Das Sammeln, eine ursprünglich der Lebenserhaltung des Menschen dienende Tätigkeit, hat im Laufe der Zeit eine Erweiterung seiner inhaltlichen Bedeutung erfahren. Man sammelt bald neben nützlichen Dingen zusätzlich auch schmückende oder durch Material- und Symbolwert kostbare Gegenstände. Erst seit der Renaissance treten Naturalien als Sammelobjekte mehr in den Vordergrund. Als Kuriositäten aus fremden Ländern werden sie an Fürstenhöfen in Raritätenkabinetten und Kunstkammern zur Schau gestellt. An Universitäten entstehen, ausschließlich im Dienste von Lehre und Forschung, Naturalienkabinette, oft der Grundstock für bedeutende naturwissenschaftliche Sammlungen. Die im 18. und 19. Jahrhundert gegründeten öffentlichen Naturhistorischen Museen bauen große Schausammlungen auf. Doch mit dem Sammeln von Naturalien stellt sich gleichzeitig die Frage ihrer längerfristigen Erhaltung. Das Konservieren und Präparieren, eine Tätigkeit, die bisher von Medizinern, Apothekern und anderen Naturwissenschaftlern nebenbei betrieben wurde, entwickelt sich zu einem eigenständigen Beruf.

In Mecklenburg und Vorpommern gab es im 19. und 20. Jahrhundert. eine ganze Reihe von sehr guten Präparatoren. Viele von ihnen sind heute aber leider schon in Vergessenheit geraten. Auch über den Präparator Carl Knuth war bisher nur wenig bekannt. Ab 1886 führte dieser in Schwerin ein »Spezial-Geschäft für moderne Tierpräparate«. Es gelang ihm, mit seinen Arbeiten um die Jahrhundertwende weit über die mecklenburgischen Landesgrenzen hinaus bekannt zu werden. Der Großherzog von Mecklenburg-Schwerin ernannte Carl Knuth zum Hofkonservator und Hoflieferanten. Eine Vielzahl hervorragender Vogel- und Säugetierpräparate entstanden in den rund 40 Jahren seiner beruflichen Tätigkeit.

Als Carl Johann Friedrich Knuth am 12. Mai 1863 im vorpommerschen Dörfchen Warnekow bei Lassan geboren wurde, schien sein künftiger Lebensweg vorgezeichnet. Für den Sohn des Schäfers Carl Knuth waren die Möglichkeiten seiner späteren beruflichen Entwicklung, wie auch seine Aussichten auf sozialen Aufstieg, begrenzt. Die Mutter Friederike Knuth, geb. Freese, stammte ebenfalls aus einfachen Verhältnissen. Als der kleine Carl am 31. Mai in St. Johannis in Lassan getauft wurde, waren seine Taufpaten ein Kutscher, ein Knecht und ein Dienstmädchen, Freunde und Verwandte der Eltern.

Carl wuchs heran und besuchte die Schule in Lassan bei Anklam. Danach begann er eine Tischlerlehre, die nach dreijähriger Lehrzeit durch eine längere Krankheit unterbrochen und schließlich beendet werden mußte. Während seiner einjährigen Krankheit erlernte er in Anklam die Kunstfertigkeit eines Präparators. Es gibt keinen Hinweis darauf, wer es ist, der dem jungen Mann die handwerklichen Grundlagen dieses Berufes vermittelte. Mit Sicherheit brachte Carl aber bereits verschiedene Voraussetzungen mit, die einen guten Präparator auszeichnen: eine gute Beobachtungsgabe, vereint mit dem Interesse für Tiere sowie ein künstlerisches Talent. Einige Jahre übte Carl Knuth seinen Beruf in Anklam aus, bis er im September 1884 nach Schwerin übersiedelte. Hier war für ihn der Anfang als selbständiger Präparator sicher nicht einfach. Im Jahr 1886, Carl Knuth war 23 Jahre alt, gründete er sein »Kunstgewerbliches Atelier«, ein »Spezialgeschäft für moderne Tierpräparate«. Zu dieser Zeit wohnte er noch außerhalb des Stadtgebietes von Schwerin. Ab 1888 hatte der Präparator Knuth eine Wohnung in Jägerhof, ab 1892 aber bereits in der Schweriner Vorstadt. Man kann daraus schließen, daß Carl Knuth durch fleißige Arbeit seine wirtschaftliche Situation allmählich verbessert hatte.

Eine Möglichkeit, bekannt zu werden und Aufträge zu erhalten, bestand für Carl Knuth darin, mit seinen Präparaten an verschiedenen Ausstellungen teilzunehmen. Diese wurden beispielsweise regelmäßig von den Vereinen für Geflügel und Singvogelzucht Schwerin und Rostock durchgeführt. Im Jahr 1887 sah der Rostocker Präparator Sievert Steenbock auf einer solchen Ausstellung die Knuth'schen Präparate und war von diesen Arbeiten recht angetan. Sievert Steenbock, seit 1850 Konservator am »Academischen Museum« der Rostocker Universität, stand im 65. Lebensjahr und hatte zunehmend gesundheitliche Probleme, die vom häufigen Umgang mit Arsenlösung herrührten, welche man zum Begiften der Tierpräparate verwendete. Als er aus Krankheitsgründen längere Zeit nicht präparieren durfte, erinnerte er sich an Carl Knuth und empfahl ihn seinen Kunden. Dazu

*Carl Knuth
1905 in Ostafrika*

zählte auch Carl Struck, der Kustos des 1866 in Waren gegründeten von Maltzan'schen Naturhistorischen Museums. Beide hatten sich vermutlich im Verein der Freunde der Naturgeschichte in Mecklenburg kennengelernt, in dem sie seit vielen Jahren Mitglied waren. In einem Brief vom 3. August 1887 an Carl Struck schrieb Steenbock über den Präparator Carl Knuth: »Damit Sie nun nicht in Verlegenheit wegen des Ausstopfens kommen, kann ich Ihnen einen jungen Mann empfehlen … Auf unserer letzten hiesigen Geflügelausstellung hatte der Herr verschiedene <u>recht gut</u> ausgestopfte Vögel ausgestellt, so daß ich Ihnen den Mann wohl empfehlen kann. …« In den folgenden Jahren erhielt Knuth immer häufiger Aufträge durch das Warener Museum. Als Sievert Steenbock aus Altersgründen seine Tätigkeit aufgab, wurde Carl Knuth der »Museumspräparator«. Bis zur Geschäftsauflösung im Jahr 1923 kaufte das Warener Museum zahlreiche von Knuth präparierte Vögel und Säugetiere für die Sammlung.

Zahlreiche Kontakte zu Naturwissenschaftlern, die gleichzeitig oft auch Sammler sind, ergaben sich für Knuth durch seinen Beitritt zum »Verein der Freunde der Naturgeschichte in Mecklenburg«. Im Jahr 1889, auf der 43. Generalversammlung in Wismar, wurde er Mitglied in diesem bedeutenden mecklenburgischen Verein und nutzte die Gelegenheit, um sich auch gleich mit seinen Arbeiten in diesen Kreis einzuführen. Im Protokoll wurde dazu vermerkt: »…Nach Erledigung der Tagesordnung zeigt Herr Konservator Knuth aus Schwerin (Seevilla) mehrere von ihm ausgestopfte Vögel vor; derselbe wird von mehreren Mitgliedern warm als Ausstopfer empfohlen. Lange Zeit ist unser verdientes Mitglied Herr Steenbock in Rostock der einzige Vertreter dieses Faches im Lande gewesen; es wurde mit lebhafter Freude begrüsst, dass jetzt jüngerer Nachwuchs in der Person des Herrn Knuth in seine Fusstapfen trete.«

Auch am Großherzoglichen Hof bot Carl Knuth seine Dienste als Präparator an. Da am Hof und in der Residenzstadt Schwerin zahlreiche Adlige, Angehörige des Militärs sowie gut gestellte Hofbedienstete lebten, zu deren Hauptvergnügen die Jagd zählte, erhielt Knuth regelmäßig Aufträge zur Anfertigung von Jagdtrophäen und Fellen. Die ausgezeichnete Qualität seiner Präparate sprach sich herum. So wurden ihm schließlich auch Arbeiten für die Sammlung des Großherzogs übertragen. Durch den Zugang zum Mecklenburgischen Hof und zahlreiche Empfehlungen erhielt Carl Knuth die Möglichkeit, auch für andere Fürstenhäuser zu arbeiten.

Doch der Präparator Knuth hatte sich noch ergeizigere Ziele gesteckt, er wollte einen Hoftitel erlangen, nicht zuletzt auch, um sich geschäftlich abzusichern. Im Jahr 1889 wagte er es, sich bei Friedrich Franz III., dem regierenden Großherzog von Mecklenburg-Schwerin, um den Titel eines Großherzoglichen Hof – Präparators zu bewerben. Sein Brief an den Großherzog war weniger der eines Bittstellers sondern vielmehr der eines selbstbewußten Bürgers, der stolz auf seine erfolgreiche Tätigkeit verweist. Er schrieb:

»Seit einer Reihe von Jahren bin ich hier in Schwerin als Präparator ansässig. Durch Fleiß und unermüdliche Strebsamkeit ist es mir gelungen mein Geschäft

Geschäfts- und Wohnhaus von Carl Knuth in Schwerin (Wismarsche Straße)

zu einer Höhe empor zu bringen, wie ich es kaum erhoffte, indem im In- und Auslande mein conservieren und präparieren als das Vollkommenste mit anerkannt wird. Auch für Ew. Königliche Hoheit habe ich mehrere Auerhähne neu präpariert und umgearbeitet, sowie auch einen Hirschkopf präpariert, worüber mir Ew. Königl. Hoheit die vollste Zufriedenheit gegenüber ausgesprochen haben. Ferner habe ich für das Museum in Halle Hunderte von Thieren und Vögeln präpariert und erhalte noch fortwährend Sendungen von dort, auch ein Beweis, daß diese mit meinen Leistungen stets zufrieden waren. Um nun mein Geschäft noch zu einer größeren Höhe empor zu bringen, war stets mein sehnlichster Wunsch den Titel eines Großh. Hof-Präparators zu erhalten, da mir dann bedeutend mehr Bestellungen aus allen Theilen Deutschlands zugehen würden und so wage ich alleruntertänigst die Bitte:

Ew. Königliche Hoheit wollen durch Verleihung des Titels eines Großh.Hof-Präparators mir den sehnlichsten Wunsch meines Lebens erfüllen und verharre in solcher Hoffnung als

Ew. Königl. Hoheit Alleruntertänigster C.Knuth«

Der Geheime Hofrat Bade, Bürgermeister von Schwerin, wurde daraufhin beauftragt, für das Hofmarschallamt Erkundigungen über Carl Knuth einzuziehen. Am 2. Dezember 1889 teilte er in seinem Bericht folgendes mit: » ... Er ist unverheiratet; ist ein sehr fleißiger, nüchterner, strebsamer Mann, nach Aussage Sachverständiger in seinem Fache sehr

geschickt und hat für hier und nach auswärts gelieferte Sachen vielfältige Anerkennungs-
schreiben aufzuweisen. Von ausgestopften Thieren hat er eine große Auswahl. Vermögen
hat er weiter nicht als was in seinem Geschäfte steckt, es mag den Werth von 600 Mark
betragen.« Trotz der günstigen Beurteilung, lehnte das Hofmarschallamt das Gesuch Carl
Knuths zunächst ab. Nach einem erneuten Antrag im Jahr 1893, wurde Carl Knuth schließlich im gleichen Jahr der Titel »Hofconservator« durch den Großherzog verliehen. Er trug
ihn bis zum Ende der Monarchie im Jahr 1918.

Carl Knuth nahm in den rund 40 Jahren seiner Tätigkeit an zahlreichen Ausstellungen
und Trophäenschauen teil. Als Anerkennung für seine hervorragenden präparatorischen
Leistungen erhielt er zahlreiche Medaillen und Ehrenpreise. Als Hofkonservator des Großherzogs, inzwischen lenkt Friedrich Franz IV. die Geschicke von Mecklenburg – Schwerin,
erhielt Carl Knuth im Jahre 1905 die für ihn einmalige Gelegenheit, eine Reise nach Deutsch
– Ostafrika zu machen. Herzog Adolf Friedrich, ein Sohn aus dritter Ehe von Friedrich
Franz II., plante seine zweite Reise in die deutsche Kolonie Ostafrika und benötigte für die
Konservierung und Präparation seiner Jagdbeute die Dienste eines Präparators. Vor Antritt
der Reise beauftragte der Herzog den Hofkonservator Knuth, Kontakt zum Königlichen Zoo-
logischen Museum in Berlin aufzunehmen. In einem Schreiben wandte sich Knuth am 3.
Januar 1905 an Professor Matschie, den Kustos der Säugetierabteilung:

»... und erlaube ich mir schriftlich im Auftrage Seiner Hoheit Herzog Adolf Friedrich zu
Mecklenburg, Sie ganz ergebenst zu bitten, mir doch gütigst einen Rath für Afrika zu ertheilen.
Seine Hoheit reist am 20. Januar auf ca. 3 Monate nach Deutsch Ost-Afrika (...) & fahre ich
als Präparator mit. Vor allen Dingen möchte ich bitten, mir ein Werk über Säugethiere,
Vögel ... gütigst anzugeben, welches möglichst nur ostafrikanische Fauna enthält, wonach

*Prospekt des
Hofkonservators
Carl Knuth*

Carl Knuth (rechts)
mit seinen
Mitarbeitern

*Carl Knuth (rechts)
mit seinen
Mitarbeitern*

es möglich ist, die dortigen Thiere zu bestimmen. Leider kenne ich Ihre Werke nicht so genau, um mir was passendes auswählen zu können.

Sollten Sie hochverehrter Herr Professor ferner die Liebenswürdigkeit haben und mir einige Fingerzeige & Anhaltspunkte betr.Sammelns etc. zu geben sowie auf welche Thierformen besonders zu achten wäre, so würde ich außerordentlich dankbar dafür sein. Vielleicht haben Sie auch einige Wünsche für dort. ...«

In Begleitung des Rittmeisters von Jena, des Grafen Pfeil-Kreisewitz und des Hofkonservators Carl Knuth schiffte sich der Herzog am 24. Januar 1905 in Neapel an Bord des Reichspostdampfers »Feldmarschall« der Deutsch-Ostafrika-Linie ein. Die Seereise ging über Port Said, durch den Suez-Kanal nach Aden. Am 9. Februar traf die Reisegesellschaft in Mombassa (Britisch-Ostafrika) ein. Mit der Ugandabahn ging die Reise weiter in das Landesinnere an den Victoriasee und weiter mit einem britischen Dampfer über den See nach Schirati. Hier wurden einheimische Träger vom Stamm der Wageia angeworben. Die Reisekarawane umfaßte schließlich 167 Mann. Die Reiseroute führte sowohl in die Savanne als auch am Ufer des Victoriasees entlang. Die Ruhetage an den Lagerplätzen wurden zu ausgedehnten Jagdausflügen genutzt. Adolf Friedrich berichtete von der Jagd auf Elefanten, Nashörner, Löwen, Schakale und Antilopen. Bei der Jagd auf die offensichtlich wenig scheuen Vögel wurden Kronenkraniche, Ibisse, Strandläufer, Sporengänse, Reiher, Rohrdommeln, Kormorane und Fischadler erlegt, sowohl für die eigene Sammlung als auch für das Berliner Zoologische Museum.

Über die Arbeit des Präparators schrieb der Herzog in seinem Reisebericht: »Bei diesem Wildreichtum war es denn selbstverständlich, daß unser Präparator Knuth mit seinem Stamm von 8 bis 10 Wageia und Wasukuwa außerordentlich reich beschäftigt war, und ich habe an manchen Tagen die Zähigkeit dieses arbeitsamen Mannes bewundert. Nach langen Märschen durch Gluthitze, wenn wir froh waren, nach überstandenen Mühen in unserem Lager ausruhen zu können, sah man ihn an die Zubereitung der über Tags erlegten Tiere herangehen und bis zur sinkenden Sonne emsig arbeiten, eine Leistung, die um so bemerkenswerter war, als derselbe trotz eifrigen Studiums der Suaheli-Sprache bis auf den heutigen Tag, glaub ich, noch kein Wort spricht.« Die während der Reise beginnende Regenzeit machte bald viele Wege unpassierbar und erschwert die Arbeit des Präparators sehr. Wegen der hohen Luftfeuchtigkeit war bei der Konservierung der Bälge und Trophäen für den Heimtransport Eile geboten. Am 3. Mai trat die Reisegesellschaft in Daressalam mit dem Dampfer »Präsident« der Deutsch-Ostafrika-Linie die Rückreise an.

So wie vor Antritt der Reise versprochen, wurden auf den Jagdausflügen zahlreiche Tiere für das Berliner Königliche Zoologische Museum erlegt. Allerdings war Knuth mit dem Ergebnis seiner Arbeit nicht ganz zufrieden. In einem Brief an Professor Matschie vom 10. Juli 1905 schrieb er: »... Im Auftrage Seiner Hoheit sende ich Ihnen einige Säugetierbälge & Schädel von der Afrika Ausbeute. Leider ist es recht wenig, was ich für Sie sammeln konnte & das Wenige ist dabei noch von einer Beschaffenheit daß Sie wenig Freude daran haben werden. Bei dem langen Gewaltmarsch, den die Herren machten, war es mir unmöglich besseres Material zu sammeln, blieben mir doch täglich nur einige Stunden, nach dem langen Marsch zur Arbeit übrig dazu bei ganz ungeeigneter Jahreszeit. ...«

Die eigentliche Arbeit nach der Rückkehr aus Ostafrika begann für Carl Knuth erst in seiner Schweriner Werkstatt. Hier arbeitete er die konservierten Felle, Häute, Schädel und Gehörne zu Trophäen und Präparaten für die private Sammlung des Herzogs und der anderen adligen Herren auf. Entsprechend dem damaligen Zeitgeschmack, fertigte Knuth auf Wunsch auch »Kunst- und Gebrauchsgegenstände« an, so z.B. für den Herzog einen Tisch aus Nashornteilen.

Carl Knuth beim Präparieren von Großwild 1905 in Ostafrika

Die Trophäen und Präparate, die Carl Knuth als Ausbeute der Ostafrika-Reise für den Herzog Adolf Friedrich, den Grafen Pfeil-Kreisewitz und den Rittmeister von Jena präparierte, wurden 1906 auf der »VII. Mecklenburgischen Jagd- Ausstellung« und im gleichen Jahr in Berlin auf der »Deutschen Geweih-Ausstellung« gezeigt. Es sind 46 Säugetiere und Vögel sowie 4 »Kunstgegenstände«, wie auch einen Nashornfuß als Rauchtisch. In seinem Reisebericht bemerkte Herzog Adolf Friedrich dazu: »Der Lohn für diese Mühe ist denn auch nicht ausgeblieben. Gelegentlich der Berliner Geweih-Ausstellung, bei welcher eine größere Sammlung unserer Reisetrophäen gezeigt wurde, erhielt dieser bewährte Mann von allen Seiten ehrende Aufträge.«

Carl Knuth verstand es, die Teilnahme an der Reise mit dem Herzog geschäftlich auszuwerten. Sein neues Werbeblatt zeigte, daß er die Zeit in Daressalam und Mombasa genutzt hatte, um geschäftliche Verbindungen zu knüpfen. Er ließ sich nun in Deutsch-Ostafrika und in Britisch-Ostafrika durch Firmen vertreten, die ihn regelmäßig mit Tiermaterial versorgten. Trophäen und »Kunstgegenstände aus Elefanten-, Nashorn- und Nilpferdhaut« gehörten jetzt zu seinem ständigen Angebot. Als Spezialist für Tropenjäger bietet er seine Dienste an:

»Als zoologischer Begleiter Sr.Hoheit des Herzogs Adolf Friedrich nach Zentralafrika hatte ich Gelegenheit, die Tierwelt Afrikas und das Sammeln in den Tropen gründlich zu studieren und ist es mir soweit möglich, auch diese Tiere absolut naturgetreu darzustellen, welche sich bekanntlich in unbeschränkter Freiheit ganz anders präsentieren, wie in den zoologischen Gärten.«

Die Qualität seiner Arbeit wußte man seit langem auch außerhalb der mecklenburgischen Grenzen an anderen Fürstenhäusern zu schätzen. Knuth wurden verschiedene Präparationsaufträge übertragen, die er zur Zufriedenheit erledigte. Zum Dank erhielt er verschiedene Hoftitel, die eine gewisse Garantie für weitere Aufträge bedeuteten. So wurde ihm vom Großherzog von Sachsen-Weimar-Eisenach sowie vom Herzog-Regenten von Braunschweig-Lüneburg der Titel »Hofkonservator« verliehen. Prinz Heinrich der Niederlande ernannte ihn zu seinem »Hoflieferanten«.

Schwieriger war es für Knuth, den Titel »Hoflieferant« am Mecklenburgischen Hof zu erhalten. Bereits am 15. Mai 1903 hatte er diesen Antrag an das Hofmarschallamt gestellt. Aus einer Aktennotiz vom 18.Januar 1906, die vermutlich vom Hofmarschallamt stammt, geht hervor, daß Carl Knuth erst 3 Jahre später, am 9. Januar 1906, diesen begehrten Titel vom Herzog Adolf Friedrich verliehen wurde.

Herzog Adolf Friedrich leitete nach der Ostafrika-Reise noch mehrere Zentral-Afrika Expeditionen. Das zoologische Material gelangte zum größten Teil an das Königliche Zoologische Museum in Berlin. Ein Teil der Jagdtrophäen wurde aber auch von Knuth für den Herzog und die mitgereisten Offiziere präpariert. Knuth's Präparate von der Ostafrika-Reise, die auf der Deutschen Geweih-Ausstellung in Berlin gezeigt wurden, machten auf ihn aufmerksam. Er erhielt darauf den ehrenvollen Auftrag, einen Teil der Ausbeute der Deutschen Südpolarexpedition für die Internationale Ausstellung für Meereskunde 1906 in Marseille zu präparieren. Für seine biologische Gruppe, bestehend aus Robben, Pinguinen, Möwen und Sturmvögeln, erhielt er den »Grand Prix« und »Wissenschaftlichen Mitarbeiter-Preis«.

Im Jahr 1911 war Carl Knuth aufgrund seines geschäftlichen Erfolges in der Lage, sich in der Schweriner Innenstadt ein repräsentatives Haus zu kaufen. Damit hatte er den Höhepunkt seiner beruflichen und geschäftlichen Laufbahn erreicht. Aus einfachsten Verhältnissen kommend, hat er sich durch Fleiß und Zielstrebigkeit zu einem angesehenen Bürger der Residenzstadt hochgearbeitet. Knuth beschäftigte in seiner Präparationswerkstatt mehrere Mitarbeiter und der Kundenkreis für seine Präparate erstreckte sich bis weit über die mecklenburgischen Landesgrenzen hinaus. Am 1. April 1923 löste Carl Knuth, fast 60jährig, sein Geschäft in Schwerin auf und zog zu seiner Schwester nach Bad Doberan. Am 29. August 1940 starb er 77jährig in Bad Tölz, wo er sich zu einer Kur aufhielt. Er wurde in Schwerin auf dem Alten Friedhof beigesetzt, denn dort hatte er bereits im Jahr 1922 für sich und seine Schwester eine Grabstelle gekauft.

Die regelmäßigen und intensiven geschäftlichen Verbindungen, die sich seit dem Jahre 1887 zwischen Carl Knuth und dem Warener Naturhistorischen Museum entwickelt hatten, blieben über viele Jahrzehnte bestehen. Als Knuth 1940 starb, bemühte sich Karl Bartels, zu dieser Zeit ehrenamtlicher Mitarbeiter, später Leiter des Museums, um den präparatorischen Nachlaß. Er wandte sich deshalb an die Schwester des Präparators, Hedwig Knuth in Bad Doberan. Bei ihr lebte Carl Knuth nach seiner Geschäftsauflösung. Da die Schwester sehr an den Präparaten hing, zögerte sich der Übergabetermin immer weiter hinaus. Erst als Hedwig Knuth im Jahre 1951 starb, konnte die Sammlung, entsprechend dem Wunsch von Carl Knuth, nach Waren überführt werden. Sie war zu diesem Zeitpunkt schon nicht mehr vollständig. Der Bestand umfaßte die Afrika-Sammlung, Präparate heimischer Vögel, einige Trophäen heimischer Jagdtiere, Tierplastiken, Fotos und Bücher.

Obwohl die Sammlung nicht immer gut aufbewahrt werden konnte, haben die meisten Präparate auch heute noch eine hervorragende Qualität. Einige markante Stücke sind in der ständigen Ausstellung des Müritz-Museums zu sehen, so unter anderem ein Uhu mit Beute, ein Wildschwein und ein Hirsch. Die beiden Säugerpräparate sind schon zu Lebzeiten Knuths nach Waren gekommen, der kapitale Rothirsch im Jahre 1902, als ein Geschenk des Großherzogs an das Museum. Auch in Sonderausstellungen werden Carl Knuths Präparate regelmäßig gezeigt, zuletzt in der 1995 gestalteten Ausstellung »Natur aus zweiter Hand« zum Thema Präparation. Hier wurde auch das Leben und Wirken dieses bedeutenden Schweriner Präparators dargestellt und gewürdigt.

Über die Tätigkeit und das Leben mecklenburgischer Präparatoren ist bisher kaum etwas bekannt geworden. So wurde auch zum Leben des Hofpräparators Carl Knuth bisher nichts publiziert. Aus zahlreichen verstreuten Quellen, die vor allem im Landeshauptarchiv Schwerin und im Archiv des Müritz-Museums gefunden wurden, konnte das Bild dieses strebsamen und erfolgreichen Mecklenburgers hier nachgezeichnet werden.

Mit dem Planwagen durch Afrika:
Impressionen aus dem Leben des Landvermessers
Hugo Voss

Peter Gerds

Bad Doberan. Aus einem mächtigen Schrank holte die fast 90jährige Ursula Voss eine Überraschung nach der anderen hervor und erzählte nebenbei davon, daß die dieses Möbelstück verzierende, sehr seltene und wunderbare Brandmalerei von dem deutschen Architekten Paul Wallot (1841–1912) stamme, der den von 1884 bis 1894 in Berlin gebauten Reichstag entworfen habe. Ursula Voss breitete aus: Ein paar sechs bis zehn Zentimeter lange Dornen eines Dornenbaumes, winzige Schildkröten und Ochsenfrösche, Giftpfeile und Schmuck. Zu jedem Stück wußte sie natürlich eine interessante Geschichte oder Begebenheit zu erzählen, wie etwa zu dem Dornenbaum, der als Ersatz für die Weihnachtstanne herhalten mußte und mit Engelshaar und Kugeln geschmückt wurde, die die Großeltern aus Deutschland in das ferne Afrika schickten.

Ursula Voss erblickte 1909 in Gibeon in Deutsch-Südwestafrika das Licht der Welt, nachdem ihr Vater, der am 14. Juni 1875 in der mecklenburgischen Kleinstadt Lübz geborene Hugo Voss seit 1907 auf diesem Kontinent tätig war. Bis zu diesem Zeitpunkt hatte sich aber der junge Mann – sein Vater war Großherzoglicher Distrikts-Ingenieur – bereits den Wind der weiten Welt um die Nase wehen lassen. Nach dem Schulbesuch von 1881 bis 1893 in Lübz und Schwerin auf dem Gymnasium, nahm Hugo Voss eine Lehre als Landvermesser in Wismar auf und trat 1895 als Gehilfe in das Güstrower Vermessungsamt ein. Seine Einjährigen-Freiwilligenzeit im Holsteinischen Feldartillerie-Regiment 24 in Schwerin beendete er als Unteroffizier, wurde danach noch Feldmessergehilfe und Offiziers-Aspirant, ehe Hugo Voss nach Dresden in die sächsische Hauptstadt fuhr. Dort arbeitete er anfangs als Vermessungsgehilfe, um danach bis 1899 ein Studium an der Technischen Hochschule mit dem Feldmesserexamen abzuschließen. Zurückgekehrt in die mecklenburgische Heimat, trat Feldmesser Voss seinen Dienst bei der Mecklenburgischen Friedrich-Franz-Eisenbahn an, um danach in Friedland – nun verheiratet mit seiner Frau Gertrud – ein privates Vermessungs- und Ingenieur-Bureau zu eröffnen. Es schien, als sollte das geordnete Leben eines deutschen Ingenieurs seinen Anfang nehmen. Doch weit gefehlt. Das Fernweh, das ihn als Jungen schon quälte, die Sehnsucht nach anderen Ländern und Menschen, war mittlerweile unstillbar geworden.

Hugo Voss
(1875–1968)

Für viele Auswanderer und Glückssucher aus Deutschland war Kanada schon damals ein Traumland. Hier wollte er eine Farm gründen, Ackerbau und Viehzucht betreiben. Doch das Land zu messen war ihm mehr gelegen, als es zu bebauen. Das Projekt eines eigenen Hofes scheiterte, und Hugo Voss mußte sein Brot schwer als Holzfäller verdienen, bis ihm eines Tages eine glückliche Stunde schlug. Als in der Nähe des Einschlagplatzes eine kanadische Vermessungsgesellschaft ihre Arbeit aufnahm und dabei Probleme mit einem technischen Gerät hatte, stand Hugo Voss zufällig dabei und konnte als wirklicher Fachmann diesen Schaden schnell beheben. Dafür erhielt er eine Anstellung als Vermessungsassistent. »Ich habe Kältetemperaturen von 45 bis 47 Grad Celsius erlebt, und die Aufzeichnungen meines Tagebuches weisen Hitzewellen von 40 Grad auf«, schrieb Hugo Voss, der sich nebenbei ein paar Dollars als Pelztierjäger verdiente. Für seinen Bruttogewinn eines Winters von 229 Dollar bekam er 920 Mark. Den ersten in Kanada verdienten Dollar schickte Hugo Voss an seine Frau Getrud, und dieses Geldstück, 1899 geprägt, wurde von ihr, mit einer Nadel versehen, viele Jahre als Brosche getragen. Auch sie lag wohlverwahrt in dem alten Holzschrank in Bad Doberan.

1906 und 1907 waren für den damals gut 30jährigen Voss zwei prägende Jahre, bis er eines Tages eine deutschsprachige Zeitung in die Hände bekam, in der eine peußische Behörde in Berlin Landvermesser für Deutsch-Südwestafrika suchte. Das Kerngebiet dieses kolonial beherrschten Landes hatte der Bremer Kaufmann Adolf Lüderitz vom Hottentottenhäuptling Frederic von Bethanien im Jahre 1883 erworben. Im April 1884 nahm das Deutsche Reich die sogenannte Lüderitzbucht (Angra Pequena) unter Schutz, ein Jahr darauf das gesamte Namibia.

Im Ergebnis des Ersten Weltkrieges verlor Deutschland mit allen seinen Kolonien auch das Schutzgebiet Deutsch-Südwest. Es wurde dem Völkerbund, später der UNO unterstellt und 71 Jahre von Südafrika verwaltet. Seit März 1990 ist Namibia ein souveräner Staat.

»Mein Vater war Feuer und Flamme, kam so rasch es ging, nach Deutschland zurück und stellte sich in Berlin vor. Doch zu Anfang standen die Chancen für ihn gar nicht so günstig.

Hunderte hatten sich für einen dieser raren Posten beworben; dann aber traf die Nachricht ein, die so nachhaltig das Leben meiner Familie für etliche Jahre völlig veränderte«, erzählte Ursula Voss. 1907 reiste Hugo Voss, vorerst allein, von Bremen aus mit dem Schiff nach Afrika und landete schließlich in der Lüderitz-Bucht. Dort erwarteten ihn bereits sein Pferd und ein Planwagen mit 20 Ochsen davor. »Mit diesem Ochsenkarren sind wir später durch das ganze Land gezogen«, erinnerte sich lebhaft Ursula Voss, 1909 in Südwestafrika geboren, und die bereits im Alter von neun Monaten mit ihren beiden etwas älteren Schwestern Liselotte und Margarete und der Mutter dem Vater im Planwagen folgte. »Wir fuhren etwa 30 Kilometer am Tag, meist in der Frühe oder in den Nächten. Wir Kinder lagen auf dem Planwagen in Hänge-matten, und alles, was man damals zum Leben brauchte, war in diesem Treck vorhanden – Decken, Kleidung, Säcke, Lebensmittel, Töpfe, Pfannen. Aber ständig waren wir auf der Suche nach Wasserstellen, denn der Mangel an frischem Trinkwasser für Mensch und Tier war groß«, so Ursula Voss. Es ist ihr bis heute noch schleierhaft und nicht vorstellbar, wie ihre Mutter unter diesen Bedingungen stets wie aus dem Ei gepellt aussah, mit weißen Kleidern – aller-dings mit einer Reithose darunter und Stiefeln an den Füßen – und weißem Stehkragen. Bei diesen extremen Reisen, auf denen sie für drei kleine Kinder zu sorgen hatte, war sie ihrem Mann eine großartige, unersetzliche Gefährtin.

Für Ursula Voss wurden Erinnerungen wach, als sie die alten Fotoalben durchblätterte. Ihr Vater auf seinem Reitpferd, mit einem erlegten Leoparden im Sattel, dessen heute frei-lich schon abgewetztes Fell noch immer ein Sofa im Haus von Frau Voss in Bad Doberan bedeckt. Oder der Buschmann Achab mit seiner Jagdausrüstung, oder der 1916 geborene Bruder Hans-Harald, dessen erste Worte nicht Mama und Papa waren, sondern »Hurra, mein Kaiser«. Ursula Voss erinnerte sich an Spielgefährten unter den Eingeborenen, hatte noch Vokabeln in fremden Sprachen parat, berichtete von dem Dolmetscher Lazarus, der den Vater ständig begleitete, und schwärmte vom Reiten und dem großen Gefühl auf dem Rücken eines Pferdes.

*Mit dem Planwagen
und 20 Ochsen
davor waren der
Landvermesser
Hugo Voss und seine
Familie oft über
Wochen in Südwest-
afrika unterwegs.*

1912 wurde Hugo Voss zum Landmesser des Kaiserlichen Gouvernements Deutsch-Süd-westafrika bestellt. In seinem Ende der zwanziger Jahre erschienenen Buch »Halt Fährte. Reisen und Jagden in Deutsch-Südwestafrika und Kanada« schrieb er: »Ich war auf Pfad mit Frau und Kindern, und unser einziges Heim war unser Ochsenwagen und das kleine grüne Zelt. Da traf es sich, daß wir unser Lager auf einer unbewohnten Farm aufschlagen mußten, und es gelüstete uns, in das verlassene Wohnhaus zu ziehen, da die Regenzeit im Zelt immerhin ein etwas feuchtes Vergnügen bedeutete. So quartierten wir uns in das Haus ein. Stelle man sich einen Riesenkamin vor, um den ein Steinkraal gezogen ist und der dann wieder mit Wellblech gedeckt, so hat man den Grund- und Aufriß des Hauses und gleichzeitig die innere Einrichtung.« Als dann das Unwetter begann, erwies sich die alte Farm als denkbar ungünstige Unterkunft, denn »es war mitten in der Stube am Plafond eine Dachrinne angebracht, eine Rinne, die das Wasser eines Hauptlecks der Bedachung zusammenfaßte und in großem Bogen von oben mitten ins Gemach stürzte«.

Es war ein hartes, entbehrungsreiches Leben, das Hugo Voss und seine Familie auf sich nehmen mußten in der großen Wüste Kalahari, die abflußlose, trockene Beckenlandschaft in Botswana, Namibia und der Kap-Provinz Südafrikas, rund 800.000 Quadratkilometer groß (Deutschland etwa 360.000 qkm), mit ihrem großen Wildreichtum, den riesigen Salz-pfannen, den Savannen. Hitze, Durst, Moskitos, Malaria, Schlangen peinigten den Landver-messer und die Seinen, wenn sie oft monatelang ohne feste Behausung unterwegs waren. Der Dünensand brannte in Augen, Mund und Ohren, wenn Hugo Voss noch vor dem Son-nenaufgang unter dem Kameldornbaum aus seinem Schlafsack kroch, um – unbeeinträchtigt von den Hitzewellen der Luft – die Messungen mit dem Theodoliten durchzuführen, deren Ergebnisse Gertrud Voss protokollierte. »Sie war eine wunderbare Frau, die nie Angst hatte, dafür aber Kraft und Geborgenheit zu spenden wußte« erinnerte sich Ursula Voss.

Hugo Voss war neben seiner Tätigkeit als kaiserlicher Vermessungsbeamter, die ihn voll und ganz ausfüllte, in seiner kargen Freizeit vor allem Jäger und Sammler von unterschied-

Ursula Voss mit einem Leopardenfell. Das Tier war von ihrem Vater um 1910 erlegt worden.

lichsten Trophäen. Frau Voss zeigte einiges, was vor 80 oder 90 Jahren ihr Vater zusammengetragen hatte: Ausgestopfte Vögel, Geweihe, Hörner, Straußenfedern, ein Wurfgerät namens Kirvi – ähnlich dem Bumerang –, Ketten aus den Schalen von Straußeneiern, Kopfschmuck, Tanzrasseln aus Kokons. Hugo Voss hatte viel Kontakt mit Buschmännern und Hottentotten. Er befaßte sich mit ihren Lebensbräuchen und Gewohnheiten, mit Kleidung, Ernährung, Sitten. In seinem Buch »Halt Fährte« schrieb Voss dazu über seine Tauschgeschäfte mit den eingeborenen Frauen: »Eine Nuis- oder Moletsakette aus Straußeneierschalen erstand ich gegen ein Schächtelchen voll Perlen. Dann zog eine Alte aus ihrem Ledertäschchen ein großes Wertobjekt, nämlich ein Stirnband, hervor und erhielt dafür ein Messer. Ein anderes weibliches Wesen hielt mir sogleich ein zweites derartiges Kunstwerk vor die Nase und wies auf mein rotes Taschentuch, natürlich wurden wir handelseins. Ferner erhielt ich zwei Tabakspfeifen aus Ton, die ich mit Tabak bezahlte.«

Dann natürlich die unvergeßlichen Jagdritte. Abends am Lagerfeuer die Leber gebraten, danach rasch die Pfeife angezündet, auch gegen die Moskitos, einen Schluck Tee aus der Feldflasche. Schnell brach die Nacht herein mit dem Zirpen der Grillen, dem Heulen der Schakale und dem Gelächter der Hyänen. Ein Blick zu den weidenden Pferden und ein letzter empor zum Kreuz des Südens. Neben seinem Reise- und Erinnerungsbuch verfaßte Voss auch ein sogenanntes Jagdbuch, in dem er wohl einmalig in Deutschland eine Auflistung von in Südwestafrika geschossenen Tieren vornahm, die jetzt noch einen Vergleich mit heutigen Wildbeständen ermöglicht. Dabei ging es dem Jäger Voss vor allem um eine waidgerechte Jagd im ehemaligen Deutsch-Südwest.

Ein besonderes Ereignis ist für Ursula Voss bis heute unvergeßlich geblieben. Als ihr Vater einmal nach einem langen anstrengenden Ritt, so berichtete sie, eine Rast unter einem Baum einlegte, habe er plötzlich auf der Brust so einen schweren Druck gespürt und sei davon wach geworden. Da sah er nur wenige Zentimeter vor seinen Augen eine Giftschlange. Der erfahrene Mann rührte sich nicht, konnte aber nicht verhindern, daß sich sein Herzschlag beschleunigte. Dadurch wurde die Schlange unruhig und bewegte sich, glücklicherweise nicht weiter auf das Gesicht von Hugo Voss zu, sondern schlängelte sich über die Brust und den Arm ins Gras. Hugo Voss erhob sich vorsichtig und tötete die Schlange. Den Kopf aber präparierte er sorgfältig und trug diesen bis zu seinem Tode im Alter von 93 Jahren immer als Talismann bei sich.

1919 erfolgte die unfreiwillige Rückkehr nach Deutschland. Bis dahin hatten Ursula Voss und ihre Geschwister die ersten Schuljahre im eigenen Haus, im Planwagen, im Zelt oder unter freiem Himmel in den Dornen- und Trockensavannen erfahren. Die Lehrer waren Vater und Mutter. Nach dem Ende des Ersten Weltkrieges und dem damit verbundenen Verlust der deutschen Kolonien waren die Vermessungsaufgaben für Hugo Voss beendet. Es bedrückte ihn sehr, sein geliebtes Afrika zu verlassen. Die größten Schwierigkeiten

sah Hugo Voss aber darin, das umfangreiche Sammelgut mit nach Hause nehmen zu können. Die Briten untersagten ihm dieses, so daß Voss heimlich seine ethnographischen, archäologischen und zoologischen Funde sowie die vielen wertvollen Jagdtrophäen – zumeist selbst geschossen – in mächtige Holzkisten einpackte, um sie bei einem befreundeten Farmer unterstellen zu können.

Von Kapstadt führte die Reise, zunächst ohne diese Kisten, mit einem holländischen Schiff nach Europa. Ursula Voss war zehn Jahre alt, ihr Vater 44. Für den Heimkehrer war das Arbeitsfeld als Vermesser eng geworden, und die Zeit nach dem Krieg war für alle kein Zuckerlecken. Hugo Voss versuchte, zunächst in Neustrelitz, in der Mecklenburg-Strelitzschen Landgesellschaft Fuß zu fassen, dann in Vellahn und Wittenburg. Aber es gab in der Heimat nur ganz wenige Vermessungsarbeiten, so daß Voss davon seine Familie nicht ernähren konnte. Er hatte dann die Möglichkeit, durch seinen langjährigen Auslandsaufenthalt als Beamter in den vorzeitigen Ruhestand zu gehen und betrieb nebenbei noch einen Kleinhandel mit Wolle. Mittlerweile waren auch wohlbehalten die etwa 20 Kisten mit seinen afrikanischen Schätzen in Hamburg eingetroffen. Damals kaufte Voss den eingangs erwähnten Schrank und andere Möbelstücke, die er auf Auktionen preiswert von den Pleite gegangenen Gütern aus Mecklenburg erstand und zur Einrichtung seiner Wohnung benötigte.

Doch das Fernweh plagte den weitgereisten Mann weiterhin. Noch einmal wollte er in der Welt sein Glück versuchen, als er 1924 nach Südamerika fuhr, nach Brasilien und Uruguay, um dort zu siedeln. Doch eine alte Krankheit, die Malaria, brach wieder auf und machte dieses Vorhaben zunichte. Hugo Voss kehrte nach Deutschland zurück.

Aus seinem bereits in Afrika gepflegten Hobby – der Fotografie – machte Hugo Voss seinen Beruf. Mit Stativ und Kamera zog er durch die mecklenburgischen Lande, fotografierte Hochzeiten, das Landleben, alte Bauernhäuser, Brauchtum, Bauern bei der Arbeit und Schulkinder. Durch glückliche Umstände fand Hugo Voss dann noch eine Anstellung bei einer großen Bremer Reederei als Fotograf auf Passagierschiffen. Dabei unternahm er eine ganze Reihe von Reisen nach Nordamerika und Ostasien und entdeckte so viele Schönheiten.

Sein reichhaltiges Wissen über Kanada, Asien, Süd- und Nordamerika, vor allem aber über Afrika, nutzte Hugo Voss in Doberan für eine rege Vortragstätigkeit. Zu DDR-Zeiten war es ihm dann aber verboten, an den Schulen aufzutreten, weil er, so die Begründung, angeblich dem Kolonialgedanken Vorschub leisten würde. In Wirklichkeit aber sollte das Weltbild in den engen »sozialistischen« Grenzen bleiben, um der Reiselust keine neue Nahrung zu geben.

Die große Sammlung von Voss war inzwischen in der Wohnung in der Lindenstraße in Doberan untergebracht, die nun ein vielbesuchtes Privatmuseum und zugleich eine Vortragsstätte wurde. Als Hugo Voss am 24. August 1968 hochbetagt starb – er ist auf dem Doberaner Friedhof begraben – betreuten Ursula Voss und ihr etwas jüngerer Bruder Hans Harald (1916 in Gobabis geboren) den umfangreichen Nachlaß, für den sich auch nach der Einheit Deutschlands kein Museum in Mecklenburg-Vorpommern ernsthaft interessierte. So gingen große Teile der Sammlung nach Dresden, Leipzig und Hamburg. Als aber vor einiger Zeit im Stadtmuseum von Wismar die Exposition »Namibische Impressionen« gezeigt wurde, waren ein paar wunderschöne Stücke aus den Voss-Beständen auch dabei.

Die wichtigste Dokumentation seiner Erlebnisse und Erinnerungen faßte Hugo Voss in dem Buch »Halt Fährte. Reisen und Jagden in Deutsch-Südwestafrika und Kanada« zusammen, das in Schwerin ohne Jahresangabe etwa 1928/29 erschien. Umfassendere biographische Arbeiten zum Leben und Wirken dieses mutigen und interessanten Mannes liegen bisher nicht vor.

Hans Paasche – vom Militär in Afrika zum Lebensreformer und Pazifisten in Deutschland

Martin Guntau

Ein ungewöhnlicher Mann war Hans Paasche, der in Mecklenburg das Licht der Welt erblickte. Sein bewegtes Leben wurde maßgeblich durch eigene Erfahrungen als Marine- und Kolonialoffizier in Ostafrika geprägt. Er war ein alternativer Denker, der nicht nur lebensreformerische Ideen vertrat; er engagierte sich für soziale Gerechtigkeit und die Würde aller Menschen; er war Kämpfer für den Frieden und den Naturschutz, aber auch Großwildjäger. Sein Name wurde bekannt als Afrikareisender und Schriftsteller, Landesverräter und Opfer der rechtsradikalen Soldateska. Selbst stellte er sich mit den Worten vor: »Ich heiße Paasche, war Seeoffizier und bin Revolutionär«. Seine humanistischen Ideen vertrat er mit großer Aufrichtigkeit, mit einer Portion Eigensinn und Ausdauer, aber auch mit Witz. Er lebte nur 39 Jahre und es gibt viele gute Gründe, immer wieder an ihn zu erinnern.

Geboren wurde Hans (Johannes) Albert Ferdinand Paasche am 3. April 1881 in Rostock als Sohn eines Professors der Volkswirtschaft und Reichstagsabgeordneten (1881–1884) für Rostock als Mitglied der Liberalen Vereinigung. Sein Vater, Hermann Paasche, war zunächst Hochschullehrer in Aachen, kam dann an die Universität Rostock und wurde 1884 nach Marburg berufen. 1893 erhielt er als Nationalliberaler wieder einen Sitz im Deutschen Reichstag und auch im Preußischen Landtag; später brachte er es bis zum Vizepräsidenten des Reichstags. Mit der Berufung nach Marburg folgte ihm die Familie dorthin und 1893 nach Berlin. Hermann Paasche gehörte ohne Zweifel über Jahrzehnte zu den einflußreichen Persönlichkeiten in der deutschen Politik.

Kindheit und Jugend von Hans Paasche gestalteten sich in der Geborgenheit einer bürgerlichen Familie und eröffneten ihm günstige Möglichkeiten für eine gediegene Ausbildung und eine erfolgversprechende Entwicklung. Wenn er auch in späteren Jahren für die autoritäre Erziehung in seinem Elternhaus kritische Worte fand, konnte er seine Interessen pflegen . In seiner Schulzeit war er ein aktiver Sportler und erhielt eine musische Ausbildung. In Berlin besuchte er das Joachimsthaler Gymnasium, brach aber aus gesundheitlichen Gründen diese Ausbildung ab und wurde Seekadett. In der deutschen Öffentlichkeit waren in den Jahren um 1900 Fragen zur Entwicklung einer schlagkräftigen Marine und zur Nutzung der erworbenen Kolonien von hoher Aktualität. Diese Interessen haben offenbar auch die Vorstellungen des jungen Hans Paasche beeinflußt. Er sah die Chance, als Marineoffizier fremde Länder zu sehen, Abenteuer zu erleben und interessante Eindrücke zu gewinnen.

Nach seiner Ausbildung zum Marineoffizier wurde Hans Paasche sehr bald (1904) auf dem Kreuzer Bussard zum Küstenwachdienst vor der afrikanischen Kolonie Deutsch-Ostafrika kommandiert. Dort leistete er seinen Dienst mit großem Einsatz und war sehr erfolgreich, wobei ihm seine hohe Bildung, seine körperliche Geschicklichkeit, sein Mut und eine Portion Humor zugute kamen. Sehr gründlich war seine Vorbereitung auf diesen Einsatz. Er hatte viel über Afrika gelesen und sogar Kisuaheli gelernt, um sich vor Ort mit den Afrikanern verständigen zu können. Paasches Initiative und Neugier ließen ihn jede Gelegenheit nutzen, mit den

Afrikanern auf dem Festland Kontakt aufzunehmen, um ihre Gewohnheiten, Sitten und Lebensweisen kennen zu lernen. Er ließ sich den Anbau der verschiedenen Feldfrüchte, die zahlreichen Obstarten und Früchte des Meeres erklären, weshalb ihm vor allem auch die Besuche auf den Märkten willkommene Stunden des Lernens waren. Seine Erfolge bei der Jagd von Flußpferden, Elefanten, Antilopen und anderen Tieren der Wildbahn machten ihn zu einem leidenschaftlichen Jäger. Er ließ sich das rasche Klettern auf hohe Palmen beibringen, beteiligte sich zwanglos an den Tänzen der Eingeborenen und interessierte sich für ihre verschiedenen Musikinstrumente. Er selbst begeisterte die Afrikaner mit seinen Sprungkünsten oder durch die Treffsicherheit seiner Büchse, mit der er in die Luft geschleuderte Steine zerschoß. Auf diese Weise fand er einen aufrichtigen Kontakt zu den Menschen dort, er wurde wegen seines zwanglosen Verhaltens gegenüber allen rasch bekannt und wurde geschätzt. Diese Erfahrungen hatten aber auch auf die gesellschaftlichen Ideen und Überzeugungen von Paasche wesentlichen Einfluß und prägten maßgeblich sein weiteres Leben.

Im Jahr 1905 beunruhigte am Rufiji der Maji-Maji-Aufstand gegen koloniale Bedrükkung weite Gebiete von Deutsch-Ostafrika. Hans Paasche erhielt als Oberleutnant der Schutztruppe den Auftrag, mit einer Einheit von Matrosen und Askari (afrikanische Soldaten in deutschem Sold) die Unruhen niederzuschlagen. Nicht frei von Bedenken über das Ziel dieser Aktion, führte er seinen Auftrag erfolgreich aus, bei großen Verlusten der Aufständischen. Er erhielt den Königlichen Kronenorden mit Schwertern und fand bei seiner Obrigkeit Anerkennung. Daheim in Deutschland wurde er in der Presse gefeiert. Trotzdem wuchs bei Paasche der Zweifel über den Sinn von Kampfhandlungen, Strafaktionen und Hinrichtungen in der Kolonie, weil dabei Zehntausende Afrikaner ihr Leben verloren. Beteiligt am Wirken eines Kriegsgerichts zur Verurteilung von afrikanischen Gefangenen mit Todesurteilen, bekannte er später, daß er in diesem Zusammenhang zum Gegner der Todesstrafe geworden war.

Nach dem erfolgreichen Abschluß der militärischen Aktion gegen die aufständischen Afrikaner bemühte sich Paasche um Versöhnung und Befriedung auf seine Weise, insbesondere in den Kampfgebieten. Er überredete die Flüchtigen zur Rückkehr in ihre Dörfer, regte zur Feldarbeit an und jagte Wild in den Wäldern für die Hungernden. Dieser verständnisvolle Umgang mit den Eingeborenen entsprach kaum den Praktiken der offiziellen Kolonialpolitik des Deutschen Reiches, die gegenüber den Afrikanern eher dem Grundsatz folgten, »nur äußerste Strenge macht Eindruck«. Paasche geriet zu dieser Politik mehr und mehr in Widerspruch. Infolgedessen fiel er in wachsendem Maße durch ein unausgeglichenes Verhalten als Ausdruck innerer Zwiespältigkeit und Zweifel auf, wozu noch Krankheiten bei hoher physischer Belastung kamen. Schwere Malariaanfälle hinderten ihn schließlich an der Ausübung des Dienstes und er mußte Afrika verlassen. 1906 kehrte nach Deutschland zurück.

In der Heimat ging es mit der Genesung von Paasche allmählich voran und er verfaßte 1907 einen Bericht über seine Erlebnisse in Afrika, der als Buch »Im Morgenlicht« gedruckt wurde. Kurzzeitig diente er dann als Navigationsoffizier auf dem seinerzeit größten deutschen Kriegsschiff »Schlesien« in Kiel. Hans Paasche hatte 1908 Ellen Witting, die Tochter des Präsidenten der Nationalbank für Deutschland, Richard Witting, geheiratet. Die gewaltige Sehnsucht Paasches nach Afrika war gewiß die wesentliche Ursache dafür, daß das junge Paar seine Hochzeitsreise in das Innerste dieses Kontinents als privates Forschungsunternehmen plante und 1909/10 realisierte. Das geographische Ziel waren die Quellen des Nils, wobei das Leben der Afrikaner und die ungemein reiche Natur des Kontinents im

Mittelpunkt des Interesses von Hans und Ellen Paasche standen. Großwildjagd und Kamerapirsch, ethnographische Studien und Naturbeschreibungen, topographische Ortsbestimmungen und die Entdeckung neuer Regionen gehörten neben verschiedenen weiteren Vorhaben zu den selbst gestellten Aufgaben dieser Hochzeits- und Forschungsreise.

Ihr Unternehmen begann in der Kolonie Deutsch-Ostafrika und folgte nach Westen zu den zentralafrikanischen Regionen in Teilen der Route, die einige Jahre zuvor bereits Adolf Friedrich zu Mecklenburg mit seiner »Zentral-Afrika-Expedition« genommen hatte. Begleitet von einer Gruppe von Trägern und Bediensteten erreichten sie das Hochland am Kilimanjaro, den Victoria-See, das Vulkangebiet des ostafrikanischen Grabensystems im heutigen Ruanda und Burundi sowie schließlich die Nilquellen. Neben den Erlebnissen und Erfahrungen in der häufig exotischen afrikanischen Natur machten offenbar die unmittelbaren Kontakte zwischen dem Ehepaar Paasche und den Afrikanern über eine Reihe von Monaten besonderen Eindruck auf die Reisenden. Die Deutschen lernten das höfliche, zuvorkommende, hilfsbereite, lernwillige, ehrliche und auch vornehme Verhalten der Eingeborenen kennen,

JUNGE MENSCHEN
BLATT DER DEUTSCHEN JUGEND
STIMME DES NEUEN JUGENDWILLENS
HERAUSGEBER:
DR.MED.KNUD AHLBORN / WALTER HAMMER

2. JAHRGANG   ENDE MAI 1921   HEFT 10

HANS PAASCHE
als Führer der Bußjägerpiditen im neuafrikanischen Aufstand 1905, in einem von den
Negern verlassenen Dorfe die zurückgelassenen und hungernden Tauben fütternd.

VERLAG „JUNGE MENSCHEN" G. M. B. H., HAMBURG 30, Johnsallee 54
WIEN 17, Geblergasse 60.

VIERTELJÄHRL. (SECHS NUMMERN) SECHS MARK (JÄHRL. 10 FRS, 2 DOLL.)   PREIS DIESES HEFTES EINE MARK 25 PFG.

Hans Paasche in einem von den Afrikanern verlassenen Dorf während des Maji-Maji-Aufstandes – zurückgelassene Tauben fütternd

unter denen es aber – wie unter den Europäern – auch Kluge und Dumme, Geduldige und Ungeduldige, Engagierte und Träge gab. Paasche hinterfragte die von ihm beobachtete Bewunderung und Gläubigkeit der Afrikaner gegenüber den Weißen, weil sie wohl meinten, daß der europäische Kulturbesitz nur etwas Gutes sei und allein einer besseren Zukunft diene. Und dazu sagte er dann im Hinblick auf die Kolonien nach einem Zitat seines Biographen Werner Lange wörtlich: »... ich schäme mich geradezu, wie ich denke, wie schlecht wir mit allen diesen Dingen die Erde verwalten, welche Tränen und Blutströme, welche Schmerzen wir verschulden.«

In Afrika sammelten die Paasches nicht nur Erkenntnisse und Erlebnisse, es reiften auch ihre Einsichten und Überzeugungen. Das bedeutete aber keineswegs die Ablehnung von Kolonien. Hans Paasche war auf eine Weise deutscher Patriot, wie das in der Gegenwart wohl kaum allgemeine Billigung finden würde. Seinen humanistischen Überzeugungen ist er aber auch dabei treu geblieben, wenn er 1912 in der Zeitschrift »Der Vortrupp« schrieb: »Es gibt auf dieser Erde Völker, die berufen sind, Kultur zu verbreiten. Weil sie durch Bildung und Fleiß zu Anschauungen gekommen sind, mit denen sie für andere Länder ein Segen sein können. Solche Länder haben sogar die Pflicht zu kolonisieren. ... Man erwartet, daß in einem deutschen Lande [Ostafrika] das Recht, die Sitte, die Gesinnung gilt, die in Deutschland herrscht. ... Gilt hier Menschenliebe, dann darf dort nicht Roheit schalten, wird hier die Natur geachtet, dann darf sie dort nicht geschändet werden. Oder das Land wird nicht in deutschem Geist regiert.«

Stark beeinflußt durch die in Afrika gewonnenen Erfahrungen, entwickelten sich Paasches kultur- und zivilisationskritischen Ansichten zu den gesellschaftlichen Verhältnissen auch in Deutschland in einem recht anspruchsvollen Maß, so widersprüchlich seine Auffassungen auch gelegentlich anmuteten. Seine Kritik an den verschiedenen Verhaltensweisen, Handlungen und Moden selbst im Alltagsleben der Menschen in Europa stellte er unter anderem in den von ihm verfaßten Briefen des Afrikaners Lukanga Mukara dar, die in der auch von ihm herausgegebenen Zeitschrift »Der Vortrupp« bereits 1912/13 erschienen. Paasche wählte dabei die natürliche, freie und ursprüngliche Sicht eines Afrikaners für die Beschreibung einiger von ihm kritisch gesehenen Zustände in Deutschland und stellte die Briefe unter den Titel: »Die Forschungsreise des Afrikaners Lukanga Mukara ins innerste Deutschland«. Schon die Formulierung des Titels war eine bewußte Entgegensetzung zu anderen Buchtiteln wie: »Ins innerste Afrika. Bericht über den Verlauf der deutschen wissenschaftlichen Zentral-Afrika-Expedition« von Adolf Friedrich zu Mecklenburg. Und dann ließ Paasche einen »gebildeten Neger« zu seinen Forschungen über Zustände in einem europäischen Industrieland einschließlich verbreiteter Unarten im Zusammenleben der Menschen auf geistreiche Weise, aber oft auch in drastischer und satirischer Form, zu Wort kommen. Einige immer noch zu beobachtende Gebrechen der Gesellschaft, gewiß aber auch die Originalität der Sichtweise des Lukanga Mukara sind die Ursachen für die ungebrochene Aktualität dieser Schrift, die bis in die Gegenwart immer wieder aufgelegt wurde.

So beklagt der Afrikaner die Beschwerlichkeit und Monotonie der Arbeit in der industriellen Produktion in Europa. Sein Leben in Afrika war in einem sehr hohen und fühlbaren Maße mit der Natur unmittelbar verbunden und jedes seiner Stammesmitglieder hatte für die verschiedensten Arbeiten zur Verfügung zu stehen und entsprechende Aufgaben zu bewältigen. Die diesbezüglichen Verhältnisse in Deutschland finden seinen Beifall nicht, wenn es sagt: »Auch in Deutschland mag einst Rauch den Ort glücklichen Schaffens angezeigt haben; jetzt ist das vorbei. Zum Fluch wurde die Arbeitskraft, die das Feuer erzeugt; elende Sklaven sind die Eingeborenen, die mit der Kraft des Feuers arbeiten. In furchtbarem Lärm, der größer ist als die Gewitter es Frühlings, stehen Männer und Frauen und bewegen ihre Hände an Maschinen. Sie stehen da, in schlechter Luft, in geschlossenem Raum und am ganzen Körper bekleidet. Sie machen eine Arbeit, die nie fertig wird, machen jahrelang dieselbe Arbeit.«

Natürlich war das keine Fundamentalkritik an der Technologie oder Ökonomie der industriellen Produktion. Deutlich wird aber die Abneigung und der Abstand des Afrikaners gegenüber er Rolle des Produzenten in moderneren Fertigungsprozessen, die von seinen heimatlichen Erfahrungen und natürlichen Empfindungen abweichen. Wenn man so will, kann man das aber durchaus als einen Hinweis auf den »Segen und Fluch« des technischen Fortschritts für den Menschen verstehen, wobei dieses Problem bis in die Gegenwart seine Bedeutung keineswegs verloren hat.

Verständlicherweise hat der Afrikaner Probleme mit verschiedenen Aspekten der europäischen Zivilisation, wobei die Bekleidung eine erhebliche Rolle spielt. Paasche läßt seinen Lukanga Mukara vor allem die Unmöglichkeit der Betrachtung der nackten menschlichen Körper wegen der dichten Bedeckung durch Kleidungsstücke bedauern, was sowohl für eine schwierige Partnerwahl und letztlich sogar für die Beleibtheit der Männer als Ursache angesehen wird: »Die Kleider der Männer werden so gemacht, daß jeder Schwache ebenso aussieht wie ein sehniger Mann, und daß kein Mann den Wunsch hat, seinen Körper zu verbessern oder sich davor bewahrt, den Körper zu entstellen: die Kleider verdecken jede Schwäche. Selbst die Frauen sehen bei der Wahl der Männer nicht auf die Schönheit und Kraft des Körpers, sondern auf die Form und den Wert der Kleider und des Hutes. Die

Frauen wissen gar nicht, wie ein schöner, gebildeter Körper aussieht. Sie heiraten dann einen Anzug und zugleich den Mann, der darin steckt. Die Unsitte der Kleider bringt es auch mit sich, daß die Männer und Frauen der Wasungu [Europäer] heiraten, ohne voneinander zu wissen, wie sie nackt aussehen.« ... Sie gehen »vom Morgen bis zum Abend in denselben Kleidern und Schuhen und mit demselben Hut auf dem Kopfe, und weil sie am nächsten Tage dieselben Kleider anziehen wollen, dürfen sie nicht allzusehr schwitzen. Deshalb und um ihre Kleider zu schonen, müssen sie langsam gehen. Laufen ist nur den Kindern erlaubt. Die Erwachsenen laufen nie, weil sie aber immer Eile haben, gehen sie auch nicht: sie fahren. Durch den Mangel an Bewegung verändert sich ihr Körper so sehr, daß sie sich nackt nicht mehr zeigen können, selbst wenn es Sitte wäre, ohne Kleider zu gehen, und viele Männer sehen aus wie gemästete Hunde oder die Flußpferde von Ukonse.«

Ausführlich schilderte Lukanga Mukara auch die Garderobe der Frauen und die seinerzeitige Mode in Deutschland, die ihm als sehr ungesund erschien. Dabei sprach er zunächst bedauernd darüber, daß die Frauen und Mädchen in Wasungu immer bekleidet wären und er oft an die biegsamen und freien Gestalten der Mädchen bei der Feldarbeit oder beim Tragen der Wasserkrüge im heimatlichen Kitara denken müsse.

Titelblatt der von Hans Paasche mitbegründeten und -herausgegebenen lebensreformerischen Zeitschrift »Der Vortrupp«

Ganz besonders aber läßt Paasche seinen Briefschreiber über das stark in Mode befindliche Korsett (»Leibgerüst«) berichten, das von vielen Frauen in dieser Zeit getragen wurde: »Die Frauen der Wasungu werden künstlich mißgestaltet, und die entstandene Mißgestalt wird durch Felle, Stoffe, Geflecht, Leder und Federn wilder Tiere so umkleidet, daß eine neue Gestalt entsteht, die mit der natürlichen schönen Frauengestalt ... nichts mehr gemein hat. ... Das Leibgerüst ist so eingerichtet, daß die Frau nicht vollständig atmen kann. Der Leib wird an der Stelle, wo er sich ausdehnen soll, fest zusammen gehalten, und ein Teil der Lunge fault innen und stirbt, weil er gehindert wird zu leben. Es fehlt ihr nämlich der tiefe Atem. ... Deshalb verkümmert das Fleisch unter dem Gerüst, und der Körper wird oben und unten furchtbar dick ... die meisten Frauen sind frühzeitig krank und hinfällig, und mit einer gewissen Schadenfreude sprechen die Männer dann von dem ,schwachen Geschlecht'. – Die Frauen bewegen sich in ihren Leibgerüsten wie aufrecht gehende Schildkröten. Du kannst es Dir gar nicht vorstellen, wie es aussieht, wenn eine Frau auf der Straße geht und die Beine unter dem steifen Gerüst bewegt ... dann empfindet ein gebildeter Neger etwas wie Mitleid mit solch mißhandeltem Geschöpf.«

Meinungen Paasches dieser Art trafen in vielen Fällen in Deutschland gewiß nicht die überwiegenden Auffassungen der Menschen, obwohl er in der Regel gute Gründe für seine Überzeugungen hatte. Es hat den Anschein, als suchte er den Widerspruch zu gesellschaftlich allgemein anerkannten Normen und weit verbreiteten Moden, wenn sie denn seiner

Meinung nach für Menschen gefährlich, schädlich oder gar tödlich werden konnten. Das war ein alternatives Denken und Handeln in einem humanistischen Sinn, dem nur Respekt gezollt werden kann. Nicht wenige seiner Zeitgenossen verketzerten aber – oft wider besseres Wissen – derartige Ideen oder charakterisierten sie als illusionär.

In vielen Veröffentlichungen wandte sich Paasche gegen den Mißbrauch von Alkohol und gegen das Rauchen, oft in deutlich satirischer Form. So läßt er auch Lukanga Mukara berichten, was die Deutschen über den Alkohol (»Pompetrank«) wissen und wie sie mit ihm umgehen: »Sie wissen, daß die Rauschgetränke dem Menschen schädlich sind. Es macht ihnen aber Freude, alle Jahre zählen zu können, wieviele Menschen im Rausche erschlagen wurden, wieviele Kinder von berauschten Eltern ohne Verstand geboren werden, wieviele Verbrechen der Pompetrank bringt, wieviele der verschiedenen Getränke nötig waren, um eine gewisse Menge Totschlag, Verarmung und Bosheit hervorzubringen und wieviele Menschen deshalb in Gefängnisse eingesperrt werden. ... alle freuen sich über die schönen Bücher mit den Zahlen von Mord, Totschlag, Hurerei und Krankheit. ... Dann gehen sie hin und gießen selbst Rauschgetränke in ihren Hals und sprechen von der Menge, Farbe, Wärme des Getränkes und wieviel man hinein tun kann.«

In gleicher Weise wie beim Alkoholmißbrauch schilderte Lukanga Mukara das Rauchen (»Rauchstinken«) und seine gefährlichen Folgen: »Sie rollen die trocknen Stinkblätter zusammen und tragen von diesen Rollen stets einen Vorrat in ihrem Kleide mit sich. Sie tragen aber auch kleine Holzstücke zum Feuerreiben in einer Tasche des Kleidergewebes. ... Dann reibt er Feuer und steckt die Rolle an dem Ende, das aus dem Munde heraushängt, in Brand, wobei er Luft durch die Rolle hindurchsaugt. Diese Luft vermengt sich mit dem Rauch und der Rauch dringt in den Rachen ... Manche aber saugen den Rauch in die Lunge ein und blasen ihn aus den Nasenlöchern aus. ... Nicht alle Wasungu stinken Rauch. Man unterscheidet Stinker und Nichtstinker ... Die Stinker sterben früher als die Nichtstinker ... Viele bekommen Geschwüre in dem Magen, die Lungen verfaulen frühzeitig, die Blutadern werden steinig, der Kopf schmerzt und die Kinder der Rauchstinker sind kränklich. Die Unsitte des Rauchstinkens ist wieder ein Teil dessen, was die Wasungu in ihrer Sprache eine ‚gesunde Volkswirtschaft' nennen.«

Paasche benutzte den Blick eines Ausländers, um eigene Auffassungen über die von ihm abgelehnten Verhaltensweisen oder gar die gefährlichen Gewohnheiten auf interessante Weise vorzustellen. Die Ansichten eines Ausländers waren nicht durch deutsche Konventionen oder Traditionen belastet und erlaubten gleichzeitig, das natürliche und unvoreingenommene Denken und Urteilen eines Afrikaners vorzustellen.

In der Zeit vor dem I. Weltkrieg war Paasche in besonderem Maße publizistisch aktiv, in zahlreichen Vorträgen warb er für Afrika und er suchte Kontakte zu verschiedenen Organisationen und immer neue Begegnungsmöglichkeiten. Neben dem »Vortrupp« war er auch Mitherausgeber der »Abstinenz«, dem Blatt der Nüchternheitsbewegung in Deutschland. 1913 nahm Paasche an dem »Ersten Freideutschen Jugendtag« teil, weil dort neben anderem ebenfalls lebensreformerische Zielsetzungen verfolgt wurden und worüber er auch Lukanga Mukara in seinem letzten Brief berichten ließ. Mit großem Eifer und gelegentlich zu hoch bemessenem Einsatz wandte er sich in diesen Jahren auf vielfältige Weise gegen den Genuß von Alkohol und Tabak, focht für den Naturschutz und dabei vor allem den Schutz der Tiere, lehnte selbst alle wissenschaftlichen Tierversuche ab, unterstützte die Bewegung der Vegetarier und vertrat immer wieder Prinzipien eines tätigen Humanismus. Dazu gehörte seine Parteinahme für das Wahlrecht der Frauen, sein Auftreten gegen die

Todesstrafe und gegen den Impfzwang. Alle diese Bewegungen hatten einen alternativen Charakter zu den offiziellen oder wenigstens in der Gesellschaft weit verbreiteten Auffassungen oder Praktiken.

In besonderem Maße galt das für sein Engagement in der Friedensbewegung und seine pazifistischen Aktivitäten. Wie Werner Lange schreibt, berichtete eine Zeitung im März 1913 darüber, daß Paasche auf einer Veranstaltung der Berliner Frauenrechtsbewegung sehr anschaulich seine Kriegserfahrungen in Deutsch-Ostafrika schilderte, dabei über das entsetzliche Leid der Menschen sprach und konsequent zur Vermeidung derartigen Unglücks aufrief. Dieser Auftritt – Paasche war Reserveoffizier – war Anlaß genug, ihn vor Ehrengerichte zu bringen, da er Verrat am Militär und am Staat verübt habe. Derartige Verfolgungen konnten Paasche jedoch kaum von seinen Überzeugungen abbringen.

Dabei vertrat er zu dieser Zeit noch keineswegs eine einseitige Ablehnung des Militärs. So meldete er sich auch bei Kriegsausbruch im Sommer 1914 freiwillig zur Kaiserlichen Marine zurück. Bekannt wegen seiner eigenen und unbequemen Meinungen und Aktionen, wurde er auf den Roter Sand Leuchtturm kommandiert, im Herbst 1914 als Erster Offizier auf den Minenleger PELIKAN versetzt und war schließlich im Juli 1915 Kompanieführer einer Einheit der Torpedodivision in Wilhelmshaven. Sein ungewöhnlich kameradschaftliches Verhältnis als Offizier zu den einfachen Soldaten, seine ungebrochene Agitation gegen den Alkohol auch in der Marine und sein für

Titelblatt des Buches »Fremdenlegionär Kirsch« (1916) von Hans Paasche, das bis 1918 eine Auflage von etwa 250.000 Exemplaren erreichte.

das Militär unangemessener Humor, vor allem aber die von ihm auch als aktiver Offizier offen vertretenen pazifistischen Ansichten machten ihn bei seiner Obrigkeit immer wieder auffällig. Er war im Offizierskorp der Marine einer der gewiß ganz wenigen Sympathisanten von Karl Liebknecht, der bekanntlich im Reichstag gegen die Kriegskredite gestimmt hatte. Mit diesen Ideen und Handlungen war Paasche kaum in den Geist und das militärische System der Kaiserlichen Marine zu integrieren und wurde ausgeschlossen. Anlaß war seine Weigerung, an einem Standgericht über einen Marinesoldaten teilzunehmen. Im Januar 1916 wurde er entlassen und zog sich auf sein Gut Waldfrieden in der Neumark (heute in Polen) zurück.

Nun fand Paasche Gelegenheit und Zeit, sich in enger Gemeinschaft mit seiner geliebten Frau auf die weitere Ausarbeitung seiner Ideen und ihre Verbreitung zu konzentrieren. Jetzt vollendete er den bereits in Wilhelmshaven begonnenen Roman »Fremdenlegionär Kirsch«, der noch 1916 erschien und mit einer Gesamtauflage von 250.000 Exemplaren seine erfolgreichste Publikation werden sollte. Held der Handlung ist ein Schiffsmaschinist, der in der deutschen Kolonie Kamerun 1914 den Ausbruch des Weltkriegs erlebte, sich in Afrika für die französische Fremdenlegion anwerben ließ, nach Frankreich kam und dort an der Front als Patriot zu den deutschen Truppen überlief. Was zunächst wie ein Buch über Kriegsabenteuer anmutet, atmet doch den Geist von Paasche. Nicht nur Hinweise zur vegetarischen Nahrung finden sich dort, auch der »französische Erbfeind« wird in den handelnden Personen sachlich dargestellt, ohne Völkerhaß, ohne Verunglimpfung oder verächtliche Beschimpfungen. 1918 schrieb er dazu: »Die Mehrzahl aller Kriegsbücher erhebt sich nicht über die Schundliteratur … Mit meinem Buch wollte ich zeigen, daß man auch mit einem rein sittlichen Patriotismus heute an die Masse herankommen kann, und hoffte, ein Kriegsbuch von *Dauerwert* zu schaffen.«

Aber schon 1916 hatte er seinem Tagebuch weiter gereifte Gedanken und Einsichten anvertraut, die dann auch sein Handeln bestimmten: »Scheuen wir uns nicht, es endlich auszusprechen: Der Patriotismus als Kriegsursache. … Man soll gar nicht mit Patrioten reden … Man soll einfach gegen sie werben im Volke.« Er selbst warb für ein Ende des Krieges in Deutschland und versuchte darüber hinaus auch über Kontakte zu Franzosen, Engländern und Italienern seine Botschaft in Ländern der Kriegsgegner oder auch in der Schweiz bekannt zu machen. Seiner Meinung nach konnte nur eine Niederlage Deutschlands den Krieg beenden und auch der 1917 verkündete uneingeschränkte U-Bootkrieg könne keine Entscheidung bringen, dafür aber Erbitterung gegenüber den Deutschen in der ganzen Welt. Er verweigerte seine Teilnahme an Spendenaktionen und begründete das öffentlich mit dem Argument, nicht zur Verlängerung des Krieges beitragen zu wollen. Statt dessen bewirtete er am 14. Juli 1917 auf seinem Gut arbeitende französische Kriegsgefangene aus Anlaß des Nationalfeiertages der Franzosen und feierte mit ihnen.

Von seinem Gut Waldfrieden aus startete er Postkartenaktionen mit von ihm gezeichneten Texten, in denen er den Krieg eine Schmach für die Menschheit nannte, die nur in der Umgebung von Aberglauben, Vorurteilen und Knechtssinn gedeihen kann. Seine Agitation gegen den Krieg führte er im Rahmen von Vorträgen in verschiedenen Orten Deutschlands und auch durch Flugblattaktionen fort, die von Freunden unterstützt wurden. Paasche bekannte (wie Werner Lange schreibt): »Ich will Frieden und werde deshalb ganz im Geiste der Militärpartei von Euch als Landesverräter betrachtet. Ich aber sehe nur … in denen Landesverräter, die einen Krieg gewollt haben, aus ihm Vorteile ziehen und das Ende nicht wollen können. Die Zeit wird richten, wer recht hat«.

Gewiß werden diese Aktivitäten mit einem solchen Sinn nicht unbemerkt geblieben sein, zumal sich das Land im Kriegszustand befand und es neben der Pressekontrolle und Briefzensur auch Überwachungen von Personen gab. Im Oktober 1917 wurde Hans Paasche verhaftet. Zunächst erfolgten im Gefängnis in Schneidemühl umfängliche Ermittlungen bevor man ihn dann im Februar 1918 in das Berliner Gefängnis Moabit brachte. Aber die Justizbehörden und die militärischen Dienststellen konnten sich nicht dazu entschließen, eine Persönlichkeit wie Paasche – er war Sohn des Reichstagsvizepräsidenten und Schwiegersohn des Aufsichtsratvorsitzenden der Nationalbank für Deutschland – wegen Landesverrat oder Hochverrat anzuklagen. So wurde ein medizinisches Gutachten bestellt, das seinen Geisteszustand prüfen sollte. Ihm wurde eine angeborene Geisteskrankheit bescheinigt, die zur Einweisung in ein Sanatorium in Berlin-Charlottenburg bei militärischer Sicherheitshaft führte und die man im Juli 1918 vollzog.

Die Unterlagen zu den in Schneidemühl und Berlin vorgenommenen Ermittlungen sind erhalten geblieben und enthalten zahlreiche Berichte, Stellungnahmen und Einschätzungen zu Paasche und seinen Handlungen sowie Erklärungen von ihm selbst zu einzelnen Sachverhalten. In einer Erklärung vom November 1917 gibt er seine politischen Gründe an, warum er die Kontakte zum Ausland unterhalten hat: »Selbstverständlich glaube ich dem Vaterland zu nützen, wenn ich dem Ausland einen Beweis mehr zeige, daß nur eine

Gruppe von Menschen bei uns das vertritt, was zu den Verbrechen von 1914 geführt hat, wenn ich die Völker versöhnlich stimme, so daß sie sagen: ‚Man kann also doch mit dem deutschen Volk Frieden machen.' Das ist nämlich die Frage, um die es sich nach meiner Kenntnis für die Menschheit jetzt handelt: ‚Ist nur eine Gruppe von Deutschen in Deutschland an der Katastrophe schuld, oder muß das ganze Volk unschädlich gemacht werden?' «

Deutlich ist diesen Worten zu entnehmen, daß es für Paasche in der Frage »Krieg oder Frieden« eine ganz klare Haltung allein für den Frieden gab, für die er in jedem Falle einstand. Den Herrschenden im Deutschen Kaiserreich stand er mit aller Konsequenz gegenüber, und bekämpfte sie. Er nahm bewußt Partei für das »andere Deutschland«, an der Seite seines Volkes.

Die Inhaftierung brachte für Paasche ein schwere Zeit, noch schwerer war sie aber wohl für seine Frau Ellen, die im Mai 1918 ihr viertes Kind zur Welt brachte und die Verantwortung für die nicht gerade gut gehende Wirtschaft des Gutes zu tragen hatte. In ihrer Antikriegshaltung stand sie fest an der Seite ihres Mannes und sah das baldige Ende des Völkermords wenn sie prophezeite: »Bald ist Friede. Kein Blut wird mehr fließen, keine Mutter mehr weinen. Bald wird der Belagerungszustand aufgehoben sein. Und dann darf man sagen, was man denkt, man darf seine Meinung sagen,

Bildnis Hans Paasches mit Namenszug

und sei sie auch noch so sehr im Gegensatz zu der Herrschenden. Das ist noch schöner als Schokolade mit Schlagsahne, und Schokolade mit Schlagsahne ist doch das Schönste auf der Welt ... « Das war der gleiche Geist wie in ihrer Polemik 1916 gegen (die auch in Mecklenburg bekannte) Dr. Käte Schirmacher, die den Krieg als Befreiung vom tiefen Wohlleben er Vorkriegszeit gerechtfertigt hatte.

Hans Paasche war seinerzeit vor allem durch seine zahlreichen Veröffentlichungen in den um Frieden bemühten Kreisen eine bekannte Persönlichkeit und hatte dort Einfluß. Deshalb ist es nicht verwunderlich, daß er am 9. November 1918 von aufständischen Matrosen aus der Nervenheilanstalt befreit und direkt in den Reichstag gebracht wurde. Man wählte ihn zum Mitglied des Vollzugsrates der Arbeiter- und Soldatenräte, in dem er aktiv mitarbeitete. Paasche stand der USPD nahe und trat für eine radikaldemokratische und sozialistische Revolution ein. An der Seite von Matrosen der Volksmarinedivision versuchte er, Verantwortliche für den Ausbruch den Krieges festzunehmen oder wenigstens einige äußere Zeichen zum Sturz des Kaisers zu setzen. Zu seiner Enttäuschung fand er dafür im Vollzugsrat keine Mehrheit, weil Ebert und Scheidemann als Mitglieder der Regierung derartige Initiativen nicht unterstützten. Unverdrossen kämpfte er für basisdemokratische Strukturen im Staat, für eine Bodenreform und für ein Volksgericht über Kriegsverbrecher sowie gegen Aktenvernichtung- oder diebstahl und insbesondere gegen die Herrschaft der alten Politiker.

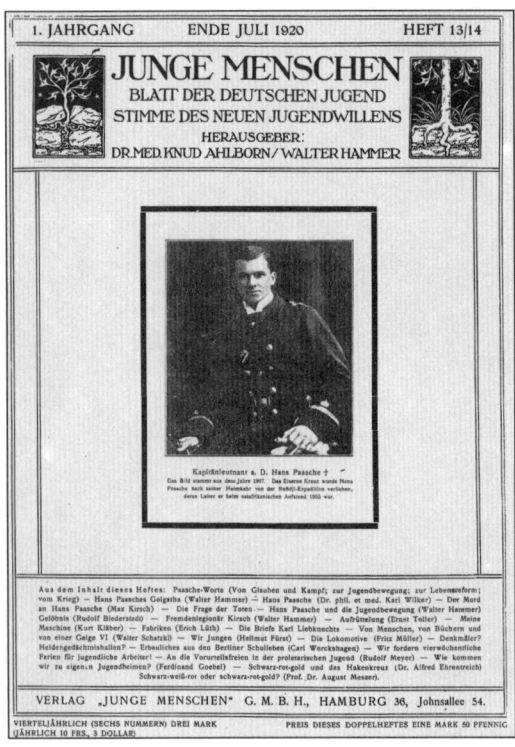

1. JAHRGANG   ENDE JULI 1920   HEFT 13/14

JUNGE MENSCHEN
BLATT DER DEUTSCHEN JUGEND
STIMME DES NEUEN JUGENDWILLENS
HERAUSGEBER:
DR. MED. KNUD AHLBORN / WALTER HAMMER

Kapitänleutnant a. D. Hans Paasche †
Das Bild stammt aus dem Jahre 1907. Das Eiserne Kreuz wurde Hans
Paasche nach seiner Heimkehr von der Rohlf-Expedition verliehen,
deren Leiter er beim usambarischen Aufstand 1905 war.

Aus dem Inhalt dieses Heftes: Paasche-Worte (Von Glauben und Kampf; zur Jugendbewegung; zur Lebensreform;
vom Krieg) — Hans Paasches Geigatha (Walter Hammer) — Hans Paasche (Dr. phil. et med. Karl Wilker) — Der Mord
an Hans Paasche (Max Kirsch) — Die Frage der Toten — Hans Paasche und die Jugendbewegung (Walter Hammer) —
Geöbnis (Rudolf Biederstedt) — Fremdenlegionär Kirsch (Walter Hammer) — Aufrüttelung (Ernst Toller) — Meine
Maschine (Kurt Kläber) — Fabriken (Erich Läth) — Die Briefe Karl Liebknechts — Von Menschen, von Büchern und
von einer Geige VI (Walter Schatzki) — Wir Jungen (Hellmut Fürst) — Die Lokomotive (Fritz Müller) — Denkmäler?
Heldengedächtnishallen? — Erbaulliches aus den Berliner Schullesen (Carl Werckshagen) — Wir fordern vierwöchentliche
Ferien für jugendliche Arbeiter! — An die Vorurteilsfreien in der proletarischen Jugend (Rudolf Meyer) — Wie kommen
wir zu eigenen Jugendheimen? (Ferdinand Goebel) — Schwarz-rot-gold und das Hakenkreuz (Dr. Alfred Ehrentreich)
Schwarz-weiß-rot oder schwarz-rot-gold? (Prof. Dr. August Messer).

VERLAG „JUNGE MENSCHEN" G.M.B.H., HAMBURG 36, Johnsallee 54.

VIERTELJÄHRLICH (SECHS NUMMERN) DREI MARK   PREIS DIESES DOPPELHEFTES EINE MARK 50 PFENNIG
(JÄHRLICH 10 FRS., 3 DOLLAR)

*Nachricht über den
Tod von H. Paasche*

Mitten in den Auseinandersetzungen um diese Fragen in Berlin, erhielt Paasche aus Waldfrieden die Nachricht vom Tod seiner Frau Ellen, die am 8. Dezember 1918 an den Folgen einer zu dieser Zeit grassierenden Grippe verstorben war. Er kehrte sofort zu seiner Familie zurück, löste sich von der aktiven Politik in Berlin und beschränkte sich in den ihm verbleibenden Jahren vornehmlich auf publizistische Arbeiten. Erschüttert durch die Ermordung von Karl Liebknecht und Rosa Luxemburg, nahm er an dem Trauerzug für die beiden in Berlin teil. Paasche gibt nicht auf und läßt sich in seinen Überzeugungen auch nicht beirren. 1919 entstanden zwei wichtige Flugschriften: »Meine Mitschuld am Weltkrieg« und »Das verlorene Afrika«, in denen er seine politischen Vorstellungen nochmals mit aller Klarheit und Leidenschaft erklärt und die Deutschen zur Umkehr in ihrem Denken auffordert. Aus seinen persönlichen Erfahrungen und Einsichten verdichtete er kritische Folgerungen zur Haltung der Deutschen, wie sie sich nach der Katastrophe des I. Weltkriegs ergaben, wenn er schrieb: »Mache Dir ganz klar, Deutscher: Du bist ausgestoßen aus der Gemeinschaft der Völker, wenn Du nicht endlich Erbitterung zeigst gegen das System, das dich zum Henker deiner Nachbarn machte und dich schließlich selbst zerschunden hat. Du hast dich anstiften lassen, friedliche, glückliche Länder zu überfallen und in eine hoffnungslose Wüste zu verwandeln. Dein feldgrauer, animalischer Gehorsam hat das Elend, die Trauer und Kraftlosigkeit dieser Zeit herbeigebracht. ... Die Welt steht Dir nicht offen, bevor Du Mensch wirst. Es war deine historische Bestimmung, die Begriffe Vaterland, Nation bis zur Verrücktheit zu übertreiben; jetzt erkenne deine Verführer, die Schuldigen des Weltkrieges, die Oberlehrer und Kriegspastoren, dies Gemisch von Biederkeit, Heuchelei, Opportunität, dies kriechende Untermenschentum mit Phrasenschwall. Es gibt keine Brücke zu dir, wenn du dir diese Sippe nicht unterordnest und deine Ehrfurcht an die richtige Stelle sendest: zu dem Menschen in dir selbst oder im andern, im gesteigerten Menschen, dem freien und schaffenden. Du sollst auswandern aus Deinen Vorurteilen und künstlichen Ehrgefühlen, damit du selbst glücklich wirst.«

Diese Botschaft von Paasche wurde vom deutschen Volk nicht gehört und es kam der II. Weltkrieg mit einer noch größeren Katastrophe am Ende – nicht nur für die Deutschen. Aber schon in den Jahren des Aufschreibens dieser Mahnungen regten sich die alten Mächte gegen seine Einsichten. Paasche, der sein Gut Waldfrieden bewirtschaftete und publizistisch arbeitete, wurde denunziert und beobachtet. Die Polizeibehörden in Berlin verdächtigten im April 1920 Paasche, auf seinem Gut ein Waffenlager für einen angeblichen kommunistischen Aufstand zu verstecken. Eine Einheit der Reichswehr unternahm die »Durchsuchung« von Waldfrieden. Am 21. Mai 1920 – einige Wochen nach dem Kapp-Putsch – umzingelten etwa 60 Offiziere und Soldaten das Gut und verlangten nach Paasche. Der Gutsherr war gerade mit dem Fischfang im nahe gelegenen See beschäftigt. Auf dem Weg zu seinem Haus wurde er von Soldaten der Reichswehr erschossen, natürlich »auf der Flucht«

oder unter »unglücklichen Umständen« wie man später offiziell erklärte. Eingeleitete Untersuchungen des Vorgangs wurden bald ergebnislos eingestellt. Ergebnislos blieb auch die Suche nach Waffen auf dem Gut Waldfrieden. Der Tod von Hans Paasche war ein kaltblütiger Mord der reaktionären deutschen Militärs.

Die Ermordung von Hans Paasche löste in den antimilitaristisch und demokratisch orientierten Gruppen Entsetzen und Anteilnahme aus. Gedenkveranstaltungen und Nachrufe zeugten von der großen Trauer, den das tragische Ereignis ausgelöst hatte. Ein Gedicht zum Tod von Hans Paasche von Kurt Tucholsky (Theobald Tiger) in der »Weltbühne« vom 3. Juni 1920 brachte in besonders eindrucksvoller Weise den Schmerz und die Stimmung seiner Freunde und Mitstreiter zum Ausdruck:

> »Wieder einer.
>   Das ist nun im Reich
> Gewohnheit schon. Es gilt ihnen gleich.
> So geht es alle, alle Tage.
> Hierzulande löst die soziale Frage
> ein Leutnant, zehn Mann, Pazifist ist der Hund?
> Schießt ihm nicht erst die Knochen wund!
> Die Kugel ins Herz!
>   Und die Dienststellen logen:
> Er hat sich seiner Verhaftung entzogen.
> Leitartikel. Dementi. Geschrei.
> Und in vierzehn Tagen ist alles vorbei.
>
> Wieder einer. Ein müder Mann,
> der müde über die Deutschen sann.
> Den preußischen Geist – er kannte ihn
> aus dem Heer und aus den Kolonien,
> aus der großen Zeit – er mochte nicht mehr.
> Er haßte dieses höllische Heer.
> Er liebte die Menschen. Er haßte Sergeanten
> (das taten alle, die beide kannten).
> Saß still auf dem Lande und angelte Fische,
> Las ein paar harmlose Zeitungswische…
>
> Spitzelmeldung. Da rücken heran
> zwei Offiziere und sechzig Mann.
> (Tapfer sind sie immer gewesen,
> das kann man schon bei Herrn Schäfer lesen.)
> Das Opfer im Badeanzug … Schuß. In den Dreck.
> Wieder schon son Bolschewiste weg – !
> Verbeugung, Kommandos, hart und knapp.
> Dann rückt die Heldengarde ab.
> Ein toter Mann. Ein Stiller, Ein Reiner.
> Wieder einer. Wieder einer.

Und nun – ?
Die Regierung wird was tun?
Die Regierung ist gegen Empörung immun.
Schlafen. Zucken die Achseln. Glauben
verlogenen Berichten der Pickelhauben.
Und du liest am nächsten Tag in der Zeitung:
Unschuldig der Mörder – unschuldig die Leitung.
Hausen genau wie damals in Flandern.
Menschen? Tiere sind die Andern.
Spielen noch immer herrliche Zeiten
der militärischen Notwendigkeiten.
Und nun – ? Die Regierung läßt sie machen…

Flamm auf, du Volk! Feg sie hinweg.
Da sitzt der Bolschewistenschreck!
Da sitzt Aufruhr. Da die Gefahr.
Alles noch so, wie es früher war…
Morgen tun sies grad so wieder…«

Wie steht es um das Andenken für Hans Paasche an der Wende zum nächsten Jahrhundert in seinem Geburtsland Mecklenburg? Nur wenige kennen seinen Namen und seine humanistische Gesinnung oder gar sein Schicksal. Die erfreulicher Weise während der letzten Jahre wieder herausgegebenen und neu bearbeiteten Beiträge und Bücher von Paasche erschienen überwiegend in Bremen. Es wäre zu wünschen, daß seine Geburtsstadt Rostock an ihn erinnert, vielleicht mit der Benennung einer Straße nach ihm oder gar durch die Vorstellung seiner Ideen in Veranstaltungen oder den Medien. Denn seine humanistischen Vorstellungen über den Frieden zwischen den Völkern, den Umgang der verschiedenen Rassen miteinander, den Schutz eines jeden Menschen mit seiner Würde und den Schutz der Natur sind keineswegs verstaubt sondern von hoher Aktualität in der Gegenwart.

Quellen zum Leben und Wirken von Hans Paasche befinden sich im Bundesarchiv in Potsdam, im Militärarchiv Freiburg i.Br. und im Familienbesitz bei seiner Tochter Helga Paasche. Bis in die letzten Jahre ist sein besonders bekanntes Werk »Die Forschungsreise des Afrikaners Lukanga Mukara ins innerste Deutschland« immer wieder aufgelegt worden und im Buchhandel erhältlich. In jüngerer Zeit erschienen weitere seiner Arbeiten und Dokumente in dem Band, Hans Paasche: »›Ändert Euren Sinn!‹ Schriften eines Revolutionärs«, Bremen 1992. Von Ellen Pasche findet sich die Arbeit »Wir Pessimisten« unter dem Titel »Pazifisten – Pessimisten – Hochverräter« in dem Band »Die Friedensbewegung in Deutschland 1892–1933«, Hrsg. H. Donath und D. Riesenberger, Stuttgart 1986. Unter den vielen Arbeiten über Paasche ist sehr informativ von Iring Fetscher: »Hans Paasche (1881–1920) – Kapitänleutnant a.D., Pazifist und Radikaldemokrat«, in: H. Paasche: Die Forschungsreise des Afrikaners Lukanga Mukara …, Bremen 1993. Die bisher umfangreichste Biographie wurde vorgelegt von Werner Lange: »Hans Paasches Forschungsreise ins innerste Deutschland. Eine Biographie«, Bremen 1995.

Zwischen Wissenschaft, Abenteurertum und Kolonialpolitik: Adolf Friedrich Herzog zu Mecklenburg

Werner Pade

Im Jahre 1918, als sich die deutsche Niederlage im Weltkrieg bereits deutlich abzeichnete, hatte ein Herr Hugo Erdmann seinen Tropenroman »Deutsch-Ostafrikaner« »Seiner Hoheit dem Herzog Adolf Friedrich zu Mecklenburg dem Förderer des kolonialen Gedankens in Deutschland und dem Forscher in Afrikas Wildnis ehrfurchtsvoll gewidmet«. Im selben Moment befanden sich die deutschen Kolonien in Afrika praktisch bereits im Besitz der Engländer und Franzosen. Nur General Lettow-Vorbeck leistete, zum Teil vom neutralen Territorium der portugiesischen Kolonien aus, mit seinen Askaris Widerstand und kapitulierte erst, nachdem die Oberste Heeresleitung im Wald von Compiègne den Waffenstillstand unterzeichnet hatte. Gegen Jahresende ließ sich Lettow-Vorbeck von einer großen Menge in Berlin als einziger deutscher im Felde unbesiegter General feiern. Mit Adolf Friedrich, der sich während des Krieges unter anderem an der türkisch-persischen Front in der Armee des mit Deutschland verbündeten Sultans aufgehalten hatte, einte ihn der fanatische Eifer für den deutschen Besitz und die Nutzung von Kolonien sowie gegen die Novemberrevolution, die aus beider Sicht die gottgewollte monarchische Ordnung des deutschen Kaiserreichs ins Wanken brachte.

Es war auch Ende 1918, als die kurzlebige Deutsche Vaterlandspartei, die auf Siegfrieden gesetzt hatte, ihr Leben aushauchte, weil es nichts mehr zu siegen gab. Ihr Ehrenvorsitzender Johann Albrecht zu Mecklenburg stand in diesem Moment bereits über 20 Jahre als Präsident an der Spitze der Deutschen Kolonial-Gesellschaft, jener einflußreichen Organisation, die sich mit einigem Erfolg um die Propaganda für den Erwerb und die Nutzung von Kolonien in Übersee bemühte und in der neben Wissenschaftlern, führenden Größen der Industrie und der Banken auch immer Vertreter des Hochadels Einfluß ausübten. Als Johann Albrecht Anfang 1920 starb, übernahm Adolf Friedrich von seinem Stiefbruder nicht nur dessen Witwe, sondern avancierte auch zum Vizepräsidenten der Kolonial-Gesellschaft, deren erklärtes Ziel nach Versailles der Wiedererwerb von Kolonialbesitz für das geschwächte Deutschland war. Dazu zählten nicht gerade an erster Stelle die Gebiete in der Südsee, die unter deutscher Verwaltung auf den Namen Neumecklenburg und Neupommern getauft worden waren, sondern Objekt der Begierde waren in erster Linie die zuvor 30 Jahre lang genutzten afrikanischen Gebiete.

In Sachen Kolonialpolitik hatten sich neben den gerne durch die Welt reisenden Herzögen Johann Albrecht und Adolf Friedrich schon andere aus Mecklenburg versucht: Noch bevor Bismarck den Startschuß zur offiziellen Kolonialpolitik des Reiches gab, erhielt Friedrich Franz II. regelmäßig Informationen seines damaligen Schwiegervaters aus der jüngeren Linie Reuß über Afrika, die Tätigkeit der Deutschen Afrika-Gesellschaft und die Pläne zur Erforschung und Nutzung des Kongobeckens durch den belgischen König Leopold II. Nicht Mecklenburger von Geburt, aber als Leutnant im Großherzoglich-Mecklenburgischen

Füsilier-Regiment No. 90 aktiv, schrieb der Afrikareisende und spätere Kolonialpolitiker Hermann von Wissmann von seiner langen Erkundungsreise durch Zentralafrika, die er streckenweise gemeinsam mit dem Mecklenburger Paul Pogge unternahm, regelmäßig nach Schwerin und erklärte ihre gemeinsame Wegstrecke zu einer »mecklenburgischen Expedition«. Wissmann, der als erster Europäer Afrika in West-Ost-Richtung durchquerte, gehörte bereits jener Generation von Leuten an, die ihren Beitrag zur Erforschung des schwarzen Erdteils in den Dienst künftiger politischer Kolonisierung und wirtschaftlicher Nutzung durch das Reich stellte und überzeugt war, »einen weiteren Schritt zur Erhellung des sich so zäh gegen das Eindringen der Cultur wehrenden Weltteils« getan zu haben, wie er dem Schweriner Großherzog Anfang 1883 aus Kairo mitteilte.

Gegen Ende des Jahrhunderts war es der Rostocker Landgerichtsdirektor Gerhard von Buchka, der – wenig erfolgreich – für zweieinhalb Jahre die Leitung der Kolonialabteilung des Auswärtigen Amtes in Berlin übernahm und als auf diesem Gebiet nicht gerade erfahrener Mann vorwiegend durch die Vergabe monopolartiger Landkonzessionen in Kamerun an Privatpersonen in die Schlagzeilen geriet. Für kurze Zeit agierte auch der langjährige Schweriner Reichstagsabgeordnete der Nationalliberalen Otto Büsing als Vizepräsident der Deutschen Kolonial-Gesellschaft.

So griffen einige Mecklenburger in der kurzen Zeit der deutschen Kolonialpolitik doch in einer Weise in das Geschehen ein, die das ökonomische und machtpolitische Potential selbst beider Mecklenburg um einiges übertraf. Viele dieser Aktivitäten resultierten, neben eigenem Interesse, aus den dynastischen und persönlichen Verbindungen der regierenden Mecklenburger zum Hause Hohenzollern, dessen Oberhaupt Wilhelm II. die Kolonialpolitik immer als Chefsache ansah.

In der deutschen und internationalen Öffentlichkeit war Herzog Adolf Friedrich am häufigsten und längsten im Gespräch. Das lag mit Sicherheit nicht in erster Linie an seiner Langlebigkeit. Der am 10. Oktober 1873 in Schwerin geborene Adolf Friedrich zu Mecklenburg verstarb am 5. August 1969 in Eutin. In den Blickpunkt der Öffentlichkeit und unter Kritik geriet er noch einmal, als die bundesdeutsche Regierung es schaffte, ihn als früheren kaiserlichen Gouverneur der Kolonie Togo in die offizielle Delegation zu den Unabhängigkeitsfeierlichkeiten dieses afrikanischen Staates zu stecken. Einer breiten Öffentlichkeit wurde der Mecklenburger jedoch in erster Linie durch seine häufigen Reisen bekannt, die ihn vorwiegend auf den afrikanischen Kontinent, aber auch nach Südostasien und nach Südamerika führten. Sein Interesse für ethnographische Fragen lag sicher über dem Durchschnitt dessen, was auch in die Politik eingreifende Afrikakenner und -liebhaber an Ambitionen entwickelten. Diese waren wohl noch größer, wenn es um die Jagd und das Abenteuer in der afrikanischen Wildnis ging. Beides bereitete dem Herzog mindestens soviel Freude wie das Repräsentieren. Und wenn er in den 1930er Jahren als über 60jähriger mit dem Auto durch die Sahara fuhr, war es wohl nicht in erster Linie mit der Absicht, noch einen Beitrag zur Erforschung des schwarzen Kontinents zu leisten. Er tat es nicht gerade in einer olympischen Disziplin, obwohl er dazu ein Verhältnis hatte. Bereits seit den 1920er Jahren vertrat er Deutschland im Internationalen Olympischen Komitee, und 1949 trat er, 75jährig, für eine Wahlperiode an die Spitze des bundesdeutschen Olympischen Komitees.

Angefangen hatte alles viel ruhiger. Obwohl: als Herzog von Geburt konnte auch ein Mecklenburger seinen vorgezeichneten Weg in Kindheit und Jugend etwas gelassener beschreiten als andere. Die Schule war offenbar nicht sein Elixier. Als er traditionell, wie viele der Nachkommen des Hauses Mecklenburg, ein Dresdener Gymnasium besuchte, beschei-

nigte ihm sein Erzieher, der Freiherr von Bischoffs-
hausen, zu Weihnachten 1888 traurig und vielleicht
deshalb ein bißchen im Widerstreit mit Stil und Grammatik: »Prinz Adolf kommt in diesem Jahre in der Classe
nicht so gut vorwärts wie früher. Besonders macht ihm
Griechisch und Arithmetik Schwierigkeiten.« Später
waren es dann Deutsch und Mathematik.

Das aber war einige Zeit bevor Adolf Friedrich sich
für Afrika und die Kolonialpolitik erwärmte. Wie Johann
Albrecht hatte er frühzeitig sein Interesse für übersee-
ische Territorien bekundet und um die Jahrhundertwende seine erste größere Reise – noch privat – unternommen. Da war es noch Asien. Sein Hauptinteresse
aber galt Afrika, das ihn nach einem längeren Aufenthalt 1902 nicht mehr losließ. Einer Reise durch Ostafrika 1906 folgten die großen Zentralafrikaexpeditionen
von 1907/08 und 1910/11, Expeditionen in Westafrika
und zum Tschadsee. Zum Teil den gleichen Spuren wie
vor dem ersten Weltkrieg folgten mehrere Afrikaauf-
enthalte in den 1930er Jahren.

Über Ostafrika und seine Erlebnisse hatte Adolf Friedrich berichtet – »Meine Reise durch Ostafrika«. Es war
eine relativ sachliche und nüchterne, wenn man so will,
auch ziemlich nichtssagende Information über ein im
einzelnen in Deutschland wenig bekanntes und deshalb interessantes Gebiet. Überhaupt wirken die Veröffentlichungen Adolf Friedrichs, immerhin einige Bücher,
bis auf eine Ausnahme, eher durch die Sache als durch
anregende Darstellung. Das gilt auch für die meisten
seiner hand- oder maschinenschriftlichen Aufzeichnungen. Selten finden sich darin umfassendere inhaltliche
Bemerkungen zum Ziel der Reisen. Die Exkurse über Land und Leute, ihre Bräuche und
Sitten lassen schon eher echtes Interesse spüren. Wenn aber die Jagden beschrieben werden, sieht man das Auge des Tigers blitzen. So wie der Herzog offenbar die zahlreichen
Empfänge, die man ihm im Innern Afrikas als einem bedeutenden deutschen Häuptling
bereitete, genoß.

Seine Sternstunde kam mit der großen Zentralafrika-Expedition der Jahre 1907/08, auf
der er Afrika von Ost nach West durchquerte. Diese Expedition »Ins innerste Afrika«, wie
seine populäre Darstellung darüber später heißen sollte, erbrachte wertvolle Angaben über
die Flora und Fauna, die Geologie sowie über die Bewohner der Gebiete. Das 1909 in Leipzig erschienene Buch überragte andere Veröffentlichungen. Es war anschaulich und spannend geschrieben, und es verfolgte das Ziel, gerade bei der Jugend Interesse für Afrika und
dadurch – eindeutig, aber nicht vordergründig – für die Kolonien und die Kolonialpolitik
des Deutschen Reiches zu wecken. Der Bericht Adolf Friedrichs und die später veröffentlichten wissenschaftlichen Resultate der großen Expedition begründeten seinen Ruf als
Afrikareisender und Hobby-Ethnograph über Deutschland hinaus.

Herzog Adolf Friedrich zu Mecklenburg (1873–1969) um 1918

Woraus resultierte diese Wirkung? Schon die zeitgenössische Information über die Expedition in Zentralafrika überstieg das übliche Maß an öffentlichkeitswirksamer Aussage. Als dann ab 1910 insgesamt acht Bände zur Topographie, Geologie und Metereologie, zur Botanik und Zoologie, zur Ethnographie und Anthropologie mit jeweils mehreren Einzeldarstellungen erschienen, kam in der Tat ein seriöser und von hohem Neuwert gekennzeichneter Beitrag zur Erkundung und Erforschung des Kongo-Nil-Zwischengebietes und insgesamt Zentral- und Äquatorialafrikas zustande. Wenn auch der erste Weltkrieg die Herausgabe des vollständigen Materials verzögerte – der letzte Band erschien erst 1927 im Leipziger Verlag von Klinkhardt und Biermann –, für den zu erwartenden Inhalt machten auch die zahlreichen Sammlungen und Objekte sowie Fotos Reklame, die zum Bestand verschiedener Museen wurden.

Mindestens drei Gründe gab es für den Wert der Expeditionsergebnisse. Als Herausgeber der gesamten Reihe fungierte der Professor für Anthropologie und Ethnographie an der seinerzeit österrreichischen Johannes-Casimirus-Universität in Lemberg/Lwow Jan Czekanowski, bei den jeweiligen Spezialbänden waren es größtenteils die aktiven Teilnehmer der Expedition, wie beispielsweise der Berliner Zoologe Schubotz. Diese wissenschaftliche Akribie hatte schon den konkreten Verlauf der Expedition und der angelegten Sammlungen bestimmt, denn Herzog Adolf Friedrich hatte je einen Botaniker, einen Zoologen, einen Arzt und Bakteriologen sowie Militärs mit Kenntnissen in der Topographie, Geologie und Meteorologie an seiner Seite, die zum Gelingen der Expedition beitrugen. So atmete auch die Publikation auf vielen Seiten deutsche Gründlichkeit; es gab kaum einen Vulkan, ein Insekt oder eine Pflanze, die außen vor blieben.

Den Ergebnissen dieser, inhaltlich über die Expeditionsergebnisse hinausgehenden, Veröffentlichung kam schließlich zugute, daß Forschungsergebnisse der Beschäftigung mit Zentralafrika aus anderen Ländern einschließlich England einbezogen wurden, was bei einem für die Kolonialpolitik relevanten Thema unmittelbar vor dem ersten Weltkrieg keineswegs selbstverständlich war. Die Darstellung unterscheidet sich selbst bei den umfangreichen Angaben zur Kraniologie (Schädellehre), den seinerzeit bei den Anthropologen und Ethnographen beliebten Schädelmessungen, wohltuend dadurch, daß sonst in dieser Zeit durchaus verbreitete vordergründig rassistische Äußerungen fehlen. Kurz, diese große und wissenschaftlich gründliche Publikation erregte zu Recht Aufsehen.

Sie darf aber den kolonialpolitischen Hintergrund der Expedition nicht vergessen lassen. Wäre es nach den Plänen manch eines der Interessenten und Propagandisten eines größeren deutschen Kolonialreiches gegangen, hätte die Expedition das Vorspiel zur Realisierung des Traums von einem geschlossenen deutschen Kolonialreich in Zentralafrika sein können. Eine wirkliche Chance, in die Tat umgesetzt zu werden, hatten diese Ideen nie. Als Gegengewicht gegen die englische Kap-Kairo-Verbindung waren sie häufig im Gespräch. Sie regten die Reise Adolf Friedrichs zusätzlich an. Schließlich war es die Zeit, da Deutschland inzwischen über ein selbständiges Reichskolonialamt mit dem Bankier Bernhard Dernburg an der Spitze verfügte, der auf die effektivere wirtschaftliche Nutzung der vorhandenen Kolonien orientierte.

Der Kreis der Interessenten an der langfristig geplanten Expedition Adolf Friedrichs unterstreicht das. Neben Wissenschaftlern und aktiven Kolonialpolitikern wirkten in den Vorbereitungskomitees in Leipzig, Berlin, Köln und Frankfurt am Main Vertreter der Banken, der Industrie und des Handels mit. Stellvertretend für alle seien der Baron von Goldschmidt-Rothschild, die Schwerindustriellen Louis Ravené, Otto Hoesch und Gustav Krupp von Bohlen und Halbach, die überwiegend in Westafrika tätigen Hamburger Exporteure und Reeder Carl und Adolf Woermann, aber auch der mecklenburgische Gutsbesitzer Dr. Schroeder aus Poggelow genannt. Unter den Wissenschaftlern, die sich überdurchschnittlich für das Zustandekommen der Expedition engagierten, ist der namhafte Leipziger Geograph und Kilimandscharo-Bezwinger Hans Meyer hervorzuheben, der zugleich Vorsitzender der offiziellen »Kommission für die landeskundliche Erforschung der Schutzgebiete« war.

So unterscheidet sich die Zentralafrikaexpedition doch nennenswert von anderen Reisen Adolf Friedrichs. 1910/11 folgten Expeditionen in Westafrika und zum Tschadsee, dabei in Gebiete, die noch kein Deutscher betreten hatte, sowie weitere Aufenthalte in den dreißiger Jahren. Die Goldene Nachtigall-Medaille der Gesellschaft für Erdkunde war dem Herzog schon für die ersten großen Erkundungen sicher. Nur um Jagd und freundliche Empfänge bei den farbigen Bewohnern der besuchten Regionen ging es unserem Herzog nun doch nicht allein. Auch aus den im Landeshauptarchiv Schwerin nachzulesenden, handschriftlichen Aufzeichnungen Adolf Friedrichs wird deutlich, daß seine Beobachtungen schon den Möglichkeiten der wirtschaftlichen Nutzung Afrikas für die deutsche Kolonialpolitik galten. So registrierte er während der Westafrika-Tschad-Expedition 1910/11, daß die Kautschukgewinnung im belgischen Kongo Raubbau ist und »nicht ohne Härten für die Bevölkerung« abgeht, meinte aber gleichzeitig, unter deutscher Verwaltung könnte sie noch effektiver sein. Es war die Zeit, da niemand anderer als der geistige Vater von Sherlock Holmes und Dr. Watson, Arthur Conan Doyle, die »Kongogreuel« der belgischen Kolonialverwaltung scharf kritisierte, um am Ende seiner Anklage die Aufteilung der Kongokolonie unter England, Deutschland und Frankreich vorzuschlagen, da die Belgier sich doch als unfähig erwiesen hätten, eine »vernünftige Kolonialpolitik« zu betreiben. Mehr Wunsch als Realität war bei Adolf Friedrich dann allerdings seine Feststellung, daß die Glanzzeit Englands als Kolonialmacht vorbei wäre und Deutschland auf dem besten Wege sei, es abzulösen. Neuere Reiseeindrücke formulierte er unter dem Titel »Quer durch den Kongostaat« und, in zwei Bänden, »Vom Kongo zum Niger und Nil«.

Im Jahre 1912 bezog Adolf Friedrich seine Residenz im warmen Togo. Gegen die Bedenken des Vorpommern von Lindequist, seines Zeichens Staatssekretär im Reichskolonialamt, hatte er den Zuschlag bei der Ernennung zum kaiserlichen Gouverneur der kleinen deutschen Kolonie erhalten, die als »Musterländle« galt, da sie als einzige im deutschen Staatshaushalt schwarze Zahlen schrieb. Die rund zweijährige Gouverneurszeit Adolf Friedrichs mag im Vergleich zur Tätigkeit anderer deutscher Verwaltungsbeamter in den Kolonien kaum aus dem Rahmen in Afrika gefallen sein. Da fand das Vorgehen der Plantagengesellschaften seine Billigung, wenn sie den Einheimischen ihr Land nahmen und die Weiterbearbeitung mit Gewalt verhinderten. Da war es nötig, gegen eine unbegrenzte Erhöhung der Steuern einzuschreiten. Da kam Protest an dem Mißbrauch minderjähriger Mädchen erst an die Öffentlichkeit, als die Missionsschulen direkt davon betroffen waren. Und die wohlwollenden Worte über die Tätigkeit einer deutschen Ärztekommission, die sich der Schlafkrankheit widmete, übertrafen deren wirkliche Ergebnisse um ein Vielfaches. Adolf Friedrichs Vorgänger Brückner war am Zusammenhalt des Klüngels der Kolonialverwaltung gescheitert, der ihn als Berliner Verwaltungsbeamten nicht akzeptierte. Da hatte Adolf Friedrich keine Probleme. Ihm lag das Repräsentieren, die Verwaltung überließ er den etablierten Beamten.

Dennoch geschahen ein paar seltsame Dinge, wie Peter Sebald bei seinen gründlichen Recherchen über Togo aufgespürt hat. 1913 erließ der mecklenburgische Gouverneur die Anordnung, daß Kinder deutscher Väter und einheimischer Frauen auf keinen Fall den deutschen Familiennamen tragen sollten. Und Schuld an dieser Entscheidung soll offenbar ein noch nicht geborener, farbiger Herzog zu Mecklenburg gehabt haben, der so um Namen und Titel kam. Die Entscheidung wurde außer Kraft gesetzt, als die Deutschen das Land verlassen hatten, und so brauchte sich der deutsche Kaufmann Grunitzky nicht zu schämen, daß sein Sohn genauso hieß, zumal er es nach der Unabhängigkeit des Landes zum Präsidenten Togos brachte.

Und auch aus den Kreisen der Häuptlinge regte sich Widerstand gegen einige Regierungsmethoden Adolf Friedrichs. Wo es zu Hause nicht möglich war, taten sie es in Zeitungen der benachbarten britischen Goldküste. Dort stand dann eines Tages über den 40jährigen Gouverneur zu lesen:

»Gouverneur Adolf Friedrich ist ein junger Mann und unerfahren und hat keine Ahnung, wie man ein Land regiert ... Die deutschen Gouverneure sind alle Männer, ausgebildet für den Krieg, und haben keine Sympathie für die von ihnen Regierten. Da es gegenwärtig keinen Krieg gibt, sind sie über den Rest der Menschheit verärgert.«

Und als sich Adolf Friedrich 1914 bereits in den Urlaub verabschiedet hatte, riet man ihm an gleicher Stelle freundlich, nicht zurückzukehren und seinen Eifer für Deutschland vielleicht am Nord- oder Südpol zu entfalten.

Den ersten Weltkrieg erlebte Adolf Friedrich an verschiedenen Fronten. Im Oktober 1915 hatte er in Orsova an der Donau den Dank und das Eiserne Kreuz von Generalfeldmarschall Mackensen für seine freiwillige Teilnahme am Donauübergang einer österreichisch-ungarischen Heeresgruppe erhalten. Im Sommer 1916 wurde seine türkische Mission konkreter. Der zu diesem Zeitpunkt im französischen Saint Quentin weilende Friedrich Franz IV. nahm wohlwollend das Interesse General Falkenhayns an dem türkischen, eigentlich Persien geltenden »Ausflug« Adolf Friedrichs entgegen. Im Juli 1916 befand sich dieser auf dem Wege nach Mossul. Aber schon vorher gab es offenbar Probleme, denn Friedrich Franz IV. berichtete enttäuscht bereits Anfang Juni, daß sein Onkel erneut um Ablösung gebeten

hatte. Diese hatte Adolf Friedrich zur selben Zeit defini-
tiv verlangt und seinen Eindruck geäußert, daß die deutsche Anwesenheit von türkischen Militärs längst nicht
mehr so erwünscht war wie Anfang des Krieges oder in
früheren Zeiten, da Goltz-Pascha den Türken das Marschieren beibrachte und der junge Moltke während seiner Militärmission in literarisch beeindruckender Weise über das Land berichtete. Als Ausdruck höchster De-
gradierung erschien ihm, daß Halil Pascha für die deutschen Offiziere in seiner Truppe das Tragen türkischer
Uniformen anordnete. Vom »kranken Mann am Bosporus« brachte der mecklenburgische Herzog so mindestens einen diplomatischen Schnupfen nach Hause.

Ausbruchschlote im Götzenkrater des Ninagongo; Westgruppe der Virunga-Vulkane in Ruanda

Als die Novemberrevolution selbst aus Mecklenburg eine Republik machte, übte Adolf
Friedrich sich zwischenzeitlich im Jagen im Ivendorfer Forst bei Doberan und sorgte sich
darum, daß die Pferde wieder über die Rennbahn zwischen Doberan und Heiligendamm
trabten. Von Ivendorf zog er in den Doberaner Stülower Weg. Als vor wenigen Jahren die
damals 98 Jahre alte, außergewöhnlich vitale Kinderfrau seiner Tochter Woizlawa das Haus
besuchte, erinnerte sie sich an die Einzelheiten der Einrichtung in den 1920er Jahren.

Doch bald hielt es ihn nicht mehr zu Hause. Während Adolf Friedrich noch am Beginn
des ersten Weltkrieges damit liebäugelte, anstelle der deutschen, nicht sehr profitablen
Südseebesitzungen mit Neu-Mecklenburg und Neu-Pommern lieber eine deutsch-türki-
sche Verwaltung über den Suezkanal anzustreben, reist er selbst 1923 für einige Monate
nach Indonesien. 1902 hatte er sich bereits einmal in Ceylon/Sri Lanka aufgehalten. Im
Vorfeld dieser Reise meldete sich ein Karl Kempski mit Informationen über das damalige
Niederländisch-Indien. Der gebürtige Mecklenburger Kempski hatte ab 1909 für zehn Jahre an der Spitze einer Mecklenburgischen Ansiedlungsgesellschaft gestanden und nahm
um 1920 eine Tätigkeit bei einem deutschen Grundbesitzer in Indonesien auf. 1924 ging er
für viele Jahre als landwirtschaftlicher Sachverständiger an die Universität Santiago de Chile. 1935/36 während seiner ersten großen Südamerikareise sollte Adolf Friedrich sich noch
einmal für Kempskis Kenntnisse der argentinisch-brasilianischen Chaco-Region interessieren, in dem viele deutsche Auswanderer und deren Nachkommen siedelten.

Die Indonesienreise Adolf Friedrichs 1923/24 ging ein wenig im Trubel der deutschen
Nachkriegskrise unter. Es gibt unter den zugänglichen Materialien keine direkten Hinweise
auf etwaige wirtschaftliche oder handelspolitische Ziele der Reise. Doch die Zeitumstände
sprechen dafür: Deutschland unterlag durch den Versailler Vertrag für mehrere Jahre der
Kontrolle und starken Einschränkungen des Außenhandels. Zum Teil gingen Exporte ille-
gal über die Niederlande, mit dortigen Firmen florierte das Geschäft. Wegen der nachweis-
baren engen Zusammenarbeit deutscher und niederländischer Firmen in den Nachkriegs-
jahren liegt die Vermutung nahe, daß diese Reise nicht zuletzt der Erkundung von Möglichkeiten insbesondere für deutsche Plantagenbesitzer aus den ehemaligen Kolonien diente.
Daß die verwandtschaftlichen Beziehungen der Mecklenburger mit dem holländischen Herr-
scherhaus bei ihrem Zustandekommen eine Rolle gespielt haben, darf vorausgesetzt werden. Adolf Friedrichs Bruder Heinrich war seit Anfang des Jahrhunderts Prinzgemahl der
niederländischen Königin, in deren Reich Nichte Cecilie ihrem abgedankten Schwiegervater Wilhelm II. wiederholt Gesellschaft leistete.

Währenddessen neigte Adolf Friedrich dazu, in die von seinem ehemaligen Amtsbruder Ostafrika-Gouverneur a.D. Heinrich Schnee formulierte koloniale Schuldlüge einzustimmen, die aus dessen Sicht so etwas wie das außenpolitische Pendant zur Dolchstoßlegende war. Als führende Köpfe der Deutschen Kolonial-Gesellschaft übten sich beide mit Gleichgesinnten daran »nachzuweisen«, daß doch deutsche Kolonialpolitik viel humaner gewesen sei als die der Siegermächte und jetzigen Mandatsherren. Wenn dann auch noch der Ex-Kronprinz und Gemahl der Cecilie von Mecklenburg zu den eifrigen Befürwortern der Wiedererlangung von Kolonien zählte, scheint es schon fast nicht mehr verwunderlich, wenn Außenminister Stresemann in sein erstes Ziel, die erneute gleichberechtigte Stellung Deutschlands im Kreis der Großmächte, Kolonialbesitz gedanklich – noch nicht unbedingt öffentlich – einschloß. Der ehemalige Staatssekretär im Reichskolonialamt Solf, der Ende 1918 für wenige Wochen Außenminister und später deutscher Botschafter in Japan wurde, fiel da aus dem Rahmen. Unter dem Eindruck nationaler Unabhängigkeitsbestrebungen in China, Indien und Indonesien sprach er vom Erwachen Asiens, dem das Erwachen Afrikas folgen könnte. Und keineswegs gegen die Interessen Deutschlands, empfahl er, sich mit den neuen aufstrebenden Kräften – den Gegnern der Hauptkolonial- und Siegermächte England und Frankreich – zu verbünden. Ob Adolf Friedrich dies registrierte, ist ungewiß. Aber gegen die Meinung altgläubiger Kolonialpolitiker richteten sich solche Auffassungen schon.

Einen anderen Hintergrund hatten die Reisen Adolf Friedrichs in den dreißiger Jahren. Er unternahm sie ohne Ausnahme im Auftrag des Werberates der Deutschen Wirtschaft, der als Einrichtung zur Förderung der deutschen Handelsbeziehungen dem Propagandaministerium unter Goebbels angegliedert war. Soweit die Materialien dieser Reisen nach Afrika und Südamerika zugänglich waren und gesichtet werden konnten, sind die Informationen von sehr unterschiedlichem Wert. Über die wirtschaftlichen Verhältnisse in den Reiseländern und sich daraus ergebende Möglichkeiten für die deutsche Wirtschaft und Handelspolitik sind die Aufzeichnungen des ständigen Begleiters von Adolf Friedrich auf seinen Überseereisen, des promovierten Wirtschaftsexperten Freiherr von Bodenhausen, in der Regel ergiebiger und aussagekräftiger als die des Herzogs. Dessen Berichte beschränken sich oft auf ganz persönliche Eindrücke oder Jagderlebnisse. Eine erkennbare Ausnahme davon bilden die Informationen über die Aufenthalte und Gespräche mit Politikern in Südafrika um die Jahreswende 1934/35.

Die Reisen nach Afrika und Südamerika zwischen 1934 und 1939 hatten einige gemeinsame Anliegen: Zunächst ging es um die Erkundung möglicher Anknüpfungspunkte für deutsche Handelsbeziehungen. Die zu diesem Zweck geführten Gespräche dienten dann auch der Sicherung ständiger Geschäftsverbindungen, über die gleichzeitig die außenpolitische Isolierung des Dritten Reiches überwunden werden sollte. Vorwiegend in Südamerika bestand ein wesentliches Anliegen darin, die 1934/35 dort begonnene Außenhandelsoffensive zu unterstützen, die Deutschland in wenigen Jahren einen sichtbaren Positionsgewinn – vor allem auf Kosten Großbritanniens – brachte.

Wo nur möglich, vergaß Adolf Friedrich nicht, Kontakte zu deutschen und deutschstämmigen Siedlern herzustellen und den deutschen Überseefirmen seine Aufwartung zu machen. Er bemühte sich mit seinen Möglichkeiten um die Verbindung zu ihnen, die er – in Übereinstimmung mit der deutschen Politik – als Ansatzpunkt für eine stabile, mindestens wirtschaftlich nutzbare Zusammenarbeit verstand. Während der Aufenthalte in Südafrika, Ostafrika – darunter den damals von Großbritannien beziehungsweise Belgien verwalteten

Gebieten des ehemaligen Deutsch-Ostafrika -, dem belgischen Kongo und Westafrika galt das Interesse mehr als auf früheren Reisen wirtschaftspolitischen Zielen. Ausführliche Aufzeichnungen, in der Regel durch von Bodenhausen, gelangten direkt an den Vorsitzenden des Werberates der deutschen Wirtschaft.

1934/35 galt das besondere Interesse den Möglichkeiten einer engeren wirtschaftlichen Zusammenarbeit mit Südafrika. Große Hoffnungen setzte Adolf Friedrich auf die »deutschfreundliche« Haltung seiner südafrikanischen Gesprächspartner, unter ihnen Präsident Hertzog, General Smuts und Finanzminister Pirow, der in seinen Jugenderinnerungen an mehrere Besuche bei seiner Verwandtschaft in der Nähe von Ludwigslust schwelgte. Als einen bedeutenden Teilerfolg sah Adolf Friedrich ein gemeinsames Essen britischer und deutscher Geschäftsleute und südafrikanischer Politiker und Wirtschaftsleute an, der ersten gemeinsamen Aktion des britischen Rand Club und des Deutschen Clubs in Pretoria seit 1914. Allerdings blieben er und von Bodenhausen in Bezug auf die Chancen Deutschlands realistisch: Die sofortige Gründung einer selbständigen deutschen Handelskammer befürworteten sie nicht, sondern setzten auf die Arbeit in südafrikanischen Vereinigungen sowie auf die Kontakte mit Politikern und speziell am Handel mit Deutschland interessierten Geschäftsleuten.

Politisch rückte Südafrika stärker als zuvor in das Blickfeld deutscher Politik in Übersee. Die dort durchaus vorhandene Sympathie für die neuen Machtverhältnisse in Deutschland und ideologische Gemeinsamkeiten im Rassismus schienen geeignet, auch die deutsche außenpolitische Isolierung und außenwirtschaftliche Schwächen zu mindern. So freute sich unser Herzog, wenn sich der südafrikanische Präsident wohlwollend über eine stärkere deutsche Ansiedlung in seinem Land äußerte.

Nennenswerte, über eine Wiederbegegnung mit Afrika hinausreichende Aktivitäten waren auf dieser Reise, die in Zentralafrika weitgehend denselben Verlauf nahm wie die Aufenthalte 1906/07 und 1910/11, die Vermittlungsbemühungen zwischen deutschen Siedlern und der portugiesischen Verwaltung in Lourenço Marques sowie ein aufmerksames Registrieren der wachsenden wirtschaftlichen Bedeutung der rohstoffreichen Provinz Katanga im belgischen Kongo. Aus den Aufzeichnungen Adolf Friedrichs geht hervor, daß in Ostafrika nach wie vor oder erneut eine recht bedeutende Anzahl deutscher Plantagenbesitzer tätig war, die als Ansatzpunkt für stabile Verbindungen mit Deutschland angesehen wurden. So freute es ihn, einen Verwandten des früheren Pächters der Rostocker Heide als Plantagenbesitzer in Ostafrika begrüßen zu können. Auch auf der Reise nach West- und Zentralafrika 1937 galt der Besuch mehreren in der ehemaligen Kolonie Kamerun verbliebenen Pflanzern und Kaufleuten, bei denen die Erwartung nach Rückgabe der Mandatsgebiete des Völkerbundes an Deutschland hartnäckig bewahrt wurde.

Die erneuten Begegnungen mit Afrika ließen den fast Mittsechziger aufleben. Seiner neuen Mission im Dienst des nunmehr Dritten Reiches kamen seine Kenntnisse von Land und Leuten zugute. Und es scheint, daß er in den zahlreichen Gesprächen mit der südafrikanischen Regierung oder Verwaltungsbeamten der englischen und portugiesischen Kolonien nicht nur auf taube Ohren stieß, wenn er die Bereitschaft Deutschlands andeutete, sich doch wieder an den Lasten der »Bürde des weißen Mannes«, Kolonialpolitik in einer selbst verordneten Mission betreiben zu müssen, beteiligen zu wollen.

Noch 1935 wurde Adolf Friedrich zum Entdecker Amerikas und betrat ein für ihn als Weitgereisten neues Terrain. Der Besuch von 1935/36 in Südamerika galt, neben den Erkundungen zur Verbesserung der Handelsbeziehungen, in wesentlich stärkerem Maße als in Afrika den Problemen deutscher Auswanderer und ihrer Nachkommen. Den von ihnen bewohnten Gebieten Südbrasiliens widmete er auf dieser ersten Reise zum südamerikanischen Subkontinent besondere Aufmerksamkeit. Ob des Herzogs Gedanken sich im Vorfeld seines Brasilienbesuchs in die Geschichte verirrten, ist nicht exakt zu sagen. Dabei wäre er schnell an die Stelle gelangt, die belegt, daß die »Entdeckung« Brasiliens durch die Mecklenburger etwas unfreiwilliger Natur war. Im trauten Verein mit brasilianischen Werbern hatte Mecklenburg-Schwerin 1824–26 mehrere menschliche Schiffsladungen verschickt. Es waren überwiegend aus dem Landarbeitshaus in Güstrow und Zuchthäusern Abgeschobene, von denen die meisten ihre zweifelhafte Freiheit gegen das Versprechen erhielten, in der zeitweiligen Deutschen Legion in Brasilien zu dienen. Sympathischer Nebeneffekt dieser frühen Kontakte war, daß sich beide Mecklenburg unter den ersten Staaten befanden, die die brasilianische Unabhängigkeit von Portugal anerkannten.

So freute ihn während seines Aufenthalts, den der deutschsprachige »Urwald-Bote« in Blumenau zu einem unvergessen bleibenden Ereignis deklarierte, wenn er gelegentlich einen Nachkommen emigrierter Mecklenburger entdeckte, in südbrasilianischen Dörfern Plattdeutsch hörte (auch wenn es meist das Pommersche gewesen sein dürfte) und auch schon einmal einen Farbigen vorfand, der diese Mundart und nicht Portugiesisch sprach. Weitere Details der Reise ließen sich erst bei gründlicher Auswertung der deutschsprachigen Presse in Brasilien finden. Vorhandene Aufzeichnungen sind spärlich und nichtssagend. Hier nicht so interessante Einzelheiten über mögliche Bereiche, in denen sich die Wirtschafts- und Handelsbeziehungen noch erweitern ließen, finden sich wiederum in den Berichten von Bodenhausens.

Sehr zum Ärger deutscher Politiker lebten am Vorabend des ersten Weltkrieges in den deutschen Kolonien nicht mehr als 24.000 Leute aus dem Reich, davon knapp 20.000 in Namibia. Das sah in Südamerika anders aus: vor allem Südbrasilien, aber auch Teile von Argentinien und Süd- und Mittelchile hatten einen nicht unbedeutenden Anteil deutschstämmiger Einwohner. Und der alte Traum deutscher Außenpolitiker von ganz oder vorwiegend von Deutschen bewohnten Siedlungen in überseeischen Ländern lebte auf: die Idee, das Vorhandensein größerer Gruppen Deutscher auch für die Handels- und Wirtschaftsbeziehungen zum Reich nutzen zu können, ging auch Adolf Friedrich durch den Kopf. Der brasilianische Urwald schien ihm das ideale Terrain für deutsche Siedlung im Ausland. Wenn der Gouverneur des Staates Paraná sich an deutscher Einwanderung interessiert zeigte, sah er sich diesem Ziel näher.

Der Erfüllung dieses Traums standen jedoch ein paar Hindernisse im Wege, die Adolf Friedrich wohl bemerkte. Soweit es die Brasilianer betraf, gab es einflußreiche Kreise, die überwiegend aus wirtschaftlichen Gründen eine sehr enge und einseitige Bindung an das neue deutsche Reich ablehnten. Und bei der deutschstämmigen Bevölkerung ging ab 1933 der Riß durch die eigenen Reihen: die politischen Differenzen um die Befürwortung oder Ablehnung des Dritten Reiches ließen ein geschlossenes Auftreten zugunsten einer engeren Zusammenarbeit mit Deutschland Illusion werden. Inwieweit Adolf Friedrich in diesem Zusammenhang zur Kenntnis genommen hatte, daß das Kernstück der Nazi-Ideologie, der Rassismus, sich für die Zusammenarbeit mit einem ethnisch bunten Volk wie den Brasilianern kaum eignen dürfte, ist nicht bekannt.

Scoptelus adolfi-friederici Rchw.
Malaconotus adolfi-friederici Rchw.

Prachtexemplare der afrikanischen Vogelwelt: »Scoptelus adolfi-friederici Rchw.« und »Malaconotus adolfi-friederici Rchw.«, benannt nach dem mecklenburgischen Chef der Deutschen Zentral-afrika-Expedition.

Adolf Friedrich unternahm die Mehrzahl seiner Besuche in den deutschen Siedlungen, von denen er die neu gegründete und straff geführte »Rolandia« als eine Mustersiedlung betrachtete, in Begleitung des Landesvorsitzenden der NSDAP von Cossel. Von Bodenhausen bescheinigte dem Herzog, über das Dritte Reich aufgeklärt und Streitigkeiten unter den deutschstämmigen Siedlern über die Haltung zu ihm teilweise beigelegt zu haben. Wie diese »Aufklärung« ausgesehen hat, könnte nur eine Analyse der teilweise in den deutschsprachigen Zeitungen abgedruckten Reden Adolf Friedrichs aufhellen.

Die Details brasilianischer Wirtschaftsentwicklung – ebenso im Anschluß der übrigen besuchten Länder, vor allem des wirtschaftlich potenten Argentinien – waren Sache von Bodenhausens. Der Bestandsaufnahme folgten ins einzelne gehende Überlegungen, bei welchen Warengruppen noch bessere Ergebnisse möglich wären. Erwähnung verdient die Gründung einer Pressekommission in Rio de Janeiro, die möglichst geschickt und unauffällig Propaganda für den Absatz deutscher Waren machen und die deutschen Außenhandelsbestimmungen erläutern sollte. Dieser Vorgang war von konkreten Anweisungen begleitet, die eigentlichen Geldgeber – den Werberat der deutschen Wirtschaft – nicht in der Öffentlichkeit bekannt werden zu lassen.

Während dieses ersten Südamerikaaufenthaltes setzte Adolf Friedrich seine Reise über Argentinien, Paraguay, Bolivien, Peru und Ekuador fort. Auch während des mehrmonatigen Aufenthalts 1938/39, davon die längste Zeit in Argentinien und Chile, wo die vergleichsweise kleine Zahl der Deutschstämmigen über nennenswerten wirtschaftlichen und gesellschaftlichen Einfluß verfügte, blieben die Schwerpunkte der Tätigkeit die gleichen. Über die Eindrücke von der herrlichen Landschaft hinaus waren es diverse Aspekte im Leben der südamerikanischen Gesellschaft, die der mecklenburgische Herzog registrierte. Seiner Mission gemäß, konnte er den bevorstehenden Abschluß eines neuen Handelsabkommens mit Uruguay vermelden. Im argentinischen Umfeld beunruhigten ihn der wachsende Zustrom deutschsprachiger jüdischer Emigranten und die gleichzeitigen Sympathiebekundungen der Bevölkerung für den Vertreter der spanischen Republik.

Offen bleibt endlich die Frage nach den Wirkungen der Berichte Adolf Friedrichs und seiner Begleiter aus Übersee. Denn es gilt natürlich zu beachten, daß seine erkennbaren Aktivitäten nur ein kleiner Teil der Bemühungen waren, gewissermaßen auf mecklenburgisch Weltpolitik zu betreiben. Für manchen, der in nostalgischer Verklärung die deutsche Kolonialpolitik vor dem ersten Weltkrieg auch und gerade nach der folgenschweren deutschen Niederlage von 1945 noch als Sinnbild einstiger deutscher Macht und Größe sah, erschienen die noch lebenden Protagonisten als Gallionsfiguren dieser Zeit. Adolf Friedrich zu Mecklenburg und Lettow-Vorbeck, die über die Fähigkeit verfügten, das 90. Lebensjahr zu überschreiten, gehörten dazu und sie hatten offenbar gegen eine solche Einordnung nichts. Der Togobesuch Adolf Friedrichs 1960 in der erwähnten offiziellen Mission machte noch einmal Schlagzeilen und führte zu öffentlicher Polemik. Dann wurde es ruhig um ihn, er bedurfte der Pflege. Im schleswig-holsteinischen Flensburg war 1945, wenige Monate nach Kriegsende, der letzte Regierende des Hauses Mecklenburg, Friedrich Franz IV., verstorben. Das Leben Adolf Friedrichs, der Afrikareisender und ein bißchen Abenteurer, Hobby-Ethnograph und Kolonialpolitiker in einem war, ging wenige Monate vor Vollendung seines 96. Lebensjahres in Eutin zu Ende.

Im Unterschied zu den gut dokumentierten Afrikareisen vor dem ersten Weltkrieg verbirgt sich über die nachfolgende Zeit sicher noch manche Überrraschung im wohlgehüteten Nachlaß.

Über seine Reisen in Afrika wurden von Adolf Friedrich mehrere Bücher herausgegeben, so »Ins innerste Afrikas«, Leipzig 1909, »Quer durch den Kongostaat«, München 1910 sowie »Vom Kongo zum Niger und Nil« in zwei Bänden, Köln 1912. Von besonderer Bedeutung sind gewiß die faktenreichen Darstellungen von Resultaten der Afrika-Expedition 1907/08 in acht Bänden unter dem Titel »Wissenschaftliche Ergebnisse der Deutschen Zentral-Afrika-Expedition 1907–1908 unter Führung Adolf Friedrichs, Herzog zu Mecklenburg«, die von mehreren kompetenten Wissenschaftlern verfaßt wurden und die in den Jahren von 1910 bis 1927 in Leipzig im Verlag Klinkhardt und Biermann erschienen sind. Zu dem Wirken von Adolf Friedrich als Gouverneur in Togo berichtet Peter Sebold in seinem Buch »Togo 1884–1914: eine Geschichte der deutschen ›Musterkolonie‹ auf der Grundlage amtlicher Quellen…«, Berlin 1988 an Hand vieler Fakten. Weitere Quellen zu den Aktivitäten von Adolf Friedrich finden sich im Bestand des Großherzoglichen Kabinetts im Mecklenburgischen Landeshauptarchiv in Schwerin sowie vermutlich im Privatbesitz der Familie.

Auf den Spuren Alexander von Humboldts – Hermann Karsten in Venezuela, Kolumbien und Ecuador

Anja Alert

Von den Zeitgenossen wurde er als »rastloser Arbeiter, unermüdlicher Gelehrter und Beispiel deutscher Wissenschaftlichkeit« gerühmt; heute sind Werk und Leben des Botanikers und Geologen Hermann Karsten nur wenigen bekannt und weder in seiner engeren Heimat Mecklenburg-Vorpommern noch in der deutschen Lateinamerikawissenschaft wird Bezug auf ihn genommen. Wir möchten hier an ihn erinnern und vor allem seinen 12jährigen Aufenthalt in Lateinamerika beschreiben, dessen Forschungsergebnisse – die nicht frei von Irrtümern waren – aber dennoch unser Wissen über diesen Erdteil wesentlich erweiterten und eine Vielzahl von Anregungen für weitere wissenschaftliche Arbeiten enthielten.

Karl Hermann Gustav Wilhelm Karsten wurde am 6. November 1817 in Stralsund geboren. Er war das fünfte Kind von Christian Ludwig August, geboren 1785 in Bützow, und dessen Ehefrau Dorothea Susanna Cierow, geboren 1791 in Hannover. Der Vater hatte 1811 einen Verwaltungsposten auf der Insel Rügen übernommen und stieg 1815, als Stralsund zu Preußen kam, zum Königlichen Regierungssekretär und Kanzleirat auf. Die Familie Karsten brachte eine Reihe bedeutender Gelehrter hervor, die weit über Mecklenburgs Grenzen wirkten und Anerkennung fanden. Von diesen beeinflußte Hermann insbesondere sein Onkel Karl Johann Bernhard, der als Spezialist für die Metallurgie galt und Oberaufseher über den schlesischen Bergbau war.

Schon während der Schulzeit in Stralsund fühlte sich Hermann Karsten zur Botanik hingezogen. In freien Stunden zog er durch die Natur und sammelte einheimische Pflanzen. Dagegen sollen ihn die altsprachlichen Fächer sowie Geographie und Religion weniger begeistert haben. Unter diesen Umständen griffen Vater und Sohn freudig zu, als der Ratsapotheker Krüger in Stralsund ihm eine Lehrstelle anbot. Hier erwarb Karsten fundierte Kenntnisse in Chemie, Physik, Medizin und Botanik. Auch seine Freundschaft zu den späteren Botanikern Theodor Marsson und Wilhelm Ludwig Ewald Schmidt beeinflußten ihn. Als Krüger 1838 starb, gelang es Karsten, eine Stelle in der Hirsch-Apotheke in Rostock bei Moritz Witte zu finden. Jetzt nahmen wohl auch die Pläne, eine akademische Karriere einzuschlagen, konkrete Gestalt an. Ohne Abitur war ihm ein Studium an der Universität jedoch zunächst verwehrt.

Hermann Karsten (1817–1908)

Im Sommersemester 1839 erhielt er aufgrund einer besonderen Genehmigung der Herzoglichen Regierung in Schwerin die Erlaubnis zum Besuch von Vorlesungen an der Rostocker Universität. Er hörte hier Mineralogie und Physik bei seinem Vetter Hermann Karsten, Botanik bei Roeper sowie Anatomie, Zoologie und Physiologie bei Stannius. Außerdem nahm er am Chemieunterricht bei von Blücher teil. Bis zum Sommersemester 1840 wohnte Karsten im Sankt-Marien-Hof bei Familie Witte, danach zog er zu Schneider Reitz in den Vogelsang. Die Vorlesungen besuchte er bis zum Ende des Sommersemesters 1841 in Rostock.

Am 26. November 1842 ließ sich Hermann Karsten an der Philosophischen Fakultät der Friedrich-Wilhelms-Universität Berlin immatrikulieren. Er belegte auch hier wieder die ganze Breite der naturwissenschaftlichen Fächer wie Physik, Meteorologie, Chemie, Botanik, Anatomie, Geognosie und Physiologie. Daneben hörte er auch Vorlesungen über Philosophie bei Trendelenburg und Beneke. 1843 beteiligte sich Karsten an der Preisaufgabe der Berliner Universität zum Thema »Über den Bau der Leber und die chemische Beschaffenheit der Galle wirbelloser Tiere«. Die Arbeit zeichnete sich dadurch aus, daß Karsten hier die verschiedenen Gewebearten der Leber und deren zentralen sekretabführenden Kanal entdeckte.

Hermann Karsten studierte nur ein Jahr in Berlin. Am 19. August 1843 legte er seine Dissertation mit dem Titel »De cella vitali« vor. Sie beschäftigte sich mit dem Thema Zellvermehrung und -aufbau. Offenbar hatte er den folgenden Auslandsaufenthalt schon seit längerem geplant, denn auf dem Abgangszeugnis findet sich der Vermerk »nach Südamerika«. Karsten blieb eine akademische Karriere zunächst versagt. Eine Forschungsreise in außereuropäischen Ländern bot dagegen die Möglichkeit, sich einen wissenschaftlichen Ruf zu erarbeiten, der zum Sprungbrett für sozialen Aufstieg in Deutschland werden konnte.

Mit einer kurzen Unterbrechung verbrachte Hermann Karsten die Jahre zwischen 1844 und 1856 in Südamerika und unternahm ausgedehnte Forschungsreisen durch Venezuela, Kolumbien und Ekuador. Diese Länder waren insbesondere durch die Expeditionen Alexander von Humboldts in Europa bekannt geworden. So soll der große Universalgelehrte auch Karsten ein Empfehlungsschreiben an den venezolanischen Präsidenten mitgegeben haben.

Hermann Karsten ließ sich bei seiner Ankunft in Venezuela in San Esteban im Haus des Kaufmanns Carl Rühs nieder. Er stammte aus Lüdershagen bei Barth und lebte seit vielen Jahren im Lande. Auf seinem Schiff MARGARET ermöglichte er Karsten auch die Überfahrt nach Venezuela. 1844 bekleidete Rühs die Funktion eines preußischen Konsuls in Puerto Cabello und die des schwedischen Generalkonsuls in Caracas.

1845 siedelte Karsten in die von deutschen Einwanderern bewohnte Siedlung Tovar über, die vielen Wissenschaftlern und Reisenden als Ausgangsbasis für ausgedehnte botanische Exkursionen diente. Hier fand er Aufnahme im Haus des Kartographen Alexander Benitz, der ihn in die Geographie des Landes einführte. Er lernte auch den Botaniker Karl Moritz kennen und schätzen, der seit 1836 in Venezuela Pflanzen für europäische Museen und botanische Gärten sammelte.

Auch Karsten widmete sich hier zunächst vor allem der Botanik und konzentrierte seine organographischen Forschungen auf die palmenartigen Gewächse, auf Farne und den Kuhmilchbaum. Auf ausgedehnten Exkursionen in der Gegend von Tovar entdeckte er neue Pflanzen aus der Familie der Burmanniaceae, die er nach seinen Freunden und dem Großherzog von Mecklenburg-Schwerin, Friedrich Franz, benannte. Er legte umfangreiche Herbarien an, die er an wissenschaftliche Einrichtungen und botanische Gärten in Europa verschickte, um einige seiner Exkursionen zu finanzieren. Neben den botanischen Studien unternahm Karsten auch geologische Untersuchungen in der Umgebung von Caracas und Carabobo. Er beschrieb Gesteinsablagerungen und den Aufbau einiger Berge der Küstenkordillere als erster. 1846 fand er nach Hinweisen der Bevölkerung in dem Gebiet von Morros de San Juan Knochen eines Riesenfaultiers, später auch im Gebirge von Cumaná und bei Carora in der Provinz Coro.

1847 kam Karsten nach Deutschland zurück, weil sein Vater im Februar des Jahres in Stralsund verstorben war. Nachdem die familiären Angelegenheiten geklärt waren, nutzte er den Aufenthalt, um an seiner wissenschaftlichen Karriere zu arbeiten. Er faßte die Ergebnisse der botanischen Forschungen in dem Werk »Auswahl neuer und schönblühender Gewächse Venezuelas« zusammen, das 1847 in Berlin erschien. Am 16. März 1848 hielt Karsten unter dem Thema »Über die Vegetationsorgane der Palmen und deren Zusammenhang mit den übrigen Gefäßpflanzen« vor der Philosophischen Fakultät der Berliner Universität eine Vorlesung, auf deren Grundlage seine Zulassung zur Habilitation einstimmig von den Kommissionsmitgliedern beschlossen wurde. Diese fand am 24. März des Jahres statt.

Trotz der hervorragenden Ergebnisse, die Karsten nach seinem Auslandsaufenthalt vorweisen konnte, gelang es ihm nicht, an der Universität Fuß zu fassen, auch wenn sich die Professoren Link und Kunth für ihn einsetzten. Möglicherweise wollte Karsten auch nicht im unruhigen Berlin der Revolution bleiben, die alle Lebensbereiche erschütterte.

So kehrte er im zweiten Halbjahr 1848 nach Südamerika zurück. Die Akademie der Wissenschaften übergab ihm 300 Taler für weitere paläontologische Ausgrabungen. Vor seiner Abreise konsultierte Karsten noch den Geologen Leopold von Buch, der sich für seine Arbeiten interessierte und ihn ermunterte, auf diesem Gebiet weiter tätig zu sein.

In Venezuela nahm Karsten seinen Wohnsitz wieder in der Siedlung Tovar. Das Expeditionsgebiet erstreckte sich auf die Küstenkordillere und deren unmittelbares Hinterland. 1850 dehnte er seine Streifzüge weiter in den Osten des Landes aus. Hier betrieb er botanische Untersuchungen unter größten gesundheitlichen Gefahren. Obwohl die Wälder zwischen Barcelona und Cumaná als fieberverseucht galten, durchwanderte er sie zu Fuß, um Baumfarne und Palmen besser beschreiben zu können. Allein der Obergärtner Reinecke in Berlin zog aus den übersandten Palmensamen ungefähr 60 Arten, die er in den Handel brachte.

Karsten untersuchte die Milch des Kuhbaums und experimentierte mit dem giftigen Saft des Manzanillo-Baums. Im Vergleich zu allen Naturforschern, die vor ihm in Venezuela weilten, besaß er den Vorteil, mit dem Mikroskop vor Ort den Zellaufbau studieren und der Frage nach dem Zellwachstum bei den tropischen Pflanzen nachgehen zu können.

Titelblatt der »Auswahl neuer und schön blühender Gewächse Venezuelas« (Berlin 1848) von Hermann Karsten mit Widmung für den Rostocker Professor Johannes Roeper

In der 1521 gegründeten Stadt Cumaná, in der sich bereits Humboldt 1799 für mehrere Monate aufgehalten hatte, traf Karsten im Castillo San Antonio de la Eminencia auf den dort eingekerkerten Präsidenten Paez, der ein Opfer des seit 1846 im Lande tobenden Bürgerkriegs zwischen unterschiedlichen Interessengruppen geworden war. Karsten scheint jedoch den Kämpfen wenig Aufmerksamkeit geschenkt zu haben noch wurde er in sie verwickelt.

In dieser Stadt befreundete er sich auch mit den Familien Calzadilla und Vallenilla, die der venezolanischen Aristokratie angehörten. In Begleitung von Don Rafael Calzadilla unternahm Karsten Exkursionen nach Cumanacoa, Aricagua, San Antonio, San Francisco, Caripe, Santa Maria und Santa Cruz. Er entdeckte eine Vielzahl von Abdrücken von Farnen und Gräsern in den Sedimentschichten sowie weitere Knochenreste eines Riesenfaultiers. Außerdem sammelte er Ammoniten und schickte sie zur Bestimmung nach Berlin zu Leopold von Buch. Gemeinsam mit Calzadilla besuchte er auch das Naturdenkmal der Guácharo-Höhlen in der Nähe von Caripe. Diese werden von den außergewöhnlichen Guácharovögeln bewohnt, die Humboldt als erster wissenschaftlich beschrieben hatte.

Im Juli 1850 kehrte Hermann Karsten in die Hafenstadt La Guaira zurück, um eine erste Auswertung seiner Exkursionen vorzunehmen. Er siedelte dann nach Palmar de San Mateo auf die Besitzungen von Gustavo Julio Vollmer über. Von hier aus unternahm Karsten Reisen nach Barquisimeto, Trujillo, Mérida und in die Llanos von Calabozo. Im Juli 1851 finden wir ihn in Puerto Cabello. Hier faßte er den Entschluß, westwärts zu wandern und die Sierra de Perijá an der Grenze zu Kolumbien zu überqueren. Im April 1852 bestieg er ein Schiff, das ihn nach Maracaibo brachte. Auf ausgedehnten Streifzügen, die ihn bis auf die Halbinsel Goajira und nach Paraguana führten, ging Karsten der Frage nach dem Alter der einzelnen Gebirgsstöcke und Ebenen nach. Er machte eine Vielzahl geologischer Beobachtungen. An mehreren Orten fand er Lagerstätten von Steinkohle, die im aufliegenden Sandstein Abdrücke von Dicotylenblättern, von Gräsern und Farnen aufwiesen. Bei Carora entdeckte er größere Vorkommen von Bernstein mit eingeschlossenen Fliegen und Ameisen. Auf einer Wanderung nach dem Dorfe Perijá beobachtete er aus dem Boden quellendes Steinöl, das an einigen Stellen schon zu Erdpech verdichtet war. In unserem Jahrhundert wurden in dieser Region die reichsten Erdölvorkommen in Venezuela entdeckt.

Karsten machte sich auch Gedanken über eine mögliche Besiedlung des Gebiets durch europäische Einwanderer, die jedoch am Klima und den vielen Insekten scheitern werde, wie er annahm. Auf der Halbinsel Paraguana bestieg Karsten den Cerro de Santa Ana, auf dessen Gipfel die einheimische Bevölkerung einen See vermutete, der sich jedes Jahr zum Johannistag leerte. Er führte das Phänomen auf meteorologische Vorgänge zurück.

Bei den Expeditionen durch den Regenwald, in den Niederungen des Maracaibo-Sees, kam es auch zu Begegnungen mit den Motilon-Indianern, von denen die eine wie folgt überliefert ist: Als Karstens Interesse für eine ihm unbekannte Schlange gefesselt wurde, band er sie an einen Baumstamm, um sie ungestört betrachten zu können. Plötzlich war er von mehreren Indianern umstellt, die sich ihm drohend näherten. In diesem Moment kam Karstens Diener, ein Venezolaner, der sich mit den Indianern verständigen und die Situation klären konnte. Angeblich wollten die Indianer den deutschen Wissenschaftler skalpieren, weil er ihren Gott an den Baum gefesselt hatte. Diese Darstellung läßt nicht nur viel Phantasie des Erzählenden erkennen, sondern offenbart auch seine absolute Unkenntnis der Lebensweise und der Lebensverhältnisse der Ureinwohner, mit denen sich Karsten offenbar nie auseinandersetzte. Das Grenzgebiet zwischen Venezuela und Kolumbien war seit der Eroberung Schauplatz blutiger Auseinandersetzungen zwischen den hier siedelnden indianischen Völkern einerseits und kolumbianischen oder venezolanischen Siedlern, Soldaten und Mönchen andererseits. Besonders das Volk der Motilones litt unter dieser Entwicklung. Es mußte angestammte Lebensräume aufgeben und sich in entlegene Gebiete zurückziehen. Dem Druck von außen setzte es bewaffneten Widerstand entgegen, der bis in unser Jahrhundert hinein andauerte.

Unter diesen Umständen gab Karsten seine Pläne auf, die Sierra zu Fuß zu durchqueren. Er bestieg ein Schiff, das ihn im Spätsommer 1852 zunächst nach Curaçao brachte, wo er seine geologischen Untersuchungen fortsetzte. Ende September kam er in Barranquilla (Kolumbien) an. Von hier aus ging er zunächst bis nach Rio Hacha und im Dezember in das Gebirge von Santa Marta. Bald machte sich jedoch eine Malariaerkrankung bemerkbar und Karsten beschloß, sich im angenehmen Klima von Bogotá zu erholen. Nachdem er seine Gesundheit wiederhergestellt hatte, begann er ausgedehnte Reisen durch das Land bis nach Ekuador. In einem Brief aus jener Zeit heißt es: »Nachdem ich die Flora der Hochebene von Bogotá bis in die am östlichen Fuße belegenen Ebenen des Meta durchforscht und zugleich die Lagerungsverhältnisse der tertiären und jüngeren Kreidegesteine, die diesen ganzen Teil der Kordilleren bilden, studiert und auf Petrefakten durchsucht hatte, wanderte ich durch das Quindíugebirge und durch die Täler des Cauca und Patia, über Popayan und Pasto, ost- und westwärts in die Gebirge eindringend. So fesselten mich hier neben dem Studium ganz neuer Florengebiete auch die großartigen Erscheinungen der mir hier zuerst begegnenden noch tätigen Vulkane, fast volle zwei Jahre.« (Deutsche Rundschau für Geographie und Statistik, Nr.30,1907)

Karsten bestieg mehrere Vulkane, so den 4700 m hohen Puracé in der Nähe von Popayan, den Cumbal (4790 m), den Cotopaxi (allerdings nicht bis zum Gipfel), den Chilé, den Imbabura (4582 m) sowie den Azufral bei Tuquerres. Wohl deshalb wird er in der Literatur zuweilen als deutscher Bergsteiger geführt.

In dem genannten Gebiet setzte Karsten seine Untersuchungen zur Erforschung der Ursachen von Erdbeben und Vulkanismus fort, die er in Venezuela begonnen hatte. Am 14. September 1853 beobachtete er aus unmittelbarer Nähe den Ausbruch des Cotopaxi, des höchsten tätigen Vulkans der Erde mit 5897 m. Der Versuch, aus diesem Anlaß den Berg sofort zu besteigen, um Aufschluß über die Herkunft des Lavastroms zu erlangen, scheiterte, weil keiner der Einheimischen ihm aus Angst folgen wollte.

Karsten sammelte alle ihm zugänglichen Informationen über den Vulkanismus in den von ihm besuchten Regionen und erwies sich auch hier als genauer Beobachter. Die geologische Forschung beschäftigte damals die Frage nach dem Alter der Anden. Karsten unterschied vier geologische Formationen und vertrat die Meinung, daß die Anden hauptsächlich im Tertiär herausgehoben wurden. Damit war für ihn auch das Parimagebirge der älteste Gebirgsstock im nördlichen Südamerika, während Humboldt die Anden dafür ge-

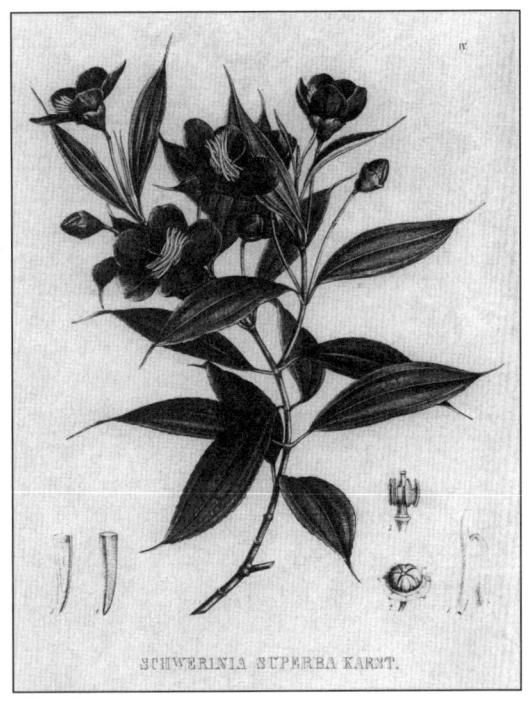

SCHWERINIA SUPERBA KARST.

Blüten des von Hermann Karsten in Venezuela entdeckten Bäumchens »Schwerinia superba Karst.«, dessen Benennung er dem Großherzog von Mecklenburg-Schwerin Friedrich Franz II. widmete (1847).

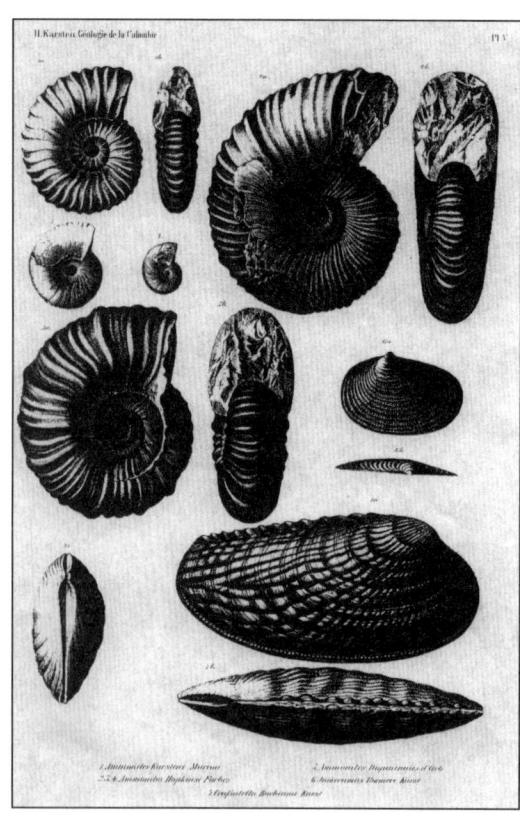

Von Hermann Karsten beschriebene Ammoniten und Inoceramen aus seiner »Géologie de la Colombie« (Berlin 1886)

halten hatte. Karsten sammelte eine Vielzahl bisher unbekannter Ammoniten, die er aufgrund seines erweiterten Wissensstandes jetzt auch selbst bestimmen konnte. Die Ergebnisse veröffentlichte er in Deutschland in verschiedenen Fachzeitschriften.

In Bogotá hatte Karsten das Glück, Freundschaft mit dem Botaniker José Triana schließen zu können. Gemeinsam unternahmen sie ausgedehnte Exkursionen an die Flüsse Meta, Magdalena und in das Caucatal. In der Nähe der Siedlungen in den Ebenen des oberen Orinoko und am Meta beobachtete Karsten wiederholt großflächige Waldzerstörungen. Farbhölzer, Chinarindenbäume sowie Harz- und Balsambäume wurden rücksichtslos ausgebeutet.

Karsten plante, gemeinsam mit Triana eine Darstellung der kolumbianischen Pflanzenwelt herauszugeben. Leider konnte das Projekt nicht realisiert werden. Triana kam nicht mit nach Deutschland, sondern ließ sich 1856 in Paris nieder, wo er mit der Veröffentlichung der »Flora Colombiana« begann. Karsten verkaufte seine Herbarien an Museen in Petersburg und Wien. Kolumbien galt in den 50er Jahren des 19. Jahrhunderts als wichtigste Quelle für Chinarinde, die in Europa als Gräfinnen- oder Jesuitenpulver gehandelt wurde. Insbesondere in den Wäldern um Tuquerres entdeckte Karsten neue Arten des Chinarindenbaums und beschrieb sie ausführlich. Seine Erkenntnisse legte er in der Schrift »Die medicinischen Chinarinden Neu-Granadas«, erschienen 1858 in Berlin, nieder.

1856 kehrte Karsten nach Deutschland zurück. Er trat wieder in die Berliner Universität ein und widmete sich seinem Spezialfach, der Botanik. 1857 heiratete er die Tochter des bekannten Chemikers Heinrich Rose, Johanne. Sie verstarb jedoch bereits im April 1860 bei der Geburt des zweiten Kindes. Im gleichen Jahr verlor Karsten auch seinen erstgeborenen Sohn.

Im März 1862 wurde Hermann Karsten zum außerordentlichen Professor für Botanik an der Berliner Universität berufen. Er hielt Vorlesungen zur allgemeinen Botanik, medizinischen Naturgeschichte sowie zur Pharmakognosie und richtete 1865 ein anatomisch-physiologisches Laboratorium an der Landwirtschaftlichen Lehranstalt Berlin ein, das eine Neuheit darstellte. In dieser Zeit veröffentlichte er eine Vielzahl wissenschaftlicher Abhandlungen und allgemeinverständlicher Darstellungen, die die Ergebnisse seiner südamerikanischen Reisen enthalten. Er gründete im gleichen Jahr die Zeitschrift »Botanische Untersuchungen aus dem physiologischen Laboratorium der Landwirtschaftlichen Lehranstalt in Berlin«, für die er namhafte Wissenschaftler zur Mitarbeit gewann.

1867 bewarb sich Karsten um den Lehrstuhl für Botanik an der Universität Wien in Nachfolge für Franz Unger. In der Begründung für seine Wahl vor der Philosophischen Fakultät wurde er als Naturforscher von europäischem Ruf bezeichnet, der zu großen Hoffnungen Anlaß gäbe. Im Wintersemester 1868 trat Karsten seine neue Tätigkeit in Wien an. Er richtete hier ebenfalls ein anatomisch-physiologisches Laboratorium ein und führte mit den Studenten botanische Exkursionen durch. Seine Vorlesungen beschäftigten sich mit Pflanzenanatomie, allgemeiner Botanik und systematisch-medizinischer Botanik. Leider fand er nicht nur die Ausbildung in seinem Lieblingsfach völlig vernachlässigt vor, sondern sah sich auch der massiven Ablehnung durch die meisten der Professorenkollegen ausgesetzt. Schon in den ersten Monaten seiner Tätigkeit wurde er von Studenten und Kollegen angegriffen, die ihm zu strenges Prüfungsverhalten und überzogene Forderungen an das botanische Wissen von Medizinern und Pharmazeuten vorwarfen. Karsten war hier zu keinen Kompromissen bereit und die Situation spitzte sich zu. Am 2. Mai 1871 wurde er auf dem Universitätsgelände von Studenten tätlich angegriffen, nachdem es vorher bereits mehrmals zu Tumulten in seinen Vorlesungen gekommen war. Weder die anwesende Polizei noch die Kollegen konnten ihn beschützen. Hermann Karsten sah sich unter diesen Umständen veranlaßt, um seine Entlassung zu bitten, die ihm jedoch vom Minister zunächst verweigert wurde. Der Fall erregte in der wissenschaftlichen Welt und der österreichischen Öffentlichkeit beträchtliches Aufsehen. Erst im August 1872 erhielt er eine Zustimmung zu seinem Gesuch.

188.

Pinus sylvestris. 1. Zweig mit männlichen, weibl. *a.* Blüthen, jährigen halbreifen *b.* und zweijährigen reifen Früchten *c.* 2. Männl. Blüthe verzr. 3 u. 4. Männl. Blm. von der Seite und von unten (aussen). 5. Pollen. *a.* Der narbenlose Griffel. *b.* Deckblatt. *c* Saamenknospen. 9 Reifes Fruchtblatt mit Saamen 10. Ein Saame mit-, 11. derselbe ohne Flügel. 12. Ders. längsdschn. *a.* Eiweiss, in dessen Mitte der Keimling.

Karsten wurde bei Zahlung des vollen Gehalts in den Ruhestand versetzt. Über seine Erlebnisse an der Wiener Universität verfaßte er eine ausführliche Schrift, die als Anhang zu seinem Werk »Fäulnis und Ansteckung« 1873 erschien.

Karsten ließ sich nun als Privatgelehrter in Schaffhausen nieder. Hier gründete er mit Gleichgesinnten die Naturforschende Gesellschaft, deren Mitgliedsnummer »1« er trug. Gemeinsam mit dem Regierungspräsidenten Joos entdeckte Karsten im Februar 1874 im Freudentale nahe der Stadt eine Höhle, in der sie anhand von Gesteinsablagerungen das Alter der frühesten europäischen Kulturstufen bestimmen wollten. Auf dem Bauche liegend und sich mit Armen und Beinen fortbewegend, erkundete Karsten die Höhle und entdeckte bei seinem zweiten Besuch ein Feuersteinmesser. Gemeinsam mit Professor Merklein kaufte er die Höhle und durchforschte sie einen Monat lang, um die unterschiedlichen Kulturstufen freizulegen. Er widmete sich auch dem Thema der prähistorischen Pfahlbauten, das in der wissenschaftlichen Diskussion in Deutschland eine große Rolle spielte. Seit 1876 lebte Karsten zeitweise in Italien. Auf der Insel Capri stellte er verschiedenartige geologische Forschungen an. Die daraus entstandene Ammonitensammlung vermachte er dem Naturkundemuseum Neapel.

1873 wurde Hermann Karsten als Ehrenmitglied in die »Sociedad de Ciencias Físicas y Naturales« in Caracas aufgenommen. Diese Gesellschaft, 1867 von dem deutschen Naturforscher Adolf Ernst gegründet, würdigte damit das überragende Werk von Karsten bei der

Abbildung zum Baum »Pinus sylvestris« (Gemeine Kiefer oder Föhre) aus Hermann Karstens »Flora von Deutschland, Österreich und der Schweiz«, Berlin 1895

Erforschung der Flora und der Geologie Venezuelas. Dieser Beitrag wird auch durch die Benennung einiger Pflanzen mit Karstens Namen unterstrichen, zu denen Asplenium, Polypodium, Lophosoria, Hemitelia und Balantium gehören. Seine tiefe Verbundenheit mit Südamerika wurde noch einmal deutlich, als 1886 sein umfassendes Werk über die Geologie Kolumbiens, Venezuelas und Ekuadors in Berlin erschien.

Hochbetagt starb der Wissenschaftler am 10. Juli 1908 während eines Kuraufenthalts in Soppot.

Hermann Karsten nimmt in der Wissenschaftsgeschichte Venezuelas und Kolumbiens einen geachteten Platz ein. Sein Name erscheint im »Diccionario de Historia de Venezuela«, herausgegeben 1988, und in einigen historiographischen Arbeiten venezolanischer Wissenschaftler. In Mecklenburg-Vorpommern und Stralsund ist sein Wirken fast gänzlich unbekannt. Die Rathausapotheke als eine seiner Arbeitsstätten wurde leider abgerissen. Eine Möglichkeit, sein naturwissenschaftliches Werk wieder stärker ins Bewußtsein zu rücken, wäre die Verleihung seines Namens an eine Stralsunder Schule. Diese könnte sich dann auch ganz in seinem Sinne dem Bildungsschwerpunkt Ökologie, Erhaltung der Regenwälder und der einheimischen Flora widmen.

Die bisherige Bibliographie der wissenschaftlichen Arbeiten von Hermann Karsten umfaßt etwa 70 Titel zu Themen aus Botanik und Geologie, die zum Teil als Bücher, aber auch als Artikel in wissenschaftlichen Zeitschriften erschienen sind. Karl Müller publizierte 1871 in der Zeitschrift »Die Natur« (Halle) eine ausführliche wissenschaftliche Biographie von Hermann Karsten. Auf dieser Grundlage erschienen weitere Lebensbeschreibungen, so von Walter Kamman-Willson in den »Lateinamerikastudien« Bd. 7 (Deutsche Forscher in Venezuela) 1980 in München. Aus Anlaß des 200. Jahrestages des Beginns der Humboldtschen Expedition in Lateinamerika veröffentlichte die Universität Caracas 1999 einen Sammelband »Alemanes en las regiones aequinoctiales« mit dem Beitrag von Anja Alert »Bajo los tropicos – Hermann Karsten y Franz Engel en Venezuela«.

Hermann von Guttenberg – Er brachte die Pflanzen aus den Alpen in das Rostocker Alpinum

Brigitte Steyer

Über mehrere Jahrzehnte wirkte der Botaniker Hermann von Guttenberg an der Rostocker Universität. Er war kein gebürtiger Mecklenburger, hat sich aber mit diesem Land in vollem Maße identifiziert und ist ihm bis zu seinem Lebensende treu geblieben. Ihn lockte die Ferne auf Reisen, Exkursionen und Expeditionen. Insbesondere aus den alpinen und mediterranen Räumen brachte er viele Pflanzen in den von ihm angelegten Botanischen Garten. Durch ihn kam ein Teil der Natur ferner Länder nach Mecklenburg.

Hermann von Guttenberg war Sohn eines österreichischen Landesforstinspektors und wurde am 13. Januar 1881 in Triest, das damals zur Habsburger Monarchie gehörte, geboren. Mit großer Begeisterung hat er Ahnenforschung betrieben, vor allem um die Berufe seiner Vorfahren herauszufinden, worunter er viele Forstleute entdeckte. Von seiner österreichischen Familie hat er den Titel Ritter von Gutten-

Hermann von Guttenberg (1881–1969)

berg geerbt, den er mit Stolz trug. Auch die Mutter stammte aus einer österreichischen Familie, die in den Adelsstand erhoben worden war. Der Vater war für die Aufforstung der Karstgebiete im südlichen Habsburg verantwortlich. Er nahm den Jungen auf langen Reisen mit und weckte die Liebe zur Botanik in ihm. In den österreichischen Wäldern wurde der Grundstein für eine lebenslange Leidenschaft gelegt, die Generationen von Rostocker Studenten auf Exkursionen mit ihrem Professor in die mecklenburgischen Wälder erleben durften.

Hermann von Guttenberg wurde Botaniker und lebte seit seiner Berufung 1923 zum ordentlichen Professor für Botanik und Direktor des Botanischen Instituts der Landesuniversität Rostock hier im Mecklenburgischen. Die Jahre von 1923 bis zu seinem Tod 1969 waren bekannterweise reich an politischen Wirren und Umbrüchen. Mehr als 35 Jahre nahm Hermann von Guttenberg seine Verantwortung als Hochschullehrer wahr. Ihm gelang die Gratwanderung zwischen den Forderungen der Mächtigen und der Treue gegenüber sich selbst. Attraktive Berufungsangebote von reicheren Universitäten lehnte er ab. Er wurde Wahl-Mecklenburger aus Überzeugung und Verbundenheit, trotz der Enge der Bedingungen dieses Landes, die auch sein Leben bestimmten. Das war seiner außergewöhnlichen Persönlichkeit zu danken, die sich bis ins hohe Alter eine fröhliche Weltoffenheit bewahrt hat. Von Rostock aus hat er wesentliche wissenschaftliche Leistungen im Ausland vollbracht und über die eigenhändige Mitgestaltung des Botanischen Gartens unserer Stadt hielt er Zeit seines Lebens Verbindung, insbesondere zu seiner österreichischen Heimat.

Die Kindheit und Jugend Hermann von Guttenbergs verlief harmonisch dank seiner besonders liebevollen, klugen und großzügigen Mutter. Sie bestimmte wohl sein Verständnis für das Schicksal anderer Menschen, sein warmes Mitgefühl und seinen unvergleichlichen Charme. Die Eltern ermöglichten ihrem Sohn eine umfassende Bildung und weckten das Interesse für Kunst und Natur. 1900 legte er auf dem humanistischen Gymnasium seiner Heimatstadt das Abitur ab und studierte Naturwissenschaften an den Universitäten Graz und Wien. Bei dem berühmten Botaniker Gottlieb Haberlandt promovierte Hermann von Guttenberg 1904, wurde Assistent am Botanischen Institut der Universität Graz und habilitierte sich schon 1908 an der Hochschule für Bodenkultur in Wien. Es folgten Habilitationen 1909 an der Universität Graz und 1910 an der Universität Berlin, wo er auch als Privatdozent Botanik lehrte.

Berlin hielt den jungen Wissenschaftler länger fest. Hierher war 1910 sein verehrter Lehrer Gottlieb Haberlandt als ordentlicher Professor für Botanik berufen worden. Hermann von Guttenberg wurde seine rechte Hand. Die Universität Berlin förderte die Entwicklung der Botanik und ließ in unmittelbarer Nähe des Botanischen Gartens ein Pflanzenphysiologisches Institut bauen, das noch heute die Pflanzenphysiologie der Freien Universität beherbergt. Aus den Akten ist zu entnehmen, daß in der Aufbauphase die volle Verantwortung für die Instituteinrichtung in den Händen Hermann von Guttenbergs lag. Schon damals bewies er großes organisatorisches Geschick.

Während des ersten Weltkrieges wurde er in Graz als Landsturmoffizier der österreichischen Armee ausgebildet und verließ diese als Oberleutnant. Danach erhielt er seine erste Berufung als außerordentlicher Professor für Botanik in Berlin. Mit der Ernennung zum Extraordinarius erwarb Hermann von Guttenberg neben seiner österreichischen die preußische Staatsangehörigkeit und damit auch die deutsche Reichsangehörigkeit. Das ermöglichte ihm viele seiner Reisen und damit seine Leistungen im Ausland, stellte ihn aber auch stets unter besondere Beobachtung der Regierenden.

1922 wurde der Lehrstuhl für Botanik an der Universität Rostock vakant und Hermann von Guttenberg kam auf die Berufungsliste. Sich für Rostock zu entscheiden, war ein Wagnis. Denn durch Stagnation der wissenschaftlichen Arbeit, Einschränkung des Lehrbetriebs und katastrophale finanzielle Verhältnisse in der Nachkriegszeit befand sich das Botanische Institut in einer sehr schwierigen Lage.

Von Guttenberg hatte bis zu diesem Zeitpunkt die berühmtesten Botaniker seiner Zeit als Lehrer, zuletzt viele Jahre Gottlieb Haberlandt. Im Gutachten zur Berufung bescheinigte man ihm zwar die Fähigkeit zu sorgfältiger und gewissenhafter Beobachtung, doch »seine Arbeiten bewegen sich stark in den Bahnen seines Meisters«. Was zunächst als Nachteil erschien, erwies sich bald als Vorteil. Denn in einer späteren Beurteilung wurde ihm bescheinigt, daß er der letzte Botaniker in Deutschland war, der die Pflanzenanatomie und Pflanzenphysiologie gleichermaßen beherrschte und dazu auf mehreren weiteren Teilgebieten der Botanik Spezialist war. Gleich nach Erhalt des Rostocker Angebots schrieb von Guttenberg noch von Berlin aus eine Eingabe an das zuständige Ministerium in Schwerin. Dieses Schreiben ist mit Vergnügen zu lesen, führte er doch ganz detailliert jede Kleinigkeit auf, die er zum Arbeiten brauchte. Es endete: »Meine Forderung wird die Herren vielleicht entsetzen, sie müssen sich aber vor Augen halten, wieviel sie an dem Institut in den letzten Jahrzehnten gespart haben.«

Als Hochschullehrer soll von Guttenberg die Herzen seiner Hörer im Sturm gewonnen haben. Neben der Ausbildung einer kleinen Zahl von Biologen gehörte die Botanikausbildung der zahlreichen Medizinstudenten zu seinen Aufgaben. Zum 75. Geburtstag wurde er für 35 Jahre Mediziner-Ausbildung Ehrendoktor der Medizin. 1923 war absolut nicht vorauszusehen, daß der junge Professor, der sich so forsch an die Umgestaltung des Instituts zu einer modernen Lehr- und Forschungsstätte machte, im hohen Alter von 76 Jahren in Rostock auch seine Abschiedsvorlesung halten sollte. Dabei ist Rostock eine Sprungbrett-Universität gewesen. Die meisten neuberufenen Biologen verweilten nur wenige Semester hier. Auch für von Guttenberg gab es attraktivere Angebote. Aber die Zeiten waren schwierig.

Blick auf das Alpinum im Botanischen Garten der Universität Rostock

Zunächst erhielt von Guttenberg in Rostock die versprochene Unterstützung. Sein schon in Berlin nachgewiesenes Organisationstalent führte zum Aufschwung des Botanischen Instituts. Er wurde ein geachtetes Mitglied des Lehrkörpers und nationaler sowie internationaler wissenschaftlicher Gesellschaften. Im ersten Jahrzehnt konnte er die Grundlagen für seine Forschungen im Ausland legen. Und dann erreichte er, daß nach ergebnislosem Ringen seiner Vorgänger und eigenem 10-jährigen Bemühen die Stadt Rostock das Gelände an der Hamburger Straße für die Einrichtung des Neuen Botanischen Gartens zur Verfügung stellte. Nun hatte Professor von Guttenberg im wahrsten Sinn des Wortes alle Hände voll zu tun. Als das Werk vollendet war, als das größte Alpinum Nordeuropas geschaffen war, als am Pfingstmontag 1939 das neue Schmuckstück der Stadt eröffnet wurde, zogen Kriegswolken auf.

An eine Umberufung war nicht mehr zu denken. Dabei wäre es beinahe zu seiner Traumberufung gekommen. Es war ein heimlicher und großer Wunsch von Guttenbergs, an die Universität Wien zurückzukehren. Nach wie vor verband ihn enge Freundschaft zu jüdischen Wissenschaftlern und er hatte seine in Italien lebende Schwester, die mit einem Juden verheiratet war, noch 1941 besucht. Als der ersehnte Ruf aus Wien kam, wurde dieser durch Einschaltung eines nationalsozialistischen Professors verhindert. Seine Zurückhaltung gegenüber den Führenden und sein starkes Engagement für die Studenten führten zum Entzug seiner beiden Ehrenämter an der Rostocker Universität, der Leitung des Auslandsamtes und der Betreuung bei der Studiengeldbefreiung. Er konzentrierte sich auf seine Forschungen, wovon zahlreiche hervorragende Publikationen Zeugnis ablegen. Und wie wir noch sehen werden, organisierte er weiterhin seine Arbeiten im Ausland.

Nach Beendigung des Krieges stand Hermann von Guttenberg wieder vor einem Scherbenhaufen. Trotz diskriminierender Überprüfungen und zeitweiligen Ausschlusses aus dem Lehrbetrieb leitete er den Wiederaufbau des Botanischen Instituts und des Gartens, setzte sich für die Wiederaufnahme des Pharmaziestudiums ein und organisierte unmittelbar nach Kriegsende den Aufbau der Studentenmensa und anderer sozialer Einrichtungen. Nun wäre die Möglichkeit gewesen, an eine größere Universität zu wechseln. Es gab wenige Professoren vom Format von Guttenbergs, die die Gratwanderung der letzten Jahre ohne Absturz überstanden hatten. Die Universität Greifswald bemühte sich um ihn, aber er blieb Rostock treu. Schwerer fiel ihm die Entscheidung, als das Berufungsangebot der Universität Leipzig eintraf, an der er 1908/1909 bei seinem verehrten Lehrer Wilhelm Pfeffer studiert hatte. Von Guttenberg nutzte erst einmal die Gunst der Stunde und schrieb zum Jahreswechsel 1947 an den Kurator der Universität, daß er sehr ehrende Angebote habe und »Rostock muß garantieren, daß im Winter geheizt wird, muß Kohlen zur Verfügung stellen und Öfen aufstellen«. Anfang des Jahres 1948 antwortete der Kurator, daß die Universität leider keine Brennstoffe hat. Sicher beeinflußte ein Schreiben der Landesregierung Mecklenburgs vom Januar 1948 die Entscheidung von Guttenbergs, in dem zu lesen steht, wir »....würden aufs tiefste bedauern, wenn Sie dieser Berufung folgen würden. Die Universität Rostock würde mit Ihnen einen ihrer bewährtesten, wissenschaftlich produktivsten und gleichzeitig im Rahmen der Fakultät aktivsten Professor verlieren. Wir wissen, daß Sie unter ungünstigen Bedingungen arbeiten.... Unser Hoffen ist aber doch, daß Ihre langjährige und erfolgreiche Arbeit an Ihrer Universität Sie veranlassen wird, der Stadt Rostock treu zu bleiben...«. Zureden hilft und so konnte der neugewählte Rektor, Prof. Dr. Günther Rienäcker, bei der Rektorats-Übergabe im April 1948 sagen: »Eine ganz besondere Ehre und Freude war es für uns, daß eine nicht geringe Zahl bedeutender Mitglieder unseres Lehrkörpers sehr ehrenvolle Berufungen an größere Universitäten ablehnte und unserer Universität Rostock treu blieb; der Dank Ihrer Studenten, meine Herren Kollegen, der Dank der gesamten Universität und des Landes möge Ihnen gezeigt haben, wie sehr wir Ihre sicher oft schweren Entschlüsse begrüßt haben.«

Von Guttenberg war auf dem Höhepunkt seines Schaffens. Neue Generationen von Studenten dieser schweren Nachkriegszeit begeisterte er für die Botanik. Immer noch gehörte es zu seinen Leidenschaften, mit ihnen auf Exkursionen zu ziehen und große Wanderstrecken zurückzulegen, um seltene Pflanzenstandorte zu finden. Ihre oft einzige Studienquelle wurde »Der Guttenberg«, das »Lehrbuch der Allgemeinen Botanik«, das er wegen der schlechten Literaturbereitstellung schrieb und das mehrere Auflagen erlebte. Aber ausgerechnet für Biologen kamen schwere Zeiten. In der Sowjetunion herrschte der »Lyssenkoismus«, eine Lehre, die die klassische Genetik und Vererbungslehre verteufelte und dem Einfluß der Umwelt den ausschlaggebenden Anteil bei der Vererbung zusprach. Die bis dahin international bedeutende sowjetische Genetik wurde zerschlagen und in deren Folge auch weitere Zweige der Biologie. Viele hervorragende Biologen mußten ihre kritische Haltung gegenüber dieser Kampagne mit ihrer beruflichen Existenz und sogar mit ihrem Leben bezahlen. Das wurde erst später bekannt. Damals versuchten Politiker, auch die Biologen in Mecklenburg zu einem Bekenntnis für Lyssenko und seine Lehre zu überzeugen. So wurde von Guttenberg 1949 vom kulturellen Beirat der DDR-Regierung aufgefordert, in

224

seinem Lehrbuch »auch auf die sowjetische moderne genetische Lehre einzugehen«. Dieses Ansinnen lehnte er mit der Begründung ab, daß »es bis heute nicht gelungen sei, für eine Vererbung erworbener Eigenschaften einwandfreie experimentelle Beweise zu liefern«. Der Druck des Lehrbuchs wurde verzögert.

Aus Erinnerungen von Professor Günther Rienäcker erfahren wir, mit welchem Humor Hermann von Guttenberg an dieses damals schwerwiegende Politikum heranging. In einem der ersten Semester nach der Wiedereröffnung der Rostocker Universität 1946 gab es im Konzilzimmer der Universität eine Diskussion mit einem sowjetischen Kulturoffizier über Lyssenko. Beim Hinausgehen sagte von Guttenberg: »Es mag ja sein, daß die Umwelt

Hermann von Guttenberg in den Alpen

einen größeren Einfluß hat, als wir bisher glaubten, aber dös laß i mir net nehma, wann i a Katz in der Wüst' laufen laß, wird noch ka Löwe draus!«

1957 wurde von Guttenberg emeritiert. Bis zuletzt arbeitete er weiter an seinen Forschungen, publizierte und betreute Diplomanden und Doktoranden. Bezeichnend für seine wissenschaftliche Leidenschaft ist folgende kleine Begebenheit 14 Tage vor seinem Tod. Der bekannte Biochemiker Kurt Mothes aus Halle besuchte Hermann von Guttenberg in der Rostocker Klinik. Sie gerieten in eine lebhafte Diskussion über biologische Fragestellungen. »Haben Sie Bleistift und Papier mit«, fragte der Schwerkranke, »bitte, lassen Sie das alles noch von Ihren Assistenten untersuchen«.

Hermann von Guttenberg hatte 1908 kurz nach seiner Habilitation geheiratet. In dieser Ehe wurden 1909 die Tochter Ilse und 1916 der Sohn Wolfgang geboren. Doch die Partner waren vom Wesen her zu ungleich. Nach dem ersten Weltkrieg kam es zur Scheidung. Von Guttenberg fand seine zweite Frau Hertha Cornilsen in Berlin, die ihm Zeit seines Lebens eine gleichgesinnte Partnerin war. 1927 wurde ihre Tochter Marion geboren. Hertha von Guttenberg war eine ungewöhnliche Frau und begabte Bildhauerin. Sie vollendete die Harmonie in der Persönlichkeit ihres Mannes, unterstützte seine menschliche Großzügigkeit und ließ ihn fröhlich mit seinen Studenten feiern. Überhaupt bleibt bei diesen als stärkste Erinnerung, wie ausgelassen es auf den Botanikerfesten zuging. Es war faszinierend zu erleben, wie sich der ernsthafte Professor vom Nachmittags-Praktikum in den Charmeur des Abends verwandelte. Spitze Zungen behaupteten, daß es schon etwas half, wenn sich unsichere Medizinstudentinnen für die Botanikprüfung schön machten. Und wer das Glück hatte, einmal Gast im Ahrenshooper Haus am Bodden zu sein und die künstlerischen Werke Hertha von Guttenbergs bewundern durfte, vergißt dieses besondere Ehepaar nicht. Hermann von Guttenberg starb in geistiger Frische am 8. Juni 1969 in Rostock.

Die Lebensumstände Hermann von Guttenbergs führten dazu, daß der gebürtige Österreicher über 35 Jahre Wahl-Mecklenburger wurde. Wenn auch in Rostock seine Hauptleistungen in der Wissenschaftsorganisation, in der Studenten-Ausbildung und der botanischen Forschung lagen, erfüllte er sich seine Träume, die ihn in die Welt zogen. Die Ergebnisse dieser Arbeiten außerhalb Deutschlands waren in zweierlei Hinsicht bedeutsam.

Zum ersten bestimmte das Studium der tropischen und mediterranen Pflanzenwelt sein langes Forscherleben. Dabei interessierte sich von Guttenberg neben systematischen und floristischen Besonderheiten auch für die morphologische und physiologische Vielfalt der südlichen Flora. Durch seine Forschungen sind Kenntnisse über Bau und Funktion bisher nicht untersuchter Pflanzen in den Wissensschatz der Fachwelt eingegangen. Begonnen hatte er diese Arbeiten schon früh. Seine Habilitationsschrift trägt den Titel »Anatomisch-physiologische Untersuchungen über das immergrüne Laubblatt der Mediterranflora«. Damit entstand eine der Hauptlinien seiner wissenschaftlichen Forschung, die Physiologische Anatomie. Davon leitete sich das Gebiet der Histogenese, also der Entwicklung einzelner Gewebe verschiedener Pflanzenteile ab. Dabei erweiterte sich die Fragestellung auf die Erklärung spezialisierter Pflanzenbildungen der Bewegung und auf Probleme der Ökologie. Im Verlauf eines so langen Forscherlebens wandelten sich die wissenschaftlichen Aspekte. Aber bei allen Veränderungen blieben seine Lieblingsobjekte das immergrüne Laubblatt der Mittelmeerflora und die Orchideenblüte.

Von besonderer wissenschaftlicher und persönlicher Bedeutung wurde eine Studienreise 1928/29 nach Ceylon, Java, Sumatra und in andere tropische Gebiete. Von Guttenberg hatte ein Tropenstipendium für deutsche Botaniker erhalten, das eine Auszeichnung darstellte und wesentlich seine Forschungsrichtungen bestimmte. Eine Reihe von Veröffentlichungen ergaben sich aus der Verarbeitung seines mitgebrachten Materials. Die Hauptergebnisse finden sich in »Beiträgen zur Kenntnis der Laubblatt-Assimilation der Tropen« und in »Studien an Pflanzen der Sunda-Inseln«, 1931. Das interessante Gegenstück seiner Tropenarbeit »Studien über Assimilation und Atmung mediterraner Machia-Pflanzen während der Regen- und Trockenzeit« veröffentlichte er 4 Jahre später nach Reisen in die Mittelmeerländer. Unter seinen mehr als 130 gedruckten Arbeiten finden wir immer wieder Publikationen zum immergrünen Laubblatt und zur Orchideenblüte, deren Schönheit ihn faszinierte.

Mit dem Ausbruch des Krieges wurden die Forschungsaufenthalte in den Tropen unmöglich. Von Guttenberg versuchte in Länder des Mittelmeeres und in seine österreichische Heimat zu reisen. Er konzentrierte sich auf den zweiten Komplex seiner Auslandstätigkeit, von dem noch heute die Rostocker Universität und die Bürger der Stadt profitieren.

Der Botanik-Professor hatte 1935 mit Verhandlungsgeschick und zäher Geduld sein ehrgeiziges Ziel zur Errichtung eines Botanischen Gartens erreicht. Das von der Stadt zur Verfügung gestellte Gelände in der Hamburger Straße konnte vermessen, bebaut und bepflanzt werden. Es war 6,2 ha groß und wurde von einer eingesenkten, versumpften Wasserader sowie einem sich selbst erneuernden Teich durchzogen. Der langgehegte Wunsch war die Anlage eines Alpinums, mit der von Guttenberg und seine Mitarbeiter 1938 begannen. Dazu mußten 6000 m³ Erde, 600 m³ Schotter und 425 m³ Granit angefahren werden. Aus Rüdersdorf bei Berlin wurden extra 80 m³ Kalkstein geholt. Damit war der Boden für verschiedene Florengebiete der Alpen geschaffen. Noch heute können wir auf kleinstem Raum die Vielfalt der Alpenwelt bewundern. Um diese Granit- und Kalkgesteine mit Leben zu erfüllen, bedurfte es eines Spezialisten der Alpenflora und eines begeisterten Gebirgswanderers, der von Guttenberg war.

Den ersten Bericht über eine erfolgreiche Sammelreise nach Italien finden wir in den Unterlagen von 1937. Danach hatte von Guttenberg 35 Sendungen nach Rostock geschickt, »in denen sich etwa 150 von mir ausgegrabene lebende Alpenpflanzen und eine beträchtliche Menge ausgereifter Samen befanden«. Einen Antrag auf eine Sammelreise nach Italien begründete von Guttenberg 1941 damit, daß er wiederum lebendes Material sammeln möchte, vor allem aus den Südalpen, deren Flora in Rostock noch lückenhaft war. Auch die südlichen Dolomiten und die Karstgebiete wollte er besuchen sowie Pflanzen der Insel- und Küstenflora mitbringen, »von der wir hier wenig Material haben«.

Aber es waren inzwischen schwere Jahre angebrochen. Der Reichsminister lehnte den Antrag ab: »Mit Rücksicht auf die aus den Grenzveränderungen in Slowenien sich ergebende Lage und da das gesamte Gebiet der Südalpen noch Kriegsgebiet ist, erscheint eine biologische Studienreise in das Gebiet der Alpen in diesem

Sommer nicht zweckmäßig«. In den folgenden Jahren setzte sich von Guttenberg durch, unternahm Sammelreisen und konnte noch 1944 sogar 4 Doktorandinnen in die Lienzer Alpen mitnehmen.

Büste Hermann von Guttenbergs im Botanischen Garten der Universität Rostock

Mit Wiedereröffnung der Universität nahm auch von Guttenberg seine Arbeit tatkräftig wieder auf. Zunächst mußte aufgeräumt werden. Das Botanische Institut hatte weniger, der Garten erheblichen Bombenschaden erlitten. Als sich das Leben normalisierte, regte sich auch wieder die Reiselust. 1949 war es dann soweit. Im Februar konnte Hermann von Guttenberg zu Kolloquiums-Vorträgen nach Heidelberg und Tübingen fahren, im Herbst genehmigte der Rektor seine Teilnahme am VII. Internationalen Botanikerkongreß für das nächste Jahr in Stockholm und im Sommer startete er seine erste Sammelreise nach dem Krieg in die österreichischen Alpen. Kostbare Pflanzen im Alpinum waren zu ersetzen. Bis zu seiner Emeritierung 1957 konnte von Guttenberg mehrfach seine geliebten Reisen unternehmen, die er zu ausgiebigen Gebirgswanderungen nutzte. Von ihm stammt das geflügelte Wort, das seine Schüler gern gebrauchten: »Einmal im Jahr eine physiologische Belastung hält jung!« Als er sich gegenüber Mächtigeren rechtfertigen mußte, konnte er voll Stolz schreiben: »Ich habe seinerzeit das ganze Pflanzenmaterial der Alpen eigenhändig an Ort und Stelle gesammelt«.

Hermann von Guttenberg wurde zu Lebzeiten anerkannt und geehrt. Er gehörte nationalen wissenschaftlichen Gesellschaften an, war Mitglied der Deutschen Akademie der Naturforscher »Leopoldina« und der New York Academy of Sciences. Die Universität Rostock ernannte ihn zum Ehrensenator. Mit seinem wissenschaftlichen Werk ist er zu einem Klassiker der Botanik geworden. Seinen Studenten und Schülern hat er mehr als nur botanisches Wissen gegeben. Er war eine Hochschullehrerpersönlichkeit, die man nicht vergißt. Jährlich besuchen Tausende Rostocker und Gäste die Anlagen des Botanischen Gartens in der Hamburger Straße. Beim beschaulichen Bummel können sie auf die Büste des Mannes treffen, dem wir den prächtigen Garten in erster Linie zu verdanken haben. Zum 100. Geburtstag Hermann von Guttenbergs wurde dieses von seiner Frau Hertha von Guttenberg geschaffene Denkmal 1981 errichtet.

Neben seinem in sechs Auflagen zwischen 1951 und 1963 erschienenen und sehr bekannten »Lehrbuch für Allgemeine Botanik« veröffentlichte von Guttenberg Beiträge in verschiedenen Fachzeitschriften und arbeitete an Sammelwerken und Publikationsreihen mit, wie an »Linsbauers Handbuch der Pflanzenanatomie« (seit 1926), den »Fortschritten der Botanik« (1932), den »Botanischen Studien« (1954) oder dem »Taschenbuch der Pflanzenanatomie« (1966). Zu seinem 75. Geburtstag wurde Hermann von Guttenberg durch eine Publikation der Wiss. Ztschr. d. Univ. Rostock, 5.Jg. (1955/56), Math.-Nat.Reihe, Heft 1, geehrt.

Der Tod in Davos – Wilhelm Gustloff und die Auslandsgruppe der NSDAP in der Schweiz

Kerstin Urbschat

Bei dem Namen Wilhelm Gustloff denken die meisten Zeitgenossen zunächst wohl an das KdF-Schiff, das gemeinhin als »die Gustloff« bezeichnet wurde. Das war ein Urlauberschiff der Organisation »Kraft durch Freude« (KdF), einer Einrichtung der Deutschen Arbeitsfront im faschistischen Deutschland. Bekannt ist vor allem das Ende der »Gustloff«, die wenige Monate vor Kriegsende am 30. Januar 1945 nach einem Angriff mit Tausenden von Flüchtlingen an Bord in der Ostsee vor Stolpmünde sank. Bis in die Gegenwart sorgen insbesondere die Medien mit mehr oder weniger tiefgründigen Reportagen und Diskussionen für hinlänglichen Gesprächsstoff. Die Informationen über den Mann, dessen Namen dieses Schiff trug, fallen in diesem Zusammenhang eher bescheiden aus. Wer also war dieser Wilhelm Gustloff, der immerhin zum Namensgeber des ersten 1938 in Dienst gestellten KdF-Urlauberschiffes avancierte und das eigentlich nach Adolf Hitler benannt werden sollte?

Wilhelm Gustloff war – und das ist wohl weitaus weniger bekannt – Mecklenburger. Geboren am 30. Januar 1895 in Schwerin, wuchs Gustloff in mittelständischen Verhältnissen auf. Die Eltern betrieben einen kleinen Lebensmittelladen in Schwerin. Die Schulausbildung Gustloffs führte bis zum Realgymnasium, die er jedoch vorzeitig abbrach. Es folgte eine Lehre als Bankkaufmann. Bereits im Alter von 22 Jahren verließ Gustloff Deutschland und siedelte wegen eines Lungenleidens 1917 in die Schweiz über. In Davos, wo Gustloff fortan lebte, begann auch sein beruflicher Aufstieg. Zunächst arbeitete er als Bankbeamter und war zuletzt Leiter der meteorologischen Station in Davos. Im Jahre 1923 heiratete Gustloff. Seine Frau, eine Schwerinerin, folgte ihm in die Schweiz und unterstützte dort sein berufliches Fortkommen sowie seine politischen Aktivitäten. Politisch hatte sich Gustloff seit Anfang der 1920er Jahre in völkisch und nationalsozialistisch gesinnten Kreisen orientiert. Bereits 1921 war er dem Deutschen Völkischen Schutz- und Trutzbund beigetreten. Die Sympathien für den Nationalsozialismus führten ihn im Juli 1929 in die NSDAP, die unter den Auslandsdeutschen in der Schweiz bereits 1930/31 über erste Stützpunkte verfügte.

Die Entwicklung der NSDAP im Ausland, die sich parallel zum rasanten Aufstieg des Nationalsozialismus in Deutschland vollzog, begann sich – wie in der Schweiz – ab 1931 stärker abzuzeichnen. Die Zahl der auslandsdeutschen NSDAP-Mitglieder war zwischen September 1930 und August 1931 von etwa 300 auf 751 angestiegen und erreichte zu Jahresbeginn 1933 eine Höhe von 3.102 registrierten Angehörigen. 1931 existierten bereits 20 Auslandsstützpunkte der NSDAP. Ein Umstand, der zur Einbindung der Auslandsstellen in das Organisationsgefüge der Gesamtpartei führte. Am 1. Mai 1931 wurde deshalb eine Auslandsabteilung der NSDAP eingerichtet, die ihren Sitz in Hamburg hatte.

Im Rahmen dieser Organisationsbestrebungen spielte die Schweiz für die Nationalsozialisten eine nicht unerhebliche Rolle. So zählte sie beispielsweise zu denjenigen Ländern, in denen ein beachtlicher Teil sogenannter Auslandsdeutscher lebte, die nach Ansicht der NSDAP einen wichtigen Aktivposten für die systematische Infiltration des Gastlandes mit nationalsozialistischer Propaganda darstellte. Darüber hinaus gehörte die Schweiz neben

Paraguay und den USA zu den Staaten, in denen eine der ersten drei Auslands-Ortsgruppen der NSDAP überhaupt entstanden war. Dabei handelte es sich um den Stützpunkt Zürich, der 1930 gegründet wurde. Ihm folgte Ende 1931 eine weitere Ortsgruppe in Davos, die sich unter Führung Wilhelm Gustloffs zusammengefunden hatte. Zum Zeitpunkt des reichsweiten Machtantritts der Nationalsozialisten in Deutschland erfaßte die Auslandsabteilung in der Schweiz insgesamt 60 Mitglieder. Sowohl die Ausgangsbedingungen als auch die geographische Nähe der Schweiz zum Sitz der Reichsparteileitung in München wußte die NSDAP-Führung geschickt zu nutzen. So veranlaßte Georg Strasser als Reichsorganisationsleiter I der NSDAP am 3. Februar 1932 aus eben diesen pragmatischen Gründen die Loslösung der Schweizer NS-Gruppen von der Auslandsabteilung im entfernten Hamburg. Parallel dazu erging eine Anordnung, die Schweizer Stützpunkte in einer »Landesgruppe Schweiz der NSDAP« zusammenzufassen, die sich Strasser direkt unterstellte.

Das Amt des Landesgruppenleiters wurde Wilhelm Gustloff übertragen, der mit weitgehenden Vollmachten ausgestattet, bereits seit dem 4. Dezember 1931 als Landesvertrauensmann fungierte. Die durch die Reichsparteileitung veranlaßten organisatorischen Veränderungen erwiesen sich schon sehr bald als geschickter Schachzug. Unter Gustloffs Leitung entwickelte sich die NSDAP in der Schweiz rasch zu einer der aktivsten Stützen der Auslandsabteilung.

Auch den Schweizer Behörden blieb das aktivistische Treiben Gustloffs unter den Auslandsdeutschen nicht lange verborgen. Bereits im Frühjahr 1931 war die Bundesanwaltschaft der Schweiz erstmals auf Gustloff aufmerksam geworden. Anlaß bildete eine Meldung der Oberzolldirektion, wonach Gustloff eine Sendung von 3.500 Propagandamarken mit Nazi-Symbolik und dem Aufdruck »Bauer erwache, es geht um Haus und Hof« aus Deutschland erhalten hatte. Entsprechende Nachforschungen ergaben, daß Gustloff die NSDAP in Deutschland großzügig mit finanziellen Mitteln unterstützte. Wesentliche Fortschritte verbuchte Gustloff allerdings erst nach dem Machtantritt Hitlers in Deutschland, als der Auslandsarbeit zwangsläufig ein weitaus höherer Stellenwert beigemessen wurde. Ausdruck dafür war auch der Aufstieg der Auslandsabteilung in der Parteistruktur der NSDAP. Seit Februar 1934 arbeitete sie unter dem Namen »Auslandsorganisation« und seit April 1935 wurde ihr auf Verfügung Hitlers die Bezeichnung »Gau Ausland« zugesprochen. Dies war weniger ein formaler als ein qualitativer Akt, der im Kontext zum breiten Aufgabenspektrum sowie in direkter Verbindung zur organisatorischen und Mitgliederentwicklung stand. Der Status Landesgruppenleiter – es gab in einigen Staaten auch nur Landeskreisleiter – hatte jetzt mehr denn je etwas mit der Bedeutung des jeweiligen Landes zu tun, was auch die Stellung Wilhelm Gustloffs aufwertete. Dieser wiederum hatte sich als zuverlässiger Aktivposten der NSDAP im Ausland erwiesen. So hatte Gustloff mit seiner Führungstätigkeit maßgeblichen Anteil an der wachsenden Resonanz der Partei unter Auslandsdeutschen in der Schweiz. 1937 gehörten der NSDAP 1.364 dort lebende Deutsche an. Die absolute Parteimitgliederzahl relativierte sich allerdings insofern, als sie unter den 120.000 Reichsdeutschen in der Schweiz eine nahezu bedeutungslose Minderheit ausmachte. Neben diesem hohen Anteil – in der Schweiz lebten immerhin (die USA und Kanada ausgenommen) ein Viertel aller Auslandsdeutschen – waren es vor allem Tatsachen, wie die ablehnende Haltung der Schweiz gegenüber Nazi-Deutschland und die Wachsamkeit der Schweizer Behörden, die die Arbeit der NSDAP in gesetzlich fixierte Schranken verwiesen. Dazu gehörte beispielsweise eine Bundesratsverordnung vom 12. Mai 1933, die ein Uniformverbot für Ausländer in der Schweiz verfügte. Eine weitere Verschärfung brachten die Richtlinien des Bundesrates vom 26. September 1935, die den in der Schweiz lebenden

Ausländern jegliche propagandistische Werbung, öffentliche Umzüge und Versammlungen untersagten. Diese Maßnahmen setzten den Nationalsozialisten unter Gustloff klare Grenzen. Sie entzogen der NSDAP zielgerichtet wichtige Mittel der politischen Agitation, wenn man bedenkt, daß der Einsatz von Flugblättern, Plakaten, Sprechchören und Werbemärschen fortan entfiel.

Um so bemerkenswerter war es, daß Gustloff unter diesen Umständen bis Herbst 1935 ein organisatorisches Netz geschaffen hatte, das von oben nach unten vier Landkreise mit insgesamt 45 Ortsgruppen und Stützpunkten umfaßte. Auch die unter seiner Leitung betriebene Propagandatätigkeit verschaffte ihm in NS-Kreisen bald den Ruf von besonderer Zielstrebigkeit und Fähigkeit, obgleich er vermutlich weniger der schrille Agitator, als vielmehr der geschickte Organisator war. Gustloff, der die NSDAP in der Schweiz mit fester Hand führte, organisierte die Arbeitsfähigkeit und sicherte den Aktionsradius der Partei, soweit es die Umstände zuließen. Dies geschah auch im Falle der nationalsozialistischen Presseerzeugnisse, deren Erscheinen und Vertrieb die Schweizer Behörden zu immer rigoroseren Restriktionen zwangen. So sah sich Gustloff am 2. Juli 1935 mit dem Verbot des Wochenblattes »Der Reichsdeutsche

Wilhelm Gustloff (1895–1936)

in der Schweiz« konfrontiert, das seit dem 1. Mai 1933 als Zeitung für die nationalsozialistisch gesinnten Reichsdeutschen herausgegeben wurde. Damit hatte die Schweiz unmittelbar auf das Verbot der »Baseler Zeitung« in Deutschland reagiert. Ein neues Zeitungsprojekt scheiterte zunächst an der Ablehnung durch das Politische Departement, das die Konzeption Gustloffs als eine Umgehung des bestehenden Presseverbots zurückwies. Da man künftig ausschließlich Blätter unpolitischen Charakters zulassen wollte, funktionierte Gustloff die »Nachrichten der deutschen Kolonie Bern« – die offensichtlich den Auflagen der Schweizer Behörden genügten – in das »Nachrichtenblatt der deutschen Kolonie in der Schweiz« um, ohne jedoch den Anspruch auf eine nationalsozialistisch geprägte Zeitung wirklich aufzugeben. Das Kalkül ging auf.

Die Polizei und Staatsanwaltschaft, die die Aktivitäten der Nationalsozialisten sehr wohl weiter beobachteten, konnten Gustloff, der sich stets an den Grenzen der Legalität bewegte bzw. flexibel mit den zuständigen Schweizer Stellen verhandelte, tatsächlich kaum Verstöße gegen die Gesetze des Gastlandes nachweisen. So ergaben die vom Justiz- und Polizeidepartement 1935 durchgeführten Untersuchungen keine verwertbaren Anhaltspunkte, die eine Ausweisung Gustloffs gerechtfertigt hätten. Die Auslandsorganisation der NSDAP sah sich jedoch gewarnt und dazu veranlaßt, Gustloff künftig wirksamer gegen den Zugriff der Schweizer Behörden zu schützen. Überlegungen, den Parteifunktionär Gustloff quasi als Mitarbeiter in den diplomatischen Dienst der deutschen Botschaft in Bern zu übernehmen, um so den Vorzug der Immunität zu gewährleisten, scheiterten allerdings am Widerstand des Auswärtigen Amtes und der Intervention des deutschen Gesandten in der Schweiz Ernst von Weizsäcker. Diese abweisende Reaktion verstärkte Gustloffs Mißtrauen gegenüber staatlichen Institutionen des Reiches. Entsprechende Vorbehalte betrafen unter anderem auch die Person von Weizsäcker, über den Gustloff offensichtlich belastendes Material zusammentragen ließ, um eine Amtsenthebung zu erwirken. Als treuer Verfechter Hitlers charakterisierte er von Weizsäcker als Parteifeind, der in der Schweiz mit Regimegegnern wie Juden und prominenten Emigranten Kontakt gehabt hätte.

Gustloff war es jedoch nicht mehr möglich, die Intrigen gegen den Gesandten auszuspielen, da er kurz darauf durch ein Attentat getötet wurde. Der Täter David Frankfurter, ein in Kroatien geborener Medizinstudent jüdischer Herkunft, hatte Gustloff am 4. Februar 1936 in seiner Davoser Wohnung aufgesucht und erschossen. Die Schweiz, die Frankfurter später in einem Prozeß zu 18 Jahren Zuchthaus verurteilte, reagierte auf den Vorfall mit einem umgehenden Verbot der Landesgruppenleitung und der Kreisleitungen der NSDAP.

Der Fall Gustloff, der zwangsläufig zu scharfen Spannungen zwischen der Schweiz und Deutschland führen mußte, wurde jedoch von deutscher Seite eher im Hintergrund auf diplomatischer Ebene und in auffallend gemäßigter Form ausgetragen, aber in der Schwebe gehalten. Hitler konnte zu diesem Zeitpunkt aus taktischen Erwägungen an keinen größeren internationalen Konfrontationen interessiert sein, da die Rheinlandbesetzung unmittelbar bevorstand und Deutschland 1936 die Olympischen Spiele austrug. Dennoch verzichtete Hitler keinesfalls auf eine Instrumentalisierung der sogenannten Gustloff-Affäre. Dabei waren es weniger die »Verdienste« Gustloffs um die NSDAP im Ausland als vielmehr der Umstand seines Todes und die Herkunft seines Mörders, die ihn als Märtyrer des Nationalsozialismus für geeignet erscheinen ließen. Die Person Gustloffs, um die in Deutschland ein gewaltiger Propagandarummel zelebriert wurde, ließ sich in idealer Weise für eine breit angelegte Rechtfertigung des Antisemitismus benutzen. Auch Gustloffs Verhalten in der Schweiz, das durch keine größeren Gesetzesverstöße belastet war, diente Deutschland als Beweis für die angebliche Friedfertigkeit des Nationalsozialismus. Die deutschen Medien verbreiteten zielgerichtet ein Bild, das Gustloff als den unbescholtenen, reinen und treu-

Zeitungstitel anläßlich der Beisetzung von Wilhelm Gustloff im Jahre 1936 in Schwerin

en Vorkämpfer des Nationalsozialismus im Ausland erscheinen ließ. Die regionale mecklenburgische Presse, insbesondere der Niederdeutsche Beobachter, berichtete ausgiebig seit dem 6. Februar 1936 mit entsprechenden Aufmachern auf den Titelseiten über den Fall. Deutschland hatte einen Märtyrer und Mecklenburg seinen Helden, dessen Leben umfänglich und in verklärt sentimentaler Weise gewürdigt wurde.

Nach dem Willen der NSDAP sollte Gustloff in seiner Heimatstadt Schwerin beigesetzt werden. Der Termin für die Totenfeier, die in Form eines Staatsaktes in der Landeshauptstadt Mecklenburgs geplant war, wurde auf den 12. Februar 1936 festgesetzt. Zuvor wurde die Leiche Gustloffs unter peinlich genau organisierter Anteilnahme der Öffentlichkeit in einem Sonderzug durch Deutschland nach Schwerin überführt. Die Zwischenstationen auf den Bahnhöfen Stuttgart, Würzburg, Erfurt, Halle, Magdeburg und Wittenberge wurden offizielle Ehrenbezeugungen, zu denen man Vertreter der NSDAP und ihrer Gliederungen, der Wehrmacht, Abgesandte der Verwaltungen und Bürger der jeweiligen Städte verpflichtete oder aufrief. Auch die Schweriner Bevölkerung erhielt am 11. Februar 1936 ausreichend Gelegenheit zu Kondolenzbekundungen. Durch das perfekt inszenierte Spektakel beeindruckt, nahmen die Einwohner, für die Gustloff bis dahin wohl eher ein Unbekannter war, regen Anteil am Schicksal des gebürtigen Schweriners. Am Tag der Trauerfeierlichkeiten rückte Schwerin dann vollständig in den Mittelpunkt des öffentlichen Interesses. Ein Kamerateam hielt die Ereignisse filmisch fest. Die ranghöchsten Vertreter der NSDAP und des Staates, die sonst kaum Notiz vom eher unbedeutenden Mecklenburg nahmen, waren angereist, um den zum Märtyrer hochstilisierten Gustloff die letzte Ehre zu erweisen. Neben Hitler waren auch Bormann, Goebbels, Hess und Himmler zum Staatsakt erschienen. Abgesandte der Landesgruppen der NSDAP aus Bulgarien, Frankreich, Großbritannien, Irland, Luxemburg, Polen, der Schweiz, Spanien und Südafrika ergänzten schließlich den Kreis der breit vertretenen Parteiprominenz. Als Trauerredner traten Adolf Hitler, der Leiter des »Gau Ausland« Ernst Wilhelm Bohle und der Gauleiter der NSDAP von Mecklenburg Friedrich Hildebrandt auf. Keiner der genannten versäumte, die Einzeltat des David Frankfurter als gezielten Angriff des jüdischen Feindes darzustellen, was zugleich die Rechtfertigung einer Gegenwehr implizierte. Hitler selbst brachte es auf den Punkt, wenn er hervorhob: »Diese Tat fällt auf den Täter zurück.«. Mit dieser Strategie erhielt das systematisch aufgebaute Feindbild neuen Nährboden und alle Konsequenzen ließen sich als scheinbar legitim erklären.

Um das Bild des Märtyrers weiter aufzuwerten, erfanden die Nationalsozialisten für Gustloff zahlreiche einprägsame Attribute. Neben gängigen Schlagwörtern wie Treue, Loyalität und Unbeirrtheit erhob man den gern als dienstältesten Landesgruppenleiter bezeichneten Gustloff zum »neuen Typ des Deutschen im Ausland« und zum »ersten Blutzeugen des Nationalsozialismus außerhalb Deutschlands«. Selbst reine Zufälligkeiten, wie die Übereinstimmung zwischen dem Geburtstag Gustloffs und dem Datum des reichsweiten Machtantritts der NSDAP in Deutschland – dem 30. Januar – wurden als etwas Besonderes präsentiert. Nach den groß aufgezogenen Trauerfeierlichkeiten erfolgte zunächst die Überführung der sterblichen Überreste Gustloffs ins Schweriner Krematorium, wo man die Urne noch einige Monate aufbewahrte. Glaubt man Pressemitteilungen, so entwickelte sich das Krematorium bei gegebenen Anlässen – etwa dem Heldengedenktag – zu einem Wallfahrtsort der NSDAP. Einige Zeit vor, spätestens aber zeitgleich mit Gustloffs Tod plante die NSDAP Mecklenburg auf Anordnung Hildebrandts die Einrichtung eines Ehrenhains für sogenannte alte und gefallene Kämpfer. Zum Zeitpunkt des Todes war die Grabanlage offensichtlich noch nicht hergerichtet, weshalb die eigentliche Beerdigung Gustloffs erst am 21. Mai 1936 in einer nächtlichen Feierstunde stattfand. Auch dürfte es einige Schwierigkeiten bereitet haben, den Grabstein Gustloffs zu beschaffen. Die Maße des Findlings beliefen sich immerhin auf eine Höhe von 4,5 Meter und ein Gewicht von 33 Tonnen. Der als Parkanlage gestaltete Friedhof befand sich im Schloßgarten am Ufer des Schweriner Sees. Im Rahmen einer baulichen Erweiterung wurde 1937 eine Ehrenhalle errichtet, die schließlich den mystischen Heldenkult der Nationalsozialisten weiter unterstrich. Das Gustloff verpaßte Märtyrerbild wurde in der Folgezeit bewußt gepflegt. So beging man Gustloffs Todestag jährlich mit besonderen Feiern, insbesondere unter den NSDAP-Mitgliedern im Ausland. In Deutschland selbst wurde Gustloff der Bevölkerung auf vielfältige Weise vergegenwärtigt. Dies geschah unter anderem durch die Um- oder Neubenennung von Straßen und Plätzen. In Rostock errichtete man beispielsweise 1937 das erste Wilhelm-Gustloff-Denkmal Deutschlands auf dem gleichnamigen Platz (heute Thomas-Müntzer-Platz). Die Heldenverehrung für Gustloff, die in der Namensgebung des KdF-Schiffes einen Höhepunkt fand, bekam zu guter Letzt einen tragischen Beigeschmack, als das Schiff ausgerechnet am Geburtstag Gustloffs, am 30. Januar 1945, mit Tausenden von Flüchtlingen sank. Damit endete der um Gustloff inszenierte Kult genauso makaber, wie er begonnen hatte.

Neuere biographische Arbeiten über Gustloff liegen nicht vor. Eingegangen wird auf seine Person in Veröffentlichungen in den Jahren nach seinem Tod, wie in: »Mecklenburg. Ein deutsches Land im Wandel der Zeit«, Rostock 1938 oder »Mecklenburg. Werden und Sein eines Gaues«, Bielefeld-Leipzig 1938. Über Gustloff finden sich Ausführungen in Publikationen zum Wirken der NSDAP in der Schweiz, wie bei Kurt Humbel: »Nationalsozialistische Propaganda in der Schweiz 1931–1939«, Bern-Stuttgart 1977 und Jürg Fink: »Die Schweiz aus der Sicht des Dritten Reiches 1933–1945«, Zürich 1985.

Der Archäologe Karl Lehmann – Vertrieben aus Deutschland

Andreas Wagner

Sechs Jahre nachdem Karl Lehmann 1894 in Rostock geboren wurde, brach das 20. Jahrhundert an, in dem sich auf widersprüchliche Weise zivilisatorische Errungenschaften mit menschenvernichtenden Praktiken verbanden. In Deutschland wurde er geboren, wuchs er auf und begann seine wissenschaftliche Laufbahn, doch mit der Errichtung der nationalsozialistischen Herrschaft mußte er seinen Arbeitsplatz und seine Heimat verlassen. Die Verbindungen in seine Geburtsstadt brachen mit der Vertreibung und Vernichtung der jüdischen Bevölkerung ab. Als Karl Lehmann starb, kannte ihn in Rostock wohl kaum noch jemand. Auch bei den Bemühungen, die Lebensgeschichten ehemaliger jüdischer Einwohner Rostocks, wie zum Beispiel des Zahnmediziners Hans Moral, der Pädagogin Marie Bloch, des Unternehmers Max Samuel oder des Psychologen David Katz, zu erinnern, gelangte das Schicksal der Familie Lehmann nicht ins Blickfeld. Zu viele Spuren sind verschüttet, die meisten Zeitzeugen verstorben.

Der Vater von Karl Lehmann – er trug den gleichen Namen – war Professor an der Universität Rostock. Er wurde 1888 als Nachfolger von Victor Ehrenberg als ordentlicher Professor an die juristische Fakultät berufen. Hier wirkte Karl Lehmann bis zu seinem Wechsel an die Universität Göttingen im Jahr 1911. Wie schon seine Vorgänger charakterisierte auch Professor Lehmann eine stark historisch orientierte rechtswissenschaftliche Forschung und Lehre. Neben wichtigen Arbeiten zum Handelsrecht – so erreichte sein Lehrbuch des Handelsrechts mehrere Auflagen – arbeitete er zur altnordischen und deutschen Rechtsgeschichte. Außerdem engagierte er sich in der universitären Verwaltung, war 1904/1905 Rektor der Universität und aktives Konzilmitglied. Vielen Juden seiner Generation gleich konvertierte er zum Protestantismus. An der Universität Göttingen waren ihm nur noch wenige Jahre des Schaffens vergönnt, er starb 1918. Trotz des Hochschulwechsels blieb er der Universität Rostock fest verbunden. Schüler, Kollegen und Freunde ehrten diesen Gelehrten anläßlich seines Todes mit einer Gedenkveranstaltung in der Rostocker Universität und der anschließenden Beisetzung seiner Asche am 13. April 1918.

Der Vater von Karl Lehmann zog nach seiner Berufung an die Universität Rostock in die Paulstraße, wo die Familie bis zu ihrem Wegzug 1911 wohnte. Wahrscheinlich kurz vor seiner Übersiedlung nach Rostock hatte er die ebenfalls aus einer jüdischen Familie stammende Henni (Henriette) Straßmann geheiratet. Diese selbstbewußte, künstlerisch vielseitige und politisch aktive Frau entsprach kaum den patriarchalischen Vor-

*Karl Lehmann
(1894–1960)
im Jahre 1947*

stellungen der Zeitgenossen. Auch engagierte sich Henni Lehmann in der bürgerlichen Frauenbewegung. Mehrere ihrer Vorträge, darunter auch ein Vortrag vor dem Rostocker Frauenverein auf der Gedenkveranstaltung für den Künstler Adolf Wilbrandt am 6. Oktober 1911, und andere literarische Arbeiten wurden gedruckt. Handsignierte Exemplare ihres Gedichtbandes »Es singt das Meer« und ihres Romans »Der Feldherr ohne Heer« finden sich in der Rostocker Universitätsbibliothek. Sie starb 1937 in Berlin.

Das Ehepaar Lehmann hatte drei Kinder. Der älteste Sohn, Wolfgang, starb allerdings bereits mit zwanzig Jahren. Die Tochter Eva wurde am 23. Dezember 1891 und der jüngste Sohn, der den Namen des Vaters erhielt, wurde am 27. September 1894 in Rostock geboren. Wie seine Geschwister besuchte auch der junge Karl Lehmann das Rostocker Gymnasium. Die Eltern haben ihre Kinder wohl stark geprägt und dafür gesorgt, daß sie mit den besten Bildungsmöglichkeiten und vielfältigen künstlerischen Anregungen ausgestattet wurden. Die Geschwister Karl und Eva widmeten ihre ersten Bücher dem Andenken ihres Vaters.

Wegen seiner verschiedenen Interessen und Talente konnte sich Karl Lehmann zunächst nicht für eine bestimmte berufliche Perspektive entscheiden und erst der Besuch der Glyptothek in München soll den Anstoß zum Studium der klassischen Archäologie gegeben haben. Er nahm 1913 sein Studium an der Universität Tübingen auf und setzte es in München und Göttingen fort. Der Erste Weltkrieg unterbrach die wissenschaftliche Ausbildung Karl Lehmanns. Zuerst leistete er seinen Dienst beim Roten Kreuz und diente später in der deutschen Armee als Zensor und Übersetzer. 1917/18 wurde er als Dolmetscher beim Türkischen Marinekommando in Istanbul eingesetzt. In seiner Freizeit untersuchte Karl Lehmann Zeugnisse byzantinischer Kunst, deren Ergebnisse Themen seiner ersten Publikationen waren. Sofort nach seiner Entlassung aus dem Militärdienst 1918 schrieb er sich an der Berliner Universität ein, um sein Studium abzuschließen. In dieser von Inflation und scharfen politischen Konflikten gekennzeichneten Zeit – zudem war 1918 sein Vater gestorben – gelang es ihm, bis 1922 seine Studien mit der Dissertation »Die antiken Hafenanlagen des Mittelmeeres. Beiträge zur Geschichte des Städtebaus im Altertum« abzuschließen. Die Arbeit erschien 1923 im Druck. Karl Lehmann gehörte zu den letzten Schülern des bekannten Altertumswissenschaftlers Ulrich von Wilamovitz-Moellendorff. Stark beeinflußt wurde er auch durch Ferdinand Noack, zu dem er eine enge persönliche Beziehung entwickelte, die bis zum Tode von Noack anhielt. Bereits in seiner Dissertationsschrift klingt ein Thema an, das ihn zeit seines Lebens nicht loslassen wird: die Architekturgeschichte der Antike.

Kurz vor seinem Studienabschluß konnte auch seine Schwester Eva den Abschluß ihres Studiums erreichen. Sie promovierte 1920 mit der Untersuchung »Das grammatische Geschlecht im Etruskischen«, eine Preisarbeit der Philosphischen Fakultät der Universität Rostock, die aber aufgrund der schwierigen ökonomischen Situation erst 1922 veröffentlicht werden konnte. Als Etruskologin arbeitete sie vor allem auf sprachgeschichtlichem Gebiet, konnte wichtige Beiträge zur Klärung der Ursprünge der etruskischen Sprache liefern und errang internationale Anerkennung. Von 1931 bis 1933 wirkte sie als Privatdozentin an der Universität München.

Die Zeitverhältnisse im Nachkriegsdeutschland waren für einen jungen, gerade promovierten Wissenschaftler nicht gerade befördernd. Die Inflation wirkte sich auch auf den Wissenschaftsbetrieb aus. Trotzdem gelang es Karl Lehmann, seine Ausbildung im Ausland fortzusetzen. 1922/23 sammelte er als Stipendiat des Deutschen Archäologischen Instituts in Athen und Rom weitere Erfahrungen an den Stätten der antiken Kultur. In dieser Zeit schrieb er seine Habilitationsschrift »Die Trajanssäule. Ein römisches Kunstwerk zu Beginn der Spätantike«, die er an der Philosophischen Fakultät der Berliner Universität einreichte und 1924 die »venia legendi« – die Lehrberechtigung für die Universität – erhielt. Seine Habilitationsschrift erschien 1926 in zwei Bänden und festigte den Ruf Lehmanns als Kenner der antiken Kunst, der er auch in den folgenden Jahren noch zahlreiche Untersuchungen widmete.

1920 heiratete Karl Lehmann in erster Ehe Elwina Hartleben, die an der Seite ihres Mannes auch die schweren Stunden der Emigration mittrug, bis sie 1944 in den USA starb. Ein bemerkenswertes Licht auf die Beziehung zwischen Karl Lehmann und seiner Ehefrau wirft seine Entscheidung, ab Mitte der 1920er Jahre den Doppelnamen Lehmann-Hartleben zu tragen. Aus dieser Ehe entstammten drei Söhne, die in den Jahren der Weimarer Republik geboren wurden.

1924 kam Karl Lehmann an das Deutsche Archäologische Institut in Rom, wo er wenig später Assistent des Leiters, Professor Amelung, wurde. 1925 wählte man ihn zum korrespondierenden Mitglied des renommierten Deutschen Archäologischen

Forschungen z. griechischen u. lateinischen Grammatik
herausgegeben von
Paul Kretschmer und Wilhelm Kroll
— 7. Heft —

Das grammatische Geschlecht
im Etruskischen

Von

Dr. Eva Fiesel

Göttingen
Vandenhoeck & Ruprecht
1922

Instituts und 1932 zum ordentlichen Mitglied. Von 1925 bis 1929 lehrte er als Privatdozent an der Universität Heidelberg, am Lehrstuhl für Klassische Archäologie unter Ludwig Curtius. 1929 berief man Karl Lehmann als ordentlichen Professor an das Institut für Klassische Altertumskunde der Universität Münster, wo er eine weitgefächerte Tätigkeit entfaltete. Neben seinen Aufgaben in der Lehre und Forschung setze er sich für den Ausbau der archäologischen Bibliothek ein, zu deren Gunsten er auch mehrmals auf Honorare für Vorträge an der Universität verzichtete. Eine starke Ausstrahlungskraft auf seine Studenten kennzeichnete seine Tätigkeit als Hochschullehrer, die sich vor allem auf seine Redegewandtheit, die Klarheit seines Vortrages sowie die Offenheit und Freundlichkeit seines Wesens begründete. Er setzte sich ebenfalls für neue Formen der Studiengestaltung ein. So organisierte er 1930 eine intensiv vorbereitete, zehntägige Exkursion von Studierenden der Archäologie und der Kunstgeschichte nach Paris. Solche organisierten Museumsbesuche im Ausland wurden zu jener Zeit kaum praktiziert. Den Schwerpunkt seiner wissenschaftlichen Arbeit in Münster bildeten Untersuchungen zur antiken Kunstgeschichte sowie zur Siedlungs- und Baugeschichte. Hier begann er gemeinsam mit Ferdinand Noack baugeschichtliche Untersuchungen zu Pompeji, deren Ergebnisse er allerdings erst nach dem Tod von Noack und nach seiner Emigration in die USA 1936 veröffentlichte.

Der Wirkungsbereich von Karl Lehmann reichte weit über seine eigene Fachdisziplin hinaus. Er hielt Vorträge in wissenschaftlichen Vereinigungen und vor interessierten Laien. Das Ehepaar Lehmann führte ein offenes und gastfreundliches Haus, sie nahmen an geselligen Veranstaltungen und Ausstellungseröffnungen westfälischer Künstler teil. Dabei er-

Titelblatt der Rostocker Dissertation von Eva Fiesel, der Schwester von Karl Lehmann. Diese Arbeit wurde ihrer besonderen Qualität wegen mit einem Preis der Philosophischen Fakultät der Universität Rostock gewürdigt.

Die Reliefs auf der Trajanssäule in Rom (links im Bild) unterzog Karl Lehmann in seiner Habilitationsschrift einer eingehenden Analyse.

wies sich Karl Lehmann auch über moderne Entwicklungen in der Dichtung, Malerei und Plastik im Bilde, ein Ausdruck seines allgemeinen, unvoreingenommenen kunsthistorischen Interesses. Mit großer Sorge betrachtete er die politische Entwicklung in Deutschland am Ende der Weimarer Republik. Im liberalen Sinne erzogen und von jüdischer Abstammung, konnten ihm die Praktiken und politischen Ziele der Nationalsozialisten nicht verborgen bleiben, auch wenn er sich nicht aktiv politisch betätigte.

Mit der Machtergreifung der NSDAP und der Verabschiedung des »Gesetzes zur Wiederherstellung des Berufsbeamtentums« vom April 1933 wurde Karl Lehmann von der Universität vertrieben, was man in der Öffentlichkeit als »Versetzung in den Ruhestand« verschleierte. Unter den Bedingungen des politischen Terrors und der »Rassen«-hetze in Deutschland nach 1933 konnte Karl Lehmann seine wissenschaftliche Tätigkeit nicht weiterführen.

Von einer im Frühjahr 1933 begonnenen Forschungsreise nach Pompeji kehrte er nicht mehr nach Münster zurück. Damit begannen die Jahre der Emigration, die zumindest bis zu seiner Berufung in die USA auch materiell sehr schwere Jahre waren. Doch trotz dieser schwierigen Lebensbedingungen blieb er weiterhin wissenschaftlich aktiv und veröffentlichte verschiedene Arbeiten in italienischen Fachzeitschriften. Im Unterschied zu Deutschland charakterisierte die Politik des faschistischen italienischen Staates zu jener Zeit keine antijüdischen Repressionen, was Karl Lehmann ermöglichte, zwei Jahre in Italien als Privatdozent zu arbeiten. Seine Familie verblieb in dieser Zeit in Deutschland.

1935 nahm Karl Lehmann den Ruf auf einen Lehrstuhl am Institute of Fine Arts der New York University an. Er übersiedelte mit seiner gesamten Familie in die USA und baute sich hier eine neue Existenz auf. Seine Schwester Eva war bereits ein Jahr vor ihrem Bruder in die Vereinigten Staaten emigriert und arbeitete als Assistentin an der berühmten Yale University. Doch ihre erfolgreiche wissenschaftliche Entwicklung endete abrupt mit ihrem frühen Tod; sie starb am 27.5.1937 in New York. Für den Bruder ein harter Schlag, zumal seine Mutter im gleichen Jahr in Berlin verstarb.

Karl Lehmann fand sich unter den neuen Bedingungen schnell zurecht, wurde in den Lehrkörper des Instituts integriert und übernahm neben der Lehre auch verschiedene Aufgaben in der Institutsverwaltung und der Forschung. Weder der Wechsel zu einer anderen Sprache noch die neuen Verpflichtungen als Universitätsprofessor hielten ihn davon ab, weiter zu forschen und zu publizieren. Im American Journal of Archaeology veröffentlichte er seine ersten englischsprachigen Buchbesprechungen schon 1936 und den ersten wissenschaftlichen Artikel 1938. Während seiner amerikanischen Schaffensperiode gelangten nicht weniger als 55 Artikel und vier Bücher zum Druck. Dabei muß man bedenken, daß zu seinen bisherigen Tätigkeiten als Lehrer und Forscher noch die des Organisators von Ausgrabungen hinzukam. Auf der griechischen Insel Samothrake im Ägäischen Meer fanden seit 1938 umfangreiche Ausgrabungen des Institutes of Fine Arts statt, die von Karl Lehmann als Begründer und Direktor des Archaeological Research Fund geleitet wurden. Die Ausgrabungsergebnisse wurden in mehreren Bänden beschrieben und analysiert, von denen allerdings nur ein Band bis 1960 erschien. Die Veröffentlichung der Grabungsergebnisse von Samothrake führte seine zweite Frau, Phyllis Williams, fort, die er 1944 geheiratet hatte.

Auch in New York verlor Karl Lehmann nicht seine Ausstrahlung als Wissenschaftlerpersönlichkeit und entfaltete eine große Wirksamkeit. Er vermittelte die klassische Archäologie und die Geschichte der antiken Kunst vielen Studentengenerationen; von seinen Schülern wurden später mehrere auf Lehrstühle amerikanischer Universitäten berufen. Er war der erste, der die von einem Universitätsinstitut organisierte Ausgrabung als Bestandteil der studentischen Ausbildung einführte. In der Ausgrabungspraxis sollte der Student sein Wissen erproben.

Wie bereits an der Universität Münster galt er auch am Institute of Fine Arts als ein brillanter Vortragender, der in den »public lectures« auch das nicht fachmännische Publikum zu begeistern verstand. In einer Zeit der zunehmenden Spezialisierung und des isolierten Fachwissens repräsentierte Karl Lehmann noch einen das Wissen zum klassischen Altertum umfassend beherrschenden Gelehrten, der auch nicht davor zurückscheute, Zu-

Reliefausschnitt der Trajanssäule: Empfang von Gesandten

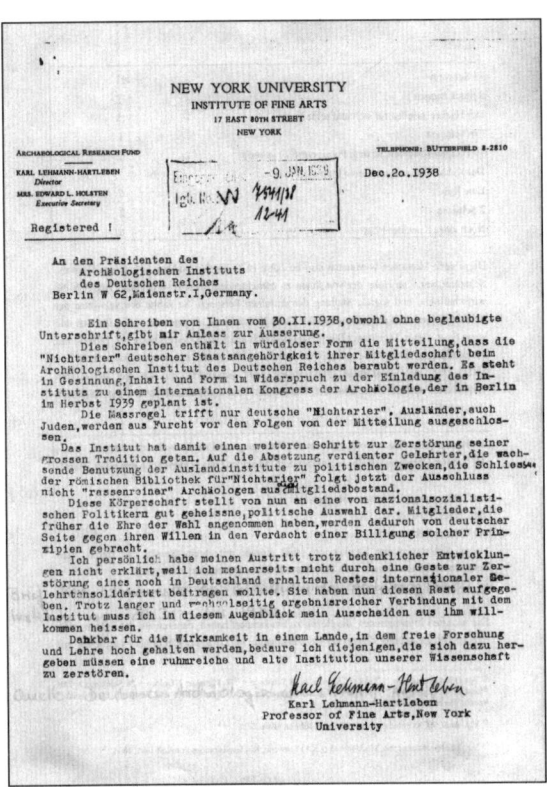

NEW YORK UNIVERSITY
INSTITUTE OF FINE ARTS
17 EAST 80TH STREET
NEW YORK

ARCHAEOLOGICAL RESEARCH FUND

KARL LEHMANN-HARTLEBEN
Director
MRS. EDWARD L. HOLSTEIN
Executive Secretary

TELEPHONE: BUTTERFIELD 8-2810

Dec.20.1938

Registered !

An den Präsidenten des
Archäologischen Instituts
des Deutschen Reiches
Berlin W 62,Kaienstr.I,Germany.

Ein Schreiben von Ihnen vom 30.XI.1938,obwohl ohne beglaubigte Unterschrift,gibt mir Anlass zur Äusserung.
Dies Schreiben enthält in würdeloser Form die Mitteilung,dass die "Nichtarier" deutscher Staatsangehörigkeit ihrer Mitgliedschaft beim Archäologischen Institut des Deutschen Reiches beraubt werden. Es steht in Gesinnung,Inhalt und Form im Widerspruch zu der Einladung des Instituts zu einem internationalen Kongress der Archäologie,der in Berlin im Herbst 1939 geplant ist.
Die Massregel trifft nur deutsche "Nichtarier", Ausländer,auch Juden,werden aus Furcht vor den Folgen von der Mitteilung ausgeschlossen.
Das Institut hat damit einen weiteren Schritt zur Zerstörung seiner grossen Tradition getan. Auf die Absetzung verdienter Gelehrter,die wachsende Benutzung der Auslandsinstitute zu politischen Zwecken,die Schliessung der römischen Bibliothek für"Nichtarier" folgt jetzt der Ausschluss nicht "rassenreiner" Archäologen aus dem Mitgliedsbestand.
Diese Körperschaft stellt von nun an eine von nationalsozialistischen Politikern gut geheissne,politische Auswahl dar. Mitglieder,die früher die Ehre der Wahl angenommen haben,werden dadurch von deutscher Seite gegen ihren Willen in den Verdacht einer Billigung solcher Prinzipien gebracht.
Ich persönlich habe meinen Austritt trotz bedenklicher Entwicklungen nicht erklärt,weil ich meinerseits durch eine Geste zur Zerstörung eines noch in Deutschland erhaltnen Restes internationaler Gelehrtensolidarität beitragen wollte. Sie haben nun diesen Rest aufgegeben. Trotz langer und ergebnisreicher Verbindung mit dem Institut muss ich in diesem Augenblick mein Ausscheiden aus ihm willkommen heissen.
Dankbar für die Wirksamkeit in einem Lande,in dem freie Forschung und Lehre hoch gehalten werden,bedaure ich diejenigen,die sich dazu hergeben müssen eine ruhmreiche und alte Tradition unserer Wissenschaft zu zerstören.

Karl Lehmann-Hartleben
Karl Lehmann-Hartleben
Professor of Fine Arts,New York
University

Brief Karl Lehmanns vom 20. Dezember 1938 an den Präsidenten des Deutschen Archäologischen Instituts

sammenhänge oder Entwicklungslinien über größere historische Perioden hinweg herzustellen. Dabei forderte er jedoch unerbittlich eine exakte Wissenschaftlichkeit in der Arbeit.

Karl Lehmann erhielt 1944 die amerikanische Staatsbürgerschaft und empfand seiner neuen Heimat gegenüber einen tiefe Verehrung. Diese Position fand ihren klarsten ideellen Ausdruck in seinem Buch über den amerikanischen Humanisten und dritten Präsidenten der USA, Thomas Jefferson, das erstmals 1947 erschien. Thomas Jefferson erregte anfänglich die Aufmerksamkeit von Karl Lehmann, weil dieser bereits Ausgrabungen von indianischen Grabstätten nach modernen Grabungsrichtlinien durchgeführt hatte. Doch dann vertiefte sich Karl Lehmann immer intensiver in die Gedankenwelt dieses von der Aufklärung stark beeinflußten amerikanischen Politikers der Unabhängigkeitsbewegung der Staaten Neuenglands im 18. Jahrhundert. Diese in den dunklen Jahren des Zweiten Weltkrieges geschriebene Studie ist nicht nur ein Bekenntnis zu den humanistischen Idealen der Aufklärung und der amerikanischen Unabhängigkeitsbewegung, sondern sie zeigt sicher auch die Suche eines vertriebenen und enttäuschten Deutschen nach einer neuen Heimat. Diese Heimat fand er in den USA, wo ihm die Chance zu einer neuen beruflichen Perspektive gegeben wurde, wo er neue familiäre Wurzeln schlug. Sein ältester Sohn kämpfte in der US-Armee gegen Hitler-Deutschland. Karl Lehmann selbst wurde durch den amerikanischen Geheimdienst konsultiert, um an einer Liste von Denkmälern, die nicht bombardiert werden sollten, mitzuarbeiten. Nach zwei Jahrzehnten erfolgreicher Lehr- und Forschungstätigkeit am Institute of Fine Arts erkrankte Karl Lehmann schwer. Auch eine medizinische Behandlung in der Schweiz brachte keinen Erfolg. Er starb am 16. Dezember 1960 in Zürich, begraben ist er in den USA.

Sein Verhältnis zu Deutschland und den Deutschen, insbesondere seiner Generation, blieb gebrochen. Sein eigenes Erleben und das Wissen um die vielen nationalsozialistischen Verbrechen konnte er nicht vergessen. Auch die Vertreter seiner Fachdisziplin hatten sich ohne großen Widerstand der NS-Politik gebeugt, davon zeugte auch die Streichung Karl Lehmanns als Mitglied des Deutschen Archäologischen Instituts 1940. Auf die Ankündigung des Ausschlusses von deutschen »Nichtariern« aus den Reihen der Mitglieder des Deutschen Archäologischen Instituts, die auf Anordnung des Reichsministers für Wissenschaft, Erziehung und Volksbildung vom 23. November 1938 hin erfolgte, reagierte Karl Lehmann 1938 in einem Brief an den Präsidenten des Instituts sehr deutlich: »Das Institut hat damit einen weiteren Schritt zur Zerstörung seiner grossen Tradition getan. Auf die Absetzung verdienter Gelehrter, die wachsende Benutzung der Auslandsinstitute zu politischen Zwecken, die Schliessung der römischen Bibliothek für ›Nichtarier‹ folgt jetzt der Ausschluß nicht 'reinrassiger' Archäologen aus dem Mitgliederbestand. Diese Körperschaft stellt von nun an eine von nationalsozialistischen Politikern gut geheissene, politische Auswahl dar… Ich persönlich habe meinen Austritt trotz bedenklicher Entwicklungen nicht erklärt, weil ich meinerseits nicht durch eine Geste zur Zerstörung eines noch in Deutschland erhaltenen Restes internationaler Gelehrtensolidarität beitragen wollte. Sie haben nun diesen Rest aufgegeben. Trotz langer und wechselseitig ergebnisreicher Verbindung mit dem Institut muss ich in diesem Augenblick mein Ausscheiden aus ihm willkommen heissen«. Bestrebungen aus dem Jahr 1947, seine Mitgliedschaft im Deutschen Archäologischen Institut wieder aufzunehmen, hat er sich wegen der mangelnden Vergangenheitsaufarbeitung unter den Institutsmitgliedern vehement widersetzt. Erst kurz vor seinem Tod schien er seine ablehnende Position gegenüber einer Mitgliedschaft im Deutschen Archäologischen Institut revidieren zu wollen.

Jahrzehnte nach seinem Tod ist die Erinnerung an Karl Lehmann am Institute of Fine Arts und den Wirkungsstätten seiner zahlreichen Schüler nicht vergessen. Dagegen erinnert sich in seiner Geburtsstadt wohl kaum jemand an die Geschichte der Familie Lehmann. Ihr Wohnhaus in der Paulstraße 52 löschte der Zweite Weltkrieg aus, geblieben sind archivierte Akten und gedruckte Bücher. Aber die Erinnerung an die Familie Lehmann, die in Rostock fast 22 Jahre verbrachte und Spuren hinterließ, von denen manche sicher noch zu entdecken sind, sollte nicht wieder untergehen.

Das Deutsche Archäologische Institut stellte für die Erarbeitung des Beitrages Archivmaterial zur Verfügung, wofür der Autor Dank sagt. Eine vollständige Bibliographie der Veröffentlichungen von Karl Lehmann enthält der Band »Essays in memory of Karl Lehmann« aus dem Jahr 1964. Nach seinem Tode erschienen kurze biographische Würdigungen in den Basler Nachrichten, im Gnomon und im American Journal of Archaeology. Darüber hinaus sind biographische Quellen zur Geschichte der Familie Lehmann weit verstreut und bisher kaum aufgearbeitet.

Heimat ist, wo die Erinnerung Bescheid weiß – Cammin, Anklam, Güstrow, Rostock, Leipzig, Berlin, Rom, New York und Sheerness im Leben des Schriftstellers Uwe Johnson

Jürgen Grambow

Der Gedanke, daß man die Heimat nicht nur verlieren, sondern eine Heimat auch erwerben könnte, ist ein Produkt der großen Vertreibungen in unserer Jahrhundertmitte. Sie gingen der Mobilität, die heute vielfach gefordert ist, voraus. Sie hatten etwas so Endgültiges, daß der Böhme Franz Fühmann, daß auch noch andere Dichter, insbesondere der Pommer Uwe Johnson, vom Erwerb einer Heimat sprachen. Erwerb durch Hinwendung und Wissen und aktive Teilnahme und die Geste des Bewahrens.

Johnsons Geburtsort Cammin – er erblickte dort am 20. Juli 1934 das Licht der Welt – hatte für ihn den abstrakten Bezug eines amtlichen Sigles, zu Hause fühlen konnte er sich da schon eher auf dem großelterlichen Bauernhof in Darsewitz auf der Oderinsel Wollin, wohin die Mutter, ihr Erstgeborenes erwartend, zurückgekehrt war aus Anklam, dem Ort des eigenen jungen Heims und der Arbeitsstätte des Ehemanns.

Die Literaturdeutung versucht, die Bahnen, in denen sich das erfindende Fabulieren eines Erzählers bewegt, mit einschneidenden frühen Prägungen aus seiner Biographie abzustecken, manchmal ein wenig simpel und gewaltsam psychologisierend, oft zutreffend. Ein unübersehbarer Einschnitt in Uwe Johnsons Leben war die Nominierung des Neunjährigen für die Deutsche Heimschule in Kosten bei Posen. In welchem Maße das Internatsleben an den Elitebildungsstätten der Nationalsozialisten einseitig auf körperliche Ertüchtigung und wehrhaften Geist ausgerichtet war, läßt der bittere Satz aus der Skizze »Erste Lese-Erlebnisse« ahnen, »wer liest, ist ungesund am Körper. Privates Lesen ist Verweichlichung«. Anklam, nicht der bestimmende Ort der Kindheitserfahrungen, sondern Station nur auf der Lebensreise eines Unbehausten, wird später auch noch stehen für den Verlust des Vaters. Erich Johnson, seminaristisch ausgebildeter Landwirt, bereiste im Auftrag des Tiergesundheitsamtes Greifswald als Milchprüfer die Güter und Meiereien des vorpommerschen Umlandes, und dieses Amt war wohl so wichtig, daß er dem Eingezogenwerden und Soldatspielen entging. Als sich die Kriegsmaschinerie auf die Reichshauptstadt zuwälzte und die Etappe der Roten Armee auf dem Westufer der Oder Quartier nahm, flohen die Johnsons von Anklam in das Dörfchen Recknitz, wo Erich Johnsons Schwager Wilhelm Milding die Schmiede betrieb. Angesichts der großen Vertriebenentrecks mag diese Flucht rein äußerlich eher einem Ausflug geglichen haben, aber sie war, obwohl Anklam erreichbar blieb, von grausamer Endgültigkeit. Die Eltern wollten zur Unzeit nach dem Siedlungshäuschen sehen und die Chancen zurückzukehren erkunden; Erna Johnson kam das zweite Mal aus Anklam ohne ihren Mann. Der mag in Fünfeichen interniert worden sein, gestorben ist er in einem weißrussischen Arbeitslager. Datum unbekannt. Einen solchen Vater erwähnte ein Oberschüler oder ein Student in seinen biographischen Kundgebungen nur mit Distanz oder besser überhaupt nicht: ein Inspektor war kein Bauer, kein bäuerlicher

242

Verbündeter der herrschenden Arbeiterklasse, und es machte einen Unterschied in der Bewertung, ob jemand im Krieg geblieben oder erst nach Kriegsschluß in Bedrängnis geraten war. Ganz und gar Erfahrung mit dem Staatsgebilde DDR war dann schon die dritte Initialzündung für die langanhaltende Johnsonsche Wahrheitssuche in Gestalt ausgedachter Geschichten mit erfundenen Personen. Dem Aufstand vom Juni ging im April 1953 die Konfrontation des Staates mit seinem atheistischen Grundverständnis und der evangelischen Kirche voraus. Die »Junge Gemeinde« wurde als westlich gelenkt diffamiert; Johnson, zu der Zeit Student der Germanistik im zweiten Jahr an der Rostocker Universität, war aufgefordert worden, auf einer nachmittäglichen Fachschaftsversammlung einen belastenden Diskussionsbeitrag zu halten. Der Neunzehnjährige sprach zwar, doch stellte er seine Auftraggeber bloß. Was ihm die zeitweilige Exmatrikulation und Verhöre einbrachte. Stigmatisiert, wechselte er nach Wiederzulassung die Unversitäten und zog die Karl-Marx-Universität in der »heimlichen Hauptstadt« Leipzig der mecklenburgischen Landesuniversität vor. Johnson hätte auch Kulturhauptstadt sagen können: Mit Hermann Korff und Hans Mayer, mit Ernst Bloch und Werner Krauss, mit Messe und Deutscher Bücherei war die sächsische Metropole aufgeschlossener als das sich abkapselnde Land im allgemeinen.

Neun Jahre Anklam, neun Jahre Recknitz und Güstrow, da dürfte den zwei Jahren Rostock nur episodische Bedeutung zukommen, doch war diese Zeit so erlebnisprall, daß ihr eine Schlüsselrolle zugebilligt werden muß.

Als Johnson sein Studium aufnahm, wurde das Land Mecklenburg und der angeschlossene Rest Vorpommern gerade zergliedert in die drei Verwaltungsbezirke Rostock, Schwerin und Neubrandenburg, und da die Aufgaben doppelt und dreifach verwaltet wurden durch sowjetische Schutzmacht und Staats- und Parteiapparat, fehlten der Universität Internate. Die Neuimmatrikulierten wurden zwar im »Fährhaus« von Gehlsdorf notdürftig einquartiert, Johnson jedoch zog es vor, morgens in Güstrow aufzubrechen und abends nach Güstrow zurückzukehren, was ihn in der Seminargruppe wiederum an den Rand verwies. Durch einen glücklichen Zufall fand er dann eine Souterrainbleibe in der Sankt-Georg-Straße, und als Draufgabe die Aufnahme in einen Frauenhaushalt, der geprägt war durch Gutbürgerlichkeit und anglikanische Herkunft. Seine Sprachbegabung fand hier Ermutigung, seine Anglophilie mag hier einen Ausgangspunkt haben; hier konnte er in einer großen Bibliothek nach Herzenslust schmökern.

Johnson wurde, Absolvent des Abschlußjahres 1956, in keine Arbeitsstelle vermittelt. Aber er hatte eine Schülergeschichte in der Tradition deutscher Bildungs- und Erziehungsromane verfaßt, und die kulturell-ideologische Tauwetterphase zwischen Stalins Tod und Ungarnkrise ermutigten ihn, das Manuskript dem Aufbau Verlag in Ostberlin und drei weiteren Verlagshäusern in Leipzig, Halle und Rostock einzureichen, und es – als die Änderungswünsche das Ausmaß einer Verfälschung annahmen – auch noch Peter Suhrkamp in Frankfurt am Main zuzuspielen. Den berufsmäßigen Lesern im Osten war es zu kritisch, denen im Westen zu harmonisch, »Ingrid Babendererde. Reifeprüfung 1953« blieb zu Lebzeiten des Verfassers ungedruckt.

Das zweite, sein Debütbuch dann, »Mutmaßungen über Jakob« (1959), stellt in vielerlei Beziehung eine Revolution dar. Es veränderte das Leben des Autors, der 1959 von Leipzig nach Westberlin übersiedelte, von Grund auf, es war eines der ersten Romane, der die geteilte deutsche Realität thematisierte, der dabei die Grauzone geheimdienstlicher Bedrängnisse nicht aussparte und den Ernst, mit dem die Politik in ein jedwedes Privatleben eingriff, durch den Tod des Protagonisten veranschaulichte. Die diskursive Erzählweise, die

Hauptgebäude der Universität Rostock, an der Uwe Johnson in den Jahren 1952–1954 Germanistik studierte

sich aus mehreren Stimmen zusammensetzte, sehr kunstvoll und doch Alltagssprache imitierend, gab das Muster ab für eine ganze Richtung, »Mutmaßprosa«, wie man sagte, durch die sich Erzähler von der Funktionsrolle des allwissenden Belehrers verabschiedeten. Und dann ging es Schlag auf Schlag: Johnson ließ den »Mutmaßungen« weitere östwestliche Verstrickungen mit dem »Dritten Buch über Achim« (1961) und den »Zwei Ansichten« (1965) folgen, und dem deutsch-deutschen Grundmuster waren immer die unaufgearbeiteten gravierenden Einschnitte im Leben des sozialistischen Teilstaates eingeschrieben: auf den 53er Aufstand, auf den Versuch des ungarischen Sonderwegs 1956, der auch in der DDR Hoffnungen geweckt und Aktivitäten herausgefordert hatte, und den Mauerbau von 1961 reagierten die Machthabenden im Osten mit Verdrängung und Verschweigen. Johnson legte den Finger auf die neurotische Verwundung. Was man lange Zeit nicht bemerkte, einfach wohl, weil der Begriff des Heimatlichen heruntergewirtschaftet worden war durch Heimatkunst und Blut-und-Boden-Apologie, war die umfassende kritische Inventur einer Region. Die Studenten, die in Happening und Proletkunstgeste die Nachkriegszeit 1968 beschlossen, sahen sich, im Protest gegen den Vietnamkrieg und als Sympathisanten Kubas, als Internationalisten. Region wurde verächtlich Provinz genannt, sie war das Abgelebte, auf das man verzichten zu können vermeinte. Das war in der Berliner Enklave besonders krass zu spüren. Die Region als Garant der Vielfalt und des Konkreten trat erst in das öffentliche Bewußtsein, als die Achtundsechziger in das Berufsleben eingetreten waren.

Johnson nun war auch in dieser Beziehung ein Vorreiter. Er hatte seine drei ersten Romane sehr rasch aufeinander folgen lassen, jede der drei Veröffentlichungen stellte auch formal etwas jeweils Besonderes dar, andererseits legte ihn die öffentliche Meinung auf den Begriff der deutschen Teilung als den »Dichter der beiden Deutschland« fest. Ein bißchen Glück und der Zufall halfen ihm aus der Einengung. Er hatte gleich 1961 an mehreren amerikanischen Universitäten einen Vortrag halten dürfen, bezeichnenderweise entwickelte er Prinzipien seiner Ästhetik am Beispiel der Berliner Stadtbahn. Er fragte, sinngemäß:

Was sieht man, und ist, was man sieht, die ganze Wahrheit? Was ist die S-Bahn im Osten, was für Westberlin, was stellte sie früher dar? Johnson hatte 1965 Günter Grass, als dem Freund und Nachbar die Ehrendoktorwürde in den USA verliehen werden sollte, auf dem Flug begleitet und dabei die Exilantin Helen Wolff kennengelernt, eine der großen Verlegergestalten unseres Jahrhunderts. Johnson hielt sich ein drittes Mal eine zusammenhängende längere Zeit in den USA auf, als die »Gruppe 47« zu einer Auslandstagung nach Princeton einludt. Helen Wolff hatte ihm nicht nur geraten, gegen das Klischee des Teilungsdichters vom Dienst die divergierenden Kulturkreise von Alter und Neuer Welt zu setzen, stofflich-thematisch also aufzubrechen, was ihn auf ein Markenzeichen festlegte. Sie unternahm auch praktische Schritte. Johnson wurde in den New Yorker Verlag Jovanovich, Brace & World für ein Jahr eingestellt mit dem Auftrag, für Deutschlernende ein Lesebuch mit erzählender Prosa und Gedichten zusammenzustellen. Das zweite amerikanische Jahr finanzierte dann die Rockefeller Foundation in Form eines Stipendiums.

Damit wurde im New Yorker Berufsleben und in der Anonymität der riesigen fremden Stadt das Verlangen, zu deutschen und westberliner Verhältnissen Abstand zu gewinnen, gestillt. In Gesprächen mit dem Publizisten Wilhelm J. Schwarz zählte Johnson später die Gründe auf, warum er sich so wohlgefühlt hatte in New York: »Das Leben war leicht, ich verdiente genug Geld, außerdem genoß ich alle Privilegien der Weißen. Das bedeutet unter anderem, daß ich eine Wohnung hatte, wie ich sie mir wünschte, daß unsere Tochter in einen guten Kindergarten ging. Weiterhin das Bewußtsein, zu Gast im Lande zu sein. Man war der ethnischen Probleme enthoben, man war nicht mitschuldig«, nicht an den Rassenkonflikten und nicht am Vietnamkrieg. Was hinter diesen Sätzen steht, veranschaulichte der Anfang eines Quasi-Nachworts, das Johnson unter dem Titel »Mit den Augen Cresspahls«, an das Ende des 2. Bandes setzen sollte. Der Mann, »dem die Fremde [. . .] immer gutgetan« hatte, sagt, er »begreife sich nicht als ›Deutscher‹«. Die anderen seien »de Dütschen«, und er »habe keine Lust, für die verantwortlich zu sein, weder für ihre Weltkriege noch für ihr Bild in der Welt. Kein Mal sei er von den Deutschen gefragt worden wegen der Gesetze, die sie über ihn verhängten«. Und dann folgt der Hinweis auf die Staatsbürgerschaft als ein Verhältnis auf Widerruf, wie Johnson in seinem »Versuch, eine Mentalität zu erklären«, den Schritt, die DDR entgegen bestehender Gesetze zu verlassen, begründet hatte. Er »habe sich genötigt und frei gesehen, von Mal zu Mal selbst und für sich selbst zu entscheiden«, sagt Cresspahl.

Wohl fühlte Johnson sich, wie jeder Schreiber, vor allem aber in der Arbeit. Im Schmelztiegel New York muß ihm die Idee gekommen sein, wie er seine amerikanischen Alltagserfahrungen für das Erzählen nutzen könnte. Er verfolgte das Leben einer literarischen Figur aus dem Debütroman »Mutmaßungen« in die damalige Gegenwart. Gesine Cresspahl,

Uwe Johnson wohnte als Student in Rostock bei der Familie Hensan im Haus St. Georg-Straße 71

Lebenslauf.

Mein Name ist Uwe <Klaus Dietrich> Johnson. Ich wurde geboren am 20. Juli 1934 in Cammin.

Mein Vater Erich Johnson <geboren 1900> war Diplom-Landwirt und seit etwa 1930 vom Tierzuchtamt Greifswald beschäftigt in Anklam; er wurde 1947 standesamtlich für tot erklärt. Meine Mutter Erna Johnson lebt heute als Rentnerin mit meiner achtzehnjährigen Schwester in Karlsruhe.

Ich besuchte die Grundschule bis zum Ende der vierten Klasse in Anklam und begann die fünfte in einer "Deutschen Heimschule" in der pommerschen Stadt Kosten. Mit dem Ende des Krieges begann sich die Familie in das mecklenburgische Dorf Recknitz bei Güstrow; dort und ab 1946 in Güstrow wurde mein Schulunterricht bis zum Abitur <1952> vervollständigt.

Seit meinem siebzehnten Lebensjahr bin ich Mitglied der Freien Deutschen Jugend. Im November und Dezember 1950 nahm ich teil an einem Lehrgang und Einsätzen zur Vorbereitung des ersten

Schuljahres im Verband, danach versah ich die Funktion organisation in der Leitung meiner Schulgruppe: in dieser Zeit wurde meine Entscheidung für die Deutsche Demokratische Republik grundsätzlich bestimmt, sie ist unverändert.

Von 1952 bis 1956 studierte ich Germanistik in der literaturwissenschaftlichen Richtung, vier Semester in Rostock bei den Professoren Tendel und Emmel, vier Semester an der Karl Marx Universität in Leipzig bei den Professoren Krupp, Korff und Mayer.

Der Mangel an festen germanistischen Arbeitsplätzen verwies mich nach dem Examen auf Honorar-Arbeiten für Verlage. Ich konnte so zusätzliche Kenntnis in der gewöhnlichen Technik der Edition erwerben und nebenher wissenschaftlich mich fortbilden.

März 1958.   Uwe Johnson

sprachbegabt, hat 1953, als sie die Niederschlagung des Aufstands vom 17. Juni verfolgen mußte, ihr Studium abgebrochen und ist in den Westen geflohen; dort arbeitet sie als Übersetzerin und Fremdsprachensekretärin, zuerst für die NATO (sie muß von den Bauern gemeldete Manöverschäden an die Versicherung der Amerikaner weiterleiten), dann für eine Bank. Diese schickt sie, zur Vervollkommnung ihrer Ausbildung, in die USA. Und das just zu dem Zeitpunkt, als sich in der CSSR eine Demokratisierungsbewegung abzeichnet, wie die gesellschaftliche Praxis des Sozialismus sie bislang für undenkbar empfahl. Gesine Cresspahl muß also auch noch, um Kreditwünsche der Tschechen zu erkunden, deren Sprache lernen; sie läßt sich deshalb von böhmischen Emigranten, Juden, die vor Hitler davonliefen, unterrichten. So wird sie wieder auf die deutsche Vergangenheit, die Schuld der Deutschen gestoßen. Gleichzeitig unterrichtet sie sich durch die »New York Times« über den Krieg in Ostasien, den ihr Gastgeberland betreibt. Gehen oder bleiben, wie entgeht man einer nationalen Schuld? Ihr Vater, bewußter Heinrich Cresspahl, Kunsttischler aus Malchow und wandernder Handwerker während der Rezessionsjahre nach dem Ersten Weltkrieg, hatte in England sein Auskommen gefunden, war aber just im Jahr 1933 zurückgekehrt nach Deutschland, in den zurückgebliebenen Klützer Winkel, in die doppelt beengenden mecklenburgischen Verhältnisse im faschistischen Reich. Anhand von Erinnerungsbruchstücken vergewissert Gesine Cresspahl sich der nationalen und der individuellen Geschichte, sie ist vor die unlösbare Aufgabe gestellt, ihrer Tochter Marie zu erklären, warum ihr Vater sehenden Auges den Kompromiß mit einer Gesellschaftsordnung einging, die er ablehnte, verabscheute, über deren Kriegslüsternheit er sich im klaren war, während sie das Tischtuch mit dem Sozialismus konsequent zerschnitt, nun aber den Reformkommunisten einen Bonus einzuräumen willens ist. Binnengeschichten und Rahmengeschehen werden nicht gleichgesetzt, durchdringen aber einander, korrespondieren miteinander, erhellen die Möglichkeiten und Illusionen des Einzelnen. Johnson bewegte in den »vier Lieferungen«, wie er auf Reuter anspielend formulierte, seiner »Jahrestage« (1970, ’71, ’73,

'83) 120 Personen über eine Zeitspanne von vier Jahrzehnten. Der Epopöe sagt man nach, ihr Autor habe Menschen, blutvolle Charaktere vor den Leser hingestellt, wo es längst üblich geworden war, Demonstrationsfiguren hin und her zu schieben, wie man sie brauchte für den darzustellenden Fall. Das Buch sei ein einzigartiges Dokument erzählerischer Gerechtigkeit. »Ein homerisches Gedächtnis hat dieser Mann, Mecklenburg wird sich darauf verlassen dürfen«, prophezeite Max Frisch in seinen Tagebüchern etwas hintersinnig, und Horst Drescher, einer der kleingehaltenen Schriftsteller aus Leipzig, urteilte: »Die DDR wird so gewesen sein, wie Uwe Johnson sie dargestellt hat«.

Nach Westberlin zurückgekehrt, fand Johnson die Freundschaften der sechziger Jahre zerstreut, die Stadt war eine andere geworden, die autonome Szene und was daraus folgte war sein Berlin nicht. Auch kannte er Rom, die Wahlheimat seiner Freundin Ingeborg Bachmann, Enzensberger war mit einer Norwegerin verheiratet gewesen, in Berlin lebten zeitweilig der Schwede Lars Gustafsson und der nach Schweden emigrierte Peter Weiss, der Pole Gombrowicz, der nicht aus Warschau, sondern aus Paris kam. Die Verhältnisse dieser mittleren Autorengeneration hatten sich internationalisiert. Auf eine Reporterfrage nach einer wünschenswerten Wohnortnahme sagte Johnson: »New York. Dort sind die Mechanismen des täglichen Lebens zupackender als anderswo sonst. In Deutschland nur in Berlin. Dann noch vielleicht in Stockholm, Kopenhagen oder Amsterdam«. Paradoxerweise hat es ihn dann auf die kleine Themse-Insel Sheppey verschlagen, aber das mag das Ergebnis von zufälligem Angebot und finanziellen Möglichkeiten des Veränderungswilligen gewesen sein. Wichtig war ihm möglicherweise die Nähe zu London, zum Flughafen und zur Kanalfähre, bei gleichzeitiger Abgeschiedenheit.

Das Heimweh nach Mecklenburg, diese ja auch schon nicht ganz freiwillige »Wahl«heimat, hat ihn niemals verlassen; Helen Wolff sagte, sie habe keinen zweiten so heimwehkranken

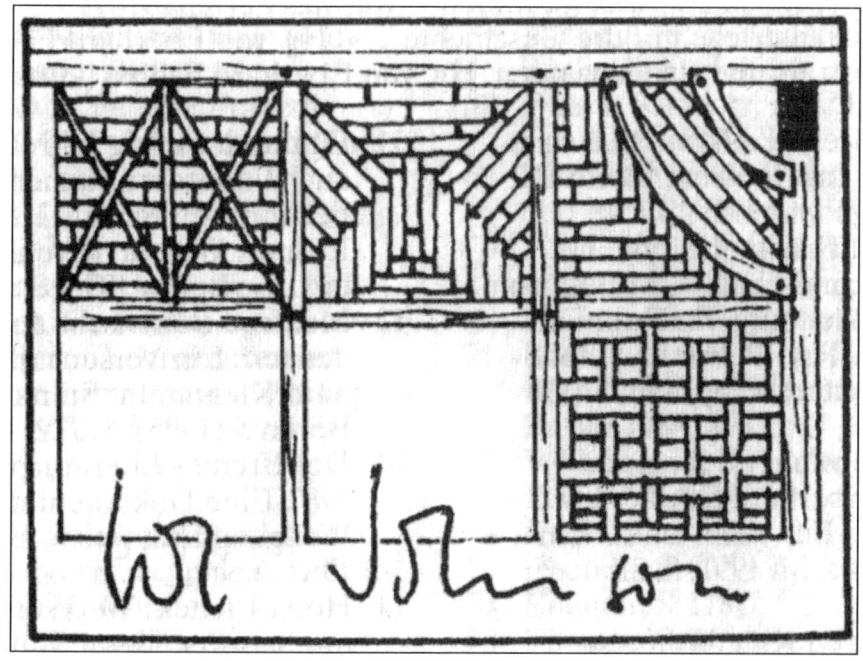

Namenszug von Uwe Johnson

Menschen gekannt wie Johnson. Die Vorstellung, eine Heimat nach Wahl sich durch aktive Teilnahme und Wissen zu erwerben, gab der Schriftsteller an die jüngste seiner literarischen Personen weiter. Die elfjährige Marie sagt »Welcome at home«, als sie sich New Yorks sicher glaubt und mit Plätzen, Straßen und Verkehrsmitteln schon Erinnerungen an eigene Erlebnisse verbinden kann. Heimat ist, »wo die Erinnerung Bescheid weiß«. Blochs vielzitiertes Wort aus dem »Prinzip Hoffnung«, Heimat sei, worin sich noch niemand aufgehalten habe und was allen in die Kindheit scheine, bekommt in den »Jahrestagen« als ein Versprechen seine reale Bedeutung. Heimat in dem umfassenden Sinne, der über den gängigen Landschaftsbegriff hinausgeht, als Summe aus geographischen Gegebenheiten, Sprache, allgemeiner Geschichte und Individualgeschichte, ein Konglomerat aus Fama und Fakten also, hat für Heranwachsende die Funktion von Wertebildung und emotionaler Prägung. Nach Johnson ist Landschaft für Kinder unverzichtbar, die Normen des Zusammenlebens aufzunehmen, »Bescheid zu lernen«. Das zweite dann ist die Möglichkeit, durch Information unterrichtet zu sein und Wahlmöglichkeiten zu haben, etwas, was der Johnsonschen Generation in den prägenden Jahren unter Nationalsozialismus und Kommunismus vorenthalten oder durch gezielte Fehlinformationen selbst in Ansätzen verwehrt war. Gesine unterrichtet ihre Tochter nicht schlechthin in Familiengeschichte und mecklenburgischen Verhältnissen, durch die Vergegenwärtigung des Vergangenen kann sie selbst, wie auch durch ihre hingebungsvolle fast süchtige Lektüre der »Tante‹ Times, in Kenntnis leben«, wenigstens das. Und aus Marie, die in einem Maße sprachlos ist bei ihrer Ankunft in New York, daß sie das wenige Englisch, das ihr beigebracht wurde, nicht zu artikulieren vermag, wird so sehr Amerikanerin und Großstädterin, daß sie sich die Stadt auf eine vitale Weise Stück um Stück erschließt. Die Fahrten mit der South Ferry gehören zu ihren Vergnügungen, die Subway ist ihr eine Selbstverständlichkeit. Emotionslos und gewissenhaft bereitet sich Marie auf alle Eventualitäten vor, überprüft »die neuen Kodes und Linienführungen«. Die Subway steht der Großstädterin zu, Marie weiß, sie hat einen Anspruch auf die Dienstleistung zuverlässiger Beförderung. »Einmal, so hat sie sich vorgenommen, wird sie mit jener einzigen Zeichenmünze, die man braucht für den Eintritt in das Liniennetz, alle Strecken abfahren, alle 382 Kilometer, alle 482 Stationen, Tag und Nacht.« Johnson hatte gerade noch Zeit, sein opus magnum zu beenden; der Herztod ereilte den noch nicht Fünfzigjährigen wohl in der Nacht vom 22. auf den 23. Februar 1984 in seiner Wohnung in Sheerness-on-Sea/Kent. Gefunden wird der Tote erst am 13. März. Sein Arbeitsraum und die Bibliothek (mit allein 650 Mecklenburgica) werden in einer Villa in Frankfurt am Main als Johnson-Archiv bewahrt; die Goethe-Universität, der Suhrkamp-Verlag und die Stadt teilen sich finanziell den Unterhalt. Anfänglich als ein Werk nur für Intellektuelle und Promotionswillige abgetan, haben Johnsons Romane und Erzählungen ihre Vitalität erst allmählich offenbaren können. Nach Grenzöffnung pilgerten Generationsgefährten Johnsons, die in den fünfziger Jahren in den Westen gegangen waren, in den Klützer Winkel, wo der Mecklenburg-Teil der »Jahrestage« angesiedelt ist, und nach Güstrow. Die Reichsbahn ließ in der Euphorie der Vereinigung einen Sonderzug von Bahnhof Zoo/Berlin nach Güstrow fahren, um den Fahrplankenner und Reichsbahnbenutzer Johnson zu ehren (der Held der ersten Veröffentlichung ist ein Streckendispatcher). Die rührige Güstrower öffentliche Bibliothek erhielt den Namen Johnsons, in Neubrandenburg wird zweijährlich ein Johnson-Literaturpreis vergeben (einer der Preisträger ist der gebürtige Rostocker Walter Kempowski). In Berlin-Friedenau wurde eine Gedenktafel vor dem Haus Niedstraße 14 angebracht (und kurze Zeit später demontiert und gestohlen). Zwei Jahrbücher, eines aus Göttingen, das andere aus dem internationalen Peter-Lang-Verlag, sind Tummelwiese für Interpreten-scharfsinn und gelegentliche -spitzfindigkeit. Das Werk erweist seine Robustheit und hält alles dies aus und sucht sich nach wie vor den Weg zu den Lesern. Junge, alte, sehr normale Leute.

Aus Johnsons Gesamtwerk ragen heraus sein Erstling »Ingrid Babendererde. Reifeprü-fung 1953« (posthum 1985), die »Mutmaßungen über Jakob« (1959), »Das dritte Buch über Achim« (1961) und die »Jahrestage. Aus dem Leben von Gesine Cresspahl« (4 Bde. 1970, 1971, 1973 und 1983), sämtlichst erschienen in Frankfurt am Main.
An biographischen Arbeiten seien – neben den durch den Autor des Beitrages bereits genannten – erwähnt: »Vergebliche Verabredung. Ausgewählte Prosa« (Leipzig 1992), herausgegeben von Jürgen Grambow, mit einem Gespräch zwischen Grambow und Ste-phan Hermlin über Johnson und einem Johnson-Essay von Fritz Rudolf Fries sowie Grambows 1997 in Reinbeck erschienene Johnson-Biographie und die Biographien von Raimund Fellinger als Herausgeber »Über Uwe Johnson« (Frankfurt am Main 1992) und Sven Hanuschek »Uwe Johnson« (Berlin 1994). Beachtenswert sind auch die »Schrif-ten des Uwe Johnson-Archivs Frankfurt am Main« (1991 ff.).

Bildquellen

Archiv der Max-Planck-Gesellschaft Berlin: S.124, 127, 129.
Uwe-Johnson-Archiv Frankfurt a. M.: S. 246.
Archiv des Regionalmuseums Neubrandenburg: S. 150, 151, 152, 153, 154.
Archiv der Hansestadt Rostock: S. 17 (R. Fauk), 21, 22, 55 (R. Fauk), 70 (R. Fauk), 74,
    118 (R. Fauk), 119 (R: Fauk), 164, 172 (R. Fauk), 231 (R. Fauk), 233 (R. Fauk).
Universitätsarchiv Rostock: S. 25 o., 69, 92, 244.
Mecklenburgisches Hauptarchiv Schwerin: S. 63.
Archiv Linden-Museum Stuttgart: S. 155, 161.
Archiv des Müritz-Museums Waren: S. 132, 175, 176, 177, 178, 179.
Archiv der Hansestadt Wismar: S. 141, 147.
Edition Temmen: S. 107, 110, 113, 114, 115, 193.

Universitätsbibliothek Bergakademie Freiberg: S. 49, 51.
Universitätsbibliothek Lund (Schweden): S. 45.
Universitätsbibliothek Rostock: S. 25 u., 26, 28, 29, 31, 32, 33, 34, 35, 36, 38, 39, 44, 56,
    57, 59, 71, 72, 73, 76, 78, 79, 80, 87, 93, 106, 108, 111, 120, 121, 122, 126, 130,
    135, 137, 165, 167, 169, 171, 190, 195, 196, 197, 203, 205, 207, 209, 211, 215, 217,
    219, 237, 238.
Universität Rostock, Zoologisches Institut: S. 89 (Foto: U. Seemann).

Sammlung A. Alert: S. 218
Sammlung B. Becker: S. 94, 95, 96, 97
Sammlung G. Drechsler: S. 148
Sammlung P. Gerds: S. 40, 41
Sammlung J. Grambow: S. 245 (Foto Nöldechen), 247
Sammlung M. Guntau: S. 58, 90, 125, 213
Sammlung H. Hecht: S.133
Sammlung M. Jatzlauk: S. 77, 81
Sammlung K.-H. Jügelt: S. 43, 46, 47
Sammlung R.A. Krause: S. 143, 144, 145
Sammlung R. Kullick: S. 99, 100, 101, 103, 104, 105
Sammlung A. Pytlik: S. 156 (A. Krämer, Palau), 157, 158, 159 (A. Krämer, Truck), 160
Sammlung R. Rösler: S. 64, 65, 67
Sammlung G. Schlegel: S.18 (Maisons de l'ordre des Chartreux I, Montreuil sur mer,
    Tournai 1913, 15), 19 (Prager Kapitelsbibliothek, Ms. Sign. N VI, fol. 49v. 51)
Sammlung K. Schröder: S. 85, 86, 88
Sammlung K. Urbschat: S. 232
Sammlung H. Voss: S. 182, 183, 184, 185, 186 (Foto A. Huth), 187
Sammlung A. Wagner: S. 52, 53, 235 (Foto Ph.W. Lehmann), 240.

Autorenverzeichnis

Dr. sc. Anja Alert
  Saßnitzer Str. 20, 18107 Rostock
Dr. Bert Becker
  Seehofstr. 106, 14167 Berlin
Elisabeth Brosig
  Uhro-Kekkonen-Straße 2, 18147 Rostock
Hans Einsle
  Schwabenstraße 1 a, 86343 Königsbrunn
Peter Gerds
  Am Pferdeteich 1, 18198 Kritzmow
Dr. Jürgen Grambow
  Koppelring 1, 18573 Altefähr
Prof. Dr. Martin Guntau
  Thomas-Müntzer-Platz 30, 18057 Rostock
Heidi Hecht
  Müritz-Museum Waren
  Friedensstr. 5, 17192 Waren
Dr. Manfred Jatzlauk
  Universität Rostock, Historisches Institut
  Bebelstr. 28, 18051Rostock
Prof. Dr. Karl-Heinz Jügelt
  Universität Rostock, Universitätsbibliothek
  Universitätsplatz 5, 18051Rostock
Dr. Reinhard A. Krause
  Alfred-Wegener-Institut
  Postfach 12 01 61, 27515 Bremerhaven
Reinhard Kullick
  Scheunenstr. 21, 17139 Malchin
Prof. Dr. Hubert Laitko
  Florastr. 39, 13187 Berlin
Peter Maubach
  Regionalmuseum
  Treptower Straße 38, 17033 Neubrandenburg
Prof. Dr. Werner Pade
  Schiffbauerring 35, 18109 Rostock
Anna Pytlik
  Untere Gerberstr. 3, 72764 Reutlingen
Dr. Hendrik Randow
  Schloßstr. 8, 13507 Berlin
Dr. sc. Reinhard Rösler
  Pappelweg 20, 18209 Hohenfelde

Dr. Gerhard Schlegel
  Eichendorffstr. 5, 18057 Rostock
Renate Seemann
  Müritz-Museum
  Friedensstr. 5, 17192 Waren (Müritz)
Dr. sc. Brigitte Steyer
  Binzer Straße 3, 18107 Rostock
Prof. Dr. Hartmut Pogge von Strandmann
  University College
  High Street, Oxford OX1 4BH, England
Dr. Reno Stutz
  Liskowstr. 25, 18059 Rostock
Dr. Kerstin Urbschat
  Werner-Seelenbinder-Str. 37, 18069 Rostock
Prof. Dr. Johannes H. Voigt
  Universität Stuttgart, Historisches Institut
  Keplerstr. 17, 70174 Stuttgart
Dr. Andreas Wagner
  Bei der Tweel 11, 18059 Rostock
Dr. Bernhard Wandt
  Schillingallee 35, 18057 Rostock